Über dieses Buch und seine Autorin   August Macke ist am 3. Januar 1887 in Meschede geboren, am 26. September 1914 bei Perthes in der Champagne gefallen. Er hinterließ ein malerisches und zeichnerisches Werk, das unauslöschlich und unerschöpflich ist. 1962 publizierte Elisabeth Erdmann-Macke, geb. Gerhardt (1888–1978) ihre Aufzeichnungen, die sie bereits im Jahre 1915 begonnen hatte, um ihren Söhnen Walter und Wolfgang »ein Bild ihres Vaters zu bewahren«. Günter Busch, der hervorragende Kunstschriftsteller und Museumsleiter, würdigt das Buch und die Autorin:

»Hier schreibt eine liebenswürdige Frau – wie bezaubernd muß sie gewesen sein nach den vielen Bildern und Zeichnungen, die August Macke nach ihr geschaffen hat! – mit soviel schlichtem Takt wie herzlichem Gefühl, mit soviel heller Heiterkeit wie leidenschaftlicher Wärme auf, was sie erlebt hat mit einem bedeutenden Künstler.

Dieser bedeutende Künstler aber war zugleich ein Mensch runden, reinen Wesens, der alle, die mit ihm zusammentrafen, durch seine offene Natur, durch seine kraftvolle, strahlende Sicherheit und strömende Lebensfülle im Sturm bezwang. Von den kurzen, vom Glück gesegneten Jahren einer ungetrübten Gemeinsamkeit schreibt sie, aus denen trotz des jähen Endes ein unvergängliches, leuchtendes Lebenswerk erwachsen ist, rund und rein wie sein Schöpfer.

Sie erzählt ganz unbefangen – doch gar nicht indiskret – die Geschichte ihrer Liebe als einen zarten Traum aus sagenhaften Friedenstagen. Sie scheut auch vor dem Intimen nicht zurück, wo es dazu dient, die Gestalt des Malers oder seinen menschlichen Lebensbezirk (und dazu gehört ja unlösbar das persönliche Erleben der Schreiberin, ihr Denken, Fühlen, und Handeln) deutlich zu machen. Aber sie drängt sich niemals in den Vordergrund, spreizt sich nicht und ziert sich nicht, weil sie selbst von derselben natürlichen Menschlichkeit getragen und erfüllt ist wie er.

Sie schildert ihre junge Ehe, den Kreis der Freunde und der künstlerischen Weggefährten des Mannes, Städte und Landschaften, durch die sie gemeinsam gewandert sind, Geschichten und Episoden, Familiäres und Unbedeutendes, Künstlerisches und Kunstgeschichtliches – doch alles dieses im Lichte der lebendigsten Erinnerung an ihn und sein Werk.«

Elisabeth Erdmann–Macke

Erinnerung an August Macke

Mit einem biographischen Essay
von Lothar Erdmann

Einleitung von Günter Busch

Abbildungen nach Gemälden,
Aquarellen und Handzeichnungen
von August Macke

Fischer Taschenbuch Verlag

15.–19. Tausend: September 1987

Ungekürzte Ausgabe mit neuer Bildauswahl
Veröffentlicht im Fischer Taschenbuch Verlag GmbH,
Frankfurt am Main, Januar 1987

Lektorat dieser Ausgabe: J. Hellmut Freund
Umschlaggestaltung: Jan Buchholz / Reni Hinsch
Umschlagabbildung: August Macke, Selbstporträt mit Hut,
Ölbild, Paris 1909
Frontispiz: Die Frau des Künstlers lesend
August Mackes letztes Aquarell,
gemalt Juni 1914 in Kandern (Ausschnitt)
Lithographie: Litho Köcher, Köln
Gesamtherstellung: Clausen & Bosse, Leck
Printed in Germany
1980-ISBN-3-596-25660-7

Inhalt

Einleitung

Von Günter Busch

Was unterscheidet diese ›Erinnerunng‹ an August Macke‹ von einem großen Teil der verbreiteten Memoirenliteratur unseres Jahrhunderts, darin Künstlerfrauen oder -gefährtinnen bei recht unterschiedlicher Diskretion über die Zeit ihrer Gemeinsamkeit mit einem schöpferischen Menschen plaudern, erzählen, berichten? Es ist der Stil – »Stil« vor allem als menschliche und erst dann als literarische Qualität verstanden, der Stil der Lebensanschauung und, daraus erwachsen, der Stil der Niederschrift. In diesem glücklichen Falle haben sie beide gleichermaßen Anteil an dieser Qualität, die Berichtende und der, von dem berichtet wird. Denn hier schreibt eine liebenswürdige Frau mit soviel Offenheit wie schlichtem Takt, mit soviel Leichtigkeit wie herzlichem Gefühl, ja mit leidenschaftlicher Wärme, unbefangen und einfach auf, was sie mit ihrem Mann erlebt hat. Sie drängt sich nicht in den Vordergrund, spreizt sich nicht und ziert sich nicht – sie ist von derselben natürlichen Menschlichkeit getragen wie er. Sie scheut auch vor dem Intimen nicht zurück, wo es dazu dient, Gestalt und Lebensbezirk des Mannes deutlich zu machen – und dazu gehört unlösbar ihr persönliches Denken, Fühlen und Handeln mit hinzu. Dieser Mann nun war ein bedeutender Künstler, dessen Geltung noch weiter wachsen wird, zugleich war er ein Mensch runden, reinen Wesens, der alle, die mit ihm zusammentrafen, durch seine heitere Lebensfülle und seine kraftvolle Selbstverständlichkeit bezwang.

Elisabeth Erdmann-Macke war fast neunzig Jahre alt, als sie im März 1978 starb – zwei Menschenalter nach dem Tode ihres ersten Mannes. Bis ans Ende ihrer Tage hatte sie sich den ganzen Zauber des jungen Mädchens bewahrt, der ungebrochen aus den vielen Bildnissen leuchtet, die August Macke nach seiner Jugendfreundin, seiner Braut, seiner Frau gemalt und gezeichnet hat, Huldigungen an ihre Schönheit und ihre Jugend, Dokumente der Liebe. »Leider lassen die Beschwerden des Alters nicht nach, aber ich bin dankbar, daß ich noch geistig an allem, wenn auch meist nur aus der Ferne, teilnehmen kann. Die schweren Erlebnisse aus der Vergangenheit sind mir eine Quelle der Kraft und der Freude«, so hat mir die Zweiundachtzigjährige einmal geschrieben. »Die schweren Erlebnisse aus der Vergangenheit«, die grausamen Schicksalsschläge, die ihr das Leben vor anderen zugemutet hat, und die wohl jeden hätten verzagen lassen – sie waren persönlicher Natur, und sie waren symptomatisch für unser Jahrhundert, offenbaren sich doch in ihnen auf exemplarische Weise Verhängnis und Wahnsinn der Epoche. Schon im September 1914 fiel mit siebenundzwanzig Jahren in den ersten schweren Kämpfen des Weltkrieges der geliebte Mann, der Vater ihrer beiden Söhne, der Maler August Macke. 1916 hat sie Lothar Erdmann, seinen engsten Freund, geheiratet. Macke, der wußte, daß er aus dem Krieg nicht zurückkehren werde, hatte es selbst in der klaren Vorahnung seines Todes so gewollt: »Also, ich vermache dir die Lisbeth, die Kinder und alles.«

»Unser gemeinsames Leben war ein überaus reiches und glückliches«, berichtet Elisabeth Erdmann über ihre zweite Ehe, »wenn uns auch Schweres nicht erspart blieb. So verloren wir den Sohn Walter am 10. März 1927, kurz vor seinem siebzehnten Geburtstag während einer Scharlachepedemie in Berlin. [...] Seit dem Beginn der Hitlerzeit hatten wir es sehr schwer. [...] Dank seiner aufrechten Gesinnung und seiner Unbestechlichkeit war Lothar nicht erwünscht und verlor seine Stellung und sein Einkommen. Am 1. September 1939, dem Tag des Kriegsausbruchs, wurde er aus dem Hause geholt und in das Konzentrationslager Sachsenhausen gebracht, wo er am 18. September, fünfzig Jahre alt, nach qualvollen Folterungen und Mißhandlungen durch die SS starb.« Einfacher, bescheidener und eindringlicher kann man das Schreckliche nicht sagen. In den von Annedore Leber gesammelten ›Vierundsechzig Lebensbildern aus dem deutschen Widerstand – Das Gewissen steht auf‹ ist über den Kriegsfreiwilligen von 1914, den Kompanieführer an der Westfront, den Sozialisten und Gesinnungsfreund der englischen Fabier, Mitarbeiter beim Internationalen Gewerkschaftsbund in Amsterdam, dann Sekretär des Allgemeinen Deutschen Gewerkschaftsbundes in Berlin und Chefredakteur der ›Arbeit‹ berichtet, ist Zeugnis gegeben von seiner unbeugsamen Haltung gegenüber den Henkersknechten – und von den bestialischen Torturen, mit denen man ihn zu Tode brachte. – In späteren Jahren mußte Elisabeth Erdmann überdies den Verlust ihres zweiten Sohnes Wolfgang hinnehmen, der sich in beispielhafter Weise um die Betreuung des väterlichen Werks verdient gemacht hat. Sie selbst war infolge eines Unfalls im Atmen und Sprechen schwer beeinträchtigt. Und dennoch schrieb sie zu Recht und aus innerster Überzeugung von der Quelle der Kraft und der Freude, zu der ihr das persönliche Leid geworden war.

Daß dies so sein konnte, läßt sich gewiß rational nicht erklären. Das Wort »Gnade« scheint die einzig angemessene Umschreibung für solche Lebensfrömmigkeit zu sein. Sie selbst hat die Begegnung und die Gemeinsamkeit mit August Macke in diesem Sinne verstanden – durchaus ohne Sentimentalität – als ein Geschenk, das ihrer ganzen Existenz ein unauslöschliches Siegel aufprägen sollte. Auch dem Nachgeborenen, dem Fremden, teilte sich im Gespräch mit ihr die stets fortwährende Gegenwart eines Menschen und Künstlers mit, dessen Werk in jeder Äußerung den leuchtenden Widerschein seiner Menschlichkeit trägt. Und nicht anders enthalten ihre schriftlichen Zeugnisse mit den nicht wenigen Briefen von Mackes Hand darin den lebendigen Abglanz des Humanum, das diesen Mann vor vielen anderen ausgezeichnet hat. Alle, die ihn kennenlernen durften, berufen die Strahlung seiner physischen und seiner psychischen Natur: »Er war breit und groß, mit gesundem, lachendem Gesicht. Seine Gestalt, Gesicht, Stimme füllten unser Zimmer ungewohnt aus. [...] Mit Kraft und Lebenslust hatte er uns überschüttet. [...] Man lebte mit ihm zweifach, seine Freudigkeit strömte selbst auf fremde Menschen aus«, so erinnerte sich Wilhelm Schmidtbonn in einem Gedenkartikel aus dem Jahre 1949. Schon am 30. März 1908 notierte sein Freund Lothar Erdmann in sein Tagebuch: »Am Nachmittag traf ich August Macke« bei gemeinsamen Bekannten, Macke war damals einundzwanzig Jahre alt. »Er erzählte mit seiner naturfrischen Genialität, der die Einfälle von selbst und leicht zufließen, von seinen Erlebnissen in Berlin und Hamburg; von Büchern, die er gelesen, Menschen, die er kennengelernt. Seine leicht gestaltende Phantasie, sein großzügiger, das Typische fein empfindender Humor, seine Natürlichkeit und Menschenkenntnis, die auf einer unerreichten Fähigkeit, das Leben kennenzulernen und zu genießen, beruht, seine Klarheit, der nichts Menschliches schwer faßlich scheint, alle diese Eigenschaften machen ihn zu einem glänzenden Erzähler. Ob er von Menschen, Büchern oder Bildern spricht, er ist stets klug und dadurch originell. Sein malerisches Genie steht außer Zweifel. [...] Dabei ist er keineswegs einseitig malerisch begabt, sondern literarisch von höchstem Geschmack, klar und sicher, auch in gewisser Hinsicht philosophisch und naturwissenschaftlich interessiert. Musikalisch ist er rezeptiv außerordentlich, seine Psychologie ist durchdringend, oft einseitig. [...] Er ist durchaus keine transzendente Natur, alles Jenseitige liegt ihm fern. Dazu ist seine Genialität vielleicht zu sehr im Leben festgewurzelt. Er hält das Nachdenken über metaphysische Probleme in jedem Falle für Zeitvergeudung. Auch ein allgemein historischer Sinn mangelt ihm, er sieht das Heute, er nimmt das Leben, wie es ist, nicht wie es wurde. [...] Seine Lebensneugier ist unersättlich, und er besitzt die Fähigkeit, sie zu befriedigen. Damit vereint sich ein geradezu vermessenes Glück, wie es nur einem Liebling der Götter zuteil wird.«

Seine Frau Elisabeth aber schreibt: »Er war vielmehr schwermütig als glücklich; er, den das Glück sichtbar bevorzugte, er trug an allem schwer, an seinem eigenen Glück, an der mannigfachen Schönheit der Natur im kleinsten wie im größten, an dem harten Dahinleben mancher Menschen. Ihn ergriff das alles im Innersten, und er litt darunter. Das wußten die wenigsten, die ihn kannten; er galt stets als der heitere, glückverbreitende, immer strahlende Jüngling.«

So hat ihn denn auch die kunstinteressierte Nachwelt lange Zeit hindurch gesehen als den »jungen Macke«, wie Franz Marc ihn in seinem berühmten Nachruf aus dem Felde apostrophierte, den hochbegabten, eigentlich harmlosen Benjamin im Kreise des ›Blauen Reiters‹, darin so viel tiefgründigere Probleme des »Geistigen in der Kunst« erörtert und gelöst wurden. Vielversprechend, doch vor der Zeit in seiner Entfaltung gebrochen. »Mit seinem Tode knickt eine der schönsten und kühnsten Kurven unserer deutschen künstlerischen Entwicklung jäh ab. [. . .] Wir, seine Freunde, wir wußten, welche heimliche Zukunft dieser geniale Mensch in sich trug.« So umschrieb der Freund, der Ältere, seine Position in der Entwicklung der modernen deutschen Kunst. »Gewiß ahnt das Deutschland von heute nicht, was alles es diesem jungen, toten Maler schon verdankt, wieviel er gewirkt und wieviel ihm geglückt ist. Alles, was seine geschickten Hände anfaßten und wer ihm nahe kam, wurde lebendig, jede Materie und am meisten die Menschen, die er magisch in den Bann seiner Ideen zog. Wieviel verdanken wir Maler in Deutschland ihm! Was er nach außen gesät, wird noch Frucht tragen und wir, als seine Freunde, wollen sorgen, daß sie nicht heimlich bleibt. – Aber sein Werk ist abgebrochen, trostlos, ohne Wiederkehr. Der gierige Krieg ist um einen Heldentod reicher, aber die deutsche Kunst um einen Helden ärmer geworden.«

Macke war sieben Jahre jünger als Marc; so ist es verständlich, daß man ihn im Schatten, ja in der bloßen Nachfolge des Älteren gesehen hat. Er selbst hat sich indessen nachdrücklich gegen solche »Einordnung« verwahrt: »Meine Ansichten von Kunst sind verschieden von Kandinsky und Marc. Ich fühle mich jetzt für mich allein verantwortlich«, schrieb er 1913 an Berhard Koehler, den Sammler und Helfer. In Wahrheit war er von Beginn an er selbst gewesen, so sehr und so bewußt er immer gelernt und

Anregungen aus seinem Freundeskreis aufgenommen und verarbeitet hat. Er war ein Künstler von wahrhaft staunenswerter Fülle natürlichen Talents, um ein voller tönendes Wort zu vermeiden, das seinen Generationsgenossen damals ohne Bedenken vom Munde ging. Als Maler und als Zeichner gleichermaßen verfügte er über Gaben, mit denen man leicht etliche Künstler hätte ausstatten können. Gewiß haben seine näheren Kollegen zumal seine Fähigkeiten als Maler gewürdigt – als »August Vonderfarbe« hat ihn Marc in einem Briefe angeredet. Von welchem einsamen Rang aber sein Sensorium, sein sechster Sinn für die sinnlich-sittliche Kraft der Farbe war – das hat keiner von ihnen ganz ermessen können, taten sie sich doch, bis auf den einzigen Paul Klee, so viel schwerer im Umgang mit dem Medium der Farbe. Was selbst ein Max Beckmann sich nur unter Mühen und über Jahre erringen mußte, was gerade den »Meistern der Farbe« unter den deutschen Expressionisten nur teilweise und gewaltsam gelang, das Produkt des Ölfarbenherstellers nämlich durch den Akt des Malens seiner Erdenschwere zu entkleiden, den Rohstoff, das mit Bindemittel versetzte Pigment, in ein sinnlich und zugleich geistig Wirkendes zu *verwandeln* – ein magischer Vorgang von Transsubstantiation der Materie –, das wußte August Macke von Beginn an ganz selbstverständlich zu üben. Seine Begegnung und schöpferische Auseinandersetzung mit der französischen Malerei, erst der Impressionisten und dann der Fauves und der Kubisten, erweckten und beflügelten in ihm nur bereits vorhandene Anlagen. Und ihm war bald schon bewußt, welches Geschenk ihm die Musen mit dieser Fähigkeit in den Schoß gelegt hatten. Mit dem Bewußtsein aber wurde aus diesem Geschenk eine grundlegende Qualität seiner Kunst, die er bald planmäßig einzusetzen vermochte.

»Mein malerischer Zustand ist der, daß Kandinsky für mich sanft entschlafen ist, indem die Bude von Delaunay daneben aufgeschlagen war und indem man darin so recht sehen konnte, was lebendige Farbe ist im Gegensatz zu einer komplizierten, aber absolut seichten Farbfleckenkomposition. Man möchte weinen, daß einem Hoffnungen enttäuscht wurden. Aber Delaunay hat eben mit dem räumlichen Eiffelturm angefangen und Kandinsky mit Lebkuchen. Eine Tischplatte ist mystischer wie alle seine Bilder. Sie klingen gar nicht mehr für mich, « so schrieb er im November 1913 an Marc. Er sprach dabei gewiß pro domo und urteilte, was Künstler zu Recht tun, vielleicht scharf und schief. Daß er bei dieser Gelegenheit aber vom »Klingen« sprach, daß ihm überhaupt immer wieder musikalische Vorstellungen und Begriffe sein visuelles Metier befruchteten, daß seine Kunst eine solche des Sagens *und* des Singens war – das charakterisiert den Künstler und den Menschen in gleichem Maße. Künstlerisch arbeiten hieß für ihn »ein Durchfreuen der Natur«.

Doch sollte der Betrachter vor seinem Schaffen jener Warnung seiner Frau eingedenk bleiben, die die Dimension des Schwermütigen hinter seiner äußeren Erscheinung des »stets heiteren, glückverbreitenden, immer strahlenden Jünglings« berief. Nicht nur in einigen späten Dokumenten enthält seine Kunst bei all ihrer hellen Heiterkeit insgeheim diese Dimension der Schatten, des Ernstes, der Melancholie; ihre Augenmusik ist nicht nur in Dur geschrieben. Gewiß stellen sich vor seinen Bildern und Aquarellen mit dem Leuchten und Klingen ihrer Farben, aber auch vor seinen Handzeichnungen mit ihrer Grazie und ihrer verborgenen Architektur, vor den Menschendarstellungen wie vor den Landschaften, vor den Stilleben oder den dekorativen Entwürfen, ganz unabweisbar als alles verbindende Charakteristika Worte wie »Harmonie«, »Wohllaut«, »Schönheit« und eben »Heiterkeit« ein, Verabredungsbegriffe, die nicht anders dazu dienen, die Musik eines Mozart, eines Haydn recht eindimensional zu kennzeichnen. Doch ist mit solchen simplifizierenden Umschreibungen wenig auszurichten, wenn man versucht, das je einzelne Kunstwerk in seinem Wesen zu erfassen, das sich nie damit begnügt, nur den schönen Schein der Dinge, der Welt zu evozieren.

Die moderne Kunst der Jahre vor dem Ersten Weltkrieg war,

zumal in Deutschland, bestimmt von einer generellen Absage an alles Klassische, also auch gerade an Heiterkeit und Grazie. In einer Zeit, die kommendes Unheil heraufdrohen sah, galten Selbstgewißheit und Maßgefühl, Gelassenheit und Leichtigkeit als zweifelhafte Werte. Ein neuer Anfang war zu machen. Man fand ihn beim »Ur« der primitiven Kulturen, erst bei den Bauern, dann bei den Wilden, den Kindern, in den bisher verborgenen Tiefen der Seele – ein Franz Marc fand ihn beim Tier. In Bereichen und Formen, die nicht von der Zivilisation geprägt, d. h. »verdorben« waren, lagen allein Wahrheit und Zukunft. Eine ungekannte Lautstärke zog in die Künste ein, um das Barbarische, das Archetypische auszudrücken. Indessen – August Macke war und blieb ein Zivilisierter. Geschrei und Geraune, Selbstbekenntnis und Pathos waren seiner Natur zuwider. Aus seiner rheinisch-westlichen Herkunft, aus dem Milieu des gebildeten Bürgertums, in dem er aufwuchs und das dann im wohlhabenden Ambiente der Familie seiner Frau Bestätigung und Steigerung erfuhr, aus der damit zusammenhängenden Affinität zu französischer Lebensform und französischer Kunst ließe sich seine Ausnahmestellung im Kreise seiner Künstlerfreunde wie überhaupt innerhalb der modernen deutschen Kunst der Zeit hinlänglich erklären. Hinzu aber trat bei ihm die völlige geistige Unabhängigkeit, mit der er sich wie über bürgerliche Konventionen so über gewisse zeittypische Forderungen nach grundsätzlicher Weltveränderung hinwegzusetzen wußte. Bei aller jugendlichen Neugier, bei aller Aufgeschlossenheit für das Kommende in der Kunst, fühlte er sich in der Reihe großer Traditionen, die freilich weit über den Historismus des vergangenen Jahrhunderts hinauswiesen. Er war ein leidenschaftlicher Ausstellungs- und Museumsbesucher und liebte es, abends im Familienkreise nach Reproduktionen von älterer und neuerer Kunst, nach der Antike und nach Negerplastik, nach Ostasiatischem und nach Rembrandt, nach Manet oder nach van Gogh zu zeichnen. Er war ein »gebildeter« Künstler, unter den Deutschen eher eine Seltenheit, der es wagte, sein eigenes Tun immer wieder an den Meistern zu messen, ohne deshalb ins Epigonale zu geraten. Für ihn, den Naturbegeisterten, war im Kunstwerk stets auch »das Künstliche« mit anwesend. So spontan er vor dem Modell oder dem Motiv zeichnete und aquarellierte, so sehr vermochte er seine Arbeit zugleich durch das Bewußtsein zu kontrollieren. Erst in zivilisierter, vom Menschen geformter Gestalt tritt Natur uns in seinem Werk entgegen. Nicht zufällig liebte er die domestizierten Welten der Parks und der Zoologischen Gärten, die er mit modisch gekleideten Figuren bevölkerte. Daß Franz Marc in seinem späteren Werk das Tier als die reinere Kreatur zum fast ausschließlichen Thema seiner Bilderwelt machte und von dort aus, parallel zu Kandinsky, zu den absoluten Offenbarungen von Natur im Ungegenständlichen gelangte, hat ihn interessiert, nachvollziehen wollte er es nicht. Wilde Tiere hinter Gittern mußten für Marc etwas Quälendes besitzen. Macke konnte davon abstrahieren und sich ungehemmt ihrer bunten Farben und Formen erfreuen, so wie er an Zirkus und Ballett seine besondere Freude hatte. Frau Macke hat mir dies einmal bestätigt und dabei bedauert, daß sie in ihren Erinnerungen das ›Russische Ballett‹ Diaghilews in seiner besonderen Bedeutung für die Kunst ihres Mannes nicht mit berücksichtigt habe. Die Welt des Theaters, in die Macke als sehr junger Mann durch seine zeitweilige Mitarbeit als Bühnenbildner und Beinahe-Regisseur für das Düsseldorfer Schauspiel der Louise Dumont unmittelbaren Einblick gewonnen hatte, konnte ihn zwar auf die Dauer nicht halten. Doch hat sie ihre deutlichen Spuren auch in seinem späteren Werk hinterlassen, nicht allein in einschlägigen Darstellungen, sondern zumal in indirekten Wirkungen. Sein nachtwandlerisches Gefühl für Rhythmisches und Szenisches in der Konfiguration seines Bildpersonals, sein Sinn für Bildregie, Akzentuierung und Lichtführung, sein Organ für das Tänzerische, für die Musik der Farben und der Formen, konnten sich hier frühzeitig entwickeln.

Als er dann im April 1914 mit Moilliet und Klee nach Tunis reiste, fühlte er sich in der orientalischen Märchenwelt mit ihren urtümlichen Gewandfiguren und ihren urtümlichen Architekturen unter dem Wüstenlicht in seinen künstlerischen Grundanschauungen nur bekräftigt: Er fand seine Bildform wieder, die sich ihm im Austausch mit Delaunay erschlossen hatte, die »plans colorés«, die farbigen Flächen, die über die Gegenstandsformen und Gegenstandsfarben hinaus die Struktur des Bildes als konstituierende Elemente bestimmen. Ähnlich wie ein Delacroix in Nordafrika drei Menschenalter zuvor eine lebendige Antike wiedererkannte – »lauter Catos und Brutusse« –, so erblickte Macke hier seine ureuropäische, zivilisierte Kunst- und Menschenwelt wieder: ein buntes Ensemble von Veranden und Markisen, von Basarsegeln und Moscheekuppeln, dazu Maultiere, Kamele und braune Menschen – das ganze Szenarium und die ganze Statisterie seiner Zirkus-, Zoo- und Ballett-Inszenierungen von zu Hause. Seine Augenerlebnisse damals müssen für ihn etwas von dem Phänomen des ›déja vu‹ besessen haben. Gesteigert und verklärt zu zauberhaft leichtem Farbenspiel hat er sie in seinen berühmten ›Tunis-Aquarellen‹ zusammengefaßt, Kristallisationen seiner Weltsicht, in denen für den Rückblickenden auch eine Ahnung des Abschieds, ein Hauch von Melancholie sich verbirgt.

»Das Kunstwerk ist ein Gleichnis, es ist der Gedanke, der selbständige Gedanke des Menschen, ein Gesang von der Schönheit der Dinge, das Kunstwerk ist die vornehme, vielfältige Äußerung von Menschen, die mehr gestalten können als das einfältige Wort ›das ist aber schön!‹« Mit diesen Sätzen hat August Macke in einer von etlichen undatierten Notizen seine künstlerische Überzeugung umschrieben. Kunst und »Schönheit« waren in seiner Vorstellung unlösbar miteinander verknüpft. Hing er damit aber nicht einer schon zu seiner Zeit antiquierten, »affirmativen Ästhetik« an, deren Untauglichkeit für Kunst und Leben der weitere Verlauf des Jahrhunderts offensichtlich auf das Drastischste erweisen sollte? Es ist indessen zu bedenken, daß der Maler in voller Erkenntnis der Wirklichkeit und sogar seines eigenen, unmittelbar bevorstehenden Endes nicht ablassen wollte von seinem Glauben an ein Künstleramt, das darin bestehen müsse, »die Schönheit der Dinge« zu rühmen, ja zu besingen. Seine künstlerische Hinterlassenschaft, ein wahres »Lebenswerk« aus kaum zehn Schaffensjahren, bezeugt im unglaublichen Reichtum der Erfindung, in der bis heute ungeminderten Frische der Anrede und in der leuchtenden Schönheit der Bilder, daß solche Überzeugung gegenwärtig, aktuell geblieben ist – über alle Schlagworte hinweg. Dieses Werk lehrt, daß die Aufgabe der Kunst offenbar nicht allein darin bestehen kann, der Welt und ihren Wirklichkeiten den Spiegel vorzuhalten, sondern ihr das »Gleichnis«, den »selbständigen Gedanken des Menschen« entgegenzusetzen.

Der Lebensbericht, den Elisabeth Erdmann-Macke von ihrem Manne gibt, verzichtet bewußt auf literarischen Anspruch, er war ursprünglich nur für ihre Kinder und nicht zur Veröffentlichung gedacht. Er ist die so harmlose wie sorgsame Schilderung ihrer Liebe und ihrer Ehe, ihres Freundes- und Künstlerkreises, der Städte und der Landschaften, durch die sie gemeinsam gewandert sind; er erzählt Geschichten und Geschichtchen, Beobachtungen und Episoden, Familiäres und auch Unbedeutendes, Künstlerisches und Kunstgeschichtliches. Dies alles ergibt das lebendige Bild einer Epoche. Er vermittelt vor allem den Eindruck jener seltenen Identität des Menschen und des Künstlers August Macke. So hat Elisabeth Erdmann-Macke aus der Klugheit ihres Herzens diese ›Erinnerung‹ immer vor dem Hintergrund seines Werks geschrieben, und vor diesem Hintergrund, gleichsam im Angesicht seiner Bilder, sollte sie gelesen und begriffen werden.

August und Elisabeth im Café, Bonn, 1907

Erinnerung an August Macke

Meinen Kindern gewidmet im Gedenken
an die Freundschaft ihrer Väter

Vorwort

Mit diesen Aufzeichnungen, die ich im Jahre 1915 begonnen habe, machte ich den Versuch, meinen beiden Söhnen ein Bild ihres Vaters zu bewahren. Der älteste, Walter, der damals fünf Jahre alt war, hatte manche Begebenheiten im Umgang mit dem Vater erstaunlich gut im Gedächtnis behalten, während der jüngere, Wolfgang, mit seinen eineinhalb Jahren natürlich keine Erinnerungen an ihn haben konnte.

Das Drängen meiner Freunde ermutigte mich zum Schreiben. Ich tat es so spontan, wie mir die Gedanken kamen, ohne je an eine Veröffentlichung zu denken. Der erste Teil entstand 1915 bis 1916, dann kam eine lange Pause, bis 1936, wo ich für kurze Zeit die Arbeit wieder aufnahm. Nach jahrelanger Unterbrechung konnte ich sie erst 1960 beendigen.

Diese langen Zwischenräume, zum Teil bedingt durch viele Arbeit in der großen Familie und durch die schweren Kriegsjahre, in denen ich die nötigen Unterlagen nicht zur Hand hatte, sind der Grund, daß diese Erinnerungen kein einheitliches Ganzes sein können, weder in der Intensität der Beobachtung und Darstellung, noch stilistisch. Über den Künstler August Macke und seine Bedeutung ist inzwischen von berufener Seite (ich denke vor allem an das Buch von Gustav Vriesen) Gültiges ausgesagt worden.

Als Freundin seiner Jugendjahre und spätere Lebensgefährtin will ich von dem Menschen August Macke erzählen und von dem kurzen, reichen Leben, das mir an seiner Seite vergönnt war. Außerdem möchte ich versuchen, den Kreis von Künstlern, von Menschen, denen er begegnete und die für ihn bedeutsam waren, zu schildern.

Da ich Herrn Dr. Vriesen seinerzeit das Manuskript meiner Aufzeichnungen zur Einsicht zur Verfügung stellte und er manche ihm wichtig erscheinenden Angaben daraus wortgetreu entnahm, ließ es sich nicht vermeiden, daß manches hier noch einmal erwähnt wurde. Für die Vollständigkeit meiner Aussagen scheint mir das allerdings ebenso nötig zu sein wie die Zitate aus einigen Briefen.

Bonn, im Sommer 1962   *Elisabeth Erdmann-Macke*

Herkunft und Kindheit

Im Jahre 1903 traf ich August Macke zum ersten Male. Bevor ich von dieser Begegnung erzähle, soll einiges über seine Familie und seine Kindheit berichtet werden, soweit es für den Zusammenhang meiner Aufzeichnungen wichtig erscheint.

Die Familie Macke stammt aus dem Braunschweigischen, und zwar aus Ellierode im Harz. Der Name Macke ist ein niedersächsischer Bauernname und in der dortigen Gegend sehr häufig. Auch in Ortsnamen kommt er vor, zum Beispiel Makkenrode. Der von den Vorfahren überkommene große Bauernhof wird auch heute noch von Nachkommen mit dem Namen Macke bewirtschaftet.

August Mackes Großvater, Friedrich August Ferdinand Macke, wurde am 19. April 1819 geboren und erhielt eine gute Lehrerbildung auf dem Seminar in Wolfenbüttel und der Präparandenanstalt in Alfeld. Nach Beendigung der Studien versuchte er durch folgende Annonce eine Stellung zu bekommen: »Ein Seminarist, der nicht nur in den gewöhnlichen Lehrgegenständen, sondern auch in der Musik und im Zeichnen Unterricht zu geben im Stande ist, wünscht bei einer gebildeten Familie Hauslehrer zu werden.« 1841 trat er seine erste Stelle bei Senator Richter in Hannover an und war später bei der Familie von Holle auf deren Gut in Schönweide in Holstein tätig.

Friedrich August Macke war eine ausgeprägte Persönlichkeit, voller Humor und gleichzeitig von tiefer Frömmigkeit beseelt. Auch politisch war er sehr interessiert und galt als begeisterter 1848er Demokrat. Von ihm wird der Ausspruch überliefert: »Die Menschheit schreitet fort trotz Pfaffen und Ministern.« In Seboldshausen bekleidete er das Amt des Schullehrers, Opfermanns, Kantors und Organisten und war zeitweise auch Ortsvorsteher. Da der zuständige Pfarrer aus Gandersheim nur selten im Jahr nach Seboldshausen kommen konnte, mußte Macke die Betstunden durchführen und allsonntäglich die Predigt halten. Er war es auch, der als erster für die Kinder seiner Schule regelmäßigen Zeichenunterricht einführte, was insofern bemerkenswert ist, weil bei ihm wohl zum ersten Male in der Familie Macke ein Zeichentalent aufgetreten ist. Aus seiner Ehe mit einer Tochter des benachbarten Quantmeyerhofes stammten acht Kinder, von denen einige früh starben. Von den drei Söhnen August, Robert und Ludwig hatte der älteste, August, wohl vom Vater die Gabe zum Zeichnen geerbt und besaß einen ausgesprochenen Sinn für alles Schöne. Er besuchte die Baugewerbeschule in Holzminden, um Baumeister zu werden. Als Bauunternehmer und Tiefbauingenieur war er beteiligt am Bau von Talsperren, Eisenbahnstrecken, Bahnhöfen und Befestigungen und kam viel im Land herum. Anläßlich einer größeren Arbeit im Sauerland lernte er dort seine spätere Frau, Florentine Adolph, kennen, die Tochter eines wohlhabenden Bauern, der außerdem eine Bäckerei und eine Wirtschaft betrieb. Nach der Heirat 1872 begann für sie, bedingt durch den Beruf des Mannes, ein unruhiges Wanderleben. Man zog von einem Ort zum anderen, und wenn die Familie sich gerade in oft primitiven Wohnverhältnissen eingelebt hatte, ging es wieder weiter woanders hin. Aber Frau Dina war lebenstüchtig und tapfer, stand ihrem Mann mutig und unverzagt in allen Schwierigkeiten bei und nahm mit der Kinderschar die Wechselfälle des Lebens mit still tragender Ruhe und Gelassenheit hin. Von den fünf Töchtern starben eine ganz klein und zwei weitere während einer Scharlachepidemie im zarten Kindesalter. In Meschede im Sauerland wurde die Familie endlich seßhaft, und der Vater baute ein stattliches und geräumiges Haus, das in einem mit alten Bäumen bestandenen Garten lag. Es ging ihnen gut in dieser Zeit, die Mutter konnte sich zwei Mägde halten, und die Kinder wuchsen gesund heran. Hier ging endlich der sehnlichste Wunsch der Eltern in Erfüllung, und es wurde ihnen am 3. Januar 1887 als letztes Kind und Nachkömmling der einzige Sohn

August Robert Ludwig geboren. Der Vater war damals auf einer großen Baustelle auswärts beschäftigt, und die Mutter mußte, wie so oft, ihre schweren Stunden allein durchmachen. Die Freude über den Sohn war unbeschreiblich, und die Mutter telegrafierte dem Vater sofort die frohe Botschaft. Er kam noch mitten in der Nacht bei großer Kälte an und glaubte es nicht eher, bis ihm die Wärterin das Kindchen ausgewickelt hatte und er beim Schein einer Kerze seinen kleinen starken Jungen strampeln sah. Die beiden älteren Schwestern waren zunächst wenig erbaut über den Eindringling und hatten schon bei sich beschlossen, das kleine Bündel zum Fenster hinauszuwerfen. Sie ahnten damals nicht, daß gerade sie den Kleinen am meisten versorgen, ja zeitweise erziehen sollten.

Augusts Vater war mehr Künstler als Kaufmann, worunter natürlich das Bauunternehmen, das er gemeinsam mit seinem Schwager führte, zu leiden hatte. Nach dem plötzlichen Tod seines Teilhabers mußte er das Geschäft schließlich aufgeben, und die Familie siedelte, als August anderthalb Jahre alt war, nach Köln über. Die nun folgenden Jahre waren schwer und sorgenvoll: Durch fehlgeschlagene geschäftliche Unternehmungen verlor der Vater große Summen Geldes, so daß die Mutter nach und nach ihr beträchtliches Vermögen hergeben mußte, um die Familie durchzuhalten. Beide Mädchen, die damals im schönsten Alter standen, waren im Wohlstand erzogen und litten sehr unter den schwierigen Verhältnissen. August war noch zu jung, um das zu begreifen, und seine Mutter hielt mit rührender Zuversicht alles, was seinen Frohsinn hätte verdunkeln können, von ihm fern. Der Vater war häufig und oft über längere Zeiträume hin abwesend. August erinnerte sich lebhaft an die Sonntage, an denen der Vater zu Hause sein durfte: Dann ging er in das Arbeitszimmer und zog sich zu seinen Büchern zurück, vertiefte sich in die Betrachtung seiner Stiche und Bilder und kramte in den gesammelten Altertümern. Keiner durfte sprechen oder ihn stören, aber alle sollten in der Nähe sein, damit er das Gefühl hatte, im Kreise seiner Familie zu sein. Oft nahm er auch den

Jungen allein in das stille Reich, zeigte ihm die Schätze und erklärte ihm dies und jenes. Noch als Mann sprach August mit andächtiger Feierlichkeit von diesen seltenen Stunden, durch die der Vater ihm so viel Anregung gab und das Gemüt des Kindes bereicherte. Die Mutter, in deren Händen für gewöhnlich allein die Erziehung des außerordentlich wilden und lebhaften Jungen lag, ließ ihn in Freiheit aufwachsen und war stets bereit, ihm bei seinen Beschäftigungen zu helfen oder seine Jungeninteressen zu unterstützen. Wenn er sich Bogen oder Schleudern machte oder Schiffchen schnitzte – er brauchte nur zur Mutter zu gehen, sie hatte immer das, was ihm fehlte. In einem großen Kasten hob sie jeden Nagel, jedes Stückchen Draht oder Faden für ihn auf, und wenn er sie um etwas bat, mußte alles andere zurückstehen, bis sie seinen Wunsch erfüllt hatte: das hat er ihr nie vergessen. Und gerade diese Freiheit, die er als Kind von seiten beider Eltern genoß, mag viel zu seinem Zielbewußtsein und dem geraden Weg beigetragen haben, den er stets vor Augen hatte und unbeirrt gegangen ist. Solche Freiheit festigt das Selbstvertrauen; sie ist in seiner Erziehung gewiß von großer Wichtigkeit gewesen für die spätere Entwicklung: Vielleicht ist er darum so glücklich gewesen im Leben, so frei und von sonnigem Gemüt.

Seltsam ist folgende Begebenheit, die ich hier einflechten möchte. Ein Vetter meiner Mutter, der Maler Heinrich Brüne (1869–1945), und ein Verwandter der Familie Macke, der Maler Georg Quantmeyer, studierten in München an der Kunstakademie und waren befreundet. Sie hatten gemeinsam für ein Tandem gespart und machten sich eines Tages mit diesem damals in Mode gekommenen Zweirad auf die Fahrt ins Rheinland, um dort ihre Verwandten zu besuchen. Die erste Station war in Bonn bei den Eltern Brüne. Sie kamen als echte Bohemiens, in karierten Hosen, mit Fasanenfedern am Hut, und erregten in diesem Aufzug natürlich einiges Aufsehen in dem friedlichen Städtchen, so daß meine Großtante nichts Eiligeres zu tun hatte, als die beiden Künstler zuerst einmal gut bürgerlich einzukleiden, ehe sie ihre Reise nach Köln zu der Familie Macke fortsetzten. Das war im Jahre 1893, und der kleine August war gerade sechs Jahre alt und eben zur Schule gekommen. Er bat meinen Onkel, ihm etwas zu malen, worauf der ihn auf den Schoß nahm und ihm allerlei auf ein Blatt zeichnete. Dann nahmen sie den Jungen mit, hängten ihn mit Riemen befestigt an die lange Stange des Tandems und fuhren ihn zu seinem größten Vergnügen spazieren. Nach Bonn zurückgekehrt, machten sie mit mir das gleiche. Ich erinnere mich noch gut daran, daß ich während des Fahrens, in den Riemen hängend, hin und her schwankte. Das war die erste unbewußte Berührung unserer Familien miteinander, wovon wir erst nach vielen Jahren Kenntnis bekamen. Es gibt auch alte Fotos, auf denen meine Eltern zusammen mit dem Maleronkel und seinem Freund Quantmeyer bei anderen Verwandten auf deren Landsitz zwischen Bonn und Köln zusammen sind.

Mein Onkel malte damals Proträts von meinen Eltern und von mir. Ich sitze in einem großen roten Plüschsessel mit der geliebten Puppe Elsa im Arm. Quantmeyer wiederum malte Porträts meiner Tanten, die ausgezeichnet waren, aber leider nicht erhalten sind.

Eine Zeichnung von Georg Quantmeyer, die er bei seinem Besuch mit Heinrich Brüne in Köln bei der Familie Macke machte, ist erhalten. Sie stellt den damals fünfjährigen kleinen August dar mit seinen großen sprechenden Augen. Im Jahre 1916 hängte ich sie für meine beiden Jungen auf, die viel Freude daran hatten. Es ist eine starke Ähnlichkeit darin mit den beiden, als sei er ein älteres Brüderchen von ihnen.

Das Haus, in dem die Eltern in Köln wohnten, lag in der Brüsseler Straße, also in einer Gegend, die sich damals am Rand der Stadt befand. In der Nähe waren Kiesgruben, Bauplätze, Felder und Holzlager, ein Dorado für Jungens; es wohnten dort sehr viele Arbeiter, und die Spielkameraden von August waren meist Söhne aus diesen Familien. Da ging es dann oft toll zu; es wurden wahrhafte Schlachten geliefert, Jagden in dem Gebüsch veranstaltet, wobei einer einmal eine Katze totstach. Dann legten sie an den Neubauten neuaufgerichtete Stücke heimlicherweise wieder nieder, und einmal sogar fanden sie in einer Abfallgrube ein totes Schwein, das sie mit Begeisterung und unter Freudengeheul und Tänzen auf einem Scheiterhaufen verbrannten. Obgleich der Junge in die Vorschule ging, ließ er nicht von seinen alten Gefährten; er fühlte sich unter ihnen bedeutend wohler als unter den oft blasierten, verzärtelten Söhnen der Vornehmen, die keinen derben, gesunden Spaß vertragen konnten. Ja, er kam fast so weit, letztere zu hassen, und hätte einmal beinahe diese Abscheu bitter büßen müssen. Eines Tages ging eines dieser Muttersöhnchen vor ihm her. August hatte sich gerade ein festes neues Lasso gemacht, das er in Freude und Stolz überall erproben mußte, und wupp, auf einmal saß es um den Kopf des zarten Jungen, und August lief ungeachtet des Schreiens und Jammerns des armen Opfers immer weiter, bis es auf einmal einen furchtbaren Ruck gab, und jetzt erst, als er sich entsetzt umdrehte, sah er, daß der arme kleine Kerl, um einen Laternenpfahl gedreht, in das Seil verwickelt worden war. Er war schon ganz blaß und dem Ersticken nahe. Solche Streiche waren an der Tagesordnung, aber August kam auch nicht immer glatt davon; so lief er eines Tages mit einem Pfeil, der dicht neben dem linken Auge am Schläfenknochen eingedrungen war, heim, und die Mutter hatte nichts Eiligeres zu tun, als ihren Wildling aus seiner schmerzlichen Lage zu befreien. Die Narbe, die durch die Wunde entstand, hat er nie verloren.

Unter den Kameraden war einer, mit dem er auf ganz seltsame Weise bekannt geworden war. Es war Ostern. Einer der beiden hatte die Taschen voll mit prächtig bemalten Eiern und hielt ein paar besonders schöne Exemplare in der Hand, als der andere vorbeikam und sich ein Ei ausbat. Der glückliche Besitzer wollte jedoch keines abgeben, und aus Wut darüber schlug ihm der andere die Eier, die er noch in den Taschen trug, kaputt. Der wiederum nimmt ein Ei nach dem anderen und schmeißt es dem Gegner an den Kopf. Da sie nicht ganz hart gekocht sind, läuft dem Ärmsten das ganze Eigelb durch die Haare, die Backen herunter übers Gesicht. Da hat dann der andere schließlich Mitleid, geht hin, zieht sein reines, weißes Sonntagstaschentuch heraus und fängt an, dem anderen die gelbe Masse, die durch Tränen allmählich verdünnt worden ist, abzuwischen. Von dem Tage an datierte die Freundschaft zwischen den beiden, August Macke und Hans Thuar; und sie ist eine Freundschaft fürs Leben geworden. In einem Keller eines der Häuser in der Brüsseler Straße hatten sich die Jungen ein Hänneschentheater eingerichtet; hier wurden Stücke aufgeführt, die August und Hans meist selbst verfaßten, und an besonderen Tagen durften die Eltern und Geschwister gegen Eintrittsgeld den Vorstellungen beiwohnen. Als Hans zehn Jahre alt war, passierte ihm das furchtbare Unglück, daß er unter die Pferdebahn kam, und zwar so unglücklich, daß ihm beide Beine abgenommen werden mußten. Er hat über ein Jahr im Krankenhaus gelegen, ist mehrmals operiert worden, und verschiedene Male haben die Ärzte ihn aufgegeben, aber seine starke, gesunde Natur half ihm alles zu überwinden und die furchtbaren Schmerzen zu erdulden. In dieser Zeit des Leidens war sein liebster Trost der treue kleine Gefährte August. Es verging nicht ein Tag, an dem er nicht kam und ein paar Stunden am Bett seines kleinen Freundes saß und ihn tröstete, so gut er es konnte, und ihm immer neue Spielsachen brachte, um ihm die Zeit zu kürzen und ihn das Leid vergessen zu machen. Als sich die beiden zum ersten Male nach dem Unglück sahen, als Hans bei Bewußtsein war und August erkannte, da weinten sie beide laut und konnten sich nicht fassen. Durch dieses Zusammenhalten in der schweren Zeit wurde ihre Freundschaft unzerreißbar. Obgleich Augusts Eltern später nach Bonn übersiedelten, blieben die beiden Jungen sich weiter in Treue verbunden, und als August später in Düsseldorf die Akademie besuchte, fuhr er oft des Sonntags herüber nach Köln. Er bewog seinen Freund dazu, daß er auch Maler wurde. August war ungefähr zwölf Jahre alt, als er nach Bonn kam. Dort auf dem Gymnasium sagte ihm der Ton weit mehr zu als in Köln; er war mit der Zeit ein stiller, nachdenklicher Junge geworden, und die wilden tollen Streiche wie der frühreife schonungslose Ton der Schüler untereinander sagten ihm nicht mehr zu. Er hatte andere, ernstere Dinge im Kopf, die ihn immer wieder beschäftigten und sein ganzes Fühlen und Denken gefangennahmen. Er zeichnete viel und versuchte auch seine ersten farbigen Eindrücke in Studien wiederzugeben. Die Fotos von ihm aus dieser Zeit zeigen ihn als einen großen, wohlgebauten, schlanken Jungen mit seltsam träumerischen, ernsten Augen und einer fast schmerzlichen Frühreife im Blick.

Mit vierzehn Jahren wurde er konfirmiert. Es war, wie er selbst später sagte, höchste Zeit für ihn, und als der Pastor in der Kirche die Kinder fragte, ob sie nun auch diesem, ihrem neubekannten Glauben fürs Leben treubleiben wollten, war es ihm nicht möglich, mit »Ja« zu antworten; er dachte bei sich: Wie kann man einem so jungen Menschen ein solches Versprechen abverlangen. Er war kein besonders guter Schüler; er hatte nur seine Malerei im Kopf, und alles andere, was ihm nicht in den Kram paßte, ließ er einfach liegen. Merkwürdigerweise war er in Mathematik sehr gut, was aber gerade bei Künstlern häufig der Fall ist. Mit bewundernswerter Sorglosigkeit konnte er wegen einer schlechten Aufgabe Nachsitzen bekommen, er kümmerte sich deshalb nicht einen Gedanken mehr um die Sache. Das ging alles spurlos an ihm vorüber. Die Eltern bewohnten ein ziemlich großes Haus in der Meckenheimer Straße, in dem die Mutter und die Schwestern, durch die Verhältnisse gezwungen, eine Fremdenpension betrieben. Dort lebten oft eigenartige und interessante Menschen, und dieser Umgang mit anregenden jungen Leuten war für den heranwachsenden Jüngling nicht ohne Bedeutung. Den größten Eindruck auf ihn machte der damals im Hause wohnende spätere Privatdozent und Professor der Literaturgeschichte Dr. Otto Deubner; er war viel in Griechenland und Italien gereist und weckte in dem wißbegierigen Knaben durch seine Erzählungen und Erläuterungen manche Anregung. Auch die jüngeren Studenten unterhielten sich gern mit dem Heranwachsenden, und hatte einer einmal eine Mensur auszufechten, mußte August gelegentlich, mit Paukkorb und Handschuhen angetan, beim Einüben helfen. Er tat das aber sehr gern und gewann dadurch eine große Gewandtheit. Die Schüler in der Klasse waren durchweg, mit einigen wenigen Ausnahmen, frische Kerls. Es herrschte ein gesunder Geist in der Schule. Sie zogen oft alle zusammen des Nachmittags hinaus in die Wiesen an der Sieg, einem der Nebenflüßchen des Rheins. Dort gleicht die Landschaft einer Niederung: Es dehnen sich endlose Wiesen, von schönen, phantastischen Baumgruppen durchzogen, und streckenlang stößt man auf kein Haus. Dorthin zog oft die ganze Klasse, dann wurde im Fluß gebadet; und es wurden griechische Kampfspiele aufgeführt, Laufen, Bogenschießen und Speerwerfen. Hier hat August seine allerfrühesten Aktskizzen gemacht, und die Freude an den kraftvollen Formen eines jungen Körpers wurde in ihm geweckt. Sein Vetter, Walter Adolph, der bei ihnen wohnte, um das Gymnasium zu besuchen, mußte ihm Modell stehen.

Damals lernte August einen jungen Juristen kennen namens Vincenz Hundhausen[1]. Es war dies ein ganz besonderer Mensch; er hatte ein großes Talent, Schüler durch seine ideale Auffassung aller Dinge zu fesseln, und nahm sozusagen freiwillig eine Verantwortung für ihr Tun und Lassen auf sich. Er gab ihnen gute Bücher zu lesen, führte mit ihnen auf Spaziergängen lange Gespräche über Kunst, Religion und Philosophie, lud sie zu sich nach Hause ein und las mit ihnen Dramen. Der Verkehr mit diesem, um mehrere Jahre älteren Freunde, der Augusts nur erst zart sich regendes Talent erkannte und ihm oft Mut machte, war von Einfluß auf seine Interessen und Beschäftigungen. Die älteste Schwester hatte sich in diesen Jahren verheiratet und wohnte in Kandern im Südschwarzwald. Als August sie dort das erste Mal besuchte, war es ein großes Erlebnis für ihn. Das freie Umherstreifen in Wald und Feld, das nahe Zusammenleben mit der Natur gaben ihm viel Anregung, besonders als er von einem Berg gegen Abend zum ersten Male die Alpenkette liegen sah in herrlicher Beleuchtung. Es waren zu der gleichen Zeit zwei junge Franzosen dort in den Ferien, nach seinen Schilderungen romantische Wandernaturen. Sie trugen große weite Mäntel über die Schultern geschlagen, was ihm so imponierte, daß er sich auch einen solchen anschaffte, und weil man so etwas damals noch gar nicht trug, fiel er allgemein darin auf. Mit diesen Burschen machte er nächtliche Fahrten, Radtouren und allerlei Späße. Es war auch eine junge vierzehnjährige Baslerin dort, in die er sich verliebte, und der er nach ihrem Weggehen harmlose Karten schrieb, wo nur unter der Marke eine zarte Liebesbezeugung zu lesen stand. Das muß wohl die Mutter der Kleinen aufgespürt haben, und so wurde das erste zarte Liebesspinnweb jäh zerrissen. Es war auch nicht weiter von tieferer Bedeutung, aber eine liebe Erinnerung ist es ihm immer geblieben. Er besuchte bei seiner Rückkehr in Basel das Museum und sah erstmals die Bilder von Böcklin. Sie verfehlten nicht ihre entscheidende, aber auch verführerische und gefährliche Wirkung auf das Fühlen und Denken des Jünglings, der schon früh in sich den heißen Wunsch hegte, in die ihn bedrängenden Eindrücke Klarheit zu bringen. Da fiel das Samenkorn Böcklin auf fruchtbaren Boden; er beherrschte damals Augusts, wenn man so sagen darf, künstlerische Anschauung. Für Holbein hatte er noch kein offenes Auge.

Wenn in der Schule irgendwelche Festspiele aufgeführt wurden, mußte er die Dekorationen entwerfen. Er tat dies einmal für ein griechisches Drama und hatte, unter dem Vorwand, für die Entwürfe zu den Kulissen Studien zu machen, wieder einmal Gelegenheit, etwas zu faulenzen, was ihm in diesem Falle von den Lehrern auch zuvorkommend gestattet wurde. Es war ganz seltsam, wie klar er das erkannte, was für ihn und seine spätere Entwicklung notwendig war, und das, was nur Ballast blieb. Er wußte genau, was er brauchte, und sein Instinkt hat ihn darin nicht getäuscht. Er erzählte auch oft von einem merkwürdigen Menschen, der sich für Christus hielt, mit langen Haaren und härenem Gewand herumlief und gern den Leuten vorpredigte. Weihnachten verlief in diesen Jahren meist sehr still und traurig zu Hause. Der Vater war oft nicht da, und es fehlte an dem nötigen Geld, um ein Fest aus den Tagen zu machen. Erst viel später lernte er das freudige Gefühl, das man zu Weihnachten empfindet, kennen. Sie putzten auch fast nie einen Baum aus. Wenn der Vater in diesen Tagen kam, so nahm er den Jungen mit in die Stadt; da durfte er sich etwas aussuchen von Büchern oder anderen Sachen, was ihm lieb war, und der Vater kaufte dann immer das Beste, so daß die Mutter oft ganz ungehalten war, wenn er mit so kostbaren Sachen für das Söhnchen heimkam.

Die Studenten und jungen Leute, die im Hause wohnten, fühlten sich bald sehr wohl dort, und die Mutter sorgte in rührender Selbstlosigkeit für sie und half ihnen, wo sie konnte; sie hat manchen aus Gutherzigkeit durchgefüttert. Der Umgang mit den vielen verschiedenartigen Menschen, die Gespräche bei Tisch über alle Themen, die vorkamen, haben ihn früh gelehrt, sich unter Menschen zu bewegen, was man nicht zu gering einschätzen darf. Obgleich er nicht allzu fleißig war, war er doch in der Schule ganz gut gelitten, und wenn es auch manchen Kampf gab mit den Lehrern, weil er wieder einmal nicht gelernt hatte, was ihm aber gleichgültig war, so hatten sie doch eine gewisse Achtung vor ihm; sie fühlten instinktiv, daß wohl doch ein ganz brauchbarer Mensch aus ihm werden könnte. Er streifte an seinen freien Nachmittagen viel herum mit einem Klassengenossen namens Heinrich Sauren[2], mit dem er allerdings später ganz auseinandergekommen ist. In dieser Zeit aber waren sie meist zusammen. Sie gingen oft durch die Vorstadt hinaus zu dem großen Exerzierplatz, dem sogenannten Tannenbusch[3]. Woher der Name stammt, weiß man nicht; jedenfalls stand damals keine einzige Tanne auf dem weiten, wellig gedehnten Platz, dafür war er aber rings begrenzt von großen Pappelalleen, und diese Bäume soll noch Napoleon haben pflanzen lassen. Der Weg dahin führte am Bahndamm vorbei durch Kornfelder. Die Gegend war ziemlich verrufen; es trieb sich da öfter lichtscheues Gesindel herum, und wandernde Handwerksburschen nächtigten häufig dort. Hier hat August manchen Sommerabend unter

Lothar Erdmann, Bonn, 1905

Bäumen gelegen und der untergehenden Sonne nachgeträumt. Es reizte ihn stets, solche Stimmungen zu malen, besonders, wenn ein Zug in der wachsenden Dämmerung über die leise leuchtenden Schienen herangesaust kam und der weiße Dampf der Lokomotive sich in der flammenden Glut des Abendhimmels auflöste. So lebte er mit Herz und Sinnen schon ganz in seinem späteren Beruf.

Um seine Schularbeiten aber doch einigermaßen gut zu machen, ging er fast täglich zu einem seiner Klassengenossen, der nicht weit von ihm wohnte. Es war das einer der drei Brüder Wildeman, Söhne eines Pfarrers. Mit den beiden älteren war er damals befreundet. Das Haus war für jeden Gast offen, täglich fand sich bei den Brüdern eine Anzahl Klassengenossen ein, die zusammen im »Jungenszimmer« ihre Arbeiten »bauten«. Es war das reinste Abschreibebüro. August fehlte nie. Er wurde fast wie ein Sohn im Hause gehalten, und manchmal blieb er zu Tisch da. Der Pfarrer hielt vorher jedesmal eine kleine Andacht und schloß auch »unseren lieben Mäcki« in sein Gebet ein. Er war Holländer von großer stattlicher Gestalt, hatte einen prachtvollen Kopf wie ein Schriftgelehrter aus dem Altertum, und in der Sprache einen leichten Anflug von Dialekt, der zwischen holländisch und westfälisch schwankte. Wenn die Jungens zusammen in ihrer Bude saßen, kam er manchmal und sah nach ihnen, dann sagte er wohl »Jungen, seid artig! Papa cheht in Switzkasten«. August konnte ihn vollendet nachahmen und mußte es manchmal zum Gaudium der Anwesenden tun. Durch die Tochter kamen auch junge Mädels ins Haus, und zwischen diesen und den Jungens herrschte ein reizendes, harmloses Verhältnis, das nicht ganz ohne gegenseitiges Sichverlieben abging. Neben diesem Verkehr hatte er noch einen Freund, Alfred Schütte, den Sohn eines sehr wohlhabenden Fabrikanten. Auch dort war er wie überall gern gesehen. Alfred war zwar ganz anderer Art als August und auf ganz anderem Gebiet begabt als er, trotzdem verstanden sich die beiden sehr gut, und der Vater Schütte ermöglichte August später den Besuch der Akademie in

Düsseldorf. Dies waren aber alles Schulfreundschaften, die für das spätere Leben ohne Einfluß und Dauer geblieben sind. Seinem treuen Hans hat er immer die Freundschaft gehalten, außerdem fand er zu der Zeit einen seiner treuesten, besten Freunde, den Sohn des Professors der Philosophie in Bonn, Lothar Erdmann. Er war auch einer von denen, die im Wildemanschen Hause verkehrten, und er hatte mit August viel Gemeinsames durch sein Sichvertiefen in das Wesen der Dinge.

Begegnung

Nun muß ich von der Zeit erzählen, da August und ich uns auf unserem Weg trafen, und wenn es dann scheint, daß ich etwas viel von mir selbst rede, so ist das nicht anders möglich; denn von dem Tage unseres ersten Kennens an lebten wir in einer so schönen Gemeinschaft, daß sich das Erleben des einen nicht von dem des anderen trennen läßt. Es war ganz seltsam mit uns beiden. Es war, als seien wir Marionetten, und das Schicksal führe uns in zufällig scheinendem und doch so unvermeidlichem Spiel immer wieder zueinander, und zwar mit einer solchen Sicherheit, daß es uns am Ende selbst vorkam, als seien wir füreinander bestimmt. Es war im Jahre 1903, August war damals sechzehn, ich fünfzehn Jahre alt. Wir sahen uns jeden Tag zweimal. Wenn ich morgens zur Schule ging und um die Ecke der Meckenheimer Straße bog, dann öffnete sich die Tür an einem gegenüberliegenden Haus, und ein großer, schlanker junger Mann mit einem schwarzen, weichen Schlapphut und Büchern unterm Arm kam heraus und ging an mir vorbei den entgegengesetzten Weg. Wir haben uns auf diese Weise fast täglich ein Jahr lang gesehen, ohne daß wir etwas Näheres voneinander wußten. Aber dieses Sehen gehörte so in unseren Tag hinein, daß wir etwas schmerzlich vermißten, wenn es einmal nicht war. Jedesmal, wenn wir aneinander vorbeigingen, sahen wir uns an, August hatte immer den Kopf etwas zur Seite geneigt, wenn er ging, und unter seiner Hutkrempe traf ich auf zwei strahlende Augen. Zuletzt lächelten wir uns verlegen zu. Mir wurde das fast etwas unbequem, und jeden Mittag faßte ich, beinahe ärgerlich, den Entschluß, einen anderen Weg zu gehen, um diesem seltsamen Unbekannten nicht zu begegnen. Aber etwas, ich weiß nicht was, trieb mich immer wieder auf seine Spuren.

Wenn ich an den schönen Sommerabenden mit meinem Rad über den Platz vor unserem Haus fuhr, kam er regelmäßig mit einem Zeichenblock oder Buch in der Hand von seinen Streifzügen im Tannenbusch zurück. Wenn ich in einem Konzert in der Beethovenhalle saß und mich zufällig umdrehte, begegnete ich seinem Blick. Meine Schulfreundinnen schwärmten von ihm, wie hübsch er sei, man munkelte sogar, er sei ein Franzose und hieße Macké. Jede stritt darum, wem er wohl nachstellte. Das Merkwürdige war, daß ich lachte, wenn sie sagten, er sei hübsch. Ich fand es gar nicht, ich wußte damals nicht, wie er aussah. Es war ein so seltsames Gefühl des Verstehens, was wir gegenseitig unausgesprochen empfanden, und das durch unsere Blicke ausgelöst wurde. Mein Bruder besuchte das gleiche Gymnasium wie August, er war nur etwas älter und um eine Klasse höher. Er war auch mit Vincenz Hundhausen befreundet, und bei diesem hatte er August kennengelernt. Eines Tages beim Mittagessen erzählte er allerlei aus der Schule, unter anderem, daß der junge Schüler, dessen Bekanntschaft er neulich gemacht habe, ihn malen wolle und er ihn auf den Nachmittag um drei Uhr bestellt habe. Ich wußte nicht, wie mir wurde, das Herz schlug mir bis zum Hals; er sollte in unser Haus kommen, und das heute am Tag noch! Ich verbarg, so gut ich konnte, meine Erregung; aber Ruhe fand ich nicht und sehnte die dritte Stunde unbewußt herbei. Endlich schellte es, Schritte kamen die Treppe herauf, und bald hörte ich über mir in meines Bruders Zimmer Stimmen und Lachen. Ich saß am Fenster an meinem Schreibtisch und wußte nicht, was beginnen. Ich wollte mich so gern bemerkbar machen und fing aus lauter Ungeduld und Verlegenheit an zu singen; was mich allerdings wenig befriedigte. Er blieb lange; es war gegen Abend, als mein Bruder mit ihm herunterkam. Ich war im Wohnzimmer beschäftigt, machte mir aber merkwürdigerweise schnell etwas im Flur zu schaffen. Wir sahen uns, nickten uns zu. Mein Bruder führte ihn ins Zimmer unter dem Vorwand, er wolle sich die Bilder meines Onkels, die dort hingen, ansehen. Wir wurden einander vorgestellt, es war wie eine kleine Entspannung. Am anderen Morgen konnten wir uns auf dem Schulweg mit gutem Gewissen grüßen, und er zog freudig den Hut.

Eines Tages kam Vincenz Hundhausen zu uns und sagte beim Nachhausegehen zu mir, ich könnte mich doch gut einmal malen lassen von August Macke; er wäre froh, wenn er jemanden hätte, der ihm säße. Ich erwiderte fast empört und zornig, mir läge gar nichts daran, und er solle ihm nur bestellen, ich täte es nicht. Nach geraumter Zeit kam Hundhausen wieder, fing abermals davon an, und bat mich inständig, es doch zu tun. »Wenn ich nun wiederkomme und sage, Sie wollten nicht, wird er sehr traurig sein.« Das rührte mich und ich willigte ein. Anderen Tags redete er mich an, gab mir die Hand und dankte für meine Zusage mit der Frage, wann er nun kommen solle. Und es paßte uns beiden noch den gleichen Tag um drei Uhr. Diese dritte Stunde wurde noch sehnlicher erwartet als damals das erste Mal. Meine Mutter hatte angeordnet, wir sollten im Zimmer meines Bruders sein. Ich führte ihn hinauf, wir standen uns das erste Mal allein, allerdings etwas befangen, doch sehr freundlich gegenüber. Er fand schließlich einen Platz auf einer Bank für den passendsten, und fing an, eine Kohlezeichnung von meinem Kopf zu machen. Allerdings war das Zeichnen wohl nicht die Hauptsache; es ging nicht allzuschnell; dagegen floß die Unterhaltung wie ein Strom, und das gegenseitige Entzücken über unser gemeinsames Fühlen und Denken war wie das Sonnengleißen über dem Wasser. Ich erinnere mich noch, daß er sehr viel von Böcklin sprach, und weil ich die Bilder auch sehr gut kannte von unseren häufigen Schweizer Reisen her, so war das eigentlich der erste Punkt, in dem sich unser Empfinden traf. Es war so seltsam, ihm zuzuhören, er hatte eine so empfindsame, oft etwas verschleierte Stimme. Ich fühlte mich unendlich beglückt durch dieses gemeinsame Aussprechen.

Von nun an war uns der Austausch unser Gedanken unentbehrlich, und es war ein seliges Geben und Nehmen. Der Weg zur Schule, den wir nunmehr immer zusammen gingen, wurde uns zum schönsten Erlebnis des Tages, dem unser ganzes Sinnen galt. Wir kümmerten uns um niemanden. Seine Lehrer begegneten uns oft, und meine Lehrerinnen kreuzten unseren Weg, wir grüßten nur höflich und lächelten still, wir sahen nur uns, um uns störte uns nichts. Es passierte oft, daß mittags seine halbe Klasse hinter uns herging, und allerlei Spöttereien wurden laut, wie z. B. »der trägt ihr noch nicht mal die Bücher« und andere Späße. Aber im Grunde hatten doch alle diese Pennäler eine Achtung vor unserer Freundschaft. Und wenn ich ihnen allein begegnete, zogen sie ehrfurchtsvoll die Mützen. Abends gegen neun Uhr kam August täglich mit Heinrich Sauren bei uns vorüber. Mich hielt dann nichts mehr, ich lief schon vorher hinauf in mein Zimmer, und dort hinter den leuchtend roten Geranien, die vor dem Fenster standen, spähte ich wartend, bis die beiden kamen, und dann gab's ein herzliches Zunicken. Das gehörte zum Tag wie etwas Unentbehrliches. Hätte ich damals ein Tagebuch geführt, ich glaube, jeden Tag hätte etwas dagestanden. Die Zeit war für uns beide so reich im gegenseitigen Lernen und Bilden, dabei alles so unbewußt, aber trotz der Unbewußtheit fühlten wir instinktiv, daß unsere Freundschaft eine ganz seltene, wunderbare war. Und sie war wie eine schöne Blume, die sich täglich mehr und farbiger entfaltet. Ich weiß nicht mehr alle Einzelheiten dieser ersten Zeit, aber doch will ich versuchen, sie so ausführlich wie möglich zu schildern, und besonders das, was mir wichtig scheint, anzuführen.

August hatte damals ein Kinderköpfchen gemalt und es in einer Kunsthandlung (Cohen) ausgestellt. Es war das blonde Töchterchen seines Lehrers, Irma Rosen. Schulmädels standen in Trupps davor und schwärmten und schwatzten, ehe ich überhaupt etwas davon wußte. Eines Tages erzählte er mir, eine Dame habe sich sehr für das Bildchen interessiert, sie habe nach seinem Namen gefragt und ihn zu sich bitten lassen. Sie sei die Frau des Privatdozenten an der Universität, Professor Willi Wygodszinsky, und selbst Malerin. Ich redete ihm gleich zu, doch hinzugehen und einige Sachen mitzunehmen. Er tat das denn auch und war sehr begeistert von der liebenswürdigen Art der Dame, die ihn trotz ihres leidenden Zustandes so herzlich aufgenommen und große Freude an seinen Zeichnungen hatte. Leider starb sie kurze Zeit darauf, aber ihr Mann hat stets großes Interesse für Augusts Sachen gezeigt und war einer von den allerersten, die ihm ab und zu eine Zeichnung oder Studie abkauften und sich eine kleine Macke-Mappe anlegten (Zeichnungen das Stück für vier, sechs, acht oder zehn Mark).

Mit fünfzehn Jahren, im Frühjahr 1903, war ich konfirmiert worden. Dieses Ereignis fiel gerade in die erste Zeit unserer Bekanntschaft. Ich erinnere mich, daß August verstohlen hinter der Gardine im Wohnzimmerfenster in der Meckenheimer Straße stand und mich in meinem ersten langen Kleid in feierlichem Schwarz auf der Straße gehen sah, als wir am Konfirmationstag zur abendlichen Andacht gingen. Wir unterhielten uns damals öfter über religiöse Dinge. Zu Hause war ich in diesen Dingen frei und zwanglos aufgewachsen, aber in dem zweijährigen Unterricht des Pfarrers war uns Kindern immer nur von der Erde als dem Jammertal gepredigt worden, womit wir natürlich gar nichts anfangen konnten und keine Vorstellung hatten, was das eigentlich bedeuten sollte. Infolgedessen war ich ängstlich und befangen geworden, und es kamen mir oft Zweifel in Glaubensfragen. August vermochte es, mich nach und nach von diesen bedrohlichen, finsteren Gedanken, die mich quälten, zu befreien. Ich weiß noch, wie sehr ich es als eine Erlösung empfand, als ich mich endlich zu einer freieren Anschauung durchgerungen hatte. Bald wandte sich mein Glaube einem idealistischen Griechentum zu, das Augusts Ideenwelt damals beherrschte und uns jungen, frohen Menschen gemäßer schien als der Ernst der christlichen Gedankengänge, die uns von verständnislosen Geistlichen verzerrt nahegebracht worden waren und zu deren wirklichem Verständnis uns noch die nötige Reife fehlte.

Im Winter 1903/04 machte ich ein Tanzstundenkränzchen mit den Oberprimanern mit; es war eine recht fröhliche, jugendlich ausgelassene Zeit mit mancher romantischen Freundschaft,

Eifersucht und Liebelei. August gehörte noch nicht zu den »Erwachsenen«, und es war eigenartig, daß, obwohl ich damals sehr in dem ganzen Betrieb aufging, die stille Freundschaft mit ihm nebenher ungetrübt bestand und immer fester wurde. Wir hatten zu Fastnacht einen kleinen Maskenball, auf dem ich ein hellblaues Biedermeierkleidchen trug mit blauen seidenen Rüschen und einem großen Schutenhut. Er hat mir später eingestanden, daß er den Abend draußen im Dunkeln gestanden habe und mich dann auch endlich nach langem vergeblichem Spähen am Arm eines anderen vorübertanzen gesehen habe. Des Mittags holten uns meistens unsere Tanzflammen an der Schule ab und begleiteten uns auf dem Heimweg, so gut es ging. Auf mich wartete stets einer, der allerdings schon Student war und etwas würdiger als die anderen; ich ließ ihn dann auch ruhig mitgehen, aber wenn oben an der Straßenecke August kam, so wurde es oft recht peinlich; mit zweien zu gehen hatte ich keine Lust, und August war dann meist der taktvollere und ging, allerdings mit Unwillen im Herzen, und mir war die Gesellschaft des anderen auch herzlich gleichgültig.

Im Frühjahr 1904 durfte ich an einer großen Reise teilnehmen, die meine Mutter und mein Bruder in Begleitung meines Onkels, des Malers Brüne, nach Italien und bis hinunter nach Tunis machten. Diese Reise war für einen jungen, empfänglichen und begeisterungsfähigen Menschen, wie ich es damals war, von großem Einfluß. Durch meinen Onkel wurde uns manche Schönheit offenbar, die Augen wurden uns geöffnet, und wir gewannen ein viel lebendigeres Verhältnis zur Natur und Kunst, als wir es vorher je gekannt hatten. Von allen schönen Plätzen schrieb ich Grüße an August und freute mich am Ende im stillen herzlich auf das Wiedersehen mit ihm[4].

Es kamen die Pfingstferien; da hatten wir dann Not, uns täglich zu sehen, aber es fanden sich immer Mittel und Wege, und immer wieder trafen wir uns. Ich hatte zweimal in der Woche Klavierstunde, und er begleitete mich auf dem Weg hin und zurück. Es war sehr heiß, und wir schlenderten ganz langsam durch den Hofgarten. Da sagte er plötzlich, wir könnten doch gut in den Garten vom Museum gehen, er habe da oft gesessen und gezeichnet, es sei so schön still und schattig dort. Ich willigte natürlich ein, und durch Jasminbüsche, die über und über mit Blüten beladen sich uns entgegendrängten, zwängten wir uns in das verwunschene Paradies. Der Garten war nicht groß; er ging terrassenförmig zur Rheinanlage hinunter, und oben am höchsten Punkt hatte man einen weiten Blick über den Rhein, der an diesem Tag in der vollen Mittagssonne silbern gleißend vor unseren entzückten Blicken lag. Alles blühte; und eine Feierstille herrschte, nur durchbrochen von dem schweren Schlagen der Schiffsräder, die auf dem Wasser kamen und gingen, und dem satten Gesumme der Bienen und Hummeln, die in den Blüten sich tummelten. Unter einem Gebüsch von Goldregen und Flieder stand eine Bank. Dort setzten wir uns; er warf Stock und Hut ins Gras, ich meine Notenmappe. Und ich erzählte ihm von Italien, von den nächtlichen Serenaden auf dem Kanal in Venedig, von Florenz, Rom, Neapel und dem Tausendundeine-Nacht-Märchen in Tunis. Ich hatte mich ganz in Begeisterung hineingeredet, und meine Augen glänzten. Als ich aufhörte, war ein Augenblick Befangenheit zwischen uns. Da fühlte ich plötzlich seinen Arm um meine Schulter und einen schnellen Kuß auf meiner Backe. Ich erschrak und war wirklich etwas befremdet, innerlich leise empört. »Wie schön sind Sie, und Sie sind die einzige, die mich versteht.« Ich kam wieder zur Besinnung und stammelte verlegen etwas daher. Dann hoben wir unsere Sachen auf und gingen stillschweigend aus dem Garten durch die heißen Straßen heimwärts. Es war am 31. Mai. Anderntags fing die Schule wieder an, und als wir uns sahen, waren wir etwas beschämt, aber bald brachte die anregende Unterhaltung unsere alte Harmlosigkeit wieder auf. Der stille Garten hat uns aber noch oft wiedergesehen, er winkte uns aus dem Straßengewirr wie ein Eiland unseres Glückes. August hatte ein Porträt von mir angefangen und kam oft zu uns ins Haus, um daran zu arbeiten. Ich erinnere mich noch heute gut, wie es war; er hat es später zerschnitten, wir lachten beide darüber, und ich sagte, es fehle nur noch die Zigarette, dann wäre es ein schönes Plakat. Er schwärmte nämlich damals sehr für Carmen und nannte mich manchmal seine kleine Carmen; auf dem Bild mußte ich eine knallrote Seidenschärpe um die Schultern schlingen, zu guter Letzt steckte er mir eine leuchtende Granatblüte in das schwarze Haar, das ich tief gescheitelt trug. Er hat lang daran gemalt und sich reichlich Mühe gegeben. Eines Tages, als er das Bild zu Hause hatte, fand sein Vater es unter seinen Studien und fragte, wer denn das Mädel sei. Da wußte er nicht viel zu antworten und wurde verlegen. Der Vater kam ihm zu Hilfe und erwiderte: »Na, du hast dir wenigstens ein nettes Mädchen ausgesucht. Aber mehr Mühe hättest du dir schon geben können.«

Wenn er nach Hause ging vom Malen, standen wir immer noch ein Viertelstündchen vor der Haustüre im Dunkeln. Da nahm er eines Abends meinen Kopf in seine schönen starken Hände und küßte mich. Ich erwiderte ganz schüchtern: »Ach ich hätte Sie auch schon so gerne einmal geküßt«, worüber er überglücklich war.

Im Sommer war ein großes Wohltätigkeitsfest, auf dem August in einem braunen Samtrock als Silhouettenschneider auftreten mußte und ich Schokolade verkaufte. Es war das recht nett, und wir hatten dadurch immer eine Gelegenheit, an den lauen Sommerabenden zusammen heim zu gehen. Später wurde eine gemeinsame Rheinfahrt nach Godesberg gemacht. Wir sahen immer nur uns beide, und alle anderen konnten uns nichts anhaben. Er brach im Garten zwei schwere dunkle Rosen ab und steckte mir an jeder Seite eine davon ins Haar. Während der Heimfahrt unter funkelndem Sternhimmel saßen wir dicht beieinander; der Nachhauseweg durch die stillen Straßen am alten Friedhof vorbei, wo die Nachtigallen in den duftenden Büschen schlugen, ist mir unvergeßlich. Wir konnten uns fast nicht trennen, und beim Abschiednehmen glänzte es feucht in unseren Augen. Da nahm ich eine der Rosen aus meinem Haar und reichte sie ihm, da sagte er: »Sie haben mir schon so viele Rosen gegeben«, worauf ich leis, wie abwesend antwortete: »Aber doch nur die eine.« Ich ging träumend hinauf in mein stilles Zimmer und stand am offenen Fenster, bis seine Schritte in der schönen Nacht verhallt waren und nur das ferne Schluchzen der Nachtigallen vom Kirchhof zu mir heraufdrang.

Dieser Sommer war für uns eine glückliche Zeit. Der Entschluß, Maler zu werden, war allmählich reif in ihm geworden; es kostete viele Kämpfe, die Erlaubnis seines Vaters zu gewinnen, da dieser haben wollte, daß er die Schule weiter besuchte, um das Abitur zu machen und dann etwas zu studieren. Sein Vater war damals sehr leidend, hatte viele Sorgen und sah aus diesem Grunde alles in den dunkelsten Farben. Besonders, da er nur den einen Sohn hatte, war er sich dessen bewußt, daß, da er keine Mittel besaß, es für August als Künstler einmal sehr schwer sein werde. Diese Sorgen bewegten ihn tief, und August kämpfte schwer mit sich. Da redete ein alter Freund des Vaters diesem sehr zu, dem Jungen den Wunsch zu erfüllen und ihn von der Schule zu nehmen. Er verwandte sich für ihn bei dem Professor für Kunstgeschichte an der Universität, Paul Clemen, der seine Studien begutachtete und riet, den Jungen auf eine Kunstakademie zu schicken. Und der Vater seines Schulfreundes, Alfred Schütte, ein Industrieller, machte diesen Plan pekuniär möglich. August kam also Ostern von der Schule und konnte nun noch das halbe Jahr bis zum Oktober, da die Aufnahme in der Akademie stattfand, in voller Freiheit genießen.

Ich besuchte damals die oberste freiwillige Klasse in der Schule, die sogenannte Selekta; hier wurden wir als junge Damen behandelt, hatten die meisten Stunden von Professoren und mußten mit Sie angeredet werden. Es bedurfte auch beim Fehlen im Unterricht keiner elterlichen Entschuldigung; das kam mir sehr zustatten, denn von nun an schwänzte ich täglich systematisch, und zwar immer abwechselnd, einmal von 8 bis 10 Uhr, den anderen Tag von 10 bis 12 Uhr. In diesen Stunden machten wir herrliche Spaziergänge nach den Dörfern in der Umgebung oder am Rhein entlang. Wie ich mich erinnere, hat nie jemand etwas gemerkt, ich kam nur oft sehr abgehetzt und verwühlt, mit schmutzigen Stiefeln und Röcken zur Stunde, und die anderen staunten mich dann an, als ob ich vom Mond käme; vielleicht habe ich auch deshalb nichts gemerkt, weil ich innerlich so beglückt war und außer ihm für mich bald nichts mehr existierte.

Jede Woche einmal hatten wir Zeichenunterricht. Während der Sommermonate gingen wir mit dem Lehrer dann hinaus in die nähere Umgebung, um irgend ein schönes malerisches Bauernhaus oder eine Ruine nach der Natur zu zeichnen. Ich sagte August meist vorher Bescheid, wenn ich wußte, wohin die Wanderung ging, und er selbst schlug dann mit Malsachen bepackt eine geraume Zeit später denselben Weg ein. Und manchmal sind wir uns unterwegs begegnet und lächelnd aneinander vorbeigegangen. Einmal saßen wir in einem Bauernhof in Endenich, um das alte Tor abzuzeichnen. Da guckte plötzlich sein Kopf über die Mauer und schob sich langsam vorbei, und ich wurde überrot und verbarg mein Gesicht im Zeichenheft. Noch am selben Nachmittag gab es ein furchtbares Gewitter, und es kostete den Lehrer Mühe, mit uns die nahe elektrische Bahn zu erreichen. Es goß in Strömen, das Wasser sprang buchstäblich von der Erde hoch, Blitz und Donner folgten sich ohne Unterbrechung. Das war für mich eine nicht gerade angenehme Situation, denn von Kind an hatte ich eine Furcht vor Gewittern, die sich bis zur größten Erregung steigerte. Kaum war ich mit den anderen in der Bahn untergebracht, als ich mir gegenüber August ganz friedlich sitzen sah, fröhlich in ein Buch vertieft. Wir taten natürlich, als ob wir uns nicht kennten; ich erörterte nur ziemlich eindrucksvoll, daß ich wohl am besten bis zum Bahnhof führe. Da stiegen wir dann auch beide aus und fanden uns im Bahnhofsgebäude, wohin sich Scharen von Menschen vor dem Unwetter geflüchtet hatten, wieder. Es war erst drei Uhr und so dunkel, daß überall die Lichter brennen mußten. Als das Wetter etwas nachgelassen hatte, gingen wir gegenüber in eine Konditorei und ließen uns den Kuchen gut schmecken.

Ein anderes Mal sollten wir die Ruine Godesberg abzeichnen und hatten uns zu diesem Zwecke auf einer Wiese im Schatten eines Gebüsches gelagert. Ich hatte damals eine knallrote Bluse mit weißen Tüpfchen, die man auf weite Entfernung sehen konnte. Rot war damals die Mode, und oft hat August sich getäuscht und ist einer Unbekannten nachgelaufen, die eine ähnliche Bluse trug. Er machte damals folgendes kleine Verschen:

> Ich wandle unter Bäumen, ich wandle in der Stadt
> Und durch das stille Träumen wurde das Auge matt.
> Der einzig süße Schrecken, der meine holde Muse
> Kann aus den Träumen wecken, ist Deine rote Bluse.

Diese bewußte rote Bluse trug ich an dem Tag. Nach dem Zeichnen trafen wir uns, und er erzählte mir, daß er oben auf der Burg gestanden und durch den kleinen roten Punkt gewußt habe, wo ich sei. Manchmal schwänzte ich auch diese Zeichenausflüge, und wir machten für uns weite Spaziergänge; er zeichnete mir dann nachher schnell etwas in mein Skizzenbuch, gab sich Mühe, daß es etwas unbeholfen wurde, und wenn ich dann zu Hause gefragt wurde, wo wir gewesen seien und was wir gezeichnet hätten, konnte ich ruhigen Gewissens mein Buch vorzeigen. Unsere liebsten Wege waren die auf die Dörfer nach dem Vorgebirge zu, durch die Gemüsefelder von Endenich und Dransdorf. Man sieht das weite von Feldern wie Stoff karierte Land daliegen, und wenn das Wetter ganz klar ist, kann man fern am Horizont zwei scharfe dunkle Spitzen wie Nadeln erkennen, die Türme vom Kölner Dom. In der Nähe die leichten Höhen des Venusberges und des Kreuzberges mit der schönen alten Kirche. Wir liebten diese heimatliche Landschaft mit wahrer Inbrunst. Für August war jeder Stein, jeder Halm und jeder bunte Kohlkopf eine Offenbarung tiefsten Lebens; er konnte lange vor einem Grashalm, dessen zarte Spitzchen sich zwischen schweren Steinen hervordrängten, stehen und tiefbewegt dieses Wunder anstaunen. Er konnte weinen über den dürren Zweig eines Heckenrosengebüsches, über den zarten feinen Bau der

Ästchen, die sich wie Fühlerchen verzweigten. Er wußte jeden Käfer, jedes Insekt mit Namen und kannte jeden Vogel an seinem Ruf. Das alles teilte er mir aus überquellendem Herzen mit, und unser Glück war unsere gemeinsame Freude an den tausend Schönheiten der Natur. Wohl nie war das Blau des Himmels so strahlend, war das Grün der Wiesen so leuchtend. Er deutete mir die sanften, sich überschneidenden Linien einer Landschaft, das schwarz-blaue Darinstehen der Wälder und das zarte Rot eines Daches. Ich war aber auch eine gelehrige Schülerin mit offenem Auge und warmem Herzen, sah bald von selbst all die Schönheiten, und wenn wir so gemeinsam fühlten, faßten wir uns wie Kinder an der Hand und sprangen freudestrahlend über die staubige Landstraße, die wie ein silbernes Band im Zickzack vor uns herlief.

Unter den hohen Pappeln im Tannenbusch haben wir manchesmal gesessen. Besonders wenn das Korn hochstand und Mohn und Kornblumen darin blühten, gingen wir oft den Weg am Bahndamm entlang, den wir »den einsamen Weg« nannten. Dann sank die sommerliche Sonne langsam wie eine glutrote Scheibe hinter den schlanken, düsteren Leibern der Pappeln, und die weite Sandfläche leuchtete wie von innen heraus unter ihren letzten streichelnden Strahlen. Einmal haben wir einen Kornblumenstrauß in die Zweige gehängt, und es war uns dabei wie bei einem Dankopfer, und immer wieder, wenn wir hin kamen, sahen wir zuerst nach unseren Blumen, die bald verwelkt und vom Winde verweht waren. Die ganze Natur war für uns bevölkert mit Lebewesen. Überall setzten wir uns Götter hin, Kobolde und Elfen, und das Gefühl für geheime Kräfte in der Natur war so stark in uns, daß wir fast an diese Fabelwesen glaubten. Das Windeslispeln in den Gräsern, das Murmeln eines Baches waren Töne, die uns tief im Innersten verwandt schienen. Unser liebstes Dörfchen war Meßdorf. Es lag mit seinen wenigen Häusern zwischen Büschen und Obstbäumen versteckt, im Frühling war es ein Blütenmeer. Ein kleiner Bach floß am Dorf entlang, zwischen einem Gebüsch von Weiden und Brombeeren versteckt. Wie oft haben wir dort aneinandergelehnt gesessen! Manchesmal nahmen wir ein Buch mit, und dann las August mir mit seiner schönen Stimme vor, ich hatte meist Äpfel und Birnen in der Tasche, und die schmeckten uns dann köstlich da draußen. Es war wie unsere Heimat, und wenn wir da im Grünen lagen, dünkten wir uns so reich; alle Wirklichkeit der Städte und Menschen, die unserem eigenen Fühlen oft hart und kalt schienen, war versunken. Wir lebten ganz im Einklang mit der Natur. Wenn wir dann am Spätnachmittag wieder herausstiegen aus unserem grünen, dichten Zelt, schien uns der Himmel wie eine weite Glocke, und es war eine feierliche, beruhigende Stille über der Landschaft. Nur ab und zu ein pflügender Bauer mit zwei dampfenden Rossen oder einer, der in Hemdsärmeln weit ausholte, um die harten Schollen aufzuhacken. Dazu als Hintergrund die immer größer werdende Sonne. »Wenn man das einmal malen könnte«, sagte August damals so oft. Wir sprachen viel von Malerei. Auch mit farbiger Plastik beschäftigte sich August damals häufig; er hatte Arbeiten von Max Klinger gesehen, die ihm Eindruck gemacht hatten. Er hat sich selbst einmal versucht, indem er aus Ton eine kleine Gruppe modellierte, die Prinzessinnen mit dem Frosch, die er dann farbig anmalte. Leider hat er es später zerschlagen! Einmal saßen wir an unserem Feldrain, es war gegen Abend, und vor uns dehnte sich ein blühend rotes Kleefeld aus, und auf all den kleinen, wolligen Blütenköpfchen fing sich das Gold der Sonne, es war ein Leuchten, das über das Feld ging. Da träumte August, ein Orpheus ginge durch dieses Feld mit einer Leier, und alle Tiere und Vögel des Waldes folgten seinem Liede. Und er wollte das malen. Wir hatten eine Weide, die dort stand, besonders lieb; ihre klaren, messerartigen Blättchen standen an klaren Tagen wie getriebenes Silber in dem Blau des Himmels. Von dieser Weide pflückte er eines Tages einen Zweig; ich habe ihn oft später herausgeholt an stillen Winterabenden, und noch immer leuchtete er ganz schwach silbern; ich habe ihn verwahrt.

Auch im Winter wanderten wir oft hinaus nach Meßdorf, August in seinen großen Mantel gehüllt und ich bis über die Ohren warm eingepackt. Einmal, an einem prachtvollen Wintermorgen, als die Felder weiß vom Schnee waren und die Sonne sich durch den winterlichen Dunst Bahn brach, zogen wir hinaus. August hatte seinen großen Malkasten mit, packte im Feld seine Sachen aus und malte einen arbeitenden Bauern mit Pferden, trotz der Kälte, mit dicken Handschuhen. Mir hatte er sein kleines Klappstühlchen gegeben, ich saß neben ihm und las ihm vor. Die Bauern kannten uns schon, und August ließ sich manchmal mit ihnen in Gespräche ein. Ein schönes Bild war auch der Apfelernte gewidmet, da die Burschen mit Leitern in die Bäume kletterten und den Mädchen die roten Früchte in die Körbe herunterreichten. Etwas abseits vom Dorf stand ein kleines, von Grün umwuchertes Häuschen mit Laube und Bank davor. Oft standen wir vor diesem kleinen, verwunschenen Reich und malten uns aus, wie es wäre, wenn wir einmal irgendwo so friedlich wohnen würden. Auf dem Feldweg fanden wir einen großen Stein, der uns wegen seiner schönen Farbe und Äderung auffiel. August war begeistert und sagte gleich: »Aus dem Stein möchte ich etwas hauen«; aber wie sollten wir ihn nach Hause bekommen? Wir brachten ihn ein kleines Stück weiter, aber er war so schwer, daß wir ihn bald wieder hinlegten. Richtig hatte sich August anderen Tags in der Dämmerung aufgemacht, um ihn zu holen, er wollte ihn unter seinem großen Mantel verbergen. Aber das war nicht möglich; er war zu schwer. Er brachte mir als Entschädigung ein Stückchen davon mit, das er mit Mühe und Not abgeschlagen hatte. Über diesen geheimnisvollen Stein habe ich dann ein Märchen geschrieben.

Andere Lieblingsplätzchen von uns waren Lengsdorf, Ippendorf am Kreuzberg und Grau-Rheindorf unten am Rhein. Lengsdorf liegt am Abhang des Kreuzbergs, ein reizendes, langgestrecktes Dorf. Dort stehen alte, herrliche Bäume, das sogenannte Flodeling, wo auf den Wiesen oft Kesselflicker und Zigeuner lagerten. Durch einen alten Bauernhof gelangt man in das Katzlochtal, das fast von keinem Menschen begangen wird.

Es gibt da nur einen schmalen Pfad, und der ist so verwachsen, daß man sich gebückt durch das Gezweige drängen muß und sich in einem Urwald dünkt. Wir fanden da Früchte von Maiblumen, ein Zeichen dafür, wie einsam es war, da sie niemand geholt hatte. Dort waren wir einmal in strömendem Regen, wobei das Wasser hoch von der Erde aufspritzte. Das alles störte uns nicht. Wir hängten unsere Schirme in die Zweige und standen darunter, wie unter einem schützenden Dach, und sprachen bei dem Rauschen des Regens von den schönen Dingen in der Welt. – Ippendorf dagegen liegt auf der Höhe des Kreuzbergs. Man hat einen weiten Blick auf die Stadt, die sich froh und farbig in dem Ausschnitt dehnt, den das Auge vor sich hat. Nicht weniger lieb war uns der Rhein. Wir gingen allerdings nie nach dem Siebengebirge zu. Die Gegend nach Köln zu, die schon mehr den Charakter des Niederrheins trägt und fast holländisch anmutet, war uns unendlich viel heimatlicher. Bei jedem Wetter sind wir den Leinpfad unten am Rhein entlanggeschritten. Jede Jahreszeit hat hier in der breiten Flußlandschaft ihre besondere Schönheit: der Winter, wenn sich die schweren, fast bleigrauen Wellen übereinanderwälzten und schwarze Raben auf den vereinzelt treibenden Eisschollen hockten, und an klaren Tagen, wenn Massen von Möwen sich in der schneidenden Luft tummelten; oder die milden Frühlingstage, wenn es um die Ufer grünte und auf der anderen Seite die Wiesen der Sieg zu grünen anfingen und um die kahlen Äste sich schon ein warmer, blättriger Schimmer legte; wenn im Sommer die Schiffe ihren regen Gang stromauf- und stromabwärts zogen, schwere Schlepper unter dicken Rauchwolken; wenn unten an dem flachen Wiesenstrand bei Rheindorf die Jungens halb nackt wateten, Frauen darauf ihre Wäsche breiteten und die Angler wütend wurden, wenn wir unseren Hund, den treuen Begleiter, ins Wasser ließen. Im Herbst weideten manchmal Schafe unten an dem schmalen Hang am Wasser entlang, und man hörte das schnelle Streifen ihrer Füße auf dem Gras und das knabbernde, zupfende Geräusch des Fressens. Unten in Grau-Rheindorf dicht am Wasser lag ein kleines bäuerliches Gasthaus. Es war sehr beliebt bei den Studenten, die hier Sommer und Winter abends mit ihren Ladenmädels herauszogen und auf die Melodien eines Musikapparates tanzten. Im Sommer saß man in grün bewachsenen Lauben nach dem Rhein zu. Im Winter war ein kleines Stübchen drinnen zum Platzen warm geheizt. Da haben wir manchesmal gesessen und uns Eierkuchen mit Schinken bringen lassen, was eine Spezialität dort war und immer so reichlich bemessen wurde, daß wir nachher ganz schwer und sattgegessen nur langsam uns in Bewegung setzten. Einmal, es war Fastnachtsmorgen, schwänzten wir die Schule, kehrten nach einem Gang dort ein und ließen uns Kaffee und Brot geben. Da es noch ziemlich früh am Morgen war, meinte die Frau, wir hätten wohl die Nacht durchgemacht. Es war da ein sehr zänkischer Hund im Saal, der uns andauernd beobachtete. Wenn August mich ein wenig zärtlich umfaßte, fing er gleich an zu krakeelen und bellte wie wild. Das ärgerte und störte uns, und August verfütterte ihm nach und nach den ganzen Zucker, der auf der Schüssel war, indem er ihm ein Stück nach dem anderen weit in den Saal warf. Dann war der Wüterich beschäftigt, wenigstens eine Zeitlang, und ließ uns in Ruhe.

Manchen schönen Sommer- und Herbstabend haben wir draußen gesessen; gleich unten war der Landungssteg eines kleinen Dampfschiffes, das zwischen der anderen Seite und Bonn verkehrte. Am Abend brannte da stets eine kleine Laterne, und das Licht schwankte an dem vom Wasser bewegten Balken auf und nieder und warf lange, zitternde Streifen auf die dunklen Wellen. Oft hing auch ein großes Fischernetz über dem Wasser, das gab der flachen, einfachen Landschaft etwas Melancholisches, Träumerisches. August sah es immer wie einen japanischen Holzschnitt. Wir sind manchmal den Weg im Dunkeln am Wasser entlang heimgegangen; es begegnete einem kein Mensch als ab und zu ein leise flüsterndes Pärchen, das auf einmal noch schwärzer aus dem Schwarz auftauchte. Die Vollmondabende waren allerdings die schönsten. Es war ganz seltsam, wie wir dies alles liebten, wie es so zu uns gehörte und in uns hineinwuchs, ja, es war, als fühlte die Landschaft mit uns, als trüge sie mit uns Freude und Schmerz; denn wir sind in allen Gemütsstimmungen und zu allen Tageszeiten dort gegangen und fühlten, wie durch Schwingungen das schwere Trübe oder das leichte Helle der Landschaft in uns überging und anklang.

An einem Silvestertag waren wir gegen Abend dort unten am Wasser, gegen einen Meilenstein gelehnt, eingewickelt in Augusts breites Cape, das uns vor dem fegenden Wind schützte. Es war ein schwerer, grauer Winterhimmel, von öder Stimmung erfüllt. – Im Sommer stand das Korn auf den Feldern hoch, die von einem primitiven Zaun umgrenzt waren, schwer von der Frucht; die Sonne verschwand unter dem Ährenmeer, über das ein Zittern des Windes lief, der es golden flimmern machte, und wenn man davor im Grase saß, stand jedes einzelne Hälmchen wie eine Silhouette gegen die Luft, und jedes feinste Zäckchen wurde groß wie ein Haken. August liebte das sehr, er hat einmal versucht, es zu malen[5]. Auch die Angler mit ihren grotesk komischen Figuren, die große altertümliche Taschen umgehängt und ihre zerzausten Hunde neben sich liegen haben, reizten ihn zum Malen. Er dichtete ihnen sogar etwas Philosophie und Weltweisheit an; denn er meinte, es gehöre doch wirklich »eine seltsame Verfassung dazu, tagein, tagaus dazustehen und die Würmer schwimmen zu lehren«[6].

Gegenüber, auf der anderen Seite, unweit der Siegniederungen, liegt die alte Doppelkirche von Schwarz-Rheindorf. Sie besteht aus einer oberen und einer unteren Kirche. Außen herum führt loggienartig eine Galerie, von kleinen Säulen gestützt, deren jede ein anderes Kapitäl hat. Die Phantasie des Bildhauers war sehr erfinderisch; es sind entzückende, anmutige Verschlingungen von Ästen und Zweigen da, auch reizende Tiere, so etwa zwei Eidechsen, die sich um den Fuß herum nachhaschen. Von dieser Galerie kann sich das Auge weit ins Land hinaus verlieren, es kann das breite Band des Flusses verfolgen, der von den Sieben Bergen wie ein Fjord abgeschlossen aussieht, auch kann es den Michelsberg bei Siegburg erreichen, den ein ehemaliges festungsartig gebautes Kloster krönt, das eine Zeitlang Zuchthaus war, jetzt aber wieder von Mönchen bewohnt wird. Die Gewölbe im Inneren der Kirche sind ausgemalt, und diese Malereien gehören mit zu den ältesten Wandgemälden, sie sind wundervoll in ihrer Stileinfachheit; in einem Rhythmus, der wie eine Melodie anmutet, schmiegt sich eine Figur neben die andere. Durch die wenigen Farben, die dabei gebraucht sind, wirkt es groß und gobelinartig. Zu dieser Kirche sind wir oft gewandert. Einmal waren wir eine ganze Gesellschaft junger Leute: die beiden Brüder Wildeman mit ihren Freundinnen, Lothar Erdmann mit Anneliese Wildeman, August und ich. Die anderen gingen dann noch weiter an die Agger, ein kleines Nebenflüßchen der Sieg, wo man rudern und baden kann. Ich zog es vor, wegen meines Heuschnupfens mit August umzukehren. In meinem letzten Schuljahr machten wir einen Schulausflug mit allen Klassen schon morgens früh nach Heisterbach. Nachmittags fanden sich die Schüler ein auf ihren Rädern. Wir durften uns nach dem Essen im Wald zerstreuen und lagern, und als ich mit einer Freundin allein in dem alten Wald spazierte, hörte ich plötzlich das Lied aus der »Carmen« in dem hohen Laubgewölbe widerhallen und sah August mit seinen Kameraden durch den Wald streifen. Wir konnten uns nur zunicken, trafen uns aber später und gingen zusammen nach Hause.

Da dies unser letztes Schuljahr war, wollten wir die Schulvorsteherin überraschen. Wir studierten ganz heimlich auf eigene Faust »Des Meeres und der Liebe Wellen« von Grillparzer ein und hielten abwechselnd bei mir oder bei einer der anderen Mitschülerinnen eifrigst Leseproben ab. Die Hero sollte Frieda van R. spielen, eine ziemlich schwermütige, sentimentale Natur, die Rolle des heftigen Liebhabers Leander fiel mir zu, weil die anderen behaupteten, ich könnte das gut. Den Priester sprach Elfriede M., eine wahrhaft imposante Göttererscheinung mit großer Würde und schönem Ausdruck. Wir schlichen uns an den Winternachmittagen heimlich in unsere Turnhalle, machten dort eigenmächtig eine Gasflamme an und übten, bis uns die Backen glühten und die Herzen klopften. Unser einziger Vertrauter war August, er sollte die Dekorationen malen und die Kostüme entwerfen. Wir hatten uns alle so auf die Durchführung der Überraschung gefreut, machten aber doch vorher einer Lehrerin Mitteilung; diese fand, daß es sich nicht schicke für uns als junge Mädchen, ein solches Stück zu spielen, und wir standen mit aufgerissenen und erstaunten Augen und enttäuschten Herzen da und konnten unsere Ideale zusammennehmen und einpacken.

Der Herbst kam immer näher. Mit ihm die Zeit unserer Trennung, der Eintritt Augusts in die Akademie zu Düsseldorf. Nachdem ihm Geheimrat Clemen ein Empfehlungsschreiben an den Direktor mitgegeben hatte und er von Schütte der Obhut des Professors Klaus Meyer, eines Bruders der Frau Schütte, anvertraut worden war, und das nötige Können, das diese Aufnahme ermöglichte, bewiesen hatte, stand es fest, daß er am 1. Oktober Bonn verließ. Wir nutzten die Zeit noch recht aus, gingen an den schönen Herbstabenden durch die Felder, über die der leichte Nebel hereinbrach und sich mit dem niedrig rauchenden Qualm der Kartoffelfeuer, die die Bauern um diese Zeit draußen anzünden, vereinigte; es lag oft ein schwerer Geruch von Rauch und moderndem Laub in der Luft, aus dem die ganze Schwermut des Herbstes sprach. August konnte stundenlang mit mir gehen und kein Wort sprechen; er wurde in dieser Zeit oft von einer verzweifelten Traurigkeit und Mutlosigkeit befallen. Er war viel mehr schwermütig als glücklich; er, den das Glück sichtbar bevorzugte, er trug an allem schwer, an seinem eigenen Glück, an der mannigfachen Schönheit der Natur im kleinsten wie im größten, an dem harten Dahinleben mancher Menschen. Ihn ergriff all das im Innersten, und er litt darunter. Das wußten die wenigsten, die ihn kannten; er galt stets als der heitere, glückverbreitende, immer strahlende Jüngling. Ich war damals sein bester Freund, und ich wußte, wie er oft kämpfte und wie es ihn manchmal packte. Er war in seinen Gedanken über manches eben schon viel weiter, als er es mit seinem damals noch geringen Können in der Kunst gern zum Ausdruck gebracht hätte, und dieser Zwiespalt machte ihm viel zu schaffen. Ich kenne eine Fotografie aus diesen Jahren, die ihn so genau wiedergibt, wie er damals war; mit den traurigen, ernsten Augen und dem träumerischen Mund. Die Arme gekreuzt, so daß man seine schönen Hände sieht. Seine Hände waren wundervoll, die Finger so fest und stark, und doch so geschmeidig und feinfühlend bei jedem Materieal, das sie anfaßten und das sich unter ihnen gestaltete zu etwas Lebendigem. Es war oft bei seinen späteren Arbeiten, als säße sein Geist in diesen Händen. Wenn er modellierte, war es ein Genuß zuzusehen, wie er das Plastilin betastete, befühlte, wie er hineindrückte und die Form herausdehnte und zwang: sie waren von einer erstaunlichen Lebendigkeit, seine Hände.

Sein Vater, der damals sehr leidend war und schon seit Wochen zu Bett lag, ließ ihn zu guter Letzt doch gern ziehen. Als wir Abschied nahmen, waren wir in unseren Gedanken so vernünftig, es für fast ausgeschlossen zu halten, daß wir uns einmal angehören sollten, obgleich wir schon innerlich unzertrennlich miteinander verbunden waren. Wir hatten ausgemacht, uns nicht zu schreiben, da man sich dadurch manches Mal fremder wird. Ab und zu wollte August an mich eine offizielle Karte schicken, und wenn er alle vier Wochen einmal nach Hause kam über den Sonntag, so hatten wir verabredet, uns an dem Sonntagmorgen zu treffen. Schweren Herzens sagten wir einander Lebewohl. Ich hatte noch mein halbes Jahr Schule zu absolvieren; den Weg jetzt allein zurücklegen zu müssen, machte mir gar keine Freude; ich war verwöhnt gewesen. Eines Morgens auf dem Weg zur Schule stockt mir der Atem, als ich plötzlich August nicht weit von seiner Wohnung in seinem großen Cape auftauchen sehe. Voll Freude und Erstaunen stürze ich zu ihm hin; doch er eilt weiter und ist ganz verwirrt, und zu meinem Schrekken höre ich, daß er in der Nacht durch ein Telegramm gerufen worden ist, sein Vater sei schwer krank; er kam gerade von der Bahn und eilte bleich und verstört zu ihm. Aber es war zu spät; er war gegen Morgen gestorben. Es war am 27. Oktober 1904. Drei Tage später wurde er beerdigt, und die Glocken, die ich von weit her dumpf läuten hörte, machten mein Herz erzittern. Wir sahen uns den Tag darauf. August war wie verändert. Ihn hatte der Tod seines Vaters arg ergriffen. Er hing mit großer Verehrung an ihm, und später noch, wenn er davon sprach, litt er darunter. Es war das Schmerzlichste, das ihm das Leben brachte. Mit dem Tode des Vaters kamen für die Familie ziemlich harte Zeiten. Der Vater war sich dessen bewußt gewesen, daß er sein Leben lang nur für andere gearbeitet und durch seine Gutmütigkeit und Fürsorge nichts, was ihm zu seinem Vorteil hätte dienen können, erreicht hatte. So ließ er seine Familie in recht schwierigen Verhältnissen zurück. Die eine Tochter, um die er sich immer sehr sorgte, war damals noch unverheiratet, und August hatte er eben schweren Herzens die Künstlerlaufbahn antreten lassen. Wenige Wochen vor seinem Tode hat August seinen Vater gezeichnet; den Kopf, wie er auf dem Kissen liegt, mit dem unendlich schmerzlichen Blick, der fast flehend ist. Es ist ergreifend, wie der damals junge Sohn diesen Ausdruck tiefen menschlichen Leidens so nachempfinden konnte. Für die Mutter kamen bittere Wochen, sie mußte viele Prozesse, in denen der Vater stand und von deren Sachverhalt sie wenig wußte, ausfechten. Mit dem Geld stand es auch sehr knapp. Aber trotzdem hielt sie sich mutig, und ihre glückliche Natur überwand alle Schwierigkeiten. Am Allerseelentag gingen August und ich durch die Felder unsere alten Wege, aber es war ein trauriger Gang, und August erzählte mir, wie er sich empört habe über die Rede des Pfarrers wie über die Aufdringlichkeit der Teilnahme einzelner Menschen und wie es ihm eine Qual und eine Marter war, hinter dem Sarge herzugehen. Alles, was Krankheit, Grausamkeit, Elend und Tod war, konnte er innerlich kaum überwinden. Er wich ihm aus und mied es, wo er konnte; mir war das oft unbegreiflich, erst viel später habe ich verstanden, daß es seiner Natur unbedingt widerstreben mußte. So brachte er es nie fertig, auf den Friedhof zu gehen, und wenn ich ihn bat, es seiner Mutter zuliebe zu tun, so sagte er: »Was habe ich da von meinem Vater. Da ist doch nichts von ihm. Ich habe ihn in meinem Herzen.«

Düsseldorf und erste Reisen

August begann sein Leben in Düsseldorf unter traurigen Umständen. Selbst die Arbeit brachte ihm keine Zerstreuung und Abwechslung. Er war in die Klasse des Professors Männichen eingetreten und der jüngste unter den Schülern. Es waren da allerlei Herren mit gewichtigen Mienen und faszinierender Selbstgefälligkeit, die jahraus, jahrein nun schon ihre Gipsklamotten abzeichneten, ohne daß ihnen auch nur ein Fünkchen von Genialität entwischte. Sie fehlte eben den meisten. Manche waren schon älteren Semesters und sahen den jungen Neuling mit mißtrauischen Blicken an, als er gleich in der ersten Stunde den Totenschädel, der ihm zum Abzeichnen hingestellt wurde, innerhalb einer Zeit von knapp einer halben Stunde tadellos fertigbrachte. Bei dem Staunen der Mitschüler war fast etwas Empörung über den Eindringling, der alles so unprogrammäßig machte; denn um so etwas tadellos zu zeichnen, brauchte man gewöhnlich monatelang. So hieß es denn täglich unter den hohen verstaubten Fenstern und zwischen den von Gipsmodellen, Köpfen, Armen und Beinen behängten Wänden nach diesen toten, in ihrer Weiße jeden Lebens baren Nachbildungen zu arbeiten. Was die Technik betraf, wenn man den Ausdruck gebrauchen will, so war es für August eine Leichtigkeit, diese Gegenstände so getreu wie möglich auf das Papier zu bringen. Aber das künstlerische Niveau war gleich Null. Vergebens suchte er mit seinem warmen Herzen und seinem starken Drang nach Klärung der Ideen und Gedanken, die ihn so brennend bewegten. Er fand nicht *einen* Anhaltspunkt, aber auch nicht das Geringste, das mit Kunst etwas zu tun hatte. Das enttäuschte ihn sehr bald, und es wurde ihm immer klarer, daß hier nicht der Ort sei für ihn, für seine suchende Seele und seinen stürmenden, nach Eindrücken sich sehnenden Geist. Es war eben nur Handwerkliches, was da geleistet und verlangt wurde, und das auch noch unter dem Mittelmaß. Die Professoren selbst waren zu alt und verknöchert; und war einmal einer unter den Schülern, der sein eigenes Gefühl und seine eigene Auffassung hatte, so wurde so lange daran herumgemäkelt, bis er darauf verzichtete, mit selbständigen Ideen hervorzutreten. Es mußte alles akademisch nach Schema F gehen. Verstaubt wie die Gipsstatuen, die draußen in den hohen Gängen froren, mit Spinnweben überzogen, war hier alles, und jede Regung eines starken jungen Willens mußte darben oder sich zur rechten Zeit freimachen. Es mußte einer drei volle Jahre nach diesen Gipsköpfen zeichnen, ehe er berechtigt war, in die Malklasse einzutreten. August hatte in wenigen Wochen das erreicht, was andere erst nach Jahren zum Versetzen berechtigt. Es langweilte ihn tödlich, und er bat den Direktor, die Malklasse besuchen zu dürfen, was ihm endlich nach langen Auseinandersetzungen gestattet wurde. Auch zeichnete er bald bei den Abendkursen Akt. Da wurde ihm das Arbeiten etwas erträglicher. Er fand unter den Mitschülern wenige, die ihm gefielen. Einer hieß Katt, er ist später Marinemaler geworden, ein anderer namens Bull wohnte eine Zeitlang mit ihm zusammen. Er war der Typ eines eleganten jungen Lebemannes, im Grunde hatte er nichts mit Kunst zu tun, aber unter dem Deckmantel der Kunst konnte er ein freieres Leben führen, und wenn er manchmal viel Geld zur Hand hatte, genoß er es auch gründlich. Ein dritter hieß Kropp. Aber alles waren nur Kameradschaften, die nicht von Dauer waren. August verkehrte ab und zu in der Familie des Professors Klaus Meyer, wo er sehr liebenswürdig aufgenommen wurde, aber sehr behagen konnte es ihm in diesem auf einen vornehmen äußeren Ton bestimmten Milieu auch nicht. Häufig besuchte er die Oper. Für die Galerie war immer etwas Geld übrig, und da war es die »Carmen«, die ihn immer wieder entzückte; nicht nur die Musik, auch das Menschliche darin begeisterte ihn. Dann Wagner. Der »Ring« nahm ihn gefangen wie damals fast jeden in seinem Alter, und auf unseren Spaziergängen erzählte er mir dann alles begeistert.

Wir sahen uns sehr selten; jeden Monat einmal kam er nach Bonn; meist Samstagabends. Dann gingen wir am Sonntagmorgen eine Stunde zusammen spazieren. Ab und zu traf er meine Freundin Emma Job[7], die das Konservatorium besuchte, im Zug, wenn er nach Düsseldorf zurückfuhr. Sie unterhielten sich vom Coupéfenster aus, er bestellte Grüße an mich oder gab ihr eine Nachricht für mich mit. Wir hatten ja ausgemacht, uns nicht zu schreiben...

Die Briefchen an Emma lauteten:

Liebes Fräulein, Würden Sie so freundlich sein, wenn möglich meiner kleinen Lisbeth bestellen, ich sei Freitag nachmittag 4,20 ungefähr in der Thoma-Straße. Evlt. auch Samstag. Frdl. Gruß August Macke. Lisbeth soll sehen, daß wir nach Meßdorf gehen können. Ich bleibe bis Sonntag Abend.

Liebes Fräulein Job, Sie sind unentbehrlich als Liebesbote geworden. Geben Sie bitte den Brief an Lisbeth weiter. Wenn meine Vermögensverhältnisse langen, bekommen Sie auch mal Chokolade. Vielen Dank und frdl. Gruß Aug. Macke.

Ich war die erste, die das Gebot übertrat. Er hatte mir mitgeteilt, daß er an einem der nächsten Sonntage käme. Unglücklicherweise war ich an dem Tag eingeladen, und um ihn nicht vergebens warten zu lassen, schlug ich ihm vor, mich dort am Abend abzuholen. Ich nahm eine ganz kleine Karte, damit möglichst wenig daraufginge, aber einmal angefangen, schrieb ich und schrieb ich, und am Ende waren es sechzehn Seiten. Als der Brief fort war, dachte ich ungeduldig, ob ich wohl Antwort bekäme. Ich ging an einem Abend ins Theater, und als ich mich umdrehte, sah ich Herrn Hundhausen im Parterre stehen, der mir freundschaftlich zunickte. In der Pause ging ich hinaus, und schon kam er mir entgegen und knüpfte ein Gespräch an. Ich war in Begleitung meines Vetters, und Hundhausen hatte Mühe, mir während der Unterhaltung ein Briefchen zuzustekken, das mir wahrhaftig in den Fingern brannte. Ich hörte und sah den ganzen Abend nichts mehr, bis ich endlich seine Worte lesen konnte, die mich in einen Taumel von Glück versetzten, das ich fast nicht ertragen konnte.

August schrieb:

3. November 1904

Meine liebe, liebe Lisbeth!

Habs mir doch gedacht, daß das feurige Blut einmal über die Gesetze springen würde. Schreibt sie einem da auf einmal so 16 Seiten, daß ich das Essen eines Abends vergaß, und zu Hause saß und träumend einschlief vor Glück. Da stiegen die alten Liebesgötter mit langen Flügeln in das Atelierfenster hinein und streiften mit ihren Schwingen ein heißes Gesicht...

Dreimal war so Hundhausen unser Liebesbote, aber er mußte es ja so unauffällig wie möglich machen, und es vergingen oft Tage, ehe ich eine Antwort erhielt. Am glücklichsten machte es mich, wenn August mich an seinen Ideen und Arbeiten teilnehmen ließ. Er hatte sich nun auf eigene Faust ein Atelier gemietet und aus München Farbe kommen lassen und malte zum ersten Male frei, was ihn freute. Ein großes Bild von mir mit dem schönen grauen Hut in der Landschaft von Meßdorf hatte er auswendig angefangen; leider habe ich es nie gesehen; er hat viele Arbeiten aus dieser Zeit vernichtet. Als er das erste Mal wieder nach Bonn kam an einem Samstagabend, war ich in einem Vortrag der Dramatischen Vereinigung. Am Schluß stand er draußen im strömenden Regen vor der Beethovenhalle und wartete auf mich. Dieses erste Sehen vergesse ich nie; er sah ziemlich schmal und bleich aus und schien mir so anders, meinen damaligen Begriffen nach vom Künstlerdasein gestreift.

So verging der Winter. August machte den üblichen Akademiebetrieb mit. Unter den jungen Schülern bestand ein Verein, in dem abends vorgelesen wurde bei mystischem Licht auf dem Atelier irgendeines Malers. Es wurde zur Laute gesungen, gedichtet, geraucht und geschwärmt. Die übliche, ärmliche, mißverstandene Freiheit des Künstlers, die so eng begrenzt ist und so märchenhaft entfernt von der wahren Freiheit. Einmal hat August sich sogar beim nächtlichen Schwärmen dazu hinreißen lassen, von dem Podest eines Denkmals aus eine Rede an die begeisterten Zuhörer zu halten, und bekam daraufhin ein Protokoll wegen Verursachung von öffentlichen Ansammlungen. Sehr bald aber wurden ihm diese Dinge leid, und auch das pedantische Arbeiten auf der Akademie gefiel ihm schlecht. Damals wurde sehr viel von dem Dichter Wilhelm Schmidtbonn[8] gesprochen. Sein erstes Stück, »Mutter Landstraße«, wurde aufgeführt und teilweise sehr abgeurteilt. Es kamen seine Novellensammlungen heraus, die Geschichten vom unteren Rhein, »Uferleute«, und später die »Raben«. In unserer Familie wurden diese Bücher angeschafft, und ich las sie; es war etwas ganz anderes, als man sonst zu lesen gewöhnt war. Die Sprache so seltsam schwer und doch so tief und packend. Ich war sehr erfreut darüber trotz der etwas fremden Art, ich sprach zu August davon, und er las sie auch. Besonders, wie der Rhein und die Leute, die da wohnen, geschildert sind, gefiel ihm sehr wohl. Da ich von meinem Onkel, dem Maler Brüne, wußte, daß Schmidtbonn in der Nähe von Düsseldorf wohnte, sagte ich August, er solle ihn doch aufsuchen. Ich wußte nun nicht recht, ob es Ober- oder Niederkassel war, wo er wohnte. Jedenfalls fuhr August nach Niederkassel und fragte dort im ganzen Dorf vergebens herum; man kannte keinen dieses Namens, und es kostete August viel Mühe, dem Ortsvorsteher begreiflich zu machen, was ein Schriftsteller sei. Traurig zog er den weiten Weg zurück und hörte dann später, daß es Oberkassel war, und das liegt ja gerade gegenüber von Düsseldorf auf der anderen Rheinseite. Er versuchte nun sein Glück zum zweiten Male, ging hin und wurde von Schmidtbonn sehr herzlich aufgenommen. Bei unserem nächsten Zusammensein erzählte er begeistert von seiner neuen Freundschaft, denn es wurde bald eine sehr herzliche zwischen den beiden. Ich war froh, daß ich August bei lieben Menschen wußte und daß er einen älteren Freund gefunden hatte, zu dem er gehen und dem er sich anvertrauen konnte. Gerade damals ließ sich Schmidtbonn seiner langjährigen Freundin Liese antrauen;

zu dieser Hochzeit waren außer einigen Bekannten auch August und der Lehrer Donner eingeladen. Er hat später oft erzählt, wie seltsam es war und daß die Hochzeitsgäste fast um ihr Mittagsmahl gekommen sind, bis dann Donner sich meldete und sagte, er könne es vor Hunger nicht mehr aushalten. Nachmittags ging man in den Zoologischen Garten, und damit hatte der bedeutungsvolle Tag ein Ende. August war nun oft bei den beiden, sie behandelten ihn wie einen Sohn. Wie manchen Abend hat er zum Essen die nötigen Zutaten und das Bier geholt in der nächsten Wirtschaft und der Frau geholfen beim Zurichten. Oft, wenn er hinging, klang ihm schon das Klavierspiel Schmidtbonns entgegen, der ja in früheren Jahren in Köln auf dem Konservatorium angefangen hatte, Musik zu studieren.

6. Juni 1905

Ich bin jetzt oft bei dem lieben Willi Schmidt. Er läßt Dich vielmals grüßen. Oft, wenn ich dahin komme, höre ich unten schon leisen Gesang und Klavier. Wenn ich dann heraufkomme, sitzt seine Frau da, und er spielt ihr liebliche Weisen vor — Myrthen — hörte ich einmal, und das Wort ging zitternd durch meine Seele. Ich träumte einen Augenblick. Als ich wieder erwachte, saß ich zwischen Beiden und sie erzählten mir von den Sorgen des Lebens. Sie sind ja so lieb und gut. Na, Du kennst den guten Menschen ja aus seinen Werken. Abends gehen wir zusammen in den Wald und die schlanken Kiefern und Buchen stehen dann gegen den Sternhimmel und sehen aus wie die Saiten einer schönen Harfe. Ich gehe dann mit dem Pudel vor dem Paar her und träume von Dir . . .

Zu Weihnachten schickte ich dann Willy Schmidtbonn ein feines Kistchen selbstgebackener Plätzchen und Kuchen. Eine Zeitlang standen wir in sehr herzlichem Briefverkehr, in dem Schmidtbonn mir über August die größte Freude und Bewunderung ausdrückte. Es ist gar nicht zu begreifen, daß diese Freundschaft später ein so trauriges Ende finden sollte, aber wie froh und dankbar bin ich, daß wir uns nach langen Jahren schweren Erlebens in Godesberg wiedersahen, wo die beiden Getreuen eine zweite Heimat gefunden hatten und die alte Vertrautheit wiederhergestellt war.

Im März 1905, nachdem mein Bruder das Abitur gemacht hatte, beabsichtigte er, eine Reise nach Italien zu machen, mein Vater erfüllte ihm auch diesen Wunsch unter der Bedingung, daß er einen netten, soliden Freund mitnehme und ihn dazu einlade. Mein Bruder hatte nie viel Freunde, und es wurde ihm die Wahl nicht schwer. Zuerst hatte er an Hundhausen gedacht, aber dann kam er auf August, und von München aus, wo er damals studierte, richtete er die Anfrage an August, ob er bereit sei, mitzukommen. Das war für August eine himmlische Musik, und gleich darauf traf seine überglückliche Zusage ein. Ich war seit Anfang des Monats bei meinem Onkel Brüne in München, dem mein Vater den Auftrag gegeben hatte, mich zu porträtieren. Für uns war die Aussicht auf ein Wiedersehen in einer so schönen Stadt wie München und unter so angenehmen Umständen eine große Freude. August ließ sich Ferien geben, und alles klappte. Kurz vorher wurde seine Mutter plötzlich sehr krank, und auf ein Haar wäre die ganze schöne Reise für ihn zunichte geworden. Aber es ging noch einmal gut, und an einem der letzten Märztage traf er wohlbehalten in München ein, und unser Wiedersehen an einem Sonntagmorgen in der Wohnung meines Onkels war sehr glücklich. Ich muß noch vorausschicken, daß ich dort eine herrliche Zeit verlebte und so viele Anregungen empfing, daß ich es meinem Vater heute noch danke, mich dorthin geschickt zu haben. Von der langweiligen Schulbank weg, den Kopf schon angefüllt mit tausend anderen Ideen als Schule, kam ich da in einen lebendigen und nebenbei noch etwas romantisch angehauchten Künstlerkreis, lernte das einfache, reiche und nicht immer leichte Künstlerdasein, wie wir beide es für uns in weiter Ferne erträumten, so ganz nahe kennen, und alles ging mir auf, Herz und Sinne mit einemmal. Mein Onkel nahm sich meiner sehr an, und seine lebendige, humorvolle Art hatte etwas Bestechendes. Dazu der ungezwungene Kreis von Menschen. Das alles machte auf mich einen sehr nachhaltigen Eindruck.

In die Tante bin ich als junges Ding ganz verliebt gewesen, sie war eine echte Bayerin und in ihrer ungezwungenen, manchmal derben Art oft köstlich, dabei so voll feinsten Empfindens und allem Künstlerischen und Menschlichen gegenüber von warmem Verständnis. Nur zu den Menschen, die ihr aus irgendeinem Grunde von vorneherein unsympathisch waren, konnte sie auch später nicht ein angenehmes Verhältnis gewinnen, und sie trat ihnen vielleicht manches Mal schroff und kalt entgegen. Die Wohnung lag im vierten Stock, die Hauptsache war das große Atelier mit einem Riesenschrank, der voll hing von Rüstungen und Ritterkleidern, die mir alle nach und nach anprobiert wurden. Mein Bruder und mein Vetter Wilhelm Schneiders, die zusammen in einer Pension bei einer Frau mit dem schönen Namen Schattenfroh wohnten, kamen oft und haben sich manchen Abend dort sattgegessen. Die Tante briet dann die herrlichsten Kartoffeln, und wir alle saßen erwartungsvoll um den runden Tisch in der Küchenecke, die als Zimmer eingerichtet war und wo jeder seinen alten Stuhl hatte, der ihm besonders bequem war. Sie hätte, glaube ich, ihr Letztes für die jungen Leute gegeben, sie war so genügsam bei ihrem Brot und Bier und hatte immer schon gegessen, wenn man sie fragte, ob sie sich nicht auch dazusetzen wolle. In der Küche war ein kleines Bord an der Wand entlang, darauf standen zwei Vogelbauer, und der Dompfaff und die anderen Vögel darin waren so zahm, daß sie der Tante Körner aus der Hand pickten und oft frei in der Küche herumflogen. Die Abende unter der großen Hängelampe in der wohnlichen Küche sind mir unvergeßlich. Die Drei, Onkel, Vetter und Bruder, spielten sehr gut Gitarre und haben uns manch nettes Konzert gegeben. Sie hatten für die Zeit meines Aufenthalts extra ein Klavier gemietet, und es wurde gespielt, gesungen und allerlei Jux getrieben.

In dieses heitere Leben kam August nun noch für acht Tage, ehe er mit meinem Bruder Walter die Reise nach Italien antrat.

August wohnte bei ihm in der Herzog-Wilhelm-Straße, kam aber jeden Morgen, um mich abzuholen, dann wanderten wir beide frei und allein wie ein junges Paar in der schönen fremden Stadt umher und genossen die Museen. In der Schackgalerie vergesse ich nicht den Eindruck der frühen Böcklins, besonders der ganz kleinen Bilder, und dann die Klage des Hirten, den Blick der Nymphe. Moritz von Schwind ging uns auch weit über die Romantik, mit der er sonst abgetan wird, als ein ganz großer Künstler auf. Wir liefen auch einmal morgens in die Wiesen über Schwabing hinaus immer weiter über das kurze Vorfrühlingsgras. Wir kamen zuletzt in einen Kiefernwald – bei uns gibt es das kaum –, und es war das ein ganz seltener Eindruck; es ist, als ob man zwischen lauter gespreizten Beinen hindurchgeht, so leer ist unten der Wald, ohne Unterholz, oben dann die vollen Kronen. Dort haben wir lange gelegen und in den Himmel geschaut und von der Zukunft geträumt. Auf dem Hesseloher See sind wir einmal in der Sonne gerudert und haben uns gegenseitig allerlei vorphantasiert von Nixen, die aus dem Wasser stiegen. Am liebsten gingen wir durch den Englischen Garten. Wie manches Mal haben wir da in der Dämmerung unter den Weiden gesessen an dem kleinen See; einmal waren wir so tief unglücklich, daß wir fast dem Wasser zu nahe gekommen sind; es zog uns gewaltig an, es war spät in der Nacht. Wir konnten damals noch nicht mit der Wirklichkeit fertig werden. Die Natur fing an, gewaltig in uns zu wirken, und wir haben lange mit uns gekämpft, und das war der Grund unseres häufigen tiefen Unglücklichseins. Unser Gang am Maximiliandenkmal vorbei, wo man an der Villa Stuck vorüberkommt, ist mir deutlich in der Erinnerung: Wir fühlten uns ein wenig in der Rolle des armen, unsicheren Künstlerpärchens, und wir sahen wie Kinder in einen Schloßpark, in den schönen gepflegten Garten, vor dessen weitem Tor gerade ein vornehmes Auto hielt; es entstiegen elegante Leute, und ein betreßter Diener öffnete ihnen die schwere Tür der Villa. In der Nähe auf einem freien Platz war ein Springbrunnen, der seinen Strahl hoch gegen den Himmel schoß. Wir standen lange und betrachteten die Wassersäule und sahen zuletzt ganze Garben von Figürchen, die alle von dem Strahl hochgeschleudert wurden, um dann schnell fallend in die Tiefe zu sinken. An manches Gespräch erinnere ich mich noch, so an eines, da wir uns darüber unterhielten, ob die äußere Erscheinung irgendeiner Form den Künstler zu seiner Idee bringe oder ob er zuerst die bestimmte Vorstellung einer Idee habe und diese in eine äußere Erscheinung hineinlege, um sie durch die Wiedergabe derselben auszudrücken. Wir lernten uns durch unser häufiges Zusammensein besser kennen, und die kurzen Tage waren für uns köstlich. Wir träumten uns schon in unser späteres Dasein hinein. Im Theater waren wir auch: Wir hörten im Opernhaus oben auf der Galerie den »Tristan«; zwischen tausend Menschen und zärtlich Liebenden saßen wir dicht aneinandergedrängt und regten uns furchtbar auf dabei. Nachher ließen wir uns aber doch ein Schweinekotelett und mehrere Maß Bier wohlschmecken, immerhin ein Zeichen von Gesundheit. Meinem Bruder Walter, der damals ein ganz abgefeimter Wagnerianer war, kam das etwas brutal und profan vor. Im Volkstheater sahen wir ein Bauernstück, auch wieder als Galeriebesucher, und ich erhielt so einen kleinen Einblick in das Künstler- und Studentendasein so vieler seltsamer Existenzen, von denen es in München unzählige gab. Seitdem August da war, ließ sich mein Vetter gar nicht mehr sehen, was wir uns gar nicht erklären konnten. Da meinte einer, er sei eifersüchtig, weil er auch in mich verliebt sei. Kurz ehe Walter und August ihre Reise antragen, machten wir noch einen schönen Spaziergang durch den Frühlingswald nach Starnberg. Es war der erste zarte Vorfrühlingstag, im Schatten lag noch der Schnee und an warmen, moosigen Stellen, die die Sonne täglich traf, blühten schon die ersten Lenzblumen. Wir wanderten ein paar Stunden und kamen erst in der Dunkelheit verfroren und hungrig nach Starnberg, wo wir uns an einem Bauerntisch Brot, Käse und Bier köstlich schmecken ließen. August hat da noch die Knechte, die am Tisch gegenüber Karten spielten, gezeichnet; als sie das merkten, wollten sie alle das Bild sehen, umringten uns schließlich und brachen in laute Bewunderung aus, als sie sich einer nach dem anderen erkannten. Bald kam der letzte Tag. Zum Abschied gingen wir den Abend vorher im Englischen Garten spazieren. Wir waren uns damals so einig und so eins; es lag aber noch eine lange Zeit der Ungewißheit vor uns. Den anderen Abend, so gegen zwölf Uhr, standen Onkel, Tante und ich auf dem Bahnhof und winkten den beiden nach, die glücklich und erwartungsvoll dem Süden entgegenfuhren. Mir war es sehr weh ums Herz, und es war, als risse in mir etwas entzwei. Die Tante war sehr lieb zu mir. Sie hatte eine kleine Fotografie von August, die er ihr vor einem Jahr einmal in Bonn gegeben hatte, mitfühlend, wie sie war, mir ans Bett gesteckt, daß ich ihn immer vor mir hatte. Ich blieb nun noch eine Zeit bei den beiden. Tante holte sich plötzlich eine starke Erkältung, und der Onkel packte sie in einen Wasserumschlag mit vielen Decken und Plumeaus zum Schwitzen ein. Er gab mir alle nötigen Anweisungen, was ich kochen sollte, wie ich den Flur putzen sollte, und ging den Morgen über fort, da er anderwärts zu tun hatte. Ich saß nun ängstlich und unerfahren in dem peinlich sauberen Küchelchen, sollte kochen und war zu bang, etwas anzugreifen. Tante lag da und schwamm förmlich, und sie jammerte unter den Decken, warum der Onkel nicht käme und sie von dem Umschlag befreie. Sie wollte absolut nicht, daß ich ihr dabei behilflich sei, und so mußte sie getrost warten. Zum Überfluß kam noch der Kohlenmann, machte den ganzen Flur schwarz und spuckte die Treppe voll. Ich, nicht faul, begab mich überall gleich ans Schrubben, ließ aber sorgfältig die Spucke liegen, denn es war mir doch zu peinlich, meine Hände damit in Berührung zu bringen. Als ich noch im Schweiße meines Angesichts bei der Arbeit war, kam mein Onkel nach Haus und fegte die ganzen Klatschen mit einem Schwung weg. »So wirst Du später auch mal schaffen müssen, wenn Du mit Deinem August zusammenlebst«, sagte er, und diese Worte gingen mir lange durch den Kopf.

Es kam von den Reisenden tagelang keine Nachricht. Ich befürchtete das Schlimmste, kannte ich doch die damals etwas romantische Natur der beiden, die in dem Alter gewiß gern auf Erlebnisse und Abenteuer ausgingen. Jedesmal, wenn wir heimkamen, galt der erste Blick dem Briefkasten, und Tante war mit mir traurig, wenn wieder nichts gekommen war. Bis endlich eines Morgens ein Brief dalag, aus Venedig abgestempelt. Die Reise hat mir mein Bruder, so gut er sie im Gedächtnis hatte, aufgeschrieben. Irgend etwas besonderes gearbeitet hat August auf der Reise nicht, es ist aber das ganze Skizzenbuch erhalten, und dann besitzt mein Bruder ein Bild, eine Gondelnacht in Venedig, das August ihm damals zum Dank malte. Jedenfalls hat August alles Neue in sich aufgenommen, aber im großen und ganzen haben es sich die beiden recht gut sein lassen und in den Lagunen und am Meer hingeträumt und sich ihrer jungen Freiheit gefreut. In Innsbruck trennten sie sich, mein Bruder kehrte nach München zurück, und August fuhr über Zürich nach Basel und Kandern, wo er noch kurz Aufenthalt bei seiner Schwester nahm. In Zürich sah er zum ersten Male die Hodlers, von denen ich weiß, daß sie ihm einen großen Eindruck machten.

Ich war damals Anfang Mai von meiner Mutter wegen der schweren Krankheit meines Vaters, die wie ein Blitz aus heiterem Himmel in unser glückliches Familienleben fiel, nach Bern in das Haus der Frau Oberst Moilliet gebracht worden. Seit dem Tode und schon während der vierzehn Jahre dauernden Krankheit ihres Mannes, die er sich durch einen schweren Sturz vom Pferde im Dienst zugezogen hatte, nahm sie junge Mädchen zur Erziehung und Ausbildung bei sich auf. Es waren meistens nur drei oder vier junge Menschen dort. Ich hatte mich mit Händen und Füßen gegen den Massenbetrieb in den Schweizer Pensionen gesträubt; dieses Haus war uns von einer Berner Professorenfrau, die wir wenige Jahre vorher auf einer Schweizer Reise mit ihrer mit mir im gleichen Alter stehenden Tochter trafen, empfohlen worden. Am fünften Mai kam ich dort in meiner neuen Umgebung an; Mutter ließ mich schweren Herzens in der Fremde zurück. Unser erster Eindruck war noch recht unsicher. Die Frau

Oberst kam uns sehr liebenswürdig entgegen. Bei der ersten Mittagstafel, die sehr einfach war, lernten wir den kleinen Kreis kennen, zu dem ich nun für eine Zeit gehören sollte. Da war eine sehr magere Engländerin, die immer entsetzlich hustete, mit ihren beiden Kindern, einer zarten Tochter Maida und einem riesengroßen dreizehnjährigen Sohn Angus, der sich später als sehr nichtsnutzig entpuppte, dann eine junge blonde Bremerin, Christa, meine Zimmergenossin, und der vierundzwanzigjährige Pflegesohn der Frau Oberst, Hans Moser, der Musik studiert hatte und uns Unterricht gab. Das Haus lag außerhalb der Stadt in einer ruhigen Gartenstraße, und aus dem Fenster unseres Schlafstübchens, das wir durch eine spiralförmig gewundene, finstere Wendeltreppe erreichten, konnten wir an klaren Tagen die ganze Alpenkette, Jungfrau, Eiger und Mönch im Sonnenglanz liegen sehen. Das Schlafzimmer war von primitivster Einfachheit, als Waschtisch diente ein vor dem Ofen ausgebauter Kamin, die Betten waren aus Eisen gegossen mit goldverziertem Gitterwerk, sie wirkten, innen mit Rot ausgelegt, wie Prunkschlitten, und ich vergesse nie, als eines Tages einer von uns beim Putzen das Unglück passierte, daß eines der kunstvoll verschnörkelten Beine abbrach und wir lange als Stütze eine Holzkiste darunter stellten. Frau Oberst war darüber empört und beklagte täglich ihr kostbares Bett.

Unser Leben dort war sehr ausgefüllt mit Arbeit. Frau Moilliet verstand es aber gut, durch die Verschiedenartigkeit der Tätigkeiten einen nicht zu ermüden, sondern Freude und Interesse wach zu halten. Die Engländerin Maida besuchte noch die Schule, ebenso ihr Bruder. Christa und ich sollten hauptsächlich die französische Sprache und den Haushalt erlernen. Wir mußten in der Küche tüchtig schaffen, wenn gewaschen wurde, Wäsche hängen, recken, legen und bügeln, im Garten Unkraut jäten, pflanzen und düngen. Nebenher hatten wir die gemeinsamen französischen und englischen Stunden; ich nahm sogar mit Frau Oberst zusammen italienischen Unterricht. Außerdem hatte ich Klavierstunde bei Hans Moser und hörte an der Universität Vorlesungen über Kunstgeschichte bei Professor Weese und über Philosophie bei Professor Stein. Das sind mir unvergeßliche Anregungen gewesen. Da der eine Sohn von Frau Moilliet Maler und die ganze Familie hochmusikalisch war, verkehrten viele Künstler im Hause, und ich fühlte mich in dieser Umgebung sehr wohl. Der älteste Sohn war in Japan, wo er für eine große Firma als Ingenieur arbeitete. Der jüngste war damals in England in einem großen Ausfuhrgeschäft für Baumwolle tätig und kam nur kurz auf Ferien, er gefiel uns Mädels sehr gut. Eines Tages kam auch der Maler an, und die Köchin Adèle, die anscheinend in ihn verliebt war, stürzte mir mit den Worten entgegen: »Avez-vous vu le peintre?« Und als ich dann den »peintre« sah, war ich gar nicht entzückt. Er trug einen braunen Manchesteranzug mit kurzen Hosen und Wadenstrümpfen, als Schlips ein Schnürband, hatte den Kopf ratzekahl geschoren, sah einem nie gerade ins Gesicht, sondern immer nur heimlich an, alles in allem: Er war mir nicht sympathisch, und ich dachte im stillen mit heimlicher Freude an meinen »peintre«, der mir doch viel lieber war. Ich muß hier hinzufügen, daß ich gerade von Louis mehr berichte, weil August und er später die besten Freunde wurden. Die ganze Zeit war für mich sehr wertvoll und lehrreich und ist für unsere ganze Familie von Bedeutung geworden, eben durch die treue Freundschaft, die uns alle verband, nicht nur Louis und seine spätere Frau Hélène mit August und mir, sondern auch Frau Oberst mit meiner Mutter. In der Zeit, als ich in Bern mein leider nur zu kurzes Lehrjahr hatte, – mußte ich doch schließlich wegen der andauernden Krankheit meines Vaters nach Hause zurück –, war August in Düsseldorf. Am elften Mai, zu meinem Geburtstag, erhielt ich von ihm den ersten Brief nach Bern. Wir wußten nichts voneinander; er hatte zufällig von meiner Freundin Emma Job, mit der er im selben Coupé von Köln nach Bonn fuhr, meine Adresse erfahren und war glückselig, mir schreiben zu können. Ich weiß noch, als ich mittags in das Zimmer kam, um den Tisch zu decken, und der Brief neben einem anderen in dem Drahtgestell an der Wand steckte, Frau Oberst mir sagte, »da ist ein Brief für dich«, wie ich fühlte, daß mir das Blut aus den Adern wich und ich einen Moment ganz bleich und tief erschrocken war. Wir durften unsere Briefe immer erst nach dem Essen lesen, und dieses Essen ist mir endlos lang geworden; ich war aber belohnt für mein Warten; unser Kämmerchen oben war mir fast zu klein für mein Glück. Und nun fing das Schreiben an: hin und her.

29. Mai 1905

. . . Neulich habe ich geträumt, Du wärest gestorben. Da bin ich nach Rußland gefahren, nach Warschau, und dort in aller Verzweiflung habe ich die blutige Fahne der Empörung ergriffen und hoch auf der Barrikade, allen voran, bin ich von einer Kugel durchbohrt gefallen. Der schönste Tod für die Freiheit eines Volkes. Nein, noch nicht. Noch bin ich für Dich allein da. (Brief von August Macke an Elisabeth Gerhardt)

Wie manchesmal habe ich, in meine Bettdecke eingewickelt, bei den kleinen Kerzenstümpfchen, die ich mir aus der Bügelschublade heimlich nahm, gesessen und geschrieben, während Christa schon fest schlief. Sie war ganz anders als ich und auch zwei Jahre jünger. Sie tat mir sehr leid, denn sie war ein angenommenes Kind und hatte ihre Eltern nie gekannt, war sehr schwierig im Charakter und wurde von Frau Oberst deshalb manchesmal ungerecht behandelt. Das tat mir stets sehr weh, und ich nahm mich ihrer an, soviel ich konnte, und sie wieder hängte sich an mich aus lauter Dankbarkeit, einen Menschen gefunden zu haben, der sie etwas lieb hatte. Später blieb sie noch ein ganzes Jahr in Bern, und wir schrieben uns lang; einmal besuchte sie mich in Bonn, war aber für August und Walter so unausstehlich, – ich glaube, sie war selbst verliebt in August, so daß er mir später das Versprechen abnahm, ihr nicht mehr zu schreiben. Sie wurde Barmherzige Schwester und war in Frankfurt, Hameln und im Berliner Virchow-Krankenhaus tätig. Seitdem weiß ich nichts mehr von ihr, auch nicht, ob sie im Ersten Weltkrieg mit ins Feld gegangen ist, und ob sie überhaupt noch lebt.

Inzwischen hatte August in Oberkassel ein Atelier gemietet. In seiner Einsamkeit und Sehnsucht stürzte er sich in die Arbeit. Er zeichnete viel und hatte immer ein Skizzenbuch bei sich, wo er ging und stand; auf der Straße hielt er Menschen, Pferde, Szenen aus dem Straßengetriebe, die ihn interessierten, auf dem Papier fest. Dieses stete Beobachten und Eindringen in die Art eines Wesens und das fortwährende Üben, immer das Typische zu erkennen und festzuhalten, hat ihm gewiß sehr viel geholfen, denn er hätte seine letzten Zeichnungen niemals machen können ohne dieses andauernde strenge Lernen und Arbeiten. In dieser Einsamkeit war es ihm eine große Hilfe, daß er oft bei dem Dichter Schmidtbonn sein konnte, und von nun an gestaltete sich das Verhältnis der beiden zueinander, so andersartig sie waren und trotz des Altersunterschiedes, immer enger. Er fand damals auch einen Freund unter seinen Kollegen, den Luxemburger Claus Cito, der als Bildhauer teils an der Akademie, teils an der Kunstgewerbeschule arbeitete. Er war nur wenige Jahre älter als August, im Grunde auch ganz anders geartet, aber die beiden ergänzten sich sehr gut und bewohnten eine ganze Zeitlang das Atelier zusammen in der schönsten Eintracht. Augusts Hauptidee, die er damals gerne ausführen wollte, war die, das Menschenpaar Adam und Eva zu malen, das verlorene Paradies; er hat viele Skizzen dazu gemacht, wie die beiden Gestalten groß und aufrecht gegen einen Horizont schreiten, auf dem die Sonne wie eine große Feuerscheibe untergeht. Er hatte sich sehr den Kopf darüber zerbrochen und mir in vielen Briefen über diesen Gedanken geschrieben; es hat ihn lange beschäftigt, aber ein endgültiges Resultat ist durch all die Studien und Skizzen nicht gereift. Ebenso intensiv beschäftigte er sich mit dem Gedanken, eine *Brücke des Lebens* zu malen.

Alle paar Wochen fuhr er einmal nach Bonn, um seine Mutter zu besuchen, und ging dann auch zu meinen Eltern, saß an manchem Sommerabend mit ihnen in der Laube und war erfreut, wenn er etwas von mir hörte. Am 31. Mai ging er in unseren geliebten Garten am Rhein, um dort das Jahresfest unserer Liebe zu feiern, und schrieb von dort. Seinen alten Schulfreund Schütte besuchte er auch ab und zu, und er hat in dieser Zeit manche schöne Autotour mit der Familie gemacht; einmal auch eine Sonderfahrt auf einem Rheindampfer zur Feier des Geschäftsjubiläums der Firma Schütte. In Düsseldorf war ihm nach wie vor die Gesellschaft von Schmidtbonn die liebste; er ist ihm in der Zeit ein wahrhaft treuer Freund und Berater gewesen, und August wiederum hat ihm durch seine frische, gesunde Art und sein leichtes Auffassen einen großen Eindruck gemacht. Im Juli 1905 reiste August nach Bonn, blieb dort einige Wochen und malte in der Zeit sehr viel, gute Arbeiten, von denen einige noch erhalten sind. So hatte er sich hauptsächlich auf das Porträt verlegt; eines von seiner Schwester war besonders gut gelungen, es erinnert etwas an Leibl.

Auf einem Spaziergang hatte er einen alten Musikanten angetroffen, der am Wege saß und auf seiner Geige spielte. Der langhaarige Alte mit dem feinen Gesicht gefiel ihm wohl; er ließ ihn häufiger zu sich kommen, um ihn zu malen. Das Bild ist heute im Besitz meines Sohnes Dietrich.

Heute kam ich von Kasselsruhe. Da saß am Wege ein Mann, wunderschön und geigte vergnügt auf seiner Fidel. Ein echter Minnesängertypus. Helle klare Augen, lange Haare und Bart. Ich habe mich mit ihm unterhalten. Er kommt morgen zu mir und ich male ihn. Ach, wie ich mich freue, diesen Blick zu studieren, in dessen sammetschwarzem Spiegel so viel Glück und Unglück flimmert. Er scheint ein Graf, so schön ist er. Ich habe vor, ihn zum Abendessen zu behalten.

(Brief von Macke an Elisabeth Gerhardt)

Aus den Briefen, die er mir damals schrieb, fühlt man schon heraus, wie er hinter allem uns ins Bewußtsein tretenden Leben noch etwas Geheimes, Unsichtbares ahnte, an dessen tiefstes Wesen er so unbedingt glaubte. Diese Mystik, dieses Fühlen des verborgensten Lebens, der feinsten Spannung und Schwingung, hat er damals schon als das Wertvollste, als das Ureigenste im Wesen aller Dinge erkannt; er hat es aber erst viel später, in sei-

Alter Musikant, Bonn, 1905

nen letzten Arbeiten so klar und wunderbar zum Ausdruck bringen können.

Anfang August reiste er über Heidelberg nach Kandern. Dort sollte er bei seiner Schwester einen neuangebauten Saal ausmalen. Es standen ihm große Wandflächen und eine Bühnenumrahmung zur Verfügung. In Heidelberg machte er einige Stunden Aufenthalt, um sich eine Böcklin- und Thoma-Ausstellung anzusehen. Morgens in aller Frühe ging er hinauf zum Schloß. Dort traf er einen jungen Berliner, mit dem er ins Gespräch kam, der viel von Kunst wußte. Sie hielten sich beide wegen der Ausstellung in Heidelberg auf. Der junge Mann liebte die flottgemalten Sachen der Franzosen, die Werke von Corinth und Liebermann, während August damals noch die »innerliche Malerei«, die große Gedanken und Gefühle sich zum Vorbild nimmt, mehr schätzte. Dieses Gespräch allerdings gab ihm viel zu denken: Er beschäftigte sich damals oft mit Wilde und las seine Schriften über Kunst und Kritik.

In Kandern fühlte er sich sehr wohl. Das kleine gemütliche Städtchen, die schöne Umgebung, besonders die Wolfsschlucht und die Einsiedelei in der Nähe, die gute Pflege, die ihm die verständnisvolle Güte seiner Schwester angedeihen ließ, trugen sehr viel zu seinem Wohl bei; außerdem noch der Umstand, daß unsere Briefe uns in einem Tag erreichten, weil wir uns örtlich so viel nähergerückt waren. Er las damals sehr viel in den Philosophen: Kant, aber besonders Schopenhauer und später Nietzsche nahmen ihn ganz gefangen, und in seinen Briefen schrieb er mir manchmal Stellen ab, die ihm besonders gefallen hatten. Er traf Professor Deubner mit seiner Frau dort an, der zur Erholung im Hotel seiner Schwester wohnte, und er konnte mit diesem alten Bekannten seine Gedanken austauschen. Die Frau allerdings schien ihm nicht so gut zu gefallen, sie war ihm etwas zu gelehrt, und in *der* Beziehung war er sehr empfindlich gegenüber Frauen. Sobald sie etwas von ihrer Weiblichkeit preisgaben, waren sie ihm unsympathisch. Den Saal hat er auch ausgemalt, und er ist mit einem Anstreichergesellen tagelang auf den Gerüsten auf- und abgestiegen; wie die fertige Arbeit geworden ist, weiß ich nicht. Da wir uns so nahe waren, hatten wir zuerst die Idee, er sollte mich in Bern besuchen. Mein Bruder und ein Vetter von mir waren für ein paar Wochen dort, und es wäre ja ganz gut gegangen, ohne besonders aufzufallen. Aber zu guter Letzt waren wir so vernünftig, uns diesen Plan aus dem Kopf zu schlagen.

Im Spätherbst mit Schluß der Ferien kehrte August nach Oberkassel zurück, fühlte sich aber von nun an doppelt unglücklich und deplaciert in der staubigen öden Akademieluft und ließ sich nebenbei in die Kunstgewerbeschule aufnehmen. Das freiere Arbeiten dort und der tägliche Umgang mit lebendigen Formen, Pflanzen und Tieren sagten ihm viel mehr zu als der tote Akademiekram. Die Kunst der Japaner hatte es ihm angetan; er begeisterte sich für die feinen Holzschnitte von Hiroshige und Hokusai sowie für die Art der Japaner, ein Tier oder einen Vogel wie ein Ornament zu behandeln. Der Leiter der Kunstgewerbeschule war der spätere Professor Ehmcke. Damals hatte August die Absicht, nach noch einem weiteren Jahr Arbeit an der Akademie nach Weimar zu gehen und Schüler von Ludwig von Hofmann zu werden. Dieser Künstler und alle die anderen, die sich gerade zu der Zeit in Weimar vereinigten, gefielen ihm sehr wohl, aber er ist dann später so anderer Ansicht geworden, daß er diesen Plan nie ausführte.

Der Jugendstil bewegte damals die Gemüter. Mein Bruder war abonniert auf die englische Kunstzeitschrift »The Studio«, die Reproduktionen vor allem englischer Maler brachte. Es waren das die sogenannten »Praeraffaeliten« Burne-Jones, Watts, Dante Gabriel Rosetti, ebenso Illustrationen von Beardsley und Entwürfe des Bühnenbildners Gordon Craig, die August besonders beeindruckten. Ich erinnere mich einer Fahrt nach Köln, wo wir uns im Pallenbergsaal das Wandbild von Melchior Lechter »Die Weihe am mystischen Quell« ansahen. Lechter gehörte zum George-Kreis, dessen Mitglieder August später in Berlin kennenlernen sollte. Außer Böcklin und Klinger spielten damals noch Klimt in Wien und Zwintscher in Dresden eine Rolle im Kunstleben. Aber die weniger von diesem Zeitstil abhängigen Künstler wie Thoma, Feuerbach, Leibl, A. Schuch, Trübner und Slevogt, Corinth, Liebermann konnten einen jungen Maler dauernder fesseln.

August war ein sehr vielseitiger und interessierter Leser. Abends, wenn wir Frauen stickend um den Tisch bei der Lampe saßen, las er uns mit Vorliebe aus Nietzsche vor, und in seinen Briefen schrieb er mir oft ganze Seiten von Schopenhauer ab aus »Die Welt als Wille und Vorstellung« und der Schrift »Über Aesthetik«; ebenso liebte er die Weisheit der Inder: »Es ist die Maja der Schleier des Truges, welcher die Augen der Sterblichen umhüllt, und sie eine Welt sehen läßt, von der man weder sagen kann, daß sie sei, noch daß sie nicht sei; denn sie gleicht dem Traum, gleicht dem Sonnenglanz auf dem Sande, welchen der Wanderer von ferne für ein Wasser hält, oder auch dem hingeworfenen Strick, den er für eine Schlange hält.«

Merkwürdigerweise fand er Gefallen an Franz Evers, einem Dichter, der längst der Vergessenheit anheimgefallen ist; George mit seinem »Teppich des Lebens« begeisterte damals die Jugend, daneben Walt Whitman mit den »Grashalmen«. Und außer Oscar Wildes »Granatapfelhaus« und »Das Bildnis des Dorian Grey« las er Ibsen, Tolstoi und Dostojewski; neben Novalis, Hölderlin, Mörike und Hofmannsthal Gedichte von Mombert, Flaischlen, Dauthendey, Dehmel und Liliencron. Immer wieder hielt er sich an Wilhelm Busch.

Im November kehrte ich von Bern nach Bonn zurück. Wir sahen uns nach diesem halben Jahr voll Freude wieder. August arbeitete schon nicht mehr auf der Akademie. Durch die Freundschaft mit Wilhelm Schmidtbonn und dem Dichter Herbert Eulenberg war er ganz in deren Kreis hineingezogen worden. Sie waren Dramaturgen an dem damals neugegründeten, von Luise Dumont und Gustav Lindemann geleiteten Schauspielhaus in Düsseldorf und brachten August mit den Schauspielern und Schauspielerinnen zusammen. Augusts Freundschaft mit Cito war sehr eng geworden, und auch er wurde durch Schmidtbonn bei der Dumont eingeführt, die den jungen Künstlern in ihrer wundervoll warmen und verständnisvollen Art sehr herzlich entgegenkam, wovon die beiden nicht wenig begeistert waren. Es war eine ganz neue Umgebung, in die August hineinkam, so viel lebendiger, und ich möchte sagen, moderner war die ganze Lebensart als unter den Akademikern und Kunstgewerblern. Besonders das Haus der Dumont und Lindemanns, die draußen in Oberkassel sich ein üppiges, behagliches Heim geschaffen hatten, gefiel ihm. Er ging dort später aus und ein wie ein Sohn. Wenn sie eines ihrer berühmten kleinen Feste gaben, an denen viele bedeutende Künstler und begabte Frauen teilnahmen, dann behandelte die Dumont August wie ihr Kind und gab dem Diener Anweisung, ihm von dem Kuchen oder der Crème noch extra etwas zurückzustellen. Wilhelm Schmidtbonn hatte dann den Gedanken in ihm geweckt, Dekorationen und Kostüme für die neuinszenierten Stücke zu entwerfen. August, der einen ausgesprochenen Sinn für Theaterkunst hatte und dem diese Tätigkeit so viel verlockender und lebendiger erschien als seine bisherige, war mit Leib und Seele dabei und hätte fast darum seine Malerei in den Hintergrund gedrängt. Wilhelm Schmidtbonn schenkte ihm soviel Vertrauen, daß er ihm oft aus seinen neuesten Arbeiten vorlas. Damals schrieb er gerade an seinem »Heilsbringer«. August hat das Entstehen dieses Romans miterlebt. Er fühlte sich in der für ihn ganz neuen Welt sehr wohl. Wir sahen uns selten, aber schrieben uns desto öfter, und unsere Sehnsucht, beieinander zu sein, war manchesmal groß.

Im Mai feierte ich meinen achtzehnten Geburtstag. Um August eine Freude zu machen, hatte ich beschlossen, ihn zu besuchen, damit ich auch einmal einen Einblick in sein dortiges Leben bekommen konnte. Ich mußte allerdings versuchen, auf glaubwürdige Weise von Hause wegzukommen. So mußte meine Freundin Emma Job mit ihrer Hilfe und Erfahrung in diesen Dingen herhalten. Weil damals im Sommer die Kölner Festspiele waren, gaben wir an, die »Salome« von Strauss, die dort zum ersten Male aufgeführt wurde, besuchen zu wollen. Das war zwar sehr glaubwürdig, nur die Tatsache nicht, daß ich mich bereits morgens um acht Uhr, frische Rosen in der Hand, von meiner Mutter verabschiedete, die mich mißtrauisch und erstaunt fragte, ob ich denn, um am Abend ins Theater zu gehen, mich schon so früh am Morgen auf den Weg machen wollte. Ich wurde ein wenig verlegen, fand aber schnell eine Begründung und war glücklich, als ich mit Emma im Zug saß. Sie beschwor mich in Köln, nur ja am Abend pünktlich am Zug zu sein, und überließ mich etwas besorgt meinem Schicksal. In Düsseldorf angekommen, war niemand an der Bahn, ich ging heraus auf den Bahnhofsvorplatz, auf dem es von Wagen und Elektrischen wimmelte. Schon wollte ich verzweifeln, als aus einer ankommenden Elektrischen August mir entgegenwinkte und froh auf mich zueilte. Nun war ich, glücklich angelangt, unter seiner Obhut, und alle Angst und vorherige Aufregung – ich wollte verschleiert reisen – waren überwunden. Wir fuhren mit der nächsten Elektrischen hinaus nach Oberkassel: Er zeigte mir schon jetzt den Balkon mit den Blumenkästen an seinem Atelier in der Ferne. Wir kamen nicht schnell genug die Treppe hinauf, ich war ganz atemlos vor Erwartung. Nun reißt er die Tür auf, und ich trete in dies Heiligtum, in einen blitzsauberen, mit schönen Möbeln ausgestatteten Raum. Überall, wo ich hinsehe, frische Blumen, Vergißmeinnicht-Kränze, Goldlack. An der Wand meine Fotografie, hinter der eine künstliche Marguerite steckt, gegenüber das Mädel von Cito, auch geschmückt, auf der Staffelei ein Bild mit goldfarbenem Himmel und einem runden Hügel im Vordergrund, auf dem zwei Menschen liegen und ins Tal blicken. Ich bin ganz gerührt über diesen liebevollen, reizenden Empfang. Ich muß die weite Aussicht bewundern; wir halten uns lieb und sind selig, uns ganz allein zu haben. August glaubt es immer noch nicht, daß ich wirklich gekommen bin. Cito kommt zur Begrüßung, und ich erfahre nach und nach, daß die beiden armen Kerle bis in den Morgen hinein an der Verschönerung des Zimmers gearbeitet hatten, den Boden neu geölt, geputzt und geschrubbt, die Möbel neu lackiert, Bilder aufgehängt haben, kurz, kaum ins Bett gekommen sind. Und das alles mir zu Ehren[9]. Das Bild auf der Staffelei gefiel mir sehr gut. August sagte, es sei von Cito, später erst erfuhr ich, daß er es gemalt hatte. Als es Mittag wurde, gingen wir in einem Restaurant in der Nähe essen. Es gab irgend etwas wie Hämmchen mit Sauerkraut; der Wirt, den August gut kannte, begrüßte uns wohlwollend. Zum Nachmittagskaffee waren wir zu Schmidtbonns nach Grafenberg eingeladen. August zeigte mir noch die Königsallee und den Hofgarten. Danach fuhren wir hinaus zu den beiden, die mir aus Augusts Erzählungen schon lieb und vertraut geworden waren. Sie hatten eine hübsche Wohnung mit schönen alten Möbeln. Er kam mir sehr herzlich entgegen, und beim Kaffee auf dem Balkon war es mir, als hätten wir uns schon lange gekannt. Er, der kleine, gedrungene Mann mit der hohen Stirn und einer merkwürdig scheuen Art, sich zu geben, machte vielleicht nur deshalb auf mich einen solchen Eindruck, weil ich ihn als Künstler verehrte, und weil ich ihn aus Augusts Erzählungen auch als Menschen liebgewonnen hatte. Seine Frau, eine Tirolerin vom Arlberg, strahlte eine freie, sympathische Fröhlichkeit aus, und man merkte, daß sie ihm eine treue Gefährtin war, die durch dick und dünn mit ihm ging[10]. Eulenberg kam am Nachmittag auch noch, und wir fuhren nachher alle zusammen in die Stadt, wo wir im Schauspielhaus-Restaurant noch zusammen saßen, so daß ich vor lauter Gemütlichkeit den Zug verpaßte. Zum Glück ging bald darauf ein anderer, und ich fuhr selig, den schönen Tag überdenkend, nach Köln, wo Emma mich in großer Aufregung empfing, weil sie glaubte, ich käme nicht mehr oder es wäre etwas passiert. Zur Vorsicht telegrafierte ich noch nach Hause, wir kämen etwas später, und dann erzählten wir recht viel und aufdringlich, wie es in der »Salome« war; nachher im Bett war ich glücklich, daß meine heimliche Reise so gut verlaufen war. Bald darauf besuchte ich August ein zweites Mal; es war im Juli. Ich hatte ein ganz zartes, duftiges Kleid bekommen, das mit Rosenbukettchen übersät war. Das zog ich an, dazu einen mit Rosen besteckten Hut. In der Hand hatte ich einen Strauß frischer Rosen, die ich aus dem Garten kurz vorher heraufgeholt hatte. Ich konnte mir allerdings bei diesem zweiten Mal, als ich wieder in aller Herrgottsfrühe wegging, nicht denken, daß meine Mutter nichts ahnte. Leider sind mir die Einzelheiten dieses zweiten Besuches aus der Erinnerung entschwunden.

August hatte sich nun mittlerweile schon gut in den Theaterbetrieb eingearbeitet; er besprach mit Dr. Geyer vom Schauspielhaus die Inszenierung der neu einstudierten Stücke; er sollte zunächst »Macbeth«, ein Krippenspiel und ein Märchenspiel bearbeiten. Diese drei Stücke sind auch im Winter aufgeführt worden und gelangen ihm sehr gut. Er hatte viele neue, anregende Ideen für Theaterkunst. Die kitschigen Pappdeckelkulissen ließ er alle verschwinden. Durch farbige Vorhänge und Ausschnitte erreichte er eine viel feinere Wirkung als durch die altmodischen naturalistischen Kulissen mit ganzen Städten und eingerichteten Zimmern. So bei einem Gelage im Schloß, wo sich die ganze Tafel neben einem großen Pfeiler abspielt, dessen Ende man nicht sieht. Dadurch wirkt der Raum, in dem das Gastmahl stattfindet, unendlich viel monumentaler und weiter, als wenn man auf dem beschränkten Raum der Bühne versucht, die ganze Ausdehnung des Saales darzustellen. »Macbeth« war sehr gut gelungen. Zu der Aufführung im Winter war ich zusammen mit Lothar Erdmann hingefahren. Die Dumont und Lindemann hätten gern die Namen der beiden Künstler Macke und Cito in der Kritik nennen lassen, aber Schmidtbonn war dagegen. Er meinte, es sei nicht gut, den jungen Leuten so früh ein Lob auszusprechen. Und so wurde die Ausstattung, die wirklich etwas ganz Neuartiges war, der glänzenden Leitung des Schauspielhauses zugeschrieben, die mit viel Geschmack und geschickter Hand sich die geeigneten Leute auszusuchen verstehe. Das Krippenspiel und das Märchen »Rotkäppchen« wurden kurz vor Weihnachten gebracht. August bekam immer die besten Plätze. Bei den Proben dirigierte er von der Direktionsloge aus das Spiel und gab den Kulissenschiebern und Beleuchtern ganz nach seinem Willen Anweisungen, daß Lindemann oft über sein Talent als Regisseur staunte. Es hatte sich damals eine Vereinigung »Die Bühne« gebildet. Dieses Unternehmen wollte für alle großen Theater die Inszenierung und Ausstattung der Stücke in die Hand nehmen und liefern. Es konnte reichlich Kapital gesichert werden. Sie suchten einen Künstler, der die Entwürfe machen und in den Ateliers die Ausführung überwachen sollte. August hatte ein Angebot bekommen. Es war äußerlich glänzend bei einer ganz selbständigen Stellung, daneben noch Zeit zum eigenen Schaffen, ein Jahresgehalt von zehntausend bis achtzehntausend Mark. Für einen so jungen Menschen, wie er damals war, ein glänzendes und verlockendes Anerbieten. Er hatte sehr viel Lust dazu und kämpfte lange mit sich, ob er es annehmen sollte, weil er auch an die dann so früh gesicherte Zukunft dachte. Aber ich habe ihm entschieden und immer wieder abgeraten; denn es wäre mir unendlich leid gewesen, wenn er diesen Beruf seiner Malerei vorgezogen hätte. Auf die Dauer hätte es ihn doch nicht befriedigen können, da er viel zu sehr Maler war. Daß er allerdings Bedeutendes darin geleistet hätte, glaube ich bestimmt. Die Stelle hat dann ein viel älterer Theatermaler bekommen.

Das ungebundene, bewegte Leben mit den Theaterleuten gefiel ihm gut; er schwamm mit in dem Strudel, ohne sich Skrupel zu machen. Insofern hatte er ja auch Glück, daß er unter wertvolle Menschen geraten war, die außerdem auf einer künstlerischen Höhe standen. August war damals neunzehn Jahre alt, ein schöner, schlankgewachsener Mensch, der mit seiner einfachen, natürlichen Art, sich zu geben, überall gern gesehen war. Dazu kam noch die leichte Schwermut dieses Alters, die sich bei ihm mit einer selten fröhlichen Klarheit verband. Die Dumont, Lindemann, Schmidtbonn hielten sehr viel von ihm, und er wieder stand in verehrender und doch naher Freundschaft zu ihnen. Die Schauspielerinnen liefen ihm mehr oder weniger alle nach. Es waren damals fast alles junge, bedeutende Kräfte dort, zugleich schöne Menschen, u. a. Hermine Körner, Gertrud Seliger, Fanny Ritter, Eva Speyer und Eva Martersteig. Schmidtbonn war sogar einmal eifersüchtig auf ihn, weil er soviel Erfolg bei den »Weibern« hatte. August konnte das nicht begreifen. Am meisten verkehrte er mit Fanny Ritter, sie lud ihn öfters zu sich ein, wo es dann feinen Kaffee mit herrlichem Kuchen für ihn gab und Zigaretten. Sie hatte eine gemütliche Wohnung, und er hat manchen Nachmittag bei ihr gesessen. Er entwarf alle Kleider und Gewänder für ihre Rollen. Sie war anscheinend sehr verliebt in ihn und tat alles, um ihn an sich zu fesseln, und zwar verstand sie das mit sehr viel Charme, so daß es nie plump und taktlos wirkte. Einmal verschwand sie in ihrem Schlafzimmer, um ihm ihr neuestes Gewand zu zeigen, kam bald darauf wieder zum Vorschein und tänzelte in einem rosa Schleierkleid, das ihren bloßen Körper sehen ließ, im Zimmer umher. Er mußte sehr viel von mir erzählt haben, sie ließ mir stets Grüße sagen, und als ich sie nach einem Tanzabend in Bonn, wo sie mit der Martersteig einen entzückenden Schäfertanz von Mozart vorführte, kennenlernte, kam sie mir ungemein liebenswürdig entgegen, umarmte und streichelte mich, was mir im Moment unangenehm war. Sie war entschieden eine reizende Frau, aber sie war sich ihrer Vorzüge auch sehr bewußt. An dem Abend saßen wir beide mit ihr und ihrem Verlobten, Dr. Valentin aus Berlin, noch zusammen, zum großen Ärger des Vorstandes des »Dramatischen Vereins«, der diesen Abend veranstaltet hatte; denn es war dort so Sitte, daß sich die Ausführenden des Abends nachher vom Vorstand einladen ließen, um den an der »Spitze« stehenden Oberlehrerprofessoren einen Abend zu widmen und ihnen einen Abglanz ihrer Berühmtheit zu schenken. Damals war ein früherer Lehrer Augusts, Dr. Ruhland, einer der Vorsitzenden. Er hatte mich als Tischdame gewählt, eine Zeitlang hatte er mir nachgestellt, mich mit Rosenbuketts belästigt, worauf ich ihm in einer frechen Backfischweise antwortete. Er wußte genau um unsere Freundschaft, schätzte August als einen aus seiner Klasse hervorgegangenen Schüler sehr, aber wenn er

Gelegenheit hatte, mit mir von ihm zu sprechen, tat er das in einer väterlich wohlwollenden Weise, die mich lachen machte. An diesem Abend nun warteten aller Augen auf den Brennpunkt des Abends, die beiden schönen Schäferinnen; als dann plötzlich August und ich uns verabschiedeten und sagten, daß wir uns noch mit ihnen treffen wollten, überlief die Gesichter eine Skala von der größten Verdutztheit zur offenen Entrüstung. Wir beide aber liefen glücklich, dem Professorenkonglomerat entronnen zu sein, durch den Abend.

August schrieb mir damals einmal, er dächte so viel darüber nach, daß ich immer allein sei, während er doch im tollsten Leben stecke, ich sollte nur ruhig, wenn ein schöner Jüngling mich anredete, mit ihm spazieren gehen, ihm nur sagen, ich sei verlobt. Wir seien uns ja treu, und das sei die Hauptsache. Er erzählte mir auch alle seine kleinen Erlebnisse, wenn er kam, und ich war nie eifersüchtig, ich verstand und kannte ihn so gut, und er konnte einem so etwas in einer so lieben Art beibringen. Schmidtbonn und er gingen viel mit den Schauspielerinnen durch den Grafenberger Wald oder am Rhein entlang spazieren, und fast jedesmal trug eine von ihnen mit lauter Stimme ein schönes Gedicht vor. So einmal die Seliger das Hohe Lied, und als sie es beendigt hatte, fiel sie dem Schmidtbonn um den Hals, und der aus seiner tiefen Ergriffenheit heraus küßte sie, und die beiden ließen sich nicht. So ging August einmal allein mit der Seliger in den Oberkasseler Wiesen spazieren. Die Seliger war eine sehr kluge, feine Frau, aber fast häßlich und viel älter als August. Sie unterhielten sich zuerst über allerlei, dann, als sie sich ins Gras legten, kam sommerliche Müdigkeit über sie, in der der Mensch so empfänglich ist für den kleinsten äußeren Reiz. Die Seliger hatte den Augenblick nicht schlecht gewählt; sie hatte es sich vorgenommen, August zu verführen, und es ist ihr auch gelungen.

Der Hochsommer 1906 kam und mit ihm die Ferien am Schauspielhaus. Wilhelm Schmidtbonn wollte mit seiner Frau und seiner Schwägerin eine Rheinreise machen auf dem Niederländerdampfer herunter bis Holland, von da in ein belgisches Seebad. August wollte sich ihnen anschließen und bat und quälte, ich sollte auch mitkommen. Unter dem Schutz der beiden Frauen wäre das ja auch ganz gut gegangen. Schmidtbonn kam an einem Sonntag mit August zu meinen Eltern, um die Erlaubnis zu erbitten, aber mein Vater, der damals schon krank war, ließ sich nicht überreden. Ich wollte natürlich damals nicht einsehen, daß das nur gut war, und war sehr traurig darüber. Mitte Juli wurde die Reise angetreten. Die Gesellschaft bestand aus Wilhelm Schmidtbonn und Frau, seiner Cousine, einem schon älteren Fräulein, und August. Der Niederländerdampfer fuhr nachts gegen ein Uhr von Düsseldorf ab. Zum Abschied hatten sich Luise Dumont, Lindemann, Willy Rath und andere Mitglieder des Schauspielhauses eingefunden. Sie brachten allerlei mit für die Reise, die Dumont eine Flasche Sekt, Rosen, Schokolade, Zigaretten und allerlei Schleckereien. Cito war auch mit von der Partie, er bekam im letzten Augenblick eine solche Lust, daß er sich kurz dazu entschloß, die Reise mitzumachen. Am anderen Nachmittag gelangten sie nach Rotterdam, mitten in den tollsten Betrieb des großen Hafens hinein. August hat mir oft davon erzählt, wie einzig schön die Fahrt den Rhein herunter gewesen sei, besonders gegen Morgen, als es hell wurde, und sie allmählich in dem wachsenden Licht die vorüberziehenden Ufer erkennen konnten, alles fremd und neu, bis dann die Ufer des Rheins immer breiter und mächtiger wurden.

Von Rotterdam fuhren sie über Den Haag nach Knocke, wo sie im Hôtel du Cygne abstiegen. Cito war bis hierhin mitgefahren, trennte sich aber dann von der frohen Reisegesellschaft, die noch durch den Dichter Herbert Eulenberg vermehrt worden war. Da waren die Richtigen beisammen. Aus Augusts Erzählungen muß ich annehmen, daß es in dem Hotel recht lustig zugegangen ist. Es wohnten dort auch verschiedene junge wohlbekannte Damen aus Bonn, die durch ihre mollige Körperfülle das Wohlgefallen der drei erweckten, und Wilhelm Schmidtbonn konnte es nicht lassen, die jüngste von ihnen beim Baden so ganz versehentlich in die Waden zu kneifen, dann unter Wasser zu verschwinden und die Schuld Eulenberg oder August zuzuschieben. Schmidtbonn stand den ganzen Tag mit einem fabelhaft genauen Feldstecher am Damenbad und beobachtete. Über den Flur weg wohnte eine reizende Französin. Eines Abends wollte August vor dem Schlafengehen einen Blick durch das große Schlüsselloch ihres hell erleuchteten Zimmers werfen und war auch sehr emsig damit beschäftigt, den erwünschten Erfolg zu erzielen, als plötzlich die gegenüberliegende Tür mit Vehemenz aufgerissen wurde und Schmidtbonn mit dem Feldstecher bewaffnet seine Entrüstung ins Dunkel hinein laut werden ließ. Am Schluß erkannte er in der andächtig auf den Spalt schielenden gebückten Gestalt August, und beide sahen sich höchst verwundert an, um dann in lautes Gelächter auszubrechen. Die beiden Türschlösser der Zimmer waren sich nämlich genau gegenüber gelegen; Schmidtbonn saß auf einem niederen Schemel hinter seiner Tür, um durch das Glas über den Gang weg in der kleinen erleuchteten Öffnung etwas von der Schönen zu erwischen, als sich plötzlich ein dunkler Schatten davorschob.

Ganz abgesehen von solchen kleinen Tollheiten waren es für alle erfrischende und anregende Tage. Oft gingen sie zu dreien am Strand entlang, in endlose Gespräche vertieft, wo ein Wort das andere gab. Schmidtbonn und Eulenberg waren manchmal erstaunt über das reife Verständnis und die schnelle Auffassungsgabe von August. Eulenberg wollte mit ihm den »Geizigen«, die »Orestie« und die »Räuber« inszenieren, und es wurde viel über Bühnenkunst gesprochen.

Am 29. Juli fuhr August zusammen mit Schmidtbonn nach London hinüber. Wie Schmidtbonn allerdings dazu kam, unfreiwillig mitzufahren, erzählt er in seinen Erinnerungen. August hatte ihm so lange zum Abschied die Hand geschüttelt und sie gar nicht losgelassen, bis die Treppe, an deren Fuß Schmidtbonn stand, schon hochgezogen wurde und er nicht anders konnte, als mit hinaufzugehen. Er war auf diese Weise gezwungen, auf dem Schiff zu bleiben, um gleich nach der Landung wieder umzukehren, während August mit Sehnsucht und Ungeduld die neuen Eindrücke der Riesenstadt erwartete. Und sie waren ungeheuer. Er kam begeistert von London wieder, überwältigt von der Größe und Gewalt dieser Welt für sich und dem Leben auf den Straßen, das ihm als etwas ganz Neues entgegentrat. Die großen Parks, in denen sonntags die Familien sich auf den weiten Rasenplätzen vergnügten, die Museen mit den unzähligen Schätzen aus allen Zeiten und Ländern, die so ganz andere Lebensart, all das wurde ihm zu einem tief wirkenden Eindruck. Er konnte dort bei einer Cousine wohnen, die eine Art Hotel garni hatte, wo er glänzend aufgehoben war. Er erzählte mir später oft von der liebenswürdigen Aufnahme und dem reizenden deutschen Zimmermädchen, das er gleich in sein Herz geschlossen hatte, nicht nur, weil es Liesbeth hieß.

Ich war derweil zu Hause in Bonn, und wenn eine glückliche Karte oder gar ein Brief kam, aus frohem Herzen geschrieben, dann war es mir jedesmal wieder von neuem ein Schmerz, daß ich das alles nicht miterleben konnte. Von London hörte ich lange nichts, so daß ich mir in meiner Verzweiflung das Schlimmste vorstellte und mich bei meiner treuen Freundin Emma ordentlich ausweinte. Es gelang ihr, mich zu trösten, und als sie mich endlich wieder nach Hause brachte mit rotgeweinten Augen, stand eine halbe Stunde später August vor mir. Ich weiß heute noch, wie mir alles Blut aus dem Körper wich und ich nicht wußte, ob ich lachen oder weinen sollte. Es dauerte wirklich eine Zeit, bis ich meiner wieder ganz mächtig war. August schalt mich deswegen und begriff meine Aufregung nicht, beruhigte mich aber, als er mir einen wundervollen silberfarbenen indischen Schal, der mit Metallplättchen durchstickt war, um die Schultern legte. Er hatte ihn auf der Auktion eines großen Seidenhauses erstanden, und ich war über die Schönheit dieses Geschenkes sehr erfreut und vergaß darüber alles Leid und Erschrecken.

Im September begann das Leben in Düsseldorf wieder. August war nun ausschließlich am Schauspielhaus beschäftigt. Es wurde im Herbst eine Festaufführung des »Sommernachtstraumes« zu Ehren des Bonner Dramatischen Vereins vom Schauspielhaus veranstaltet. Mittels Sonderzuges fuhr die ganze Gesellschaft hin. Meine Mutter und ich beteiligten uns daran. Es kam zu köstlichen Szenen, bis die hochwohllöblichen Mitglieder, besonders der Vorstand, alle verstaut waren in den uralten Waggons, die zu diesem Zwecke zusammengestoppelt worden waren. Wir saßen in einem Abteil, in dem noch ein Ofen stand! Geheimrat Z. lief verzweifelt am Zug auf und ab und rief um Platz: »Ich bin doch der Vorstand.« In Düsseldorf holte August uns ab und brachte uns ins Theater. Es war ein erwartungsvolles, schönes Wiedersehn. Und dann kam die Aufführung, eingeleitet von der Mendelssohnschen Ouvertüre, die Szenerie ein alter Märchenwald mit Tannen und jungen Birken, in dem die Liebespaare sich suchten und fanden. Durch die Drehbühne wirkte es, als ob sie stundenweit darin wandelten. Der Morgen, wie sie im Walde erwachten, voll von der Sonne, die rot zwischen den Zweigen schimmerte, und wie die Vögel sich lockend riefen, war von einem solchen Zauber, daß man ganz gefangen war. Es wurde sehr gut gespielt, besonders der Puck von Fräulein Seliger war glänzend. Nach der Vorstellung fand im Foyer des Theaters ein Essen statt für die Vorstandsmitglieder. Es wurde bei dieser Gelegenheit ein Ibsen-Verein gegründet und ein Fonds gesammelt. Der Hauptgedanke war, noch nicht aufgeführte Stücke von Ibsen auf die Bühne zu bringen; dann, junge Dichter zu spielen, die durch ihre Eigenart schwer aufzuführen sind. August schrieb mir nachher über den Verlauf des Abends: Als die edlen Bonner Vorstandsmitglieder weg waren, klatschte Luise Dumont in die Hände und rief ganz sarkastisch: »Die haben wir in der Mausefalle!« und der Dichter Schmidtbonn lächelte leise und süß: »Haben die Kellner auch auf die Liste gezeichnet?« Professor Brandt hatte nämlich eine entsetzliche Oberlehrerrede gehalten, daß es die Dumont fast nicht ertragen hatte.

Die Gründung stand zunächst unter einem guten Stern. In den

»Masken«, der Theaterzeitschrift des Schauspielhauses, erschienen Sondernummern für den Ibsen-Verein. In Bonn war ein Ibsen-Zyklus zu ermäßigten Preisen für alle Mitglieder ausgeschrieben worden. Es wurden gespielt: »Gespenster«, »Rosmersholm«, »Hedda Gabler« und »Nora«. Jedesmal wundervoll harmonische Aufführungen. Wenn ich es allerdings jetzt bedenke, so glaube ich, daß das viele Ibsenspielen das Schauspielhaus in gewisser Weise verdorben hat. Es bildete sich nachher ein Stil heraus, in dem alle modernen Stücke gespielt wurden. Eine Art leichtes, resigniertes Hinwerfen von Sätzen, dann wieder gewollt geheimnisvolles Hervorheben und Betonen von manchen Worten, eine ungesunde, unnatürliche Art, die auf die Dauer erstarrend wirkte. Damals allerdings konnte man sich von dem tiefen Eindruck, den diese Art Spiel im Gegensatz zu dem altmodischen Pathos hervorrief, nicht freisprechen. Leider hat sich der Verein nicht lange seines Lebens erfreut. Es gab äußere Schwierigkeiten, mit denen das Schauspielhaus ja immer zu kämpfen hatte, außerdem kam es auch mit dem Bonner Dramatischen Verein zu Auseinandersetzungen, so daß der Verein bald aufgelöst wurde.

August arbeitete damals mit Begeisterung und Ausdauer an den Dekorationen für die »Orestie«, von deren Aufführung später die kaufmännischen Ratgeber wegen zu großer Schwierigkeiten abrieten. Schmidtbonn vollendete gerade seinen Legendenroman »Der Heilsbringer«; er hat August oft aus dem Manuskript vorgelesen, und Professor Litzmann, der Literarhistoriker in Bonn, schrieb ihm begeisterte Briefe darüber. An manchem Abend fanden sie sich bei der Dumont und Lindemann ein. Ich lernte Frau Dumont im Winter dieses Jahres auch näher kennen durch den Sprechkursus, den sie auf Anregung des Dramatischen Vereins in Bonn abhielt. Er hatte den Zweck, den Teilnehmern die Grundbegriffe des Sprechens durch Atemtechnik und und Übungen beizubringen. Es nahmen ziemlich viele Personen daran teil. Die Kurse fanden alle vierzehn Tage in einem Hörsaal der Universität statt. Ich habe mich immer köstlich amüsiert, wie die Dumont mit den Menschen umging, z. B. mit Ruhland, der ihre oft scharfe Ironie nie merkte. Die Stunden waren sehr anregend. Es wurden herrliche Stücke gelesen, und es war ein Genuß, ihrer schönen, wohllautenden Stimme zu lauschen. Wir lasen dort Turgenjews »Gedichte in Prosa«, von Schopenhauer einiges, Nietzsches Gedichte, Goethe, Schiller, Szenen aus Dramen. Sie war jedesmal sehr liebenswürdig zu mir. Ich war immer befangen, wenn ich lesen mußte und wollte mich nie vor das versammelte Publikum stellen. Einmal sah sie mich an und sagte: »Sie sehen heute so aus, als ob Sie gut lesen würden. Lesen Sie mal.« Es war Nietzsches Gedicht »Venedig«. Und ich las es trotz der inneren Erregung wirklich gut, so daß sie mich vor allen lobte. Den Frühlingswind von Hofmannsthal (»Vorfrühling«) vergesse ich nie, sie sang ihn fast beim Lesen, es war so viel Rhythmus darin, es war wirklich Windeswehen. Die Dumont bat mich meistens nach der Stunde zu sich, bestellte mir Grüße von August, und fragte mich in der liebsten Weise nach ihm. Das war für Ruhland jedesmal ein Ärgernis, und wenn unser Freund Arthur Samuel mich nach Hause begleitete, hatte er das andere Mal immer eine spitze Bemerkung auf der Zunge.

August hatte im Winter ein bewegtes, reiches Leben: Der Verkehr mit Schmidtbonn war sehr rege geworden, wenn er auch nicht ungetrübt blieb. Schmidtbonn muß von Kind an sehr eigen und schwierig gewesen sein, er war im Verkehr mit Menschen oft ungeschickt und konnte leicht abstoßend wirken. August hatte eine liebenswürdige, leicht einnehmende Art im Umgang. Kein Wunder, daß ihm, dem jungen, schönen Mann, die Frauen mehr nachstellten als dem älteren, manchmal etwas schroffen Dichter. Das führte dann zu kleinen, aber belanglosen Reibereien.

Eines Abends, nachdem die Ritter und die Martersteig ihren Schäfertanz im Schauspielhause vorgetanzt hatten, wurde es sehr spät und die Stimmung übermütig bei dem Fest. Schmidtbonn äußerte plötzlich den Vorschlag: »Wie wär's, wenn die beiden den Tanz noch einmal tanzten, aber nackt und für uns allein?« Es gab einiges Hin und Her, Zögern von seiten der beiden; auf einmal waren sie verschwunden. Schmidtbonn und August bemerkten es erst nach geraumer Zeit und gingen die Seitenstufen hinauf, um sie in den oberen Räumen zu suchen. Sie kamen im Dunkeln in Eulenbergs Regisseurzimmer. Da lag auf dem Schreibtisch ein zartes Höschen, auf der Stuhllehne hing ein Strumpf. Es war etwas nicht in Ordnung. Durch die Tür fiel ein feiner Streifen Licht von nebenan aus dem Übungszimmer. Sie schlichen gespannt und ergötzt zugleich zum Schlüsselloch und sahen die beiden Jungfräuleins in ihrer nackten Schönheit tanzen, die Melodie dazusummend. Sie öffneten sachte die Tür. Ein überraschtes Aufschreien, Kichern, und hinter der spanischen Wand sahen zwei lachende Gesichter hervor. Der Raum war ganz erhellt. Schmidtbonn und August baten und flehten, sie mußten versichern, daß außer ihnen niemand mehr da sei; die Tür wurde abgeschlossen, und nun fing, von dem Flöten Augusts begleitet, der Tanz von neuem an. August hat mir oft begeistert davon erzählt, und wie schade es doch sei, daß man fast nie Gelegenheit habe, den nackten Körper so in der Bewegung zu sehen und zu studieren. Es muß auch vollendet an Grazie gewesen sein, die Körper der großen, schlanken Ritter und der kleineren, molligen Martersteig. Auf einmal glitt August auf dem glatten Parkett aus und lag auf dem Boden. Schnell huschten die beiden nackten Schönen zu ihm hin, neigten sich über ihn, daß ihre Brüstchen fast sein Gesicht berührten, bedauerten, trösteten ihn und halfen ihm auf. Schmidtbonn hat später boshafterweise behauptet, das alles sei Raffinesse von August gewesen, und er habe sich mit Absicht hinfallen lassen. Jedenfalls war August die Kunst der Tänzerinnen und die Einmaligkeit der Situation zur lieben Erinnerung geworden.

Im November 1906 schrieb August an den Direktor der Akademie einen Brief, in dem er um Entlassung bat, um fortan als freier Künstler zu arbeiten, er widmete sich aber den ganzen Winter über noch der Bühnenkunst und besuchte nebenbei die

Kunstgewerbeschule. Im April 1907 ging er nach Kandern im Schwarzwald zu seiner Schwester. Er fuhr über Darmstadt, wo er sich einen Tag aufhielt, um seinen Freund Fritz Wildeman aufzusuchen, mit dem er schöne, von Freundschaft erfüllte Stunden verlebte. Er sah die Madonna von Holbein im Schloß, die ihm einen großen Eindruck machte. Dann gingen sie gegen Abend vor der Stadt spazieren, und er war erfreut über die weite, schöne Landschaft, die Hügel, die Gärten, in denen die Villen versteckt und wohlgeborgen eingebettet liegen. Am 16. April traf er in Kandern ein, wo es noch sehr kalt und unfreundlich war zu dieser frühen Jahreszeit. Er hatte sich dieses Mal besonders viel von dem Aufenthalt dort versprochen. Auch das Zusammensein mit seinem Freunde Cito, der kurz nach ihm aus Düsseldorf kam, war für ihn sehr verlockend. Die Schwester hatte ihnen ein kleines Zimmer eingeräumt, von dem man aus in eine große Laube gelangte, wie sie an den Schwarzwaldhäusern häufig zu sehen sind. Man sah von da hinunter in den Hof. Dort waren die Pferde-, Kuh- und Schweineställe. Das ganze Landleben spielte sich hier ab. Die Wagen fuhren ein und wurden in die Remise gebracht, die Pferde gestriegelt und gebürstet und die Kühe am Brunnen getränkt, wenn sie von der Weide heimkamen. Und weiter sah man über die Dächer hinweg zu den Bergen, zum Blauen, einem hohen Gipfel des badischen Schwarzwaldes. An das Zimmer anschließend lag ein kleiner Raum, der früher als Küche gedient hatte. Von dort aus stieg man durch ein Fenster auf das flache Dach des Großen Festsaales, das ganz mit Moos und Gras bewachsen war und auf dem man bequem hin und her spazieren konnte. Das freie, reiche Landleben tat August überaus gut, er half mit beim Holzhacken und ging mit dem Fischer zum Forellenfang. Wenn Fremde kamen und mit dem Wagen ins Gebirge wollten, fuhr er sie. Er verstand es gut, die Pferde zu führen und zu versorgen. Unterwegs wurde an manchem Wirtshaus haltgemacht. Die Fahrgäste unterhielten sich gerne mit dem jungen, liebenswürdigen Kutscher. Endlich kam nun auch Cito. August holte ihn in Basel ab, das in einer guten

Stunde von Kandern aus mit der Bimmelbahn zu erreichen ist. Cito lebte sich schnell ein, und bald konnten sie die Arbeit, mit der sie die Schwester beauftragt hatte, beginnen. Sie sollten nämlich den Saal und die Felder zwischen den Fenstern und die Bühnenumrahmung neu ausmalen und fingen bald an, ihre Studien dazu zu machen. Cito war früher Lehrling bei einem Kirchenmaler gewesen und verstand die gröberen Anstreicherarbeiten besser als August. Als erstes schlug er dann auch fachgemäß ein großes Gerüst auf, und die beiden haben sich, ehe sie endlich anfingen, tagelang im Balancieren und Gehen auf den Planken geübt. Nebenbei stand ihnen ein hübscher Bauernjunge Modell, außerdem malte August allerlei Stilleben von Gemüse, Früchten und Blumen. Aus dieser Zeit stammen auch einige sehr schöne Bleistiftzeichnungen von Bäumen in der Landschaft und Porträtstudien seiner Mutter. Er und Cito arbeiteten zuerst mit dem Eifer der Neulust. August hat auch noch im Gastzimmer die einzelnen Felder zwischen den Holztäfelungen mit kleinen Bildchen versehen, die jetzt noch dort sind. Sie machten mir jedesmal, wenn ich sie später sah, Freude. Das, was sie im Saal malten, ist allerdings teilweise übertüncht worden, besonders die beiden grotesken Figuren, die die Bühne umrahmten, erregten Anstoß bei den Honoratioren des Städtchens. Zur Erholung fuhren die beiden dann und wann nach Basel, sahen sich Ausstellungen an, kauften sich Malsachen und Bücher und schwelgten in Kultur. Im Museum studierten sie die Holbeins und die Böcklins und kamen allmählich dazu, Leibl besser zu finden als Böcklin. Ab und zu erlaubte ihnen Augusts Schwester Auguste, das Pferdchen anzuspannen; dann trabten sie durch den schönen Wald nach Marzell, einem reizend gelegenen Dorf mit schönen alten Giebelhäusern. Von dort konnten sie an klaren Tagen die Alpenkette in der Ferne liegen sehen.

Es gastierte zu der Zeit eine Theatergesellschaft in der »Krone« – so hieß das Hotel seiner Schwester –; es waren allerlei heruntergekommene Schauspieler und Schauspielerinnen, die sich unter der Führung des ganz sympathischen Direktors zusammengefunden hatten, um all die kleinen Städtchen mit ihrer Kunst zu erfreuen. Sie wohnten in der »Krone« und hatten allabendlich ihre Aufführungen. Am Schluß konnten sie jedesmal die Rechnung nicht bezahlen, und Auguste, gutmütig, wie sie war, ließ sich immer wieder erweichen, sie aufzunehmen, wenn sie kamen. Es wurden auch Märchen gespielt, u. a. »Schneewittchen«. Da wurde der Prinz krank, und in ihrer Verzweiflung wandten sie sich an August mit der Bitte, ob er nicht für den einen Abend die Rolle übernehmen wolle. Nach langem Widerstreben seinerseits und Zureden der Schwester andererseits entschloß er sich endlich dazu und erschien zum Gaudium der Köchinnen und Mädchen der »Krone« am Abend im schönsten Ritterkostüm. Besonders Cito wußte sich vor Freude nicht zu fassen und versuchte vom Zuschauerraum aus krampfhaft, ihn ins Stocken zu bringen. Im letzten Akt endlich, als Schneewittchen im gläsernen, vielmehr gazenen Sarg auf die Bühne gebracht wurde und er um sie klagte, wandte sich August so leidenschaftlich um, daß er mit seinem Säbel den halben Sarg aufschlitzte und der sehr wenig anmutigen ältlichen Prinzessin damit unter die Nase fuhr, woraufhin beinahe die ganze Rührung der Szene zerstört worden wäre.

Wendepunkt

Bei einem Besuch in Basel kaufte er sich das damals gerade erschienene Buch »Impressionisten« von Meier-Graefe. Er verschlang es; das, wonach er immer gesucht hatte, war darin zur Sprache gebracht, Ideen, die ihn tief und immer wiederkehrend beschäftigten. Es war für ihn von unschätzbarer Bedeutung, daß er gerade *damals* dieses Buch in die Hand bekam. Er befand sich nämlich mitten in einer Übergangsentwicklung. Gedanken an große Bilder hatte er gar nicht mehr; er lernte und arbeitete; ein kleines Blümchen, einen Baum oder ein Bund Spargel richtig zu sehen und wiederzugeben, erschien ihm wichtiger als das Malen von großen Bildern, zu denen er sich noch nicht reif fühlte. Er stand an einem Wendepunkt seiner künstlerischen Entwicklung. Hierbei ist ihm das Buch Meier-Graefes eine sehr bedeutende Hilfe gewesen. Später erwarb er sich noch das kleine Buch »Manet und sein Kreis« vom selben Autor. Im Basler Kupferstichkabinett ließ er sich Fotografien von Bildern der Franzosen geben. Das eröffnete ihm eine neue Welt: Er sah auf einmal mit ganz anderen Augen, er fühlte sein noch zages, tastendes Sehen in diesen Meisterbildern bestätigt und war wie befreit, als er merkte, aus eigenem Antrieb auf dem richtigen Wege gewesen zu sein. Er warf plötzlich alle Gefühlsmalerei, zu der er Böcklin und Thoma zählte, über Bord. Nun ging er ganz auf in Manet, Monet, Whistler, Turner, Liebermann und den Japanern. Damals sollte ich, um Gesangstunden zu nehmen, für eine Zeit nach München gehen. Wir hatten uns schon ausgemalt, daß er mich dort besuchen sollte, aber wegen des Zustands meines Vaters, der sich seit April immer verschlimmert hatte, kam es nicht zur Ausführung dieses Planes. Wir hatten Besuch von Mutters Bruder – Karl Koehler – aus New York mit Frau und zwei Töchtern. Alle fünf Jahre kamen sie herüber nach Deutschland und suchten in drei Monaten alle Verwandten im Lande auf. Diesmal hatte ich die beiden Kinder einige Wochen ganz in Pflege, und sie schlossen sich in ihrer Kindlichkeit rührend an mich an. Durch die Krankheit des Vaters war ja die Freude des Zusammenseins ziemlich gestört; denn seit April fing er an bettlägerig zu werden, und Mutter mußte auf Anraten des Arztes einen ständigen Pfleger nehmen, da ihre Gesundheit durch die unermüdliche Aufopferung gelitten hatte. Gegen Ende Mai kam noch mein Onkel Bernhard Koehler aus Berlin. Auf Bitten meiner Mutter sollte er sich des verwaisten Geschäftsbetriebes etwas annehmen. Bei der Gelegenheit entdeckte er ungeheure, jahrelang zurückgehende Unterschlagungen unseres ersten Buchhalters. Diesem war die Krankheit meines Vaters nur zu Nutz gewesen, und er hatte es in der letzten Zeit auf 2000 bis 3000 Mark monatlich an unterschlagenen Geldern gebracht. Es war eine aufregende Zeit für uns in der Familie und eine schwere für das Geschäft. Durch diese Vorkommnisse wurde mein Onkel länger in Bonn aufgehalten. Gerade in dieser Zeit war August von Kandern aus nach Paris gefahren, wo er eine Carrière-Ausstellung ansehen wollte. Ich erzählte Onkel Bernhard davon und auch, daß August wohl nicht länger als acht Tage würde bleiben können, da seine knappen Mittel einen längeren Aufenthalt nicht zuließen. Der Erfolg war, daß mein Onkel die dürftige Kasse des armen Malschülers etwas unterstützte und ihm so einen vierwöchigen Aufenthalt in der schönen Stadt ermöglichte.

Am 11. Juni reiste August von Basel ab und kam am anderen Morgen um halb sieben in Paris an. Das farbige, quellende Leben, das ihn so plötzlich umgab, nahm ihn ganz gefangen. Die ersten Tage tat er nichts anderes als durch die Straßen und Boulevards zu laufen, die schönen Frauen, die Reiter, Autos und Omnibusse vorüberfahren zu sehen. Er setzte sich selbst oben auf und ließ sich endlos lang durch die Straßen fahren, und sah und sah und war abends todmüde und überwältigt von all dem Neuen, das auf ihn eingestürzt war und ihn brausend umflutet hatte. Erst langsam lösten sich die einzelnen Eindrücke zur Klarheit, und allmählich verstand er es, sich seinen Tag so einzuteilen, daß er ihn genießen konnte. Sein schönster Tag war der, an dem er die 300 frcs. von meinem Onkel in Empfang nehmen konnte.

Aus einem Brief an Elisabeth Gerhardt:

Paris, den 18. Juni 1907

... Du, es ist jetzt wunderbar hier. Weißt Du, zuerst bin ich immer zu Fuß gelaufen, weil ich sparen mußte. Dann war ich in den Museen ganz kaputt. Das tue ich jetzt aber nicht mehr, wo ich das viele Geld habe. Du, wie der Geldbriefträger sagte, 300 Frcs. »pour Monsieur Macké«, da hab ich den so saudumm angeguckt, daß er mir es garnicht geben wollte. Als ich wieder zu mir gekommen war, mußte ich dann wer weiß wieviele Legitimationspapiere zusammensuchen. Die ernste Miene des edlen Boten verwandelte sich in ein hinreißend schönes Lächeln, als ich ihm ein nun den Verhältnissen entsprechendes Trinkgeld gab. Er sagte, er käme sehr gern noch oft zu mir, weil ich so »gentil« sei etc. Ich sagte immer »oui, oui«, dann schob er ab. Und ich auch.

Brief an Bernhard Koehler:

Paris, den 18. Juni 1907

Wie soll ich Sie anreden, Sie guter Spender dieser für mich so reichen Tage hier in Paris. Sie kennen mich nicht und die Lisbeth wird Ihnen allerlei vorgeschwärmt haben von ihrem geliebten Malersjüngling, der nach Paris geht. Ich weiß nicht, ob ich wer bin, daß man mir soviel Glück und Schönheit gönnt. Aber freuen kann ich mich, freuen, daß es solche Menschen gibt, die so ohne Vorurteil der Jugend gegenüberstehen. Man findet sie so selten. So in den heißen Mittagsstunden sitze ich hier in einer Anlage auf einem von den großen runden Plätzen mit den großen Bassins in der Mitte und den hohen Wasserspielen, die so prachtvoll in der Sonne blitzen. Solch ein Springbrunnen in der Sonne ist mir so lieb geworden. Er ist wie das Leben selbst: das funkelt und glitzert, es lebt. Es weiß nicht weshalb. Aber es schießt hinauf, brausend, jauchzend ins Licht, in die Sonne. Es fragt nicht weshalb. Und die Menschen hier in Paris, leben auch, sie leben jauchzend in langen Zügen.

Die Lisbeth ist doch ein prachtvolles Mädel. Ich bin so froh, daß Sie sich soviel um sie kümmern. Sie steckt so voll von einer Sehnsucht nach Schönheit. Sie ist wirklich ein seltenes Mädchen. Und solch eine edle Seele wie sie will gepflegt sein wie eine zarte Blume, sie will leben und das leben, was sie erwartet. Wir kennen uns lange und sind wie zwei gute Freunde und jeder Brief von ihr ist mir wie ein heiliges Zeichen. Ich weiß nicht wie sie aussieht, und fühle sie nur wie eine Seele! Ich bin wirklich nicht schwärmerisch und habe wirklich schon sehr viel gesehen und erlebt, um zu wissen, wieviel sie ist. Was ist eine Frau, die sich vollpfropft von Gelehrsamkeit, eine, die sich schminkt ihrer Eitelkeit zu Liebe, eine dumme, die nur Schuhe putzen kann oder eine ... Aber ich will hier keine großen Töne reden. Ich wollte Ihnen nur danken. Ich höre draußen das Leben brausen. Ich will wieder hinausgehen in die Abendsonne in die Champs-Elysées, das zu sehen in der Sonne. Ich will dabei denken, daß vielleicht auch Sie so sehen wie ich, aber in der Sonne, die in Bonn hinter den Geleisen der Bahn untergeht, und meine gute Liesel zeigt Ihnen die Kinder, die in den Wiesen spielen.

Viele dankbare Grüße von Ihrem glücklichen
Aug. Macke.

Nun gingen ihm erst alle Wunder der einzigen Stadt auf, er konnte fahren und brauchte sich nicht von einem zum anderen Platz müde zu laufen. Der ganze Reiz des Französischen in Sprache und Bewegung der Menschen erschloß sich ihm mit einem Mal, und hier kam er sehr auf seine Kosten, sein Sinn für Varieté, das Komische und Groteske war immer angesprochen. Er hörte auch seine Lieblingsoper »Carmen« in der Komischen Oper. Immer wieder besuchte er die Museen. Die Carrière-Ausstellung, die eigentlich der Grund zu seiner Reise gewesen war, trat neben Bildern der modernen Franzosen ganz in den Hintergrund, um nicht zu sagen: sie wurde bedeutungslos für ihn. Die »Olympia« und das »Frühstück« von Manet, Monets Landschaften, Degas, Renoir, Sisley und wie die Maler alle heißen, eröffneten ihm tausend neue Wege. Außerdem studierte er die alten Meister, van Eyck, Antonello, die Italiener, Holbein, Rem-

Augusts Augen, Paris, Frühjahr 1907

brandt, Velásquez, Franz Hals, auch Watteau, Fragonard, Chardin, Lancret, Beardsley. Er hatte eine Zeitlang die Absicht gehabt, bei Professor Lucien Simon in Paris zu arbeiten; jetzt sah er dort Arbeiten von ihm und wurde dadurch unsicher, ob er wohl der rechte Lehrer für ihn sei. Am liebsten war er im Luxembourg-Museum, in dem es viele Degas' gab, dann in der Sammlung Durand-Ruel, die ihn mit ihren Schätzen unwiderstehlich immer wieder anzog. Besonders begeisterten ihn die vielen Renoirs, während Cézanne damals noch nicht die Bedeutung für ihn hatte wie die frühen Impressionisten. Im Louvre sah er auch Grecos »Bildnis eines Königs«, das einen tiefen Eindruck auf ihn machte, ebenso die Landschaften des Engländers Bonington. Er bummelte durch das Quartier Latin, sah das ungezwungene Leben der Studenten mit ihren Liebsten, stieg nach Montmartre hinauf und nahm die ganze Romantik, obwohl Boulevards und Hochhäuser ihr benachbart sind, in sich auf, traf einen unbekannten jungen Maler, der ihn mit hinauf nahm in sein Atelier, mit dem er sich auf Augenblicke unter den tausend Menschen der fremden Stadt verbunden fühlte. In den kleinen Varietés »Moulin-Rouge« und »Chat-soir« wurden ihm die Tänzerinnen von Degas lebendig, wenn er abends im dunklen Zuschauerraum saß und ihre flinken, schlanken Beine in duftigen Röckchen über die Bühne sprangen. Da empfand er den tiefen Zusammenhang zwischen ihnen und den gemalten Balletteusen. Auf den Montmartrebällen und dem berühmten Bal Bully wurde ihm Toulouse-Lautrec lebendig. Es war dasselbe Leben, was diese Künstler umgab. Paris blieb in diesen Dingen immer gleich, es war der ewig junge besondere Reiz und Zauber dieser Stadt. Er fuhr hinaus nach Versailles und legte sich im Park zu den Füßen einer sich entschleiernden steinernen Venus nieder, träumte und ruhte aus von den vielen Eindrücken, die ihm wie Fanfarengeschmetter in sein junges Herz gedrungen waren; verkündend und verheißend. Manchmal wanderte er die Seinekais entlang, sah die Brücken im Silberglanz liegen, und im Gewirr der Straßen, wenn alles sich in jenem leichten grauen Duft auflöst, der zu Paris gehört, dachte er an die Straßenbilder von Monet. So wurden ihm die Stadt mit ihren vielfachen Leben und die Kunst, die dort gewachsen und nicht von ihr zu trennen ist, zu einer neuen, großen Offenbarung.

So schön auch die Wochen waren, am Ende der Zeit wurde er übermüdet von all den Eindrücken und sehnte sich nach Hause. Deshalb gab er den Plan, noch andere Städte Frankreichs anzusehen, auf und fuhr nach Kandern zurück, wo er sich gleich in der ersten Woche mit Plänen, Einsichten und Hoffnungen an die Arbeit machte. Das war ihm natürlich nach dem neuen Gesehenen, das ihm einen ganz anderen Maßstab gab, nicht leicht. Er versuchte zuerst, ganz einfach reine Farben nebeneinanderzusetzen, ohne an irgendwelche Formen zu denken, und hatte die Idee, daß man Farben genauso wie Noten in ein System bringen könnte. Dies hat ihn immer zu allen Zeiten beschäftigt. Er hat oft runde Farbsonnen (Sérusier) entworfen und verglich die einzelnen Farben mit korrespondierenden Tönen und Klängen in der Musik (Farbklavier).

Gegen Ende Juli kehrte er nach Bonn zurück. In der Zwischenzeit war ich mit meinem Onkel in Bremen gewesen, wo wir unseren Onkel aus New York mit Familie ans Schiff brachten. Wir hatten auch im Auto einen Abstecher nach Worpswede gemacht, wo wir aber leider nicht die dort ansässigen Künstler aufsuchten. Ich war nun sehr gespannt auf das Zusammentreffen meines Onkels mit August, aber es fiel sehr gut aus: Beide waren voneinander begeistert, und mein Onkel sah, daß er keinem Unwürdigen zu dieser Freude verholfen hatte, denn Augusts Wesen nahm ihn so für ihn ein, daß er, auch ohne große Beweise seiner Kunst zu sehen, befriedigt war. August hatte außer einigen kleinen Pastellen, Studien und Skizzenbüchern keine größeren Bilder mitgebracht. Er war sehr bescheiden geworden und sehr streng mit sich. Jetzt, da ihm das Malerische Hauptbedingung und Hauptziel war, fing er gewissenhaft von Grund auf an zu arbeiten.

Mutter Macke, Bonn, 1907

Berlin

Die Sommermonate, die wir in Bonn zusammen verlebten, waren durch die zunehmende Krankheit meines Vaters getrübt, und unser Glück war gedämpft. Augusts ganze Freude war es, im Freien zu malen, und in unserem Garten war Gelegenheit genug dazu. Aus dieser Zeit stammen einige auf Pappdeckel gemalte Studien, in denen das erste Mal ganz stark das Malerische als Hauptsache betont ist. Sie bedeuteten damals für ihn einen großen Fortschritt. Er beschäftigte sich daraufhin auch mit deutschen Künstlern, Liebermann, Slevogt, Corinth, und fand ihre Art gesünder und geeigneter zum Lernen als die der lebenden Franzosen. Seine Bevorzugten blieben nach wie vor die Impressionisten. Er erwarb sich zum näheren Studium Meier-Graefes Werk »Entwicklungsgeschichte der modernen Kunst«. Es wurde in ihm allmählich zur Gewißheit, daß er nicht in Paris, sondern in Berlin seine Studien fortsetzen wollte, und im Oktober 1907 trat er die Reise nach Berlin an. Der Abschied wurde uns diesmal besonders schwer, da wir täglich den Tod meines Vaters erwarten konnten. Er starb am 7. Oktober, wenige Tage, nachdem August abgereist war.

August hatte es insofern schön, als er nicht fremd in die Stadt kam, sondern gleich ein Heim fand. Sein früherer Freund Hundhausen bewohnte nämlich in Berlin-Schöneberg eine Etage, die er mit seinen eigenen Möbeln ausgestattet hatte. Da ihm aber das Alleinwohnen zu kostspielig und auch zu einsam war, suchte er sich zwei Mitbewohner, die allerdings für Betten selbst sorgen und ihren Teil an Miete bezahlen mußten, sonst aber die Nutznießung ihres gemeinsamen Wohnzimmers und aller Bequemlichkeiten der Wohnung unentgeltlich hatten. Als erster fand sich ein Studiengenosse Hundhausens ein. Es war der Jurist und angehende Assessor Carl Goebbels aus Bonn, Sohn eines Amtsgerichtsrates, ein sehr guter und lieber Mensch, der nie den Humor verlor. Nebenbei besaß er zwei wohlhabende Tanten, ein Vorzug, den die drei Junggesellen bald schätzen lernen sollten. Sie schickten ihrem geliebten Neffen nämlich andauernd Pakete und versorgten ihn mit kaltem Geflügel, Bratensauce, »Jus«, Ei mit Schinken und allem, womit man sonst einen alleinstehenden jüngeren Mann noch verwöhnen konnte. Der Dritte im Bunde war August. Er brachte pflichtgetreu eine Bettstelle und Bettwäsche mit, außerdem Staffeleien in allen Größen, bespannte und unbespannte Keilrahmen und Farbkästen in jeder Ausstattung. Der Oberbefehlshaber der kleinen Familie war Hundhausen, die beiden anderen hatten sich seinen Wünschen zu fügen. Er war sehr genau mit seinen Sachen, besonders mit seinem Porzellan mußte sehr schonend umgegangen werden, weshalb er stets eigenhändig den Tisch deckte. Ein Prunkstück des Haushaltes war die Kaffeekanne »Lisbeth«, nach mir benannt, die selbsttätig arbeitete, und wenn der Kaffee fertig war, einen langen schrillen Pfiff ausstieß. Als guten Hausgeist hatten sie die Portiersfrau, die putzte, aufräumte und sehr besorgt war um ihre Herren. Als dem Goebbels einmal ein gewisses Geschirr kaputtgegangen war, ersetzte sie dasselbe stillschweigend durch ein neues, auf dem der schöne Spruch geschrieben stand: »Bevor du dich legst aufs Ohr, zieh mich hervor.«

Es war recht gemütlich da oben in der Wohnung. Hundhausen verstand es auch sehr gut, daß sich alle heimisch fühlten. August fand sich nie vereinsamt, es gab immer ein warmes Zuhause für ihn. Die beiden Assessoren verfolgten zudem mit Interesse und Stolz seine künstlerische Entwicklung. Er hat oftmals Porträtskizzen von ihnen gemacht. Er hatte sich entschlossen, zu Corinth zu gehen, und war deshalb in die Studienateliers für Malerei und Plastik in der Kantstraße eingetreten. Dort wurde selbständig nach Modell, Porträt, Akt, Stilleben gearbeitet. Corinth kam dann und wann zur Korrektur. Unter seinen Mitschülern fand er außer einem, namens Köster, der später Zeichenlehrer an einem Berliner Gymnasium wurde, keinen, an den er sich anschloß oder der ihm künstlerisch einen Eindruck machte. Ein junges, jüdisches Mädchen war die einzige unter allen, die ihm imponierte, weil sie wirklich Talent besaß und zugleich klug war und so gar nichts von einem Malweib an sich hatte.

Seine Hauptzuflucht aus dem Wirrwarr des Großstadtgetriebes war das Kaiser-Friedrich-Museum, das er bald in- und auswendig kannte. Es waren damals die ganz frühen Italiener, die ihn beschäftigten, dann auch die späteren, unter denen ihm Botticelli, Mantegna, Signorelli, Piero di Cosimo, Veneziano und Crivelli besonders aufgingen. Neue Entdeckungen waren ihm die Ferraresen Tura, Cossa und Roberti, die in ihrer Herbheit sehr an die deutsche Kunst dieser Zeit erinnerten. Dann die Kleinplastiken und Medaillen der Renaissance. Außerdem van Eyck, Dürer, Rembrandt, Quentin Massys, Frans Hals und die späten Holländer, Altdorfer, Cranach, Jan van der Meer, Geertgen tot sint Jans und wie sie alle heißen. Fast täglich war er ein paar Stunden im Museum, es war ihm eine Beruhigung und Erholung nach dem Arbeiten im Atelier unter der etwas robusten Art Corinths, die ihm nicht lag. August schrieb mir damals einmal einen sehr deprimierenden Brief, daß er mit Demut an unsere Felder bei Meßdorf denke, an unsere Gedankenwelt, aus der er sich hier wie ausgestoßen vorkäme. Später, als er sich mehr eingearbeitet hatte, wurde er auch milder in seinem Urteil und konnte nicht leugnen, daß er doch gewisse Vorteile gehabt habe. Besonders gefiel ihm Corinths Redensart bei der Korrektur: »Wenn Sie schlapp werden und murksen, fangen Sie lieber was anderes an. Immer frisch bleiben, das ist die Hauptsache.« Er hatte seinen Tag immer ausgefüllt, abends oft Aktzeichnen, dann kopierte er im Kaiser-Friedrich-Museum von Botticelli das Porträt einer blonden Dame, das ich als Weihnachtsgeschenk erhielt in einem wundervollen, stilgerechten Rahmen, den mein Onkel dazu gestiftet hatte, und den Kopf des Giuliano Medici mit den geschlossenen Augen, der nach dessen Tode gemalt wurde.

Mein Onkel Bernhard Koehler hatte in seinen frühen Jahren nie einen besonderen Sinn für Kunst gezeigt, er hat auch nie Gelegenheit gehabt, sich mit ihr zu befassen oder sie näher kennenzulernen. Zuerst kam er zur Freude an den Bildern durch seinen Vetter, den Maler Heinrich Brüne, ebendenselben, bei dem ich die schönen Wochen in München verlebte; dadurch, daß er sich von ihm malen ließ und, um ihm über schwierige Zeiten hinwegzuhelfen, Bilder von ihm kaufte, kam er auch mit anderen Malern zusammen und hatte sich allmählich eine Sammlung von Bildern der Maler aus dem Münchner Kreis angelegt wie Haider, Erler, Tooby, meist Bekannte von Brüne, der sie ihm empfohlen hatte. Er kaufte auch ab und zu alte Sachen bei Althändlern, schöne Dosen, Porzellane, seidene Schals und Stickereien. Seine Wohnung war übervoll von Bildern und Gegenständen dieser Art. Als August zuerst hinkam, fand er manches nicht nach seinem Geschmack; denn er hatte damals mehr ausgesprochenes Interesse für die impressionistische Malerei. Das Lehmige, Schwere, Lichtlose, das die Bilder der Maler der Münchner Scholle an sich haben, lag ihm gar nicht – aber er war doch froh, einen Menschen zu haben, der sowohl Interesse für die Kunst zeigte als auch die Mittel besaß, sich gute Kunst anzuschaffen, und der außerdem bildungs- und aufnahmefähig war. August wurde mit großer Gastfreundschaft von Bernhard Koehler aufgenommen. Mein Onkel machte sich verschiedene Tage der Woche frei von der Arbeit, um sich ihm zu widmen, er kaufte ihm alles, was er nur einmal gelegentlich äußerte, kurz, August war wie ein Kind im Hause. Da aber von einem Familienleben im Hause wegen des traurigen Verhältnisses der beiden Gatten zueinander nicht die Rede sein konnte, so sah es mein Onkel nicht gern, Besuch bei sich zu Hause zu haben; er ging mit seinen Gästen meist aus, und August hatte es in dieser Zeit ganz besonders gut mit Autofahren, fein Essen, Theater und allen Genüssen der Großstadt. Wiederum war es für meinen Onkel eine unglaubliche Anregung und Freude zugleich, August mit seiner lebendigen Natur um sich zu haben, es war ihm eine Erholung nach geschäftlichem Einerlei und Ärger. August weckte in ihm das Verständnis und Interesse für die neue Malerei. Es ist erstaunlich, zu verfolgen, wie schnell mein Onkel sich einen Spürsinn für wirklich Gutes in der modernen Malerei aneignete, wenn auch August sein steter Berater in solchen Dingen blieb. Das erste, das er sich auf Augusts Anraten erwarb, waren die Farbholzschnitte nach Renaissanceporträten von Krüger, deren ganze Folge er sich kaufte. Dann besuchten sie zusammen Auktionen, und auf einer Miniaturenauktion kaufte mein Onkel innerhalb einer halben Stunde für 2000 Mark. Er hatte eine wundervolle Miniaturensammlung, und ich durfte mir eine davon aussuchen und wählte das zauberhaft gemalte Bildnis einer jungen Dame, weil mir die Männerporträts nicht zusagten. August schalt mit mir und sagte ganz entsetzt: »Da hast Du ja gerade das Teuerste ausgesucht« (Es hatte 200 Mark gekostet!) Oft gingen sie zusammen Einkäufe machen. Im Handumdrehen hatte mein Onkel ihm die ganzen Malutensilien bestellt, ebenso ging's mit Rahmen. Dann einmal in einem Japangeschäft, wo August sich in die Skizzenbücher Hokusais vertiefte, überreichte ihm mein Onkel beim Weggehen die ganzen zwanzig Bücher, so daß August seinen Augen und Ohren fast nicht traute. Er steuerte ihm sogar etwas bei zu seinem ziemlich geringen Monatsgeld, und August lebte wie Gott in Frankreich. Er malte ihm dafür öfters Bildchen, von Bildern konnte man damals noch nicht reden, so war eines der ersten, das er ihm gab, die »Angler am Rhein«, die damals lange sein Lieblingsmotiv waren. Dann kleine Stilleben, Szenen aus Varietés, die sie häufig zusammen besuchten. Sie lernten den Maler Orlik kennen, und mein Onkel kaufte ihm verschiedene Bilder ab. So ganz allmählich entwickelte er sich zum Sammler, vergrößerte seine Sammlung, ordnete um, rangierte Bilder, die ihm nicht mehr gefielen, aus, indem er sie wieder verkaufte. Er schenkte August in allen Dingen unbegrenztes Vertrauen und sprach zu ihm wie zu einem Gleichaltrigen und Gleichgestellten. Nachdem er ihm seine Fabrik, sein Werk von jahrelanger Arbeit, gezeigt und erklärt hatte, war August ganz begeistert und eingenommen von seiner Schaffenskraft und der genialen Art, wie er alles gemeistert hatte. Und dann erstaunte er, wie derselbe Mann eine Stunde darauf vor einer kleinen Miniatur vor Freude und Erregung über ihre Schönheit zittern konnte. Auch in der Familie des Bruders meiner Mutter, Richard Koehler, der in Berlin-Dahlem große Gärtnereien und Baumschulen besaß, war August ein gern gesehener, von den vier Kindern stets mit Jubel begrüßter Gast. Meist verbrachte er die Sonntage dort in dem durch die Kinder lebendigen Kreis. Dieser Onkel war eigentlich, was Kunst anbetrifft, eine nüchterne konservative Natur. Er liebte die fein ausgemalten Bilder der Alten und konnte mit den Neuen nichts anfangen. Er sagte das auch ganz offen und gab sich nicht im mindesten den Anstrich, als verstünde er etwas von Kunst. Seine Frau dagegen besaß einen gewissen Ehrgeiz, mittun zu können, auf dem laufenden zu bleiben, und gab sich Mühe, etwas zu lernen. Trotzdem hatten sie viel Interesse für August, das sie allerdings in erster Linie seiner bezaubernden Persönlichkeit entgegenbrachten, und auch, weil er so gut wie mein Verlobter war. Für die Kinder war der jugendliche, begabte neue Vetter natürlich ein Punkt der Verehrung und allgemeiner Anhänglichkeit, die sich dem verschiedenen Alter nach bei jedem auf ganz andere Weise äußerte.

Neben dem Kaiser-Friedrich-Museum war ein Hauptanziehungspunkt der Saal der Franzosen in der Nationalgalerie. Wenn es auch nur wenige Bilder waren, so waren sie es doch, die ihn am meisten beschäftigten, so der »Don Quichote« von Daumier, der sehr farbige Renoir, Kinder der Familie eines Freundes. In der Bibliothek war er viel und sah dort Cézanne-Reproduktionen, van Gogh, Gauguin, Maillol, der ihm gegen Klinger so viel einfacher erschien, und Beardsley. Dies alles waren zusammen mit den alten Meistern und den Italienern die Eindrücke, die er in sich unablässig verarbeitete, zwischen denen er die inneren künstlerischen Zusammenhänge zu ergründen suchte.

Er ging zuletzt wenig mehr in die Corinth-Schule, außer zum

Abendakt. Sein hauptsächliches Arbeiten erstreckte sich auf das Skizzieren und Zeichnen. Überall hatte er sein Buch bei sich, auf den Straßen, in den Cafés und Varietés hielt er fest, was ihm typisch erschien. Er lernte das Erfassen des Wichtigen in einer Bewegung, einem Gesicht, einer Gebärde, und sein ganzes Arbeiten ging auf die Vertiefung des Charakteristischen hinaus. Gemalt hat er in der Zeit außer einigen wenigen Pastellen nichts, aber dieses Arbeiten, vereint mit dem Studium der großen alten und jüngeren Meister, war für ihn von einschneidender Bedeutung. Er fuhr auch manches Mal hinaus nach Potsdam und Sanssouci, das er besonders liebte. Im Kunstgewerbemuseum studierte er die verschiedenen Stilarten, und im Alten Museum ging ihm zuerst die Kunst der alten Ägypter auf.

Unter den Berliner Bühnen war August das unter Reinhardts Leitung stehende Deutsche Theater am liebsten. Tiefen Eindruck machte auf ihn »Frühlingserwachen« von Wedekind, das in den Kammerspielen in glänzender Aufführung gegeben wurde. Im Winter kam Schmidtbonn nach Berlin, um mit Reinhardt einen Abschluß wegen seines neuen Stückes zu machen. Es war »Der Graf von Gleichen«. Er feierte mit August ein frohes Wiedersehen. Sie hatten zusammen mit dem Theatermaler Wunderwald einige schöne Tage, als Schmidtbonn mit dem Erfolg, daß das Stück angenommen war, wieder abreiste. Damals studierte auch unser Freund Arthur Samuel in Berlin. Er war von Bonn her ein Mitglied unseres wöchentlichen Kreises; ich hatte viel mit ihm musiziert, er spielte sehr gut Cello und war ein aufnahmefähiger, begeisterter Anhänger der Kunst. Er besuchte die drei Junggesellen in Schöneberg des öfteren, und eines Tages faßten er, sein Freund Harff und August den Entschluß, sich Hamburg anzusehen. Sie fuhren, so wie sie waren, mit dem nächsten Zug und blieben drei Tage in der für August ganz neuen und interessanten Stadt. Später hatte er oft den Wunsch, mir Hamburg einmal zu zeigen, leider kam es nie dazu. Sie lernten es in den wenigen Tagen doch sehr gut kennen, besonders die Hafengegend. Sie waren auf dem großen Dampfer »Penn-

sylvania« und gelangten zufällig unter dem Schutz eines stadt-
kundigen Einwohners in die richtigen Spelunken und Verbre-
cherkeller, saßen dann zur Erholung im Alsterpavillon und
schlemmten, so gut es ihre Verhältnisse erlaubten.

Mittlerweile wurde es Januar 1908. Meine Mutter, die sehr der
Erholung bedurfte nach dem Tode meines Vaters, hatte die Absicht, die wiederholte Einladung ihres Bruders nach Berlin-
Steglitz anzunehmen, und wollte mich in diesem Falle zur Begleitung mitnehmen. August und ich freuten uns schon auf das
Wiedersehen. Mein Onkel Bernhard dagegen riet in einem Brief
von einer Reise ab, es sei noch zu kalt, wir sollten noch warten.
Erst später haben wir den näheren Grund erfahren. Er erwartete
seine Lieblingsnichte und wollte ungestört mit ihr die Zeit für
sich haben. Ja, es kam so weit, daß er es fertigbrachte, August zu
bestimmen, nach Oberhof zu Verwandten zum Schneesport zu
gehen; gerade an dem Tage, als Mutter und ich ankamen, sollte
er abreisen. Da kam uns der Himmel zu Hilfe: Es trat Tauwetter
ein, und ich konnte abends meinen langentbehrten Freund am
Bahnhof begrüßen. Ich hatte ihn gar nicht erwartet, da ich ihn
längst unterwegs glaubte, und die Freude war deshalb doppelt
groß. Mutter und ich wohnten bei meinem Onkel in Steglitz,
August und ich sahen uns täglich. Einmal kam August zu Tisch
zu uns, oder wir trafen uns in der Stadt und genossen am Vormittag die Museen. Am liebsten war es uns natürlich, wenn wir
allein oder mit Mutter zusammensein konnten. Für mich war es
ganz neu, das Leben der Großstadt kennenzulernen. Onkel
Bernhard nahm uns oft mit, dann gab es immer etwas extra Feines. Wenn August und ich allein ausgingen, fingen wir den
Abend mit Essen im »Rheingold« und mit Autofahren an und
beendeten ihn in irgendeinem einfachen Restaurant und mit
Omnibusfahrten. Mutter reiste nach ungefähr fünf Wochen
wieder zurück, ich durfte noch etwas bleiben, weil August bald
seine Zeit dort um hatte; er sollte mich dann nach Hause bringen. Für die letzten Wochen siedelte ich zu Onkel Bernhard
über. Er machte uns noch eine große Überraschung, indem er

uns beide nach Dresden mitnahm. Es war damals noch sehr kalt und rauh, die ganze Strecke über lag Schnee. August hatte sich vorsorglicherweise eine warme Unterhose angezogen, die er sonst nie trug. Das Coupé war überheizt; er rutschte während der Fahrt hin und her, verschwand und kam mit einem strahlenden Lächeln wieder zum Vorschein und vertraute mir an, daß er es nicht hätte aushalten können und sich der Unterhose entledigt habe, worüber wir dann herzlich lachen mußten. Wir wohnten in Dresden im Hotel »Stadt Gotha«, einem schönen, alten, geräumigen Patrizierhaus mit vielen Treppen und Gängen, die Zimmer mit Biedermeiermöbeln ausgestattet. Ich hatte ein großes Zimmer mit zwei Betten, einem runden Kirschbaumtisch, breitem Sofa und Glasschrank. Neben mir wohnte Onkel Bernhard, und über den Gang um die Ecke in einem ganz kleinen Kabüffchen schlief August. Der Morgenkaffee wurde an meinem großen Tisch eingenommen. Dann ging es los zum Rundgang durch die Stadt. Am liebsten waren wir in der Gemäldesammlung, in der besonders der Italiener Roberti einen nachhaltigen Eindruck auf uns machte. Ich erinnere mich deutlich eines uns bis dahin unbekannten Malers namens Cossa, eines Norditalieners, der aber als Hintergrund auf seinem Bild die Felsformationen ähnlich denen der Sächsischen Schweiz gemalt hat, bei dem überhaupt die Behandlung der Landschaft fast deutsch war und in ihrer Herbheit sehr an Altdorfer, Cranach und Dürer erinnerte. Dann die vielen Cranachs. Die Sixtinische Madonna ließ uns ziemlich kalt; sie ist ein richtig »offizielles Kunstwerk« und gewiß nicht eins der besten Gemälde Raffaels, aber wohl eines der am leichtesten verständlichen. Unser Stammcafé, in dem wir uns immer nach unseren Rundgängen erfrischten, war am Altmarkt. Dort gab es schöne Fische. Eines Abends besuchten wir die Oper und erlebten eine erstklassige Aufführung von »Figaros Hochzeit« mit Fräulein Siems als Gräfin und Minnie Nast als Cherubin. Ein andermal erfreuten wir uns in einem echten Volkstheater und Varieté an den volkstümlichen sächsischen Witzen und lachten uns kaputt über die köstliche Sprache und

die Primitivität der Darstellungen. Wundervoll war eine Auto-
fahrt durch das Villenviertel von Dresden nach Loschwitz und
Blasewitz an einem ganz herrlichen Tag. Ich vergesse nie die
Beleuchtung, es lag noch hier und da Schnee, sonst war die
Landschaft so klar und fein gezeichnet wie von Breughel. Eine
mehrtägige Wanderung durch die Sächsische Schweiz nach
Schandau, Tetschen usw. durch die seltsamen Felsformationen
bildete den Abschluß, verbunden mit einem Besuch der Feste
Königstein, die steil auf den Felsen hervorragt. Hier spielt die
berühmte Sage vom Pagenbett. August hat in einem Skizzenbuch die Eindrücke dieser Reise festgehalten. Wir beide, Onkel
und ich, bekamen auch Lust zum Zeichnen. Wir versuchten uns
in allerlei Figuren, oft zum größten Vergnügen von uns allen.
Nach unserer Rückkehr nach Berlin ging die Zeit bis zur Abreise
nach Bonn schnell herum.

Wir genossen die Tage der Freiheit so recht von Herzen. August hatte durch Schmidtbonn den Dramaturgen des Deutschen
Theaters, Dr. Valentin, kennengelernt, der mit Fanny Ritter
verheiratet war und in Lichterfelde zusammen mit Dr. Wolters
und Dr. Andreae in einer Villa wohnte – alle gehörten zum
George-Kreis. Sie hatten sich dort gemütliche Wohnungen eingerichtet mit vielbändigen Bibliotheken und alten Biedermeiermöbeln. Oben war ein Zimmer, das für den Maler Melchior
Lechter bereitstand, der dort in einem kleinen balkonartigen
Ausbau eine Art Arbeitsstätte hatte in Form eines Zeichenpul-
tes. Vierzehntägig wurden Abende abgehalten, an denen sich die
Freunde und Gönner des Kreises einfanden. Es waren Maler,
Bildhauer, Architekten, Schriftsteller, Musiker und Schauspieler
darunter. Man versammelte sich im großen Wohnzimmer unten,
und es wurde bei Tee und Gebäck vorgelesen. Einen Abend las
Dr. Wolters aus »Isolde Weißhand« vor, ein anderes Mal hielt
Dr. Andreae einen Vortrag über die Frauen aus der Rokokozeit.
Dazu war ein Zimmer als Hörsaal hergerichtet. An den Wänden
hingen Stiche nach Porträts berühmter Frauen aus dieser Zeit.
Es war eine sehr ungezwungene Art der Gemeinsamkeit und

Unterhaltung, belebt durch die Vielseitigkeit der Interessen, die hier zu Worte kamen. Ob es einem auf die Dauer gefallen hätte, weiß ich nicht, jedenfalls waren uns die wenigen Abende für immer eine sympathische Erinnerung. Fanny Ritter trafen wir nur einmal, sie war sehr in die Breite gegangen und gealtert und hatte ihre Anmut und Grazie so ziemlich eingebüßt.[11] Wir wurden auch zu einem Schäferabend eingeladen, der um die Fastnachtszeit im Schloßrestaurant zu Steglitz stattfinden sollte, zu dem alle Geladenen in entsprechenden Kostümen erscheinen sollten. Aber da wir keine Kostüme zur Hand hatten und uns die Anschaffung zu teuer und unnütz erschien, sagten wir ab.

Wir sahen noch einmal zusammen »Frühlings Erwachen« in den Kammerspielen, das auch auf mich einen unauslöschlichen Eindruck machte. Ich erlebte auch eine Auktion mit, auf der mein Onkel eine kleine Kreuzigung nach Giotto, ein altes spanisches Fresko, den Tod der Maria darstellend, und eine wundervolle Bergpredigt von Breughel, eine ähnliche Fassung wie die in der Bonner Wesendonck-Sammlung, kaufte. Wir genossen außerdem noch einmal Potsdam und Sanssouci.

Gemeinsam in Italien ...

Ende März reisten wir nach Bonn zurück, von Mutter freudig empfangen, die indessen mit meinem Bruder Walter den Plan zu einer größeren Frühlingsfahrt nach Italien gefaßt hatte, an der außer ihnen August und ich noch teilnehmen sollten und Dr. Reinau, Walters Freund und Studiengenosse, der im Winter 1907 studienhalber nach Bonn gekommen war und mit dem uns von der Zeit an eine schöne Freundschaft verband. Er kam einige Wochen nach unseres Vaters Tode in unser Haus und war uns damals in unserer Stille und Abgeschlossenheit ein häufiger und lieber Gast, der sich bald ganz heimisch fühlte. Reinau war ein sehr intelligenter, in seinem Beruf als Chemiker und Physiker begabter Mensch, außerdem für alles, was Kunst betraf, warm interessiert.

Am Tag vor Antritt der Italienreise hatte August seinen früheren Lehrer Ruhland getroffen, der ihm mit der Frage entgegentrat: »Junger Fant, was machen *Sie* denn noch? Ich reise nächste Woche nach Italien!« »Und ich morgen« war Augusts ruhige Antwort, die Herrn Ruhland so in Erstaunen versetzte, daß ihm fast der Mund stehen blieb. Als wir im Zug nach Basel saßen, war im Nebencoupé einer der Bonner Kitschmaler mit seiner Frau. Er kannte von uns nur August und mich und ging andauernd an unserem Coupé vorbei. Es interessierte ihn anscheinend brennend, wo wir zusammen hinreisten. Er dachte wahrscheinlich an eine heimliche Reise. In Basel blieben wir die Nacht über. Am nächsten Tag ging's nach Mailand, wo wir uns einige Tage aufhielten und uns alles gründlich ansahen. Zuerst den Dom, der eigentlich wenig großzügig wirkt; man denkt bei den vielen Zieraten und Spitzen immer an einen Schrein oder Schmuckkasten. Es war ein herrlicher Tag, und das Sonnenbad oben auf der Kuppel mit dem Blick auf die Stadt war uns wohltuend und unvergeßlich. Wir besuchten die verschiedenen Paläste, in denen teilweise sehr schöne Sammlungen sind, wie z. B. den Palazzo Borromeo, in dem ein feiner Roberti war, dann der holzgeschnitzte Kopf eines Jünglings, der uns sehr gefiel. August hat ihn in sein Skizzenbuch gezeichnet; es lag ein seltsam schmerzlicher Ausdruck um Augen und Mund. In einem abseits gelegenen, von außen stallähnlichen Gebäude, das früher als Bibliothek gedient hatte, waren ganz wundervolle, eigenartige Wandgemälde von Besozzo, einem Künstler, dessen Namen man sonst selten begegnet. Es waren schreitende Frauengestalten, die unter Bäumen einen Reigen tanzten. Die große Bewegung der einen Tänzerin im roten Kleid, der anderen in einem seltsamen blauweißen ist mir noch deutlich in Erinnerung als etwas Mystisches und Geheimnisvolles. Hier und da waren einige dicke alte Bände an schweren Eisenhaltern befestigt, sonst aber viel Schmutz und Spinnwebe. Im Museum Poldi-Pezzoli gab es auch viel Interessantes und Schönes. Ich weiß nur, daß alles etwas überhäuft war in den verhältnismäßig engen Räumen. In der Brera waren wir verschiedene Male. Da war es hauptsächlich Mantegna, der uns fesselte; hier sahen wir zum ersten Male Werke von Luini, besonders seine Fresken, die so eigenartig zart in den Farben sind. Dann wieder Roberti, den August und ich damals leidenschaftlich liebten, weil er in seiner starken, herben Art etwas von dem Weichlichen mancher Italiener abstach, was uns viel mehr ansprach. Überhaupt, die ganze Schule von Ferrara, Cossa, Tura, Foppa hat diesen, man könnte sagen, deutschen Einschlag. In meinen flüchtigen Aufzeichnungen von damals habe ich noch erwähnt Stefano da Zevio, Tiepolo mit einer Skizze zu einem Schlachtbild, Gozzoli und Breughel. In der Ambrosiana sind die schönen Zeichnungen von Leonardo, Mantegna und viele Stiche. Leonardos Abendmahl sahen wir auch. Leonardo ist eine eigenartige Erscheinung in der italienischen Kunst; ich finde, daß es sehr schwer ist, sich in Leonardos Werk hineinzudenken; es packt einen eigentlich nie so ganz, daß man restlos begeistert ist, eine gewisse Kühle und Reserviertheit bleibt immer. Am letzten unserer Mailänder Tage besuchten wir den Palazzo Sforza. Der Bau mit seinen zackigen Zinnen ist imponierend und gewaltig in seinen großen, ungebrochenen Linien und Maßen. Im Inneren ist eine Sammlung von Skulpturen, ein Reitergrabmal, schöne Stoffe, Bilder und Porzellan. Das ganze wirkt wie eine Festung. Am Abend gingen wir manchmal durch die kleinen Gäßchen in der Nähe des Domes und auf den Domplatz, um das Nachtleben zu beobachten. Mailand ist eine sehr gefährliche Stadt; in einer Nacht war furchtbares Geschrei in der hinteren Gasse, auf die unser Zimmer führte; als wir hinaussahen, war eine Schlägerei im Gange; es wurden Messer gezogen, und Polizisten mußten die Kerle wieder zur Ordnung bringen. Reinau traf dort seinen Freund Grether aus Lörrach, der an einer großen Mailänder Bank angestellt war; er besuchte uns einen Abend im Hotel und war uns ein angenehmer Gesellschafter.

Von Mailand reisten wir nach Ravenna durch eine eigenartig flache Landschaft. Wenn man ankommt, dünkt man sich auf einer Insel; so gottverlassen und still liegt das Städtchen da, daß auf den Straßen Gras wächst. Wir wohnten in dem einzigen italienischen Hotel. Außer diesem gab es nur noch ein palastartiges englisches. In diesen Wespenschwarm wollten wir uns nicht hineinbegeben. Das italienische Hotel war das primitivste, das wir je auf unserer Reise erlebten; an der Bahn war ein vorsintflutlicher Hotelwagen, in den man sich um alles in der Welt nicht hineingesetzt hätte. Er nahm nur unsere Koffer mit, wir selbst gingen zu Fuß und fanden das Hotel, das übrigens ein alter, weitläufiger Palazzo war. Der Wirt war Hausdiener, Portier und Kutscher in einer Person. Für jede dieser Würden hatte er eine andere Mütze. Die Wirtin sah aus wie eine alte Hexe mit einem Tuch um den Kopf, sie kochte zusammen mit einem schmutzigen Koch in der großen Küche, durch die wir jedesmal gehen mußten, wenn wir in unser Zimmer wollten. Mutter widerte das so an, daß sie fast die ganze Zeit nur von Eiern und Brot lebte. Reinau bestellte sich die volkstümlichsten Nudelspeisen, Makkaroni al sugo wie Hühneraugenringe, und aß sie mit Todesverachtung. Mutter konnte es kaum ansehen. Eines Morgens saß eine der Töchter in der Küche und kämmte ihr fettes, aufgelöstes Haar über den Tisch aus, auf dem die Frühstücksbrote ausgebreitet lagen. Wir waren die einzigen Gäste außer einem jungen deutschen Ehepaar, der Mann war anscheinend Kunsthistoriker; andere verliefen sich damals nicht nach Ravenna; es wurde noch wenig vom großen Reisestrom berührt, daher diese Verhältnisse, die sich aber mittlerweile sehr geändert haben. Am Abend versammelten sich an dem größten, bestgedeckten Tisch die Honoratioren der Stadt; es waren köstliche Typen darunter, aber urkomisch der Oberkellner selbst, der ihnen ungemein lebendig Witze erzählte, von denen wir ab und zu einen Brocken verstanden. Zuerst hatte man uns in weit auseinandergelegenen Zimmern unterbringen wollen. Mutter war ein wenig ängstlich, deshalb ließen wir uns andere geben. Es waren weite, feuchte Säle, in denen die Betten mit den alten, muffigen Draperien wie kleine Ziermöbel verschwanden. Es roch nach Moder und, wie ich immer sagte, nach Äpfeln, Wäsche und katholischen Pfarrern. Die drei jungen Leute hatten einen Riesensaal, in dessen Mitte wie zu einer Zeremonie feierlich das große zweischläfrige Ehebett stand, ganz umhängt mit zarten Mullgardinen. In einer dunklen Ecke stand noch ein zweites Bett. Nun stritten sie sich, wer in dem großen Bett schlafen sollte; jeder wollte es, aber nachher mußten die, die es hatten, schwer büßen, denn sie wurden von den Flöhen, die anscheinend in den Falten der Vorhänge zu Dutzenden hausten, so zerstochen, daß sie sich eine Zigarre anstecken mußten, um auch zugleich die Stechmücken abzuhalten. August hat es gezeichnet, dieses berühmte »Prunkbett von Ravenna«. Einmal, als wir aus dem Hotel gingen und August in sein Skizzenbuch etwas zeichnete, sprang ihm ein Floh aus dem Fenster auf das weiße Blatt. Er spießte ihn schnell mit dem Bleistift auf, und noch lange hat er dort geklebt. Das sind die köstlichsten, lustigsten Erinnerungen aus Ravenna. Nun zu unseren unvergeßlichen Eindrücken, die wir von dort mitnahmen.

Ravenna war damals noch ein unbedeutendes Städtchen. Man ging durch einsame Straßen an Häusern entlang, die wie ausgestorben schienen. Ab und zu schlich eine Katze vorüber, alte häßliche Frauen, die meistens noch schielten, sahen einen verwundert an, als käme man aus einer anderen Welt. Es fiel uns auf, daß man so wenig junge Menschen sah, auch selten Kinder. Über verlassene und grasbewachsene Wege, über die man lautlos und weich ging wie auf einem Teppich, gelangte man aus dem Inneren der Stadt heraus. Da liegen plötzlich Gebäude aus einfachen Backsteinen vor einem; sie stehen da, manche halb schief, ein wenig in die Erde gesunken, und unten liegen Steine, die mit der Zeit abgebröckelt und heruntergefallen sind. Das einzige, was an diesen schmucklosen Gebäuden auffällt, sind die wohleingeteilten Maße. Aber, wenn man eintritt, wie wird man da überwältigt von der Pracht und dem ungeahnten Reichtum im Inneren. Den Dom San Giovanni evangelista, San Appolinare nuovo, San Francesco, das Baptisterium des Domes und vor allem San Vitale, in der wohl die schönsten Mosaiken sind, nenne ich. Am tiefsten berührt hat uns das Grabmal der Galla Placidia, das in seiner einfachen Pracht sehr feierlich und weihevoll wirkt. Einmal wanderten wir hinaus zum Grabmal des Theoderich. Früher lag es fast umspült von den Wellen, aber das Meer ist dort verlandet, und nun mutet einen dieser monumentale Bau, dessen Kuppel aus einem einzigen Marmorblock gehauen ist, ganz verlassen an. Der Weg hin führt über Flächen, die mit kurzem kargem Gras bewachsen sind; ab und zu Baumgruppen, unter denen zerstreute Schafherden weiden. Es ist kaum vorstellbar, wie diese Riesenkuppel als Schlußstein auf den mächtigen Rundbau gesetzt worden ist, wenn man bedenkt, wie primitiv damals noch die Hilfsmittel waren. Es wird wohl Sklavenarbeit gewesen sein.

An einem Abend spazierten wir über den hochliegenden alten Wall, von dem man in die tiefer liegenden Obstgärten sieht mit alten knorrigen Olivenbäumen, vereinzelt zeigten sich schon zartrosa Zweige der ersten Blüten. Mädchen schlenderten lässig daher, pflückten sich Blüten von Weißdorn und genossen die Abendkühle, dazwischen gingen ab und zu Soldaten und Polizisten in ihren weiten, malerischen Mänteln. Alles war so klar und einfach in den Linien; es erinnerte mich in der Herbheit an Federzeichnungen von van Gogh.

Auf der Fahrt nach Florenz hielten wir uns in Bologna zwei Stunden auf, wo wir auf einer Fahrt durch die Stadt einen flüchtigen Eindruck gewannen. In Florenz nahmen wir längeren Aufenthalt, wohnten im Hotel Porta rossa, einem alten Palazzo mit dicken Mauern und hochgelegenen Fenstern. Wir waren dort fast die einzigen ausländischen Gäste. Es war ein typisches, echt italienisches Hotel, aber sehr gut und sauber für südliche Verhältnisse. Der Oberkellner mit Spitzbart und lockigem schwarzem Haar fragte jeden Tag »Was wünschen die Herrschaften zu speisen?«, und wir bestellten uns die schönsten italienischen Gerichte, die wir sehr liebten. Wir nannten ihn »Hannibal«. Der kleine Piccolo, der uns mittags servierte, schien ein Auge auf mich geworfen zu haben und stieß immer an meinen Stuhl, wenn er mir die Schüssel hinhielt. In Florenz kannten wir ja nun schon vieles von früheren Reisen und fühlten uns daher schnell heimisch in dieser schönen Stadt. In den Museen suchten wir unsere alten Lieblinge auf: Fra Angelico, Fra Filippo und Fra Filippino, Botticelli und viele andere, deren Meisterwerke in den Uffizien und im Palazzo Pitti hängen. In der Akademie betrachteten wir Michelangelo und die wunderbaren Handzeichnungen in den Uffizien. Ein unvergeßlicher Eindruck war das Kloster San Marco mit den alten Zellen der Mönche, die einst Fra Beato Angelico ausmalte mit seinen von tiefster Frömmigkeit und doch so zauberhaft farbenfreudigem Sinn erfüllten Bildern.

Wir besuchten auch die Casa Buonarroti, in der noch einzelne Werke von Michelangelo zu sehen sind. Wir wechselten meist ab mit Kunst und Naturgenüssen und machten Spaziergänge auf die Hügel, von wo man weite Blicke auf die Umgebung und die Stadt Florenz hat. Vor allem San Miniato zog uns wieder an,

ebenso Fiesole mit seiner Certosa, einem wunderschön angeleg-
ten Kloster, wo jeder Mönch seine Zelle mit dazugehörigem
Gärtchen hat. Wir endeten nach der Besichtigung natürlich in
dem berühmten Keller, in dem man an kleinen ungedeckten
Tischchen die verschiedenen Schnäpse, die im Kloster nach geheimen Rezepten seit Jahrhunderten hergestellt werden, probie-
ren kann, vom Bruder Kellermeister kredenzt. Es gibt grünen,
roten und gelben Chartreuse, die alle nach einer bestimmten
Reihenfolge getrunken werden müssen, damit man auf den richtigen Geschmack kommt. Wir haben (d. h. die jungen Männer)
wohl dreimal die Runde gemacht und zum Abschluß einige der
reizenden Keramikfläschchen, mit diesem köstlichen Elixier gefüllt, mitgenommen. Es duftet übrigens dort herrlich nach den
verschiedensten Kräutern, aber das Rezept ist tiefes Geheimnis
der Mönche, die mit ihrem Schnaps beachtliches Geld verdienen.

Ich weiß noch, daß wir auf dem Weg von der Certosa auf einer
Wiese irgendwo lagerten. Es war ein wunderschöner Tag, unvergeßlich für August und mich, unser heimlicher Hochzeits-
tag. August hat damals allerlei gezeichnet in Skizzenbüchern
und eine Art Tabelle aufgestellt, in der er nach seiner Idee die
Künstler der damaligen Zeit einteilte, in Gruppen zusammenge-
hörig durch ihre innere Verwandtschaft und Geistesrichtung. Es
führte nur zu weit und wäre mir auch nach so langer Zeit nicht
möglich, Genaueres darüber zu sagen. Wir hatten uns auf dieser
Reise vorgenommen, hauptsächlich die umbrischen Städte kennenzulernen, und bereiteten uns durch gemeinsame Lektüre an
den gemütlichen Abenden in unserem Hotelzimmer darauf vor.
August machte auch einige Porträtzeichnungen von uns, von
denen eine von mir auf feinem Japanpapier und eine meiner
Mutter im Reiseskizzenbuch wohl am besten ausgefallen sind.
Gemalt hat er eigentlich fast gar nichts außer einigen kleinen
Farbstudien auf Kartons in Rapallo (eine Studie vom Meer, eine
Porträtstudie von mir, am Tisch sitzend).

Von dort aus fuhren wir nach Assisi. Ich habe an die Landschaft die Erinnerung, daß sie sehr kahl ist und ein lehmiges Gelb die beherrschende Farbe war, wenig Wälder und Felder. Es war ein kalter Tag, und ich weiß noch, wie wohl uns nachher ein warmer Imbiß tat, den wir in einer kleinen, dunklen Stube des Hotels einnahmen. Die Kirche besteht aus einem oberen und unteren Teil. Die untere, ein schöner Gewölbebau, enthält Fresken aus der Schule von Giotto, eine Madonna von Cimabue und Lorenzetti, die obere Kirche Werke von Cimabue und Giotto. Erhalten ist auch noch die Zelle des heiligen Franz, sein Bett und Sterbehaus und draußen das Rosengärtlein, in dem Rosen ohne Dornen wachsen. Die Sage geht, daß der heilige Franz sich einst nach Zweifeln und Gewissensmartern zur Kasteiung in das Rosenbeet warf, um Buße zu tun. Doch, siehe da, er verletzte sich nicht; denn alle Rosen hatten ihre Dornen verloren. Und wirklich, sie sind ohne Dornen, denn der Pater, der uns führte, schenkte uns zu den Heiligenbildern, die sie ja überall verkaufen, auch ein Rosenzweiglein.

Die Stadt, die uns den größten Eindruck machte, war Siena. Sie ist im Gegensatz zu dem engen, zusammengedrängten Perugia von einer großzügigen Weite. Die wunderbare Piazza del Campo wird beherrscht vom gewaltigen Palazzo Publico mit seinem mächtigen Turm, ein imposantes Bauwerk. Inmitten des Platzes der Löwenbrunnen, zu dem von allen Seiten schmale Stufen heraufführen, mit einem großen, weiträumigen Becken, in das ständig Wasser fließt und um den sich ein Teil des Stadtlebens abspielt. Man kann sich diesen Raum herrlich bei festlichen Anlässen mit Menschen besät und bunten Farben belebt vorstellen. Wir sahen in Siena wunderschöne Fresken von Martini, Lorenzetti, in der Bibliothek von Pinturicchio, der einem fast etwas zu reich und vielfältig erscheint. Der Dom ist ein mächtiger Bau aus schwarzem und weißem Marmor, im Inneren mit reichem Schnitzwerk. Auffallend waren die eigenartigen, in den steinernen Fußboden irgendwie eingelegten großen Bilder, die fast etwas erhaben schienen und wie riesengroße Zeichnungen wirkten. Sie stellen historische Szenen aus der Geschichte der

Stadt dar. Wir besuchten auch das noch erhaltene und ausgebaute Haus der heiligen Catarina Fontebranda, in dem Andenken an sie aufbewahrt werden und wo man noch die Werkstatt ihres Vaters, der ein Gerber oder Färber war, ansehen kann. Siena ist auch heute noch die Stadt der Gerber, überall riecht es nach Lohe, und in den Straßen, in denen die Gerber wohnen, nach dem Flusse zu, hängen die Häute zum Trocknen, zum Teil unter leicht gebauten, bedachten Schuppen, wo sie vor Regen und Nässe geschützt sind. Das Wasser des Flusses ist gelb und schmutzig von den Abwässern der Färbereien. Überall Schuhgeschäfte, man kauft dort billig Schuhe. Das wollten wir ausnutzen, da August nötig ein Paar brauchte. So zogen wir beide los, um passende zu finden, was bei seinen großen Füßen nicht leicht war. Endlich landeten wir in einem winzigen Lädchen, wo uns der Besitzer mit echt italienischer Zuvorkommenheit und Höflichkeit empfing. Er bat uns, auf einem rundgebauten roten Plüschsofa, das mit einer künstlichen Palme gekrönt war, Platz zu nehmen. Ich diente als Dometscher und machte dem Mann klar, daß wir »per il Signore« ein Paar Schuhe haben wollten. Bereitwilligst holte er heran, was er in seinem Laden hatte, stieg auf ein kleines Leiterchen, um an entlegene Reihen von aufgestapelten Schachteln zu reichen. Aber vergebens! Alle paßten nicht, da die Italiener meist kleine Füße haben. Er redete und wollte uns Schuhe anschwätzen, aber wir konnten doch keine kaufen, die zu klein waren. Wir wollten unverrichteter Dinge wieder gehen, da hieß er uns mit beschwichtigender Geste »un momento signor« noch bleiben. Er rief einen halbwüchsigen Jungen heran, flüsterte ihm rasch etwas ins Ohr »ma presto, presto«, worauf dieser sich schnell entfernte. Indessen saßen wir und warteten. August reichte mit seinen langen Beinen fast bis an die Ladentür – als sich diese plötzlich öffnete und ein Geistlicher in vollem Ornat, gefolgt von einem Ministranten, der das Glöckchen läutete, an der Schwelle stand, Gebete murmelte und Laden und Schuhe und die Beine von August schnell mit Weihwasser besprengte, um ebenso rasch wieder zu verschwinden.

Wir waren ganz verdutzt und konnten uns gar nicht zusammenreimen, was das bedeuten sollte, als der Besitzer des Ladens aus dem Hintergrund nähertrat und auf meine Fragen uns erklärte, daß heute der Tag des heiligen ... sei (der Name ist mir entfallen), des Beschützers des Handels und der Kaufleute, und daß der Priester an diesem Tage herumgehe und alle Läden segne, damit sie gute Geschäfte machten. Er selbst mache aber auch ein Geschäft dabei. Mittlerweile kam der Jüngling zurück, bis unter das Kinn die Schuhschachteln aufgestapelt, die er bei einer Nachbarfirma geholt hatte. Eilends packte der Händler sie aus und hob endlich ein Paar braune Schuhe aus ganz weichem Leder triumphierend hoch. Sie waren riesengroß: »Eccolà signor!« und mit strahlendem Lächeln kniete er nieder, um sie August anzuprobieren. Der Fuß flog von selbst hinein, aber der Händler schlug begeistert auf beide Seiten und pries das Paar mit den schönsten Worten an. Ich wollte schon abraten, sie waren riesengroß und schlappten hinten aus, – aber August war des Suchens satt, und wir konnten ja nach diesem langen Besuch nicht fortgehen, ohne etwas gekauft zu haben. So nahmen wir sie – August behielt sie gleich an –, und während er neben mir mit geteilten Gefühlen aus dem Lädchen latschte, stand der Händler vergnügt schmunzelnd in seiner Tür.

Von Siena ging unsere Reise über Pisa ans Meer. In Pisa hielten wir uns nur ein paar Stunden auf, besahen den Dom mit den schönen antiken Säulen und dem Baptisterium und bestiegen den schiefen Turm, von dem man einen sehr schönen Rundblick über das weite Land hat. Wenn man im Turm die langsam ansteigenden Treppen hinaufgeht, ist das ganz seltsam: einmal hat man das Gefühl, als stiege man hoch und müsse sich recht anstrengen, das andere Mal fällt man fast von selbst die Stufen hinauf.

Unsere Weiterfahrt ging durch 53 Tunnels, unterbrochen von kurzen Ausblicken auf das Meer, durch eine fruchtbare Ebene bis nach Genua und Rapallo. Hier blieben wir noch zwei Tage, um zum Abschied noch etwas Natur nach all der Kunst zu genießen. Wir entschlossen uns auf das Drängen unserer jungen Freunde zu einer Segelpartie und hatten auch bald einen geeigneten Schiffer gefunden, der sein Boot klarmachte, um uns eine Strecke hinaus ins Meer zu segeln. Es war strahlendes Wetter, aber eine tüchtige Brise wehte, und die Wellen schlugen des öfteren in unser Boot, so daß Mutter und ich, die am Boden des Bootes saßen, ziemlich durchnäßt wurden. Die Küste ist sehr felsig und steil, und es herrschte starke Brandung. Der Schiffer, ein etwas wilder Italiener, segelte ziemlich tollkühn darauflos, und plötzlich schlug das Boot, da er die Wendung zu kurz berechnet hatte, an die Felsen an. Der Schiffer raste wie irre an dem Boot entlang und drückte es mit den Händen von der Felswand ab unter den größten Flüchen »Corpo della madonna« usw. Reinau war kreidebleich und schrie »Schuhe aus! Röcke aus!« Alle taten es schweigend und unterstützten den wütenden, verzweifelten Schiffer, der dann endlich den Anker herunterlassen konnte. Als dieser nach bangen Minuten faßte, riß der Schiffer das Boot herum, damit es vor der nächsten Brandung geschützt war, die es unfehlbar gegen die Felswand geschleudert hätte. Es waren kritische Momente. Wir Frauen waren musterhaft ruhig, aber wir waren auf alles gefaßt, und im Augenblick ging uns das ganze Leben durch den Kopf. Als wir gerettet waren, sah ich am Felsen herauf, an dem oben die Landstraße in halber Höhe entlang führte. Dort standen Reisewagen, aus denen die Menschen ausgestiegen waren, um auf das kleine gefährdete Boot mit entsetzten Mienen herunterzuschauen. Wir waren noch einmal mit dem Schrecken davongekommen und wir Frauen mit völlig durchnäßten Kleidern, die durch das Salzwasser ziemlich verdorben waren.

Nach den wenigen Tagen am Meer fuhren wir noch nach Basel. Dr. Reinau quälte uns, doch mit ihm nach Lörrach zu kommen, was wir dann auch kurz entschlossen taten. In seinem alten, elterlichen Hause verlebten wir einen schönen gemütlichen Tag. Besonders die Großmutter beeindruckte uns in ihrer starken persönlichen Art. Sie ließ uns zu Ehren echte badische

Spätzle auftragen, Wein aus dem eigenen Weinberg und Schwarzwälder Kirsch eigenen Fabrikates. Wir waren ja nur wenige Stunden Fahrt von Kandern entfernt, wo Augusts Schwester Auguste wohnte. Ich sagte August, daß sie es doch sicher übelnähme, wenn er sie nicht besuche, aber er wollte davon nichts wissen, weil es bei seinem letzten Aufenthalt mit Cito dort kleine Mißhelligkeiten gegeben hatte; sie hatten oft ihre dummen Streiche gemacht und waren nicht ehrerbietig gegen die alte Großmutter Giß, worüber Auguste natürlich ungehalten war.

Liebesschmerz, 1908

. . . und in Paris

Das Jahr 1908 war ein Jahr des Reisens. Im Sommer besuchte uns Onkel Bernhard aus Berlin. Eines Tages faßte er den plötzlichen Entschluß, mit uns beiden nach Paris zu fahren. Es war ein furchtbar heißer Tag; wir hatten von Köln an ein kleines halbes Coupé, und ich sehe Onkel Bernhard noch vor mir, wie er nach und nach eine ganze Flasche Eau de Cologne verschwendete, um die Luft in dem kleinen Abteil erträglicher zu machen. Der Juli ist eine ruhige Zeit für Paris, es ist wenig los, und die elegante Welt ist in den Bädern. Für uns war das aber bedeutungslos, und sobald wir die Stadt betreten hatten, übte sie wieder ihren alten, immer jungen Zauber aus. Wir wohnten im Hotel Malesherbes. Onkel und ich hatten große, elegante Zimmer nach vorn heraus nebeneinander, August war in höheren Regionen untergebracht. Onkel bewachte mich im geheimen wie ein Luchs; so hatten wir einen Wandschrank, der beiderseitig zu benutzen war und dessen Tür er in seinem Zimmer immer offen ließ. Ich sah dann durch den Spalt abends noch lange Licht, bis er endlich zur Ruhe kam. Aber August und ich fanden trotz allem Mittel und Wege, beisammen zu sein.

Es war ein wunderschöner, wenn auch kurzer Aufenthalt, reich an Eindrücken. Zuerst zog es uns natürlich wieder in die Museen; unser Hauptinteresse galt den Impressionisten, der Sammlung Thomy-Thierry mit ihren Manets, auch Delacroixs, im Luxembourg vor allem den wunderbaren Renoirs, außerdem Puvis de Chavannes, mit dem sich August damals beschäftigte (»Le pauvre pécheur«). In der Sammlung Durand Ruel sahen wir viele Meisterwerke, Manet, Renoir (»Die Loge«). Wir besuchten die Galerien Bernheim jeune und Vollard, weil mein Onkel die Absicht hatte, sich eine Sammlung französischer Bilder für seine Galerie anzulegen, August sollte ihm dabei behilflich sein. Bernheim jeune wurde damals geleitet von Felix Fénéon, einem eigenartigen Franzosentyp mit blondem Spitzbärtchen, langem, schmalem Gesicht, langen Händen und breiten Schultern. Er trug einen grauen Anzug und weite, steif abstehende Beinkleider, die wie Blech aussahen und ihm eine merkwürdige Silhouette gaben. Er zeigte uns viele Bilder. Da wir verschiedene Male dort waren, kamen wir nach und nach mehr ins Gespräch mit ihm. Ich fragte ihn, ob er auch Bilder von Corinth, Liebermann und Slevogt kenne, weil ich das bei ihm als Kenner moderner Kunst voraussetzte, aber er sagte nur so leichthin: »Liebermann, oui j'ai entendu le nom!« Das war alles, während unsere deutschen Kunstjünger damals die Namen der großen Franzosen mit Ehrfurcht nannten und das Ziel eines jeden war, die Werke ihrer Götter einmal sehen zu können. Aber das war typisch französisch. Fénéon vertrat damals die Bilder von Manet, Monet, Pissarro, Sisley, Corot, Seurat und anderen. Mein Onkel erwarb bei ihm die große Porträtstudie der Tänzerin von Manet, einen Monet, von Pissarro eine Winterlandschaft, zwei Seurats, einen Wiesenabhang mit Jungen, eine dünenartige Landschaft, von Courbet den großen liegenden Frauenakt. Bei Vollard in der Rue Lafitte waren wir zwischendurch. Es war ein ganz origineller alter Laden, wie in allen französischen Kunsthandlungen damals unordentlich, es sah aus wie in einem schmutzigen, schlecht aufgeräumten Atelier, staubig, hier und da ein alter Stuhl, auf den man sich nicht zu setzen wagte. Bilder, nichts als Bilder, meist auf dem Boden stehend, ab und zu eines auf einer alten Staffelei. Aber was für Bilder! Wenn man eintrat bei Vollard, konnte man eine halbe Stunde im Laden umhergehen, sich Bilder ansehen, ehe man überhaupt merkte, daß jemand da war. Man hörte ein leichtes Grunzen und sah an einem kleinen, einfachen Tischchen, vergraben hinter Geschäftsbüchern und Schreibereien, die auf die primitivste Weise ungeordnet den Tisch bedeckten, Vollard, Ambroise Vollard, den Gewaltigen des Kunsthandels. Kaum daß er grüßte, er verzog keine Miene, fragte auch nicht, was man wollte, erst beim zweiten Besuch, wenn er einen wiedererkannte, wurde er zugänglicher, ließ sich herab, zu fragen »Que désirez-vous, Monsieur?« und holte das eine oder andere der Bilder hervor und stellte es in der drangvollen Enge so hin, daß man es wenigstens unbehindert ansehen konnte. Sein Hauptgeschäft waren damals van Gogh und Cézanne sowie Gauguin. Vor allem aber Cézanne (sie waren damals zu haben von 5000 bis 6000 Franken an), dann noch seltene Stücke vom alten Degas, dem wir sogar einmal dort begegneten und den Vollard uns, als er sich von ihm verabschiedet hatte, mit den Worten »C'était Monsieur Degas« zeigte. Degas war damals schon fast erblindet. Als mein Onkel auch bei Vollard Bilder kaufte, wurde der alte Bär immer freundlicher und uns zugetan. Es ging sogar so weit, daß wir in die hinteren Räume eindringen durften, in denen er Bild an Bild aufgestapelt hatte in primitiven Holzgestellen und einem Raum ohne Fenster, wo immer Licht brennen mußte. Ich glaube, es war der berühmte Keller, in dem er mit den Künstlern Feste feierte. Sogar in sein Schlafzimmer führte er uns. Da standen nichts als ein schlichtes eisernes Bett mit einem Nachttischchen und ein Stuhl. Er bückte sich und zog unter dem Bett ein herrliches Pastell von Degas hervor, stellte es auf den einfachen, an der Wand stehenden Waschtisch und sagte mit Emphase und zugleich so voll Ehrfurcht und Zartheit »c'est divin, c'est divin!« und unterstrich diese Worte noch mit einer ekstatischen Geste seines Armes. Als wir schüchtern bemerkten, daß er ja fast auf den Bildern schlafe, meinte er, er hätte die Bilder, die er am meisten liebte, nicht gerne immer um sich. Er hole sie sich ab und zu abends hervor, um sich ganz im stillen daran zu freuen. Er war eingefleischter Junggeselle, fand die Liebe zu den Bildern besser als die Liebe zu den Frauen, und wenn er auf die Bilder zu sprechen kam, so konnte der unzugängliche, schroffe Mann weich und fast zärtlich werden. Das Bild von Degas stellte eine Frau dar, die vor dem Spiegel steht und sich den Rücken wäscht (graue, zartrosa Töne).

Herr Fénéon lud uns auch in seine Privatwohnung ein, die

einfach und bescheiden war. Ein altmodisches bürgerliches Eßzimmer, in dem wunderbare Seurats hingen, besonders ein großes Bild mit vielen Menschen im Freien, die Frauen mit den kleinen Capothütchen und großen Schirmen und *queues,* die man
damals trug, alles in der eigenartig prickelnden Art, die Farben
zu geben. Wenn ich nicht irre, sahen wir bei ihm auch das große
Bild »Le Chahut«. Eines Tages, als wir gerade wieder bei Bernheim jeune waren und Onkel seine Ankäufe abgeschlossen hatte
(August und ich als die Triebfedern derselben zwei Aquarelle,
eines von Signac und eines von Cross geschenkt bekamen), hielt
ein flott trabender Einspänner hart vor der Türe, und heraus
stieg eiligst Herr Vollard, bei dem wir gerade vorher gewesen
waren, schmunzelnd, im Begriff, Herrn Fénéon seine guten Geschäfte, die er soeben mit einem neuen Sammler getätigt hatte,
mitzuteilen. Wir beobachteten die beiden noch ein wenig durch
das Ladenfenster und konnten uns denken, wie der eine den anderen zu übertrumpfen suchte und wie sie sich den Kopf zerbra-
chen über den neuen Kunden »Monsieur Koehler de Berlin«.
Übrigens war Vollard auch sehr liebenswürdig, indem er August und mir eine Lithographie der badenden Jungen von Cézanne schenkte. Onkel Bernhard sagte: »Ihr habt es gut, ich
kaufe Bilder, und Ihr bekommt alles geschenkt«, was ihn nicht
davon abhielt, uns eine der wunderschönen Bronzen von Maillol, deren er sich mehrere zulegte, zu kaufen. (Zu unserer Hochzeit bekamen wir von beiden, Fénéon und Vollard, reizende
Glückwünsche.)

Außer den Kunstgenüssen gab es auch noch andere, so zum
Beispiel die kleinen, liebevoll und raffiniert zusammengestellten
Diners bei Duval, unsere Besuche in den bekannten Cafés, Au-
tofahrten ins Bois nach Arménonville, dem Etablissement für
die elegante Welt. Überall zog August sein Skizzenbuch heraus
und zeichnete. Einmal, in Arménonville, saß an unserem Ne-
bentisch eine sehr schöne, elegante Frau mit dem damals modernen Riesenhut mit Straußenfedern. Sie merkte wohl, daß August sie fixierte und beobachtete, war aber nicht etwa beleidigt

oder böse, sondern lächelte ihm mit Grazie zu. Eines Abends besuchten wir ein Varieté im Freien, für uns etwas ganz Neues. Dunkel erinnere ich mich, daß Adam und Eva darin vorkamen mit großen Feigenblättern und »le bon Dieu« mit langem, weißem Bart, außerdem allerlei Satirisches und politisch Anzügliches, viele Witze, die wir nur zum Teil verstanden. Onkel Bernhard hörte nicht so gut, er verstand fast gar nichts und fragte mich zwischendurch ganz neidisch, was das nun alles wieder hätte heißen sollen. Natürlich besuchten wir auch Moulin-Rouge. Die ganze Atmosphäre dieser Art von halb Varieté, halb Kabarett hatte für uns etwas Neues und Reizvolles. Vorne waren die teuren Plätze, im hinteren Saal saß man während der Vorstellung rauchend und trinkend an kleinen Marmortischchen, an denen die Kellner lautlos bedienten. Viele Kokotten, kleine Midinetten, Bohemiens, Ausländer, ein interessantes Publikum. Ein Komiker sprach dauernd von Monsieur le Ppppprésident de la Réppppublique française und spuckte und prustete das P jedesmal heraus. Mitten im Vortrag zeigte jemand in den Zuschauerraum, wo eine Dame mit dem damals üblichen großen Hut saß, und schrie »Le chapeau, le chapeau, le chapeau!«, alsbald setzte von allen Seiten ein Sprechchor ein »Le chapeau, le chapeau, le chapeau«, unterstützt mit Händeklatschen im Takt, bis sich die Schöne bequemte, das Riesenrad, das mit vielen Nadeln befestigt war, abzunehmen. Ob es echt war oder Mache, entzieht sich meiner Kenntnis, jedenfalls war es als Trick sehr wirkungsvoll. In Montmartre streiften wir des öfteren herum, und es verfehlte natürlich nicht seinen Eindruck auf uns junge Künstlerleutchen. Der Place du Tertre mit seinem abendlichen Leben unter den alten Bäumen bei den vielen bunten Lichtern, die kleinen alten Häuschen, wo die beliebten Canaris in den Fenstern hängen, die Katzen vor den Türen in der Sonne liegen, hübsche schwarzäugige, dunkelhaarige Mädchen hinter den kleinen Fenstern einer Wäscherei bügelten oder ausbesserten und man gerne einen Blick aus feurigen Augen erwischte. Es gab auch damals noch echte Bohemienmalertypen in Sammetkitteln oder großen Capes mit langem Haar und Bart und breiten Schlapphüten. Die ganze armselige Romantik eines solchen Daseins wurde einem lebendig. Die berühmte Kirche Sacré Cœur erhebt sich majestätisch hoch über das Häusermeer, an dunstigen Tagen fast silbergrau wirkend wie eine Fata Morgana. Um sie herum die vielen Buden, übersät mit kitschigen Andenken für Wallfahrer und einfältige Reisende: Heiligenbilder in allen Größen und Farben, Weihwasserkesselchen, Statuetten, Amuletts, alles in bunter Fülle durch- und nebeneinander. Auch den Père Lachaise besuchten wir, eine Riesentotenstadt mit dem berühmten »Monument des Morts« von Bartholomé und vielen Grabstätten bekannter Menschen.

Verlobung

Bereichert und froh kehrten wir drei wieder nach Bonn zurück. Von dort aus reiste Onkel Bernhard nach Berlin. Im August folgte August einer Einladung seines Freundes Claus Cito nach Luxemburg. Er besuchte ihn für acht Tage in seinem Heimatort Bacharage und fühlte sich sehr wohl in dem einfachen Milieu. Die Mutter war eine stille, schlichte Frau, die einen großen Blumen- und Gemüsegarten vorbildlich in Ordnung hielt und die beiden Freunde auf das beste pflegte und ihnen mancherlei Lieblingsgerichte vorsetzte. Cito hatte sich einen atelierartigen Arbeitsraum eingerichtet und machte während der Zeit eine Porträtbüste von August, die sehr ähnlich geworden ist. Sie haben in den kurzen Tagen sich gegenseitig viel Anregung gegeben und viele Ideen, die sie beschäftigten, ausgetauscht.[12]

Pfingsten hatte sich die jüngste Schwester von August, Ottilie, mit dem Oberlehrer Josef Cordier aus Bitburg, der lange Jahre bei der Mutter Macke gewohnt hatte, verheiratet. Die Hochzeit wurde am Samstag vor Pfingsten in Köln gefeiert, ganz im engen Familienkreise: Mutter, Auguste aus Kandern, August, die vierzehnjährige Cousine Mathilde Macke aus Krefeld und ich. Da Cordier aus einer streng katholischen Familie stammte, wurde seine Heirat mit einem evangelischen Mädchen nicht gern gesehen. Der Vater hatte sogar bei der Verlobung einen sehr beleidigenden Brief an Ottilie geschrieben mit der Behauptung, daß sie als schlechtes Mädchen den ordentlichen Josef verführt und umgarnt hätte. Sie ließen sich katholisch trauen und mußten gleich nach der Trauung versprechen, daß sie ihre Kinder katholisch taufen lassen würden. Später, als sie dann zwei Kinder hatten, eine Tochter und einen Sohn, war der Zorn des Vaters beigelegt, besonders, als das Töchterchen als zweiten Namen den der Großmutter Angela erhielt, die dann auch zur Taufe kam und bei der Gelegenheit ihren ersten Besuch dem jungen Paar abstattete. Nach Ottiliens Hochzeit löste die Mutter den Haushalt in Bonn auf und zog zur ältesten Tochter Auguste nach Kandern. Die besten Möbel behielt sie, um sich dort mit ihren eigenen Sachen einzurichten. Vieles wurde verkauft oder verschenkt, bei der Gelegenheit ist auch ein Teil von Augusts frühen Zeichnungen und Arbeiten abhanden gekommen.

Am 1. Oktober 1908 trat August als Einjährig Freiwilliger beim Infanterie-Regiment 160, das zur Hälfte in Bonn stationiert war, ein. Seine Schwester Auguste hatte ihm finanziell den Einjährigendienst ermöglicht und ihm ungefähr 1800 Mark dafür geliehen. Diese Summe zahlten wir ihr später, als wir verheiratet waren, zurück. Da August nun kein Heim mehr in Bonn hatte, war er noch mehr als sonst bei uns; er kam fast täglich zu einer Mahlzeit, wohnte in der Ermekeilstraße (im Volksmund »Ärme Kääl Straße«) der Kaserne gegenüber bei einer Familie Schwarzenberg. Dort wohnten fast alle Einjährigen, damit sie morgens nahe bei der Kaserne waren. Bei der militärärztlichen Untersuchung hatte ein Arzt bei August einen Bruch oder eine Veranlagung dazu festgestellt. Mit diesem Befund und einer schwachen Stelle an dem einen Fuß, den er als Junge einmal gebrochen hatte, hoffte er im stillen, vom Dienst befreit zu werden. Diese Bruchangelegenheit wurde fast zu einer Psychose, tagelang bildete sie das Hauptgesprächsthema, und es kam sogar so weit, daß er gezwungen wurde, sich bei einem Bandagisten ein Bruchband anzuschaffen, das er nach zweimaligem Versuch, es zu tragen, wütend in die Ecke warf. Es war nichts zu machen, er wurde für tauglich befunden, als Einjähriger angenommen und hat zeit seines Lebens nie einen Bruch gehabt. Er wurde sogar ein guter Soldat und wußte dem Soldatenleben die besten Seiten abzugewinnen. Seine Begabung zur Komik kam dabei so recht zur Geltung. Er konnte alle Typen wunderbar nachahmen in Gesten und Reden, vom dümmsten Muskoten bis zum eingebildeten Herrn Feldwebel und dem Herrn Hauptmann. Wie manchen Abend haben wir über seine drastischen Darstellungen und echt militärischen Witze, die er stets frisch importierte, gelacht, und viele Szenen hat er in seinen Skizzenbüchern festgehalten. Meist holte ich ihn nach Dienstschluß gegen sieben oder halb acht Uhr ab und ging wartend die umliegenden Straßen im Halbdunkel auf und ab. Ohne es zu wissen, war ich bald bekannt bei der Kompanie, und einmal, als ich ahnungslos bei Tage über den Bonnertalweg ging, passierte es mir, daß der Vordermann laut kommandierte »Augen rechts«, alle lachend und grinsend zu mir herübersahen und dabei ein recht derbes Soldatenlied anstimmten, so daß ich nicht wußte, wohin ich gucken sollte. Ich bekam auch einmal einen anonymen Brief »An das kleine Fräulein mit das Pelzhütchen«, worin ich gewarnt wurde, mich mit meinem Schatz in Zivil sehen zu lassen. Es ist wohl ein Scherz eines Kameraden gewesen. Als August zuerst in seiner eigenen Uniform kam, war ihm alles zu eng und zu steif, und er vertauschte zu Haus den Waffenrock gleich mit einer bequemen Hausjoppe. Damals besuchte mich meine Berner Mitpensionärin, Christa Gerecke aus Bremen. Sie hatte das Unglück, sich in August zu verlieben und auch meinen Bruder recht gerne zu sehen, und da sie eine etwas aufdringliche Art hatte, waren die beiden wie erlöst, als sie abreiste, und warfen sich aufatmend in einen Stuhl, als sie endlich das Haus verlassen hatte.

Am Weihnachtsabend 1908 verlobten wir uns, allerdings nicht offiziell, sondern ganz im stillen in der Familie, das heißt, von nun an sagte August Mutter zu meiner Mutter und Großmutter zu meiner Großmutter, und sie sagten zu ihm Du und betrachteten ihn als ihren Sohn und Enkelsohn. Wir schmückten unsere schöne große Tanne zusammen und waren alle sehr glücklich. Ich sehe noch die strahlenden Augen der guten Großmutter, die einem immer so herzlich beide Hände drückte, wenn sie sich freute. Und sie beide hatten ja August wie einen Sohn lange in ihr Herz geschlossen. Besonders meine Mutter hatte sein Zartgefühl während der Krankheit meines Vaters schätzengelernt. Er half öfter abends, wenn mein Vater in einem dafür angefertigten Stuhl mit Trägern in die obere Etage, wo die Schlafzimmer waren, hinaufgetragen wurde, und war dabei so taktvoll und rücksichtsvoll. Mein Vater selbst war sehr zurückhaltend gegen August; er hatte wohl als gutsituierter, praktisch denkender Mensch, ganz abgesehen von seiner Liebe zur Kunst, eine damals verbreitete Ansicht über junge Künstler, die noch unterstützt wurde durch die Erfahrungen mit seinem Vetter, dem Maler Heinrich Brüne, dem er zeitlebens half und dessen Existenz er sicherte. Er konnte sich nicht vorstellen, daß seine einzige Tochter einmal ein sorgenvolles Künstlerdasein fristen sollte, obgleich seine Vermögensverhältnisse außerordentlich günstig waren und er mit zu den wohlhabendsten Leuten der Stadt gehörte. Ich habe nie gewußt, wie reich wir waren, denn in der ganzen Lebensart blieb unser Lebensstil stets einfach und nach außen hin nie auffällig. Unvergeßlich ist mir eine Unterhaltung meiner Eltern, die ich zufällig aus dem Nebenzimmer mit anhörte und die damit endete, daß mein Vater sagte: »Ich möchte aber unter keinen Umständen, daß das eine Liebelei wird mit dem Macke.« Das ging mir durch und durch, waren wir doch damals schon innerlich fest aneinander gebunden. Gerade in seiner Krankheit hat dann mein Vater wohl instinktiv immer mehr gefühlt, was für ein Mensch August war, und er ist ihm auch langsam nähergekommen. Die lieben Verwandten allerseits hielten sich mehr oder weniger über unsere Freundschaft auf, besonders die Schwestern meines Vaters waren uns nicht wohlgesinnt; meine Vettern, die wohl alle drei nacheinander etwas für mich geschwärmt hatten und mit denen ich zeitweise reizend und kameradschaftlich stand, wurden gegen uns eingenommen. Die eine der beiden Tanten, die kinderlos war, hielt mich eines Tages sogar auf der Straße an und fragte: »Sag, bist du denn nun eigentlich verlobt mit dem Herrn Macke, oder wie ist das? Du kannst doch nicht immer mit ihm herumlaufen, ohne daß ein klares Verhältnis geschaffen wird.« Ich sagte ihr, daß wir das nicht nötig hätten und keine offiziellen Menschen wären, und solange meine Mutter unsere Freundschaft duldete, ginge es

niemanden etwas an. August hatte durch die oft recht taktlose
Art, mit der die Vettern ihm im Haus meiner Mutter begegneten, manches auszustehen, aber wir standen deshalb immer treu
zueinander. Meine Mutter unterstützte uns dabei sehr, indem sie
nichts auf August kommen ließ und ihn wirklich herzlich lieb
hatte. Gerade während des langen Krankseins meines Vaters waren für sie die Gespräche mit August an den stillen Abenden bei
der Lampe eine Ablenkung und Erholung. Sie hat als reife Frau
wohl in ihm zum ersten Male einen jungen genialen Künstler
und dadurch ganz anders den Mann erlebt als bei meinem um
achtzehn Jahre älteren, erfahrenen Vater. In dieser Zeit fingen
wir drei Frauen an, nach Entwürfen von August zu sticken, und
haben unsere ersten künstlerischen Handarbeiten gemacht, die
uns große Freude bereiteten. Meine Großmutter hatte wohl als
die Älteste die meiste Geduld und dazu ein ausgesprochenes Gefühl für Farbwirkungen. Es bedurfte nur einer leisen Anregung
von seiten Augusts, und sie stickte ganz selbständig, zum Teil
größere Wandbehänge, Kissen und Bilder[13]. Sie hatte trotz ihres
Alters eine erstaunliche Technik, ein Stich war wie der andere.
Meine Mutter hat sich in späteren Jahren ebenfalls unglaublich
vervollkommnet und wirklich museumsreife Stickereien geschaffen: Decken aus Leinen, Kissen mit farbiger Wolle und
Bilder nach Aquarellen. Sie war glücklich, wenn sie eine solche
Arbeit vorhatte und wirkte da im stillen die schönsten Dinge
zum Gedächtnis an August und unseren ältesten, so jung gestorbenen Sohn Walter, der das Zeichentalent seines Vaters geerbt
hatte und auch sehr schöne Entwürfe für Stickereien gemacht
hat.

Der Maler Campendonk, Bonn, Anfang 1909

Erste Sorgen

Im Frühjahr 1909 bekamen wir Besuch von unseren amerikanischen Verwandten, dem Bruder meiner Mutter, seiner Frau und zwei kleinen, reizenden Töchtern. Sie kamen alle paar Jahre nach Deutschland und machten eine Rundreise, um nach und nach alle Verwandten zu besuchen. Besonders lange blieben sie dann bei uns in Bonn, um vor allem die alte Mutter ausgiebig wiederzusehen. Es wurden dann oft Ausflüge gemacht und die übrigen Verwandten aus Bonn eingeladen, so daß viel Trubel war. Auch der andere Bruder meiner Mutter aus Berlin und seine Frau besuchten uns, damit alle Geschwister einmal zusammen waren. Sie lernten August damals kennen und schätzen. Wir hatten durch die viele Unruhe im Haus wenig Gelegenheit, ruhig zusammen zu sein, und mußten uns unsere stillen Stunden stehlen, zumal August ja durch den Militärdienst sehr in Anspruch genommen war. Auch zum Malen kam er wenig, und seine Arbeiten bestanden fast nur aus Zeichnungen und Skizzen.

In dieser Zeit fielen die ersten Sorgen auf unser Glück. Ich fühlte mich schwanger, und was das für eine Tochter aus gutbürgerlichem, wohlhabendem Haus bedeutete, kann wohl jeder ermessen, der die damals herrschenden Anschauungen kennt. Das erste Gefühl, das wir hatten, war so schön und feierlich, und wir waren nur noch fester und inniger verbunden, aber wir waren so jung, und es war eine große Verantwortung, die wir auf uns nahmen. Zudem war August ein armer »Malerlehrling« und vorläufig noch Soldat. Der erste Gedanke war: »Es kann nicht so bleiben, wie soll es werden, wie würden es unsere Angehörigen auffassen, die doch ganz in der bürgerlichen Konvention lebten, würden wir heiraten können, um allem Gerede aus dem Wege zu gehen?« Das alles waren Fragen, die uns tief beschäftigten und bewegten. Aber zuerst vertraute ich mich meiner treuen Freundin Emma an, und wir berieten zusammen, was zu tun sei. Vor allem wollte ich sichere Gewißheit haben und beschloß, zum Arzt zu gehen. Um aber nicht als »Mädchen« hinzukommen, kauften wir beide einen Trauring für 2,50 M.; damit bewaffnet, ging ich klopfenden Herzens in das Sprechzimmer, während Emma im Wartezimmer saß. Es war ein bekannter Frauenarzt, ein menschlich sehr vornehmer und verständnisvoller Mann, dem ich meinen Zustand schilderte, mich mit meinem Mädchennamen nannte, aber als Frau ausgab und durchblicken ließ, daß ich eigentlich noch nicht gerne so früh ein Kind haben wolle, worauf er antwortete, ich sei doch so gesund und so gut gebaut und es sei doch gar kein Grund vorhanden, es nicht zu wollen. Ich entgegnete, daß mein Mann als Maler gezwungen sei, vorläufig noch viel zu reisen, und daß ich fürchte, das könne mir auf die Dauer nicht gut bekommen in dem Zustand, in dem ich mich befände. Aber er bot mir gleich an, zur Entbindung in seine Privatklinik zu kommen, in der ich auf das beste gepflegt würde, und entließ mich mit vielen guten Wünschen. Da waren wir ebenso klug wie zuvor und beratschlagten weiter. Emma kannte einen anderen Arzt, der ihre Mutter oft behandelt hatte. Schweren Herzens entschloß ich mich, nun zu diesem zu gehen. Ich stellte mich ganz unschuldig, als ob ich von nichts etwas wüßte, und als er mir das Resultat der Untersuchung mitteilte, tat ich höchst erstaunt, worauf er ganz ruhig fragte: »Ja haben Sie denn einen Freund?« und auf mein schüchternes »Ja«, »Na dann ist die Sache doch ganz klar« antwortete. Ich schilderte ihm meine Situation und daß ich nicht wisse, ob wir bald die Möglichkeit haben würden, zu heiraten, worauf er beschwichtigend sagte: »Nun, wenn Ihr Freund Maler ist und Sie von zu Hause aus etwas Mittel haben, dann gehen Sie aufs Land nach München und leben dort miteinander. Das tun doch so viele Künstler, und niemand findet etwas dabei.« Seine freie menschliche Auffassung tat mir wohl, aber ich weiß noch genau, wie nachdenklich ich nach Hause ging. Und doch war ich im tiefsten Inneren eher stolz als bekümmert. Es war nur immer der Gedanke »Was wird die Mutter sagen?«, der mich ängstigte. Ich hatte bis jetzt versucht, ihr alles zu verheimlichen, und es war mir auch gelungen, aber da wir in einem Zimmer zusammen schliefen, mußte sie es ja eines Tages merken. Für sie war es ein furchtbarer Schlag. August war im Manöver und hatte mich schweren Herzens, aber auf meine Zuversicht und innere Festigkeit vertrauend, allein gelassen. Ich war im stillen froh, daß er nicht da war, denn meine Mutter schob alle Schuld, daß es so gekommen war, auf ihn und zürnte ihm sehr. Ich fürchtete, das schöne, herzliche Verhältnis könnte zerbrechen, so tief fühlte sie sich verletzt, hintergangen, in ihrem Vertrauen betrogen, und als ich bei all ihren Vorwürfen, die von nun an täglich auf mich herniederprasselten, ganz ruhig blieb und sogar sagte, daß ich mich freue auf das Kind, da war sie ganz erstaunt und konnte mich nicht begreifen. Sie, die sonst die Ruhe und Würde selbst war in allen Situationen, riß eines Abends das Fenster auf und sagte: »Am liebsten stürzte ich mich aus dem Fenster« und »wenn das dein Vater erlebt hätte.« Aber ich wußte sie zu beruhigen und hörte stillschweigend ihre Beschuldigungen an, die sich am heftigsten gegen August richteten. Ich nahm ihn aber stets in Schutz. Es war eine schwere Zeit, und meist ging ich abends früher zu Bett und stellte mich schlafend, um allem aus dem Wege zu gehen. Morgens ging ich früh aus dem Haus zu Emma hinauf in ihr Dachstübchen. Dort fand ich Ruhe und Trost; sie sagte »Du mußt dich jetzt viel mit schönen Dingen abgeben, damit das Kind schön und harmonisch wird«, und wir musizierten miteinander die herrlichsten Dinge, daß ich darüber Kummer und Sorgen vergaß. In meiner ersten Angst, ehe ich beim Arzt gewesen war, hatte ich oben in ihrem Stübchen regelmäßig Fußbäder genommen, weil ich dachte, sie könnten diese Unregelmäßigkeit beheben. Das war mit viel Umständlichkeit verbunden, und das ganze heiße Wasser mußte aus der ersten Etage heraufgebracht werden. Da aber Emma die Etage nie betrat, weil sie mit ihrem Vater in Streit lebte, stellte sie ihre jüngste Schwester, die damals vierzehn Jahre alt war, an, das Wasser heraufzubringen. Die fragte dann immer ganz erstaunt: »Ja wozu braucht ihr denn all das heiße Wasser?«, worauf Emma wütend die Türe zuwarf und sie anschrie: »Das geht dich gar nichts an!« Wir taten auch noch Senfmehl in das Fußbad, das Emma in der Drogerie besorgte, und als sie sich nicht mehr traute, übernahm das Geschäft ihr Freund, der nach und nach alle Drogerien der Stadt ablief. Aber Gott sei Dank war alle Mühe umsonst, und das kleine werdende Wesen hatte mehr Energie und Kraft als alle Mittel. Und im Grunde war ich so froh und heiter, und Augusts Briefe waren für mich eine Labsal und ein Aufrichten; Hoffnungsfreudigkeit, Glück und Freude sprach aus ihnen. Das half mir hinweg über die Kleinlichkeiten des Alltags.

Brief vom 1. September 1909 vom Truppenübungsplatz Elsenborn in der Eifel:

Liebe Lisbeth!

Wir haben heute den 1. September und für uns ist damit der letzte Monat der Trennung gekommen. Ich habe mich so über Deinen Brief gefreut. Besonders über eins. Du scheinst auch im Grunde Deines Herzens in jener goldenen Götterstimmung unserer Jugend zu sein, die uns alles so schön erscheinen ließ bisher. Es ist lange her, daß wir nicht an jene überaus herrliche Gedankenwelt dachten, die uns auf unseren Spaziergängen nach Meßdorf begleitet hat. Erde und Himmel, Gras und Vögel, Sonne und Bäume und ein diamantklarer Tau über allem. Und Kinder im Abendglühen. Seltsame Gegensätze. Die Schönheit der Welt, der Erde und der Gewächse auf der Erde, und die Tragik des Alltagslebens. Wie schön war für mich der erste Augenblick, da wir beiden, jung an Jahren uns gegenübertraten, oben auf dem Zimmer. Die Sonne so herrlich, so heimlich für mich. Der Stuhl, der Tisch, alles von Deiner Hand berührt, Deine Mutter, wie sie zur Tür hereintrat (ich denke dabei an eine schreitende Frau von Ghirlandajo) so schön, so frauenhaft, die Frau wie sie nicht besser sein kann. Und dann, wie sind wir hingeschritten über den sonnenbeschienenen Boden am Abend, der Sonne nach, traurig zurückkehrend, war sie gesunken. Wie haben wir uns gefreut, uns zu sehen, wir beiden guten Freunde. Wie haben wir gekämpft in heißen Stunden an schattigen Plätzen, wo wir allein waren. Wie haben wir uns geküßt immer wieder und wieviel lieber sind wir uns täglich geworden. Wir sind zusammengewachsen zu Einem. Wir waren nicht fähig, es zu hindern. Wir haben darüber geweint, aber es war stärker als wir. Wir mußten zusammen. Wären wir nicht gesund gewesen und stark, so hätte man vielleicht auch einmal gelesen: zwei junge Menschen suchten und fanden den Tod in den Wellen. Nein, mein Kind, es war recht und gut. Und ich danke Dir von ganzem Herzen, daß Du Dich tapfer hältst und noch lachen kannst. Die Zeit wird vorübergehen. Das Pfäfflein wird seine Worte herunterbeten und man wird uns auf einem Stempelbogen versichern, daß nun die Allgemeinheit und die Verhältnisse daran ihr Wohlgefallen finden, uns verheiratet zu sehen. Was gesund ist und richtig, das erklärt man in Acht und Bann. Weißt Du, Lisbeth, vorigen Winter habe ich mit Willi Schmidt lange darüber gesprochen. Er kennt Dich gut und ist mein bester Freund und Berater gewesen in meiner Jugend. Er hat mir damals gesagt, es sei meine heilige Pflicht, mit Dir zu verkehren, wie es einem Manne mit der Frau geziemt. Wärest Du arm gewesen, mein Kind, ich weiß nicht, was aus uns geworden wäre. Wir hätten uns durchgeschlagen, aber ich glaube nicht, daß es anders geworden wäre. Aber ich wäre an der Liebe zugrundegegangen. So bist Du reich genug, daß wir zusammen leben können und warten, was die Kunst uns Gutes bringt. Du weißt gar nicht, was das für mich bedeutet. So habe ich aber auch einen seltsamen Gedanken in mir großgezogen. Ich bin leichtsinnig gewesen in Vielem. Ich bin freier geworden, wie man als Mensch sein darf. Ich habe ganze Gedankenketten übersprungen. All das, was mir jetzt gesagt wird, habe ich in Wahrheit nie gelernt, nie gewußt. Ich bin zu wild, zu frei gewesen. Wäre meiner Schwester das passiert, was Dir passierte, glaubst Du, ich hätte mich beleidigt gefühlt, oder hätte daran gedacht, ihr böse zu sein? Ich hätte sie noch mehr geliebt und mich wohlmöglich über sie gefreut. Auch wäre ich mir deshalb nicht gemein vorgekommen. Ich komme in Euer Haus und liebe Dich so heiß, hinter Vorhängen und Türen. Und Deine Mutter kommt herein. Ich denke, sie muß es wissen. Sie kann nicht denken, daß wir fünf Jahre uns ansehen können. Ich habe das Gastrecht mißbraucht? Ich habe ihr Vertrauen gebrochen.

Meine gute, liebe Lisbeth, ich bin in den Augen Deiner Mutter ein gemeiner Mensch, ein Lügner, ein Schuft. Ich verstehe nun etwas, was ich nie gewußt habe. Es muß so sein. Deine Mutter kann mich nicht mehr achten und ich achte sie so hoch. Es gibt entweder etwas, was mir fehlt, ein Edelmut, ein Ideal, was ich nicht kenne und ich bin ein gewöhnlicher Mensch, einer, der kein Ehrgefühl hat oder ich habe allein das richtige Ehrgefühl. Ich entschuldige mich auf keinen Fall. Ich weiß es nicht, mein Kind. Ich stehe da. Du stehst da. Wir wissen es beide nicht. Und ich warte auf den Augenblick, da ich mit Deiner Mutter zusammenkomme, ganz gefaßt wie ein Mörder, der gehenkt wird und nicht weiß, warum er gemordet hat. Ich werde mich nicht rechtfertigen, wenn sie mich nicht fragt. Ich halte das nicht für richtig darüber zu streiten. Ich könnte mich rechtfertigen, aber nur auf meine Weise. Und ob sie die verstehen wird. Ich weiß es nicht. Ich möchte ihr so vieles sagen, so manches, aber es klänge alles wie das Reden eines Händlers, beschönigend und ausgedacht. Und sie haßt mich, weil ich sie so schwer beleidigt habe, sie wird mir das nie verzeihen und ich werde mich ihr niemals aufdrängen. Ich habe noch nichts geleistet und noch nicht das Recht auf Dich erlangt nach den Begriffen des Handels. Ich kann nicht sagen, ich kann eine Frau und ein Kind ernähren. Das wird man mir vorhalten. Nicht laut. Aber im Herzen wird man so denken. Und ich kann keinem widersprechen. Ich muß alles hinnehmen. Ich kann nicht sagen, ich bin ein reicher Mann, ich kann mir das leisten und ich trage die Verantwortung, sondern man sagt mir, man wartet erst ab, was ich leiste, und auf meinen großen Mund hin hätte ich nicht das Recht, eher Kinder zu bekommen, wie es mir zugestanden und erlaubt wird. Ich kenne nicht das Arbeiten um Geld. Ich bin einer, der weiß, was er arbeitet, der es aber keinem sagen darf, niemals, sonst spricht er groß. Und Künstler meinen immer, sie haben Anrecht auf das Geld anderer fremder Leute, das hat Deine Mutter einmal gesagt. Ich hatte angefangen, in diesem Punkte gleichgültig zu werden. Es ist mir entsetzlich, jetzt daran zu denken, daß Deine Mutter mich haßt. Stelle Dir meine Lage vor. Du bist mein Liebstes auf der Welt, vor Dir kenne ich keine Schranken. Du verstehst mich, weil Du mich liebst. Aber gehaßt werden und ein Gnadenbrot erhalten, Lisbeth, das ist entsetzlich. Ich wollte, das wäre nie geschehen. Ich bin gebunden, gefangen in all meiner Freiheit. Das sind zwei Dinge, die Natur mit ihrer Schönheit und der Mensch mit seiner Schuld. Ich komme mir erbärmlich vor und ohne all das wäre unsere Liebe doch das Schönste. Ich hätte all das vorher wissen müssen, darin liegt das Traurige. Ich kann Dir keinen Gruß an Mutter auftragen. Es ist schrecklich. Ich könnte darüber weinen.

Aber das Wetter ist gut, der Wald rauscht und dicke Herbstwolken fliegen in rasender Eile über die Hügel. Noch zwei Tage und dann noch vierzehn Tage. Ein schreckliches Wiedersehen zwischen zwei Menschen, die sich fremd geworden sind und die sich so geliebt haben. Denn Deine Mutter hat auch mich geliebt.

Grüße Deine Großmutter. Ach, die wird mich auch noch verachten. Und Walter? Na, Lisbeth, Lebe wohl . . .

Hochzeit – Paris

Mutter begleitete damals meinen Bruder auf einer Reise nach dem Bodensee, und ich blieb allein mit der guten Großmutter, die von dem Konflikt nichts ahnte. Es waren schöne Wochen mit ihr, friedlich und liebevoll, sie tat mir, wo sie konnte, Gutes an und pflegte mich so recht nach Großmütterart. Es waren köstliche warme Herbsttage von milder Heiterkeit und leuchtender Farbenpracht. Wir waren viel miteinander im Garten, machten bunte Sträuße und ernteten unsere Obstbäume ab. Ich fühlte mich selbst wie ein Stück Natur voll Erfüllung und Erwartung. Eines Tages telefonierte August an, sie seien in Andernach im Quartier auf einige Tage, ob ich nicht hinkommen könne. Als ich der Großmutter erklärte – sie verzeihe mir die Unwahrheit! –, Emma führe mit, ließ sie mich ruhig ziehen, und ich fuhr in einen strahlenden Tag hinein am Rhein entlang. Wie froh waren wir beide: Es gab kein Wanken, wir waren nun erst recht eins, das kleine Wesen gehörte uns, und alle unsere liebsten Gedanken galten ihm. Wir gingen durch den herrlichen Wald nach Maria-Laach zu, und mir tat die feierliche Ruhe und Stille der Natur so wohl; alles Bedenken und Gerede der Menschen versank. August war bei einem Juwelier im Quartier, und ehe wir uns zu den guten Leuten an den Kaffeetisch setzten, stellte August mich ihnen als seine Braut vor, und wir gingen mit dem Meister in den Laden, um uns unsere Ringe auszusuchen, die wir uns gleich gravieren ließen mit »August–Lisbeth 1910«. Als ich abends heimkam, freute sich die Großmutter so herzlich mit mir, als ich ihr voll Stolz den Ring zeigte, der nun das äußere Zeichen dafür war, daß wir unzertrennlich waren. Es bangte mir etwas vor Mutters Heimkehr, aber sie hatte sich auf der Reise erholt und beruhigt, so daß wir über alles sprechen konnten und die Hochzeit auf Anfang Oktober festgesetzt wurde. Wir hatten immer vorgehabt, nach dem Einjährigenjahr von August zu heiraten, aber wir wußten ja nicht, ob es ohne Schwierigkeit gehen würde. Nun drängte sich alles sehr auf die wenigen Wochen, und wir gingen oft in die Stadt, um Aussteuer, Wäsche, Bettzeug, Porzellan usw. zu bestellen, obwohl ich von allem so wenig wie möglich haben wollte, da wir ja noch keinen festen Wohnsitz hatten und nicht wußten, wohin uns das Schicksal verschlagen würde. Ende September kehrte August zurück, er war innerlich sehr traurig über die Auseinandersetzungen mit Mutter und sah der Begegnung mit Besorgnis entgegen. Ich war nicht zugegen, als sich die beiden wiedersahen, aber wie froh waren wir, daß es zu einer Aussöhnung kam. Meine Mutter verlangte nun aber, daß wir uns kirchlich trauen lassen müßten, was wir sonst unserer freien Einstellung nach nicht getan hätten. Wir zogen also eines Mittags zu unserem Pfarrer, der uns beide konfirmiert hatte, den wir aber gar nicht leiden mochten, um unsere Heirat anzumelden. Als er sagte, daß er zu seinem größten Bedauern in den kommenden Wochen an einer Synode teilnehmen müsse, wollte August gerade erleichtert sagen: »Na, dann können wir es ja lassen!«. Ich trat ihm unter dem Tisch auf den Fuß, so daß er diese Bemerkung noch rechtzeitig verschluckte. Nun suchten wir uns einen Pfarrer, der uns gefiel und etwas freier war als seine orthodoxen Kollegen. Er war ein zarter, kränklicher Mann, dessen Predigten mir am ehesten von allen zusagten, er war sehr verständnisvoll für alles, auch als wir sagten, daß wir nicht niederknien wollten und daß ich keinen Brautkranz und Schleier tragen wollte. »Machen Sie das ganz so, wie es Ihnen lieb ist, das sind ja alles Nebensachen!«, und so verabredeten wir mit ihm die Trauung im Hause für den 5. Oktober 1909. Die Zeit bis dahin verging im Fluge, es gab viel zu tun, zu besorgen, zu überlegen. Wir wollten eine kleine Hochzeitsfeier im engsten Familienkreise haben und luden deshalb nur die nächsten Verwandten ein: Augusts Mutter, seine beiden Schwestern mit ihren Männern, außerdem meinen Vetter Franz Schneiders und seine Frau. Emma konnte leider nicht kommen. Sie schickte mir am Hochzeitsmorgen eine große Keramikvase mit herrlichen weißen Rosen. Am Vormittag war die Trauung auf dem Standesamt. Mein Bruder Walter und mein Vetter Franz waren Trauzeugen. Der Vater von Elly Ney vollzog die Trauung als Standesbeamter der Stadt Bonn. Er machte einen Schreibfehler in unserem Stammbuch, über den alle Anwesenden lachten. Er schrieb statt 5. Oktober »den 5. Macke« und machte seine Anspielungen darauf. Als wir nach Hause kamen, waren viele Blumen und Geschenke, Briefe und Telegramme da. Vor allem ein herrliches Blumenarrangement von den Angestellten und Arbeitern der Fabrik. Alles war festlich geschmückt, der Hausflur mit Girlanden, Lorbeerbäumen und blühenden Töpfen geziert. Unser Gärtner Esser hatte es sich nicht nehmen lassen, alles auf das festlichste zu gestalten: Er hatte den Wunsch, daß das Brautpaar eine Eiche pflanzen sollte zur Erinnerung. Dieser feierlich Akt fand dann auch am Nachmittag im Garten statt in Anwesenheit aller Gäste. Er hatte eine Grube ausgehoben, alles mit Grün ausgeschlagen und jeder mußte eine Schaufel Erde auf das Bäumchen tun, an dem er ein Schild mit der Aufschrift: »August-Elisabeth-Eiche« befestigte und in wohlgesetzter Rede das Brautpaar hochleben ließ. Die Eiche steht noch in unserem Garten in Bonn und ist ein riesengroßer Baum geworden. Herr Pastor Strauß machte seine Sache auch recht zur Zufriedenheit und hatte als Trautext die schönen Worte gewählt: »Freuet Euch, und abermals sage ich, freuet Euch!«, die uns recht aus dem Herzen gesprochen waren. Die Trauung fand in Mutters kleinem roten Zimmer statt, danach das Festessen im Eßzimmer, geliefert von der berühmten Firma Schwarz, die ein fabelhaftes Menü zusammengestellt hatte. August, der einen von seinem Schwager Josef Cordier geliehenen und etwas eng sitzenden Frack anhatte, bedauerte aufs tiefste, daß er nicht mehr von all den Herrlichkeiten essen konnte und sprang ein paarmal auf, um wieder etwas Platz zu bekommen. Den Kaffee nahmen wir im Musikzimmer, wo ich mir selbst zum Abschied ein Andante aus einer Sonate von Beethoven spielte. Um sechs Uhr verschwand ich in Großmutters Zimmer, wo ich mich für die Reise umzog. Mit einem Zweispänner fuhren wir durch die dämmerigen Straßen zur Bahn nach einem halb wehmütigen, halb freudigen Abschied von den Angehörigen. Aber es war doch ein herrlich befreiendes Gefühl, als wir im Zug nach Frankfurt saßen. Unterwegs bekamen wir schon wieder Hunger, und ich weiß, daß August große Schinkenbrote besorgte, die uns köstlich schmeckten. Gegen elf Uhr kamen wir an, stiegen im Hotel Monopol-Metropol ab und begannen unseren Weg in das Leben voller Hoffnung und Glückseligkeit.

Wir konnten wirklich sorglos sein, da unser Leben auch äußerlich gesichert war. Aus meinem Anteil an dem väterlichen Vermögen hatten wir ein Fixum von 400 M. monatlich. Diese Summe bekamen wir von meiner Mutter regelmäßig geschickt. Sie hielt es auf Anraten eines befreundeten Notars für besser, uns diese Zinsen auszuhändigen als das ganze Geld aus meinem Anteil, da sie glaubte, ein so junges Künstlerpärchen wie wir beide könnte nicht damit umgehen. Als Hochzeitsgeschenk gab sie uns 1000 M. in bar, und wir waren wirklich glückliche Menschenkinder. Im Grunde wurde uns das nicht einmal so bewußt, denn im Falle, daß ich im Zerwürfnis mit Mutter aus dem Hause gegangen wäre, hätten wir uns mit einer Dachkammer begnügt und uns sicher recht und schlecht durchgeschlagen. Aber so war ja alles so schön und günstig wie möglich, und als August nach anderthalb bis zweijähriger Ehe durch Verkäufe schon zu verdienen begann, zeigte sich, wie besonnen er in praktischen Dingen war und wie gut er mit Geld umzugehen wußte, ohne daß es seiner Hilfsbereitschaft und Großzügigkeit geschadet hätte. Er hatte in diesen Dingen eine absolut solide Grundlage und war durchaus kein »Bohémien«. Dazu sein praktischer Sinn und seine natürliche Veranlagung zum Haushalten, was beides uns sehr zustatten kam. Wir erkannten auch wohl, wie günstig, angenehm und gerade für künstlerische Arbeit fördernd es ist, wenn man eine gesicherte Existenz hat, die ein sorgenfreies Schaffen ermöglicht. Außerdem lag uns beiden daran, ein gastliches Haus und eine hilfreiche Hand zu haben. Nicht ohne Grund konnte August sich erst seit unserer Heirat voll entfalten und kam erst jetzt zu intensivem, konzentriertem Schaffen. Das arbeitsame Leben, ganz der Kunst gewidmet, was nun begann, wechselnd mit Feierstunden in der Natur, in der stillen Häuslichkeit, war wohl ganz so, wie er es sich erträumt hatte und wie er es brauchte, um sich entfalten zu können.

In Frankfurt blieben wir wenige Tage, sahen die Stadt an, Goethehaus, Staedel mit seinen vielen Kunstschätzen, und fuhren hinaus auf das Gelände der großen Flugausstellung. Dort herrschte ein tolles Leben, und ungeheure Menschenmassen strömten hin und her, ein buntes Bild in strahlender Herbstsonne. August war sehr interessiert für den Flugsport und verfolgte mit Begeisterung die Flüge und Kunststücke, die der französische Flieger Blériot vorführte. Ich sehe heute noch, wie Blériot dicht über den Köpfen der jubelnden Menschen aufstieg mit ohrenbetäubendem Motorengeknatter, das blaue Bändchen an seiner Matrosenmütze im Winde flatternd. Darüber zog der Parseval ruhig und majestätisch seine Kreise. August war so kindlich froh über dieses Erlebnis, daß er in der großen Halle an einem Verkaufsstand ein kleines Modell eines Flugzeugs kaufte. Am liebsten hätte er sich gleich daranbegeben, es zusammengesetzt, aber da wir es nicht mit auf die Reise nehmen konnten, schickte er es an meinen Bruder mit der Bitte, es ihm für spätere Besuche zu verwahren. Anderen Tags besuchten wir eine gute Freundin und langjährige Klassenkameradin von mir, Anna N., die seit einem Jahr in Frankfurt verheiratet war und gerade ein vier Wochen altes Söhnchen in den Armen hielt. Unterwegs kam uns der Gedanke, daß wir in die Schweiz fahren könnten nach Bern. Dort wohnte die Frau Oberst Moilliet, bei der ich als junges Mädchen ein halbes Jahr in Pension gewesen war, mit ihrer Familie. Ich hatte August so viel erzählt von allen und wollte besonders gerne, daß er den zweiten Sohn, den Maler Louis, der damals vierundzwanzig Jahre alt war, kennenlernte. Wir nahmen also ein Billett nach Bern, fuhren zuerst nach Basel über Colmar, wo wir uns einige Stunden aufhielten, um in dem alten Kloster den Grünewald-Altar zu sehen. Es war eine rechte Wallfahrt voller Inbrunst, und Augusts stiller Wunsch wurde endlich erfüllt. Die Wege durch die alten, winkeligen Gäßchen mit den Giebelhäusern sind mir unvergeßlich. Soviel ich mich erinnere, blieben wir nur eine Nacht in Basel, sahen am anderen Morgen die Holbeins an im Museum, gingen ins Münster, standen an der Rheinbrücke und fuhren weiter nach Bern, wo wir im Hotel Pfistern am »Zitglocke« abstiegen. Wir schlenderten durch die schöne, mir altbekannte Stadt über die Kirchenfeldbrücke heraus zur Wyler Straße am Breitenrain, wo Frau Moilliet wohnte. Wir wurden so herzlich aufgenommen, August und Louis verstanden sich gleich so gut, daß wir der dringenden Aufforderung, doch bei ihnen zu wohnen, nicht widerstehen konnten und anderen Tages unsere Koffer holten.

Für mich war es ein eigenartiges Erlebnis, das Haus, in dem ich als junges Mädchen meine Lehrzeit verbracht hatte, nun nach fünf Jahren als junge Frau wiederzusehen. Alles war so heimelig, der Geruch in den Zimmern, die alten Stühle und die Zeichnungen an den Wänden, die geschwungene Wendeltreppe, die zu unserem damaligen Schlafzimmer hinaufführte, das Eßzimmer, an dessen großem Tisch sich die zahlreichen Mitglieder dieses Kreises zu den Mahlzeiten versammelten, der Garten, der Blick aus dem Fenster auf die Bergkette, die im fernen Nebel dalag. Wir gingen mit Louis in die Stadt, besuchten ein Konzert im Kasino, wo wir seine Braut Hélène Gobat kennenlernten und den Freund des Hauses, den Musikdirektor Fritz Brun. Hans Moser, einst mein gestrenger Klavierlehrer, der Pflegesohn von Frau Oberst, war auch noch da. Eines Vormittags saßen wir in einem Café am Bubenberg-Platz in angeregtester Unterhaltung, als Louis plötzlich anfing, »Kinder, wie wärs, wenn wir nach Paris führen?« »Fräulein, bringen Sie einen *oraire*. Um zwei Uhr mittags fährt ein Zug, fahren wir nach Paris!!« Zu Hause angekommen, teilte er diese Neuigkeit seiner Mutter als feststehende Tatsache mit. »Aber geh – Lu – gi! Jetzt habe ich mich gerade

gefreut, daß die Lisbeth hier ist und ich Herrn Macke kennen-
lerne, und jetzt red'st du vom Reisen!« Und doch, anderntags
mit dem Mittags-D-Zug fuhren wir drei miteinander nach Paris. Der Zug war sehr besetzt, wir hatten einen schlechten, alten
Wagen, in dem wir über der Achse saßen. Louis stellte sich
furchtbar an auf jeder Station, damit niemand zu uns hereinstei-
gen mochte. Er legte sich lang auf die Bank, bis an den Hals mit
seinem Mantel zugedeckt, hustete und schnaufte fürchterlich, so
daß alle Reisenden unser Coupé ängstlich mieden und vorzogen,
draußen im Gang zu stehen. Als wir eine Zeitlang gefahren waren, sagte er plötzlich lächelnd in seinem breiten schweizerischen Dialekt: »Ich weiß nicht, Sie kommen mir gar nicht so
frisch verhei – – ratet vor!« »Sind wir auch nicht«, erwiderte
verschmitzt schmunzelnd August, und wir vertrauten ihm unser Geheimnis an. Es war eine lange Fahrt, und wir kamen gegen
halb zwölf in Paris an. August wollte absolut in das Hotel de
Bade, in dem er seinerzeit gewohnt hatte, wir nahmen ein Auto,
und der Chauffeur ratterte über das holperige Pflaster, bis er
endlich an einem splendiden, festlich erleuchteten großen Hotel
hielt, was wohl den gleichen Namen führte, nur ein »Grand«
davor. Wir winkten ab; denn zu solchem Luxus konnten wir
Malersleute uns doch nicht entschließen, und nun ging die holperige Fahrt durch die halbe Stadt von neuem los, bis wir nach
fast dreiviertel Stunden Wegs vor dem bescheidenen, schon fast
schlafenden Gasthaus hielten. Ich war sehr angestrengt von der
Reise, noch mehr von der Autofahrt und hatte heftige Kreuz-
schmerzen, fror und zitterte, und meine Nerven flogen. Glücklich war ich endlich, mich ausstrecken zu können, fand aber erst
nach zwei Stunden Schlaf, aus dem ich plötzlich erschreckt auf-
wachte, denn ich hatte das Gefühl, ich flösse fort. Ich weckte
August, der aufstand und Licht machte, das ganze Bett
schwamm von Blut! August das sehen und ohnmächtig aufs
Bett sinken, war eins. Ich stürzte an den Koffer, holte mir Tü-
cher und Binden und hielt ihm ein Taschentuch mit Eau de Cologne unter die Nase, rieb ihm Stirn und Schläfen damit ein. Er

kam langsam wieder zu sich. Wir waren furchtbar erschrocken und hatten maßlose Angst. Ich legte mich ganz ruhig hin, er saß an meinem Bett, und wir beratschlagten, was zu tun sei. Es war am frühen Morgen. Jetzt jemand wecken, nach einem Arzt fragen, in der großen, unbekannten Stadt, wo man irgendwem ja schließlich in die Hände fallen konnte, besonders in dieser nicht gerade guten Gegend der Stadt! Wir waren sehr traurig bei dem Gedanken, unsere schöne Hoffnung könne zu Ende sein durch eine Fehlgeburt, aber wir sprachen uns gegenseitig Mut zu und warteten geduldig, bis der Morgen graute. Mir ging es soweit ganz gut, die Schmerzen hatten nachgelassen, ich war nur recht schwach und elend und fror. Gegen sechs Uhr weckte August Louis, dieser zog sich dann sofort an, kam zu mir herein und machte sich auf den Weg, einen Arzt zu suchen. Da er aber in der Gegend nicht gleich einen fand und außerdem befürchtete, keinen guten aufzutreiben, kam er plötzlich auf die Idee, sich gleich an die beste Adresse zu wenden. Er ging auf ein Postamt, das gerade geöffnet worden war, suchte im Telefonbuch nach Frauenkliniken und fand die Nummer der »Maternité«, der größten in Paris, fuhr dorthin, verlangte als kleiner unbekannter Ausländer, den Chefarzt zu sprechen, wurde sogar mit ihm verbunden und erklärte ihm in seinem schweizerischen Französisch, daß er sofort einen Arzt schicken oder selbst kommen müsse, es sei unbedingt nötig und sehr eilig. Es wurde ihm dann auch Hilfe zugesagt, und er kam nach fast anderthalbstündiger Abwesenheit mit der tröstlichen Nachricht zu uns zurück. Inzwischen war es Morgen geworden, ich hatte mich gewaschen und frisiert, August hatte ein wenig aufgeräumt im Zimmer und das Frühstück bestellt. Jetzt erst bei Tageslicht sahen wir, wie primitiv, alt und für unsere Begriffe unsauber das Zimmer war. Es war ein ganz seltsames Gefühl, in diesem Zustand in einem armseligen Pariser Hotel als irgendeine kleine, unbekannte Ausländerin zu liegen. Ich dachte immer, wie mag der Arzt wohl sein, und malte mir alle möglichen Typen aus. Plötzlich kam Louis, der unten im Entrée gewartet hatte, herein und gab eine

Visitenkarte ab: »Dr. Lequeux, ancien interne des hospitaux de Paris, chef de clinique de la faculté, 11 quai Voltaire« und begleitete den Arzt an unsere Zimmertür. Ein hocheleganter vornehmer Typ, tadellos gekleidet und fabelhaft gepflegt, mit einem langen, blonden Shaw-Bart und langen, zarten Händen! Das überstieg meine Erwartungen. August erklärte ihm, weswegen wir ihn gerufen hatten und entschuldigte sich, so gut es ging in seinem mangelhaften Französisch, daß wir ihn selbst bemüht hätten. Aber er war sehr höflich und meinte beschwichtigend: »Mais non Monsieur, naturellement, c'est mon devoir d'aider une femme«. Dann ging August hinaus, und Dr. Lequeux begann, mich nach allem zu fragen. Ich suchte alle meine Wörter zusammen, dabei gebrauchte er doch allerlei Fachausdrücke, aber wir konnten uns ganz gut verständigen. Er beruhigte mich sehr, indem er sagte, daß es nicht unbedingt eine Fehlgeburt sein müsse; diese Blutungen seien zwar gerade in diesen Monaten sehr gefährlich und ich müsse acht Tage lang unbedingte Ruhe haben und dürfe mich auch im Bett so wenig wie möglich bewegen, er mache mir den Vorschlag, mich gleich in seinem Auto in seine Privatklinik zu bringen, wo ich alle erdenkliche Pflege hätte, die ich brauchte. »Je veux parler avec votre mari, je pense qu'il est d'accord«, und er rief August, der draußen mit Louis gewartet hatte, herein, um ihm den gleichen Vorschlag zu machen. »Madame peut faire toilette et j'attendrai en bas«. August war glücklich, daß ich nicht in direkter Gefahr und das Leben des kleinen Wesens nicht gefährdet war. Er half mir ganz vorsichtig aus dem Bett und beim Anziehen, packte das Nötigste in ein Köfferchen und führte mich die Treppe hinunter. Draußen wartete Monsieur le Chef mit seinem Auto, Louis durfte noch vorne mit einsteigen, und in vorsichtiger Fahrt ging es in eine schöne, stille Seitenstraße zu der Maison de Chirurgie de l'Oberservatoire 3 rue Mechain. Wir waren alle drei sprachlos über die natürliche, selbstverständliche Art, mit der der Arzt, der doch ein hohes Tier in seinem Fach war, uns arme, unbekannte Ausländer behandelt hatte. Ich glaube kaum, daß im gleichen Falle sich ein

Chef bei uns selbst bemüht hätte, er hätte einen seiner jungen Assistenzärzte geschickt. Jedenfalls waren wir begeistert.

Die Klinik war ein sehr elegantes Haus, eine distinguierte Empfangsdame machte die Honneurs und ließ sich vom Arzt Anweisungen geben, der sich dann verabschiedete. Ich wurde in ein Zimmer gebracht, das sehr hell, hoch und sauber war, weiß ausgeplattet mit runden Kanten. Ein großer Kleiderschrank, ein Kamin mit Spiegel, in der Mitte das Bett, ein kleiner Waschtisch, am Fenster zwei Klubsessel und ein niedriges Tischchen, das war das Mobiliar. Ich hängte meine wenigen Habseligkeiten in den Schrank und legte mich ins Bett, das sehr bequem und sauber war. Die Männer kamen herein und freuten sich, daß ich so gut aufgehoben war und sie mich beruhigt hierlassen konnten. Nun fing für mich ein regelmäßiges, stilles Leben an in dem ruhigen, weißen Zimmer. Es tat mir wohl nach der Aufregung, und ich dachte über alles nach, hatte nur den einen innigen Wunsch und Gedanken, daß mir das Kind erhalten bliebe, und gab mir Mühe, so mäuschenstill wie nur möglich zu liegen. Nach und nach kamen alle Pflegerinnen der Station, um sich die Neuangekommene zu besehen. Es waren meist junge Mädchen, lustig, vergnügt, mit Löckchen und Stöckelschuhen, sie sahen gar nicht nach Krankenhaus aus. Sie fragten, was mir fehle, rieten, was für eine Landsmännin ich sei, Spanierin, Engländerin. Nur für eine Deutsche hielten sie mich nicht. Es war für sie selbstverständlich, daß ich auf der Hochzeitsreise sei, aber ich tat sehr gewichtig und sagte, daß ich schon drei Jahre verheiratet sei. »Mais vous-êtes très jeune et Monsieur aussi!!« Nach und nach kamen sie täglich zu mir herein, brachten mir große Blumensträuße, die sie auf die *cheminée* stellten, und beklagten sich, wie langweilig es auf der Station sei, lauter alte Frauen und alte Jungfern, niemand Junges. Eine ältere Pflegerin kam meist abends, sie gefiel mir besonders gut; sie war eine einfache Frau, aus ganz armen Verhältnissen, wohnte in der Nähe der Bastille und erzählte mir viel von ihrem Leben und ihrer Familie. Morgens kam die Empfangsdame im eleganten Dreß mit frisiertem

Kopf, streckte einem ihre duftenden beringten Finger entgegen »Bonjour Madame, comment ça va?« und erkundigte sich nach etwaigen Wünschen. Jeden Vormittag kam eine junge Ärztin in rohseidenem Kittel, parfümiert, Löckchenfrisur, und sah nach mir; ein über den anderen Tag begleitete sie der Chef. Alles war so leicht, charmant, anmutig, man hatte nie das Gefühl von Krankenhaus. Die Verpflegung war ausgezeichnet, und es schmeckte mir immer gut: August kam täglich, meistens aß er abends mit mir, was sehr gemütlich war, weil er mir dann alles erzählte, was sie tagsüber gesehen hatten. Er hatte durch Louis den Maler Carl Hofer kennengelernt, und eines Tages besuchte mich Frau Hofer, eine hübsche, auffallende Blondine. Sie war Wienerin, früher Sängerin gewesen. Eines Nachmittags kam auch er mit, und sie alle tranken an dem kleinen Tisch ihren Tee.

Es war alles schön und gut, aber eine teure Angelegenheit, und bald ging unser Geld zur Neige. Wir beratschlagten hin und her. Was sollten wir machen? Wir kamen doch zu dem Entschluß, nach Hause zu schreiben und um etwas Geld zu bitten. Was mögen sie daheim gedacht haben, wo wir mit dem vielen Geld geblieben sind? Sie waren auch etwas erstaunt, als sie unseren Brief bekamen, aber sofort dabei, uns zu helfen. »Ich könnte ihnen doch eigentlich das Geld bringen«, sagte mein Bruder, »dann lerne ich bei der Gelegenheit auch Paris kennen«; kurz entschlossen fuhr er nach Köln, wo er den Nachtschnellzug erreichte. Am anderen Morgen suchte er das Hôtel de Bade und fragte dort nach Herrn und Frau Macke. August und Louis waren noch beim Anziehen, beeilten sich aber, herunterzukommen. Wie groß war das Erstaunen! »Wo ist denn die Lisabeth?« Verlegenes Stammeln. »Ach, die ist noch nicht auf, die kommt gleich.« »Ja, kann ich ihr denn nicht guten Tag sagen?« »Ja — sie ist nicht hier«, und dann allmählich kam August mit der Sprache heraus. Als August mich morgens besuchte, sagte er: »Ich soll dich auch grüßen, rat mal, von wem?« Ich schüttelte den Kopf, wußte, ahnte nichts. »Vom Walter — —« »Na und?« »Der ist näm-lich hier, er steht draußen«. Mich lähmte der Schreck, aber da

Der Maler Louis Moilliet, Paris, Oktober 1909

kam er auch schon herein, lächelte und legte einen großen Strauß Veilchen auf mein Bett. »Was machst du denn für Sachen?«, und nun ging's ans Erzählen, und ich mußte ihm sagen, wie schwer die letzte Zeit zu Hause für mich gewesen war. »Aber warum hast du mir denn nichts gesagt, ich hätte dir doch gerne geholfen, und es wäre sicher nicht so schwer gewesen mit Mutter.« Das freute mich unendlich, und ich war so dankbar und glücklich, ich habe ihm das nie vergessen. Als er nach einigen Tagen abreiste, brachten Louis und August ihn zur Bahn; da noch viel Zeit bis zur Abfahrt des Zuges war, setzten sich die beiden mit ins Abteil. Louis machte die tollsten Späße in seiner bekannten drastischen Weise, bis der Schaffner, ungehalten über ihr langes Verweilen im Coupé, sie aufforderte, den Reisenden Platz zu machen und draußen zu warten. Sie taten das auch gehorsamst, aber Louis sagte draußen zum Fenster hinein zu meinem Bruder: »Aber in dieser Gesellschaft können Sie doch unmöööglich fahren, fahren Sie doch Erster.« Alle Blicke der wütenden Mitreisenden waren auf den unschuldigen Bruder gerichtet, der jetzt im letzten Augenblick genötigt war, ein anderes Coupé aufzusuchen und wirklich erster Klasse nachzulösen, da alles andere besetzt war.

Die drei unternahmen nun täglich allerlei, gingen in Museen, saßen in Cafés, fuhren in Taxis die leuchtenden Boulevards herunter bis hinaus ins Bois, und ich bekam allabendlich den Tagesbericht. Sie waren recht übermütig und amüsierten sich in manchmal recht kindlicher Art. So vertauschte Louis abends vor den Hoteltüren alle Schuhe, so daß morgens ein heilloses Gesuche, Gebelle und Geschimpfe entstand ob des Durcheinanders. Im Magazin du Louvre, in dem er wegen der reizenden Verkäuferinnen sehr gerne einkaufte, erstand er neben allerlei überflüssigen Dingen eine Hupe für Alex's, seines Bruders, Motorrad und außerdem eine Sirene. Abends, wenn die beiden in ihrem Zimmer waren und alles ruhig war, knipsten sie das Licht aus, öffneten das Fenster und ließen die Sirene ablaufen, deren erschreckendes Geheul an den hohen, engen Hauswänden widerhallte. Da wurden in den gegenüberliegenden Häusern die Zimmer nach und nach hell auf allen Etagen, Menschen stürzten ans Fenster mit erschreckten Mienen und dunkler Ahnung von etwas Furchtbarem, was passiert sein könnte. Aber allmählich beruhigt, zogen sie sich wieder in ihre warmen Betten zurück, um dann abermals aus der Ruhe geschreckt zu werden. Es erschien an einem Fenster ein Mann mit zwei Frauen, und es freute Louis besonders, diesen »Kääärl« mehrere Male aus den Federn zu locken, ehe er sich mit seinen beiden Dulzineen in Frieden fand. Bald waren die acht Tage Ruhezeit unter ärztlicher Kontrolle herum und ich durfte zum ersten Male aufstehen. Da merkte ich erst, wie schwach und elend ich auf den Beinen war. Ich mußte mich auch noch sehr schonen, und es war kein Gedanke daran, daß wir in das ungemütliche und primitive Hotel zurückkehrten. August hatte in der Zwischenzeit nach einer Pension gesucht und auch eine sehr ordentliche, ruhige gefunden in der rue de l'observatoire, ganz in der Nähe. Die Zimmer waren einfach, aber sauber, es gab sogar ein Badezimmer. Gegessen wurde an einer langen Tafel im Speisezimmer, an der sich mittags eine seltsame Gesellschaft zusammenfand, die August auf einem Skizzenblatt karikiert hat. Unser Zimmer ging nach hinten hinaus mit Blick auf einen großen Garten, in dem immer eine Menge Leute arbeiteten, pflanzten, jäteten, harkten und gossen. Es fiel uns auf, daß alles so lautlos und still zuging, bis wir eines Tages erfuhren, daß es der Nutzgarten einer Taubstummenanstalt war. Ich mußte morgens länger liegen, im Bett frühstücken und vormittags liegen bleiben. Es waren damals noch sonnige, warme Herbsttage, und ich ging jeden Tag ein wenig länger im Luxembourg-Garten spazieren in der Begleitung von Louis oder August. Eines Morgens, als wir noch nicht angekleidet waren, klopft es an unsere Tür. Ich denke, es ist das Frühstück und rufe »entrez«, aber herein kommt unser Freund Arthur Samuel aus Bonn: »Na Kinder, wie geht es euch denn?« Wir waren sprachlos, – noch einer in der Hochzeitsreisegesellschaft! Er hatte durch Walter unsere Adresse erfahren, als er ihn kurz nach seiner

Rückkehr bei meiner Mutter traf. Arthur war in verwandt-
schaftlicher Angelegenheit, nämlich als Schadchen (Heiratsver-
mittler bei den Juden) in Paris und wollte bei der Gelegenheit uns
aufsuchen. Er wußte mittlerweile auch von meinem Pech, freute
sich aber sehr mit uns, daß alle Gefahr vorbei war. Nun zogen
die drei zusammen los, einer wurde mir stets als Begleiter beige-
geben, und der Portier in der Pension und die Mädchen fragten
manchmal, welcher denn eigentlich mein Mann sei. Abends
mußte ich immer schon um neun oder halb zehn Uhr im Bett
liegen, und es wurde manchmal recht spät, bis August nach
Hause kam.
Nach und nach ging ich schon mit in die Museen, ich erinnere
mich an Cluny, den Louvre, an die herrlichen Gobelins, La
Dame à la licorne, kleine Miniaturelfenbeinmadonnen von bezaubernder Schönheit, dann im Musée Carnavalet, wo August
sich die großen Mappen mit den Zeichnungen und Aquarellen
von Constantin Guys geben ließ, nach denen damals kein Hahn
krähte und die ganz primitiv untergebracht waren. Sie wurden
wohl mehr als Zeitdokumente und Blätter eines Modezeichners
angesehen denn als Kunst, und doch sind sie von wunderbarem,
genialem Schwung. August hatte durch das gemütliche Leben in
der Pension auch mehr Lust bekommen zum Malen und kaufte
sich verschiedene präparierte Pappen. Das Resultat war das bekannte Pariser Selbstporträt mit Hut, das er in unserem Zimmerchen stehend vor dem Spiegel malte. Abends durfte ich auch
ab und zu mitgehen, und ich erinnere mich deutlich, daß, als wir
drei, Arthur, August und ich, eines Abends ein Cabaret in
Montmartre betraten, der Conférencier uns mit den Worten
»Madame, Monsieur et Bébé« begrüßte und aller Augen auf uns
gerichtet waren, und als wir noch vor Schluß gingen, er wieder
die Aufmerksamkeit auf uns lenkte: »Voilà le départ de Madame,
Monsieur et Bébé«. Ehe Arthur abreiste, machten wir einen gemütlichen Abend auf unserem Zimmer mit Rotwein, Keks, ma-
rons glacés, Blumen und Zigaretten. Arthur schenkte mir eine
Reproduktion von Renoir. Wir waren auch bei Hofers eingela-

den, die in der Rue Boulard 20 ein Atelierhäuschen bewohnten. Man ging durch ein kleines Pförtchen in einer großen, öden Mauer, und dann begann eine Welt für sich; unter hohen, schattigen Bäumen lagen die Atelierhäuser, vielmehr waren die Ateliers bei dem Bau die Hauptsache, die Nebenräume waren meist klein und um den Arbeitsraum herumgebaut, die Schlafräume oben mit Mansardenfenstern. Das Atelier von Hofer war sehr groß und geräumig. Er zeigte uns bereitwillig seine Bilder. Er war damals begeisterter Cézanne-Anhänger, und manche seiner Bilder hatten eine Ähnlichkeit in der Art der Komposition und der Farbtöne, aber alles war viel schwerer, erdgebundener. Ich erinnere mich noch dunkel einiger Porträts und einer Figur mit einer Weltkugel. Hofer und seine Frau waren beide sehr gastlich und behielten uns zum Tee da, den wir in dem Wohnraum hinter dem Atelier einnahmen. Dieser war gemütlich mit alten Biedermeiermöbeln, die man damals spottbillig bei jedem Antiquitätenhändler bekommen konnte, ausgestattet. Sie lebten abwechselnd ein halbes Jahr in Rom und ein halbes Jahr in Paris, hatten eine italienische Bonne bei ihrem kleinen Jungen, der auf diese Weise drei Sprachen spielend lernte. Es mußte Hofer wohl recht gut gehen damals, denn ich weiß, daß er von ungefähr 2000 frs. sprach, die er monatlich in Paris verbrauchte. Wir hatten nämlich überlegt, ob wir in Paris bleiben sollten, da wir beide ein wenig ängstlich geworden waren, so viel herumzureisen. Zu dem Zweck hatten wir uns mit Hofer besprochen und uns nach den Lebensverhältnissen erkundigt, auch eine Anzahl Wohnungen angesehen. Sie waren im Verhältnis zu dem, was wir in Deutschland für den gleichen Preis gewöhnt waren, unbeschreiblich schlecht und teuer, steile Treppen, hoch, dunkel, eng, schlecht im Stand, und vor allem nie eine ordentliche Küche. Irgendein dunkler Gang, in dem den ganzen Tag Licht brennen mußte, wo man kein Möbel unterbringen konnte, sollte die Küche vorstellen. Nur eine Wohnung gefiel uns, – allerdings im vierten Stock, eher hoch *sur les toits de Paris,* mit einem achteckigen Wohnzimmer –, die wir gerne genommen hätten. In keiner der Wohnungen fehlte im Speisezimmer der übliche Kamin mit dem eingebauten Spiegel darüber. Das hat etwas sehr Schönes, weil es das Zimmer viel größer macht. In Bonn haben wir es eine Zeitlang auch einmal gehabt in unserem Eßzimmer, das war mir immer eine kleine Erinnerung an Paris. Allmählich hatte ich mich an den Gedanken gewöhnt, in der Fremde unser Heim einzurichten, da kam eines Tages ein Brief von unserem Freunde Schmidtbonn, was wir eigentlich in Paris wollten, wir sollten doch zu ihnen kommen nach Tegernsee, wo der Herbst wunderbar mild sei, der Winter sonnig und klar, was alles doch für uns beide besser wäre als ein Leben in der Enge der Großstadt, selbst wenn sie Paris hieße. Da überlegte August nicht lange. Obgleich es ihn gereizt hätte, einmal einige Monate in Paris zu arbeiten, entschloß er sich dann schnell zur Rückkehr in die deutsche Heimat. Er schrieb an Schmidtbonn, der uns ohne unser Wissen und Wollen eine Wohnung in demselben Hause, in dem sie wohnten, gemietet hatte, damit wir nach Bayern kämen. Ehe wir abreisten, mußte ich mich noch einmal bei Herrn Dr. Lequeux vorstellen, und zwar suchten wir ihn auf in seinem Zimmer in der »Maternité«. Solch einen Eindruck hatte ich noch nie gehabt. Man ging durch endlose Gänge, und in jedem Zimmer schrie es, Frauen und Kinder, es war ein ohrenbetäubender Lärm von Neugeborenen, dazwischen Schreie von Frauen, an Operationssälen entlang, wo bei offener Tür halbnackte Frauen auf den weißen Tischen lagen, bis wir endlich zum Chef vordrangen, der mich dann gnädig als geheilt entließ, mir aber sehr große Vorsicht beim Weiterreisen anempfahl. Unsere Billetts waren irgendwie abgelaufen, und wir mußten sie verlängern lassen, da wir sonst zuviel hätten nachbezahlen müssen. Wie sich die Sache genau verhalten hat, weiß ich nicht mehr, jedenfalls hat sich Hofer dafür verwendet und uns rührend geholfen, indem er, als wir schon abgereist waren, die Angelegenheit für uns erledigte. Zu diesem Zweck hat er weiß Gott wie lange geübt, die Unterschrift von August nachzumachen, was ihm dann mit vollem Erfolg auch gelungen ist.

Wir verließen Paris, das fast unser erster Ruhepunkt auf der Wanderschaft geworden wäre, doch mit befreitem Gefühl, wieder in die Heimat zu kommen. Die erste Station war Nancy, wir kamen dort gerade in den festlichen Empfang von englischen Gästen, zu deren Ehren abends auf dem großen Platz Feuerwerk gemacht und große Reden vom Balkon des Rathauses aus gehalten wurden. Es war Konzert, und die Bürger promenierten feingemacht und gravitätisch einher. Ab und zu fing man Brocken der Unterhaltung auf, was uns recht amüsierte. Im Museum sahen wir einen frühen Manet »Le printemps«. Andern Tags ging's weiter nach Straßburg. Als wir dort durch die Sperre gingen, wollte ein Kriminalbeamter August verhaften. Wir waren ganz entsetzt ob des unerwarteten Vorfalls, und August kramte alle seine Papiere, Militärpaß usw. hervor, um sich zu legitimieren, bis dann die Mienen des gestrengen Beamten freundlichere Züge annahmen und er uns, sich entschuldigend, erklärte, daß August große Ähnlichkeit mit einem Mann habe, den sie wegen irgendeines Verbrechens suchten. Es war schon spät, als wir ankamen, und wir suchten erst in den alten Gassen nach dem berühmten Hotel »Rotes Haus«, sahen nur noch wenig von der Stadt, gingen im Dämmer um das Münster herum, woran ich merkwürdigerweise gar keine Erinnerung habe, wie auch an das Münster in Ulm, wo wir anderen Tags Station machten und ich mich für einige Stunden in einem Hotel hinlegte. Ich hatte nämlich in der Nacht in Straßburg wieder Schmerzen bekommen und war sehr ängstlich vor der langen Fahrt. Darum überschlugen wir in Ulm einen Zug. Mir war das sehr peinlich, nur für Stunden ein Zimmer zu nehmen, und August mußte brav unten im Restaurant bei einem Glase Bier sitzen und lesen, damit man nichts Unrechtes von uns dachte. Wir sahen nur schnell das Münster an und gingen an die Donau. Unser nächstes Ziel war München. Wir hatten uns, wie unsere ersten Pläne ja auch gewesen waren, für Bayern entschlossen, noch bestärkt durch zwei Briefe unseres Freundes Schmidtbonn, der uns den Tegernsee in den verlockendsten Farben schilderte: »Hier sind Sturmtage, an denen die weißen Wellen über das grüne Wasser jagen, Nebeltage, an denen der See endlos ist, und dann, was die Seen in der Ebene nicht haben, die um die Bergspitzen herumziehenden Wolken. Ich gehe ganz durch Gärten an den See und andrerseits, gleich vom Hause geht's die Wiesen hinan, rundherum die Wälder, die im Oktober ein sonst niegesehenes Rot annehmen. Nachen liegen am Ufer und ein köstliches Café ist in das Wasser hinausgebaut, wo es alle Zeitungen und Kuchen gibt.« Und dann in einem anderen Brief vom 15. September 1909: »Also kommt her! Wir freuen uns sehr darauf. Hier könnt Ihr Wohnung haben mit einem abgeschlossenen Flur, ganz für Euch, mit schönen Zimmern, soviel Balkonen als Ihr wollt, und wenn Ihr das braucht, vollständig eingerichtete Küche, für lächerlich wenig Geld. Auch Hasen, Rehe, Hirsche, Rebhühner könnt Ihr hier verschlingen, soviel hineingeht. Und der Winter ist hier doch herrlicher als in Paris. Ewige Sonne, so warm, daß man den ganzen Tag auf dem Balkon sitzen kann, Sonnenuntergänge im See, Nachenfahren an Wäldern, Wiesen und Dörfern vorbei, Bauernhäuser, wie sie wohl nirgends wieder auf der Welt so schön sind, Buben und Maderln dieser prachtvollen Bevölkerung in den farbigsten abenteuerlichsten Kleidern. Prachtvolle alte Männer, wie es in Paris keine gibt und liebste kleine Mädchen von einer unbäuerischen Feinheit. Auch, und das ist unglaublich schön und seltsam: sowie der Schnee kommt – bei dem es aber immer warm wie im April am Rhein, nur mit einer unendlich reinen Luft ist – speien die Züge von München die unwahrscheinlichsten Schneesportmenschen aus. Das müßt Ihr selber sehen. Also setzt Euch auf den Zug. Ihr kommt in ein Märchen herein!«

Wir kamen nach einer langen Fahrt glücklich in München an, wo wir im Hotel Herzog Heinrich abstiegen, um anderen Morgens, einem schönen Sonntag, in den ersten Novembertagen unsere Fahrt nach Tegernsee anzutreten, wo wir mittags eintrafen, freudig begrüßt von Schmidtbonns, Onkel Heinrich und Onkel Bernhard.

Tegernsee

Tegernsee – letzte sonnendurchflutete Herbsttage, Morgennebel über den klaren Bergen, mittags sommerlich warme Sonne, frühe Kühle, Abende und Nächte mit blitzendem Sternenhimmel. Der See, täglich neu. Wege durch weite Alleen, die Blätter aufleuchtend wie reines Gold.

Tegernsee – damals ein in dieser Jahreszeit stiller Winkel, verlassen vom lauten Schwall der Fremden, der größte Teil der stattlichen Hotels und Pensionen geschlossen, nur unten eine Bauernwirtsstube geöffnet für die einheimischen Gäste. Ein Bergidyll, selbst im Winter war es nur eine kleine Zahl von seltsam gekleideten jungen Leuten, meist Studenten mit ihren Mädels, die verfroren und eingemummt bis an die Nasenspitze dem Sonntagsfrühzug entstiegen, um hier in der frischen Bergluft ihrem geliebten Ski- und Rodelsport zu huldigen – es gab eine schön angelegte Rodelbahn, mit elektrischen Lampen umsäumt. Die Menschen verloren sich in der weiten Natur und störten niemanden. Der Winter damals war einer der schneereichsten und kältesten seit Jahren, der See war zu Beginn des neuen Jahres weit zugefroren, und es wurde eisgelaufen, Eishockey gespielt und bei günstigem Wind Segelschlitten gefahren, aber nur sonntags.

Tegernsee, Kerl, Mittags sitzen wir hier auf dem Balkon, trinken Kaffee, essen zu Mittag und schwitzen. Die Sonne brennt wie im Hochsommer, dabei ein halber Meter Schnee. Nachmittags rodeln. Arbeiten tue ich wie ein Pferd und kann nie aufhören. Es ist etwas herrliches in dieser Gebirgsluft.

(Brief von August an Lothar Erdmann vom 1. Dezember 1909)

Tegernsee – der Ruhepunkt auf unserer Reise, zum ersten Male eine eigene Häuslichkeit. Schmidtbonns hatten uns in der »Villa

Brand«, in der sie die oberste Etage bewohnten, eine untere gemietet, obgleich wir eigentlich von Anfang an etwas Bedenken hatten, in einem Haus mit Freunden zu wohnen. Es war ein städtisches, leicht gebautes Haus, in der Nähe des Bahnhofs gelegen, mit vielen Balkonen ringsum. Der Besitzer war beim Elektrizitätswerk beschäftigt, die Frau eine etwas vorwitzige, gesprächige, unansehnliche Person. Die einzelnen Etagen waren ganz auf Fremdenbetrieb eingerichtet mit vielen Schlafzimmern, einem Wohnraum und einer geräumigen Küche. Die Etage von Schmidtbonns war insofern gemütlich, als sie die kleinste war und nur so viele Zimmer enthielt, wie sie benutzten. Unsere Zimmer waren sehr kalt, weil das Haus ganz frei lag. Das Waschwasser war jeden Morgen hartgefroren in der Schüssel. Im Wohnzimmer hatten wir uns um den großen Kachelofen ein Umbausofa und einen Schrank gruppiert, um auf diese Weise eine gemütliche, geschützte Ecke zu haben. Alle Kitschbilder und Etageren mit billigem Nippeskram wurden zum Entsetzen der Hausleute von der Wand genommen und erbarmungslos in einem der unbenutzten Zimmer untergebracht. Ein Zimmer wurde ganz ausgeräumt, es diente als Atelier. August hatte große Arbeitslust, und bald füllten sich die leeren Leinwände mit den ersten Bildern. Er ließ sich von Brugger aus München Material kommen, und nun begann eine wunderbare, fruchtbare Arbeitszeit, in der die vielen Eindrücke der letzten Wochen, besonders des Aufenthaltes in Paris, verarbeitet wurden. Ich erinnere mich eines nicht erhaltenen Ölbildes, das mir so gut gefiel. Ich hatte ihm dazu gesessen, was er sehr liebte; er war glücklich, in mir ein brauchbares Modell zu haben, denn er haßte es, sich mit stumpfsinnigen Mädchen abzugeben, die keine harmonische Bewegung aus sich machen konnten und mühselig zurecht gestellt werden mußten. Aus dieser ersten Zeit stammen die beiden Porträts von mir, eines im lila Mantel mit grünem Velourhütchen, das er bis Kniehöhe gemalt hatte, nachher immer mehr abschnitt, bis nur noch der Kopf übrigblieb, und das schöne Porträt mit den Äpfeln (Sammlung Koehler). Er hatte zu dem Zweck ein Podium aufgebaut und an der Decke einen Stoff befestigt, der wie ein Vorhang geschürzt wurde, um als Staffage zu dienen. Ich konnte damals infolge meines Zustands nicht so lange hintereinander stehen, und so hatte er mir auf das Podium einen Stuhl gestellt, damit ich mich setzen konnte. Diese Sitzungen sind mir in besonders schöner Erinnerung, es war für mich so ein Dazugehören und Mitschaffen bei seiner Arbeit, und manchesmal meldete sich das kleine Wesen mit zartem Klopfen, ein beglückendes Gefühl für eine junge Frau. Wir beide liebten das Bild so sehr, daß wir es nie verkaufen wollten. Es kam aber dann doch später in den Besitz meines Onkels, der es sich nach einer Sonderbundausstellung in Köln aussuchte, da August ihm die Wahl freigestellt hatte. Wir hatten allerdings nie erwartet, daß er sich gerade dieses wählen würde. Mit Schmidtbonns entwickelte sich ein sehr freundschaftlicher, naher Verkehr, und wir haben manche schöne Stunde miteinander im Café am See oder daheim an langen Winterabenden in schönem Gespräch gesessen. August war so begeistert von dem freien, unbekümmerten Leben auf dem Lande, daß er nichts Eiligeres zu tun hatte, als seinen Vetter Helmuth Macke aus Krefeld einzuladen und aufzufordern, möglichst bald zu uns zu kommen und unser einfaches, arbeitsames und doch so reiches Leben zu teilen. Nach einigem Hin und Her willigte Helmuth denn auch ein, und ich vergesse nie, als er eines Tages frisch aus München bei uns ankam und August ihn in der ersten halben Stunde fragte: »Kerl, hast du Geld bei dir, wir sind nämlich völlig abgebrannt im Augenblick« und der arme, neuangekommene Malersjüngling seine Barschaft von ganzen 18 Mark auf den Tisch zahlen mußte. Nun fing ein gemeinsames Arbeiten an. Der alte Jäger, ein versoffener Typ aus Gmund, wurde abkonterfeit; er erzählte dabei so entsetzlich unanständige Geschichten, daß es selbst den beiden manchmal zu bunt wurde. Nachher ging er schleunigst ins Bräustübl, um dort sein verdientes Geld sogleich in Bier umzusetzen. Als zweites Modell wurde eine junge, stämmige Sennerin engagiert, die wir einmal auf einem Spaziergang beim Heuen antrafen in langen blauen Hosen. Sie hatte ein schönes, regelmäßiges Gesicht und gute Bewegungen. August sprach ihren Vater an, der dann auch die Erlaubnis gab, und so kam sie fortan jede Woche mehrere Male zur Sitzung. Ihre Hütte lag hoch am Berg oben. Morgens nach dem Frühstück brauchten August und Helmuth nur aus dem Fenster den Hang hinaufzuschauen, dann sah man ihr kleines bayrisches Hütchen mit dem Stutzen den Serpentinenweg entlangfahren, und in zehn Minuten, wußten sie, stand sie vor der Türe und schellte. Sie rodelte nämlich herunter. Ein Bild nach ihr »Venus mit Vögelchen« ist bei Kriegsende abhanden gekommen, zwei Porträts von ihr sind erhalten, außerdem sehr viele Aktzeichnungen.

Von zu Hause kamen große Kisten an mit Hausrat aller Art, Geschirr, Kissen, Leinen, kleinen Teppichen, und wir richteten uns die unpersönliche, ganz aufs Vermieten an Sommergäste eingestellte Wohnung ein wenig heimelig ein. Vor allem das eigene Bettzeug, Kissen, Kamelhaardecken und Federbetten waren eine große Annehmlichkeit in dem für uns ungewohnten Gebirgswinter, der mit fast vier Tage ununterbrochen währendem Schneesturm mit Macht einsetzte. Alles war verweht, man konnte kaum vors Haus gehen, ohne weiß und bis zur Unkenntlichkeit verschneit zurückzukommen. Die Bäume schienen in phantastische Zaubergestalten verwandelt, die Dächer konnten die Schneemassen kaum halten, und manchmal stürzte der Schnee mit lautem Getöse auf die Straße. Nach diesen grauen Tagen, die die Berge verhüllten, kam dann die Sonne wieder durch, und alles glitzerte und strahlte im blendend weißen Schneekleid. Die Luft war unbeschreiblich rein und klar, die Berge in herrlicher Beleuchtung, der See blau, überflogen von vereinzelten Möwen. Für uns war es ein großes Erlebnis, einen ganzen Winter lang der Natur so nah zu sein, fernab von allem Stadtleben. Wir lernten die tiefen Freuden dieses abgeschlossenen Lebens kennen und genossen sie dankbar. Kein Tag verging ohne einen Weg in den Wald, der uns in seiner winterlichen, weißen Einsamkeit zum unvergeßlichen Eindruck wurde. August hatte sich Skier gekauft und begann sich mit diesem Sport zu befreunden. Ich ging ab und zu mit Schmidtbonns rodeln, und einmal stellte August mich auch auf Skier, aber ich durfte leider damals nicht lernen wegen meines Zustandes. Helmuth wohnte bei uns, und ich versorgte ihn wie einen großen Bruder. Bei unser aller gutem Appetit mußte ich recht stattliche Mengen kochen, da ich aber von Hause aus alles gut gelernt hatte, wurde mir das Haushaltführen nicht schwer.

Unser Klavier war mir mit den anderen Sachen auch geschickt worden, denn wir wollten doch die liebgewonnene Musik nicht entbehren. Mein Bruder hatte mir zur Hochzeit einen Bon für einen Stutzflügel der Firma Steinway geschenkt, und Emma hatte in Köln bei Prein ein herrlich klingendes Exemplar ausgesucht, das in Mutters Musikzimmer Platz fand, so daß sie mir unser Klavier schicken konnte, ohne selbst ein Instrument zu entbehren. Als wir harmlos und erfreut Schmidtbonn erzählten, daß wir bald unser Klavier bekämen, war er merkwürdig verändert in seinem Wesen und ließ dann durchblicken, daß er schlecht Musik vertragen könne, worauf wir uns einigten, daß ich nur zu einer bestimmten Zeit, und zwar während der zwei Stunden, die er nachmittags im Café am See zubrachte, üben und singen sollte. Wir hielten das auch wirklich strikt ein, obgleich es für uns manche Unbequemlichkeit brachte und August sehr gerne abends sang.

Die Abende waren sehr gemütlich. August zeichnete dann am Tisch bei der Lampe mit Bleistift und Kohle, Helmuth las uns vor, und zwar damals den »Abenteuerlichen Simplizius Simplizissimus«, und ich stickte. Wir hatten in München echtes Bauernleinen gekauft, und August hatte mir allerlei aufgezeichnet, zum Teil in Mustern, die an alte Bauernstickereien erinnerten mit Ornamenten und Vögeln. Am Spätnachmittag, wenn es schon anfing, dämmerig zu werden, ging ich meist ins Dorf, meine Einkäufe zu machen. Ich ging nie ohne Eisen unter den Schuhen und nie ohne Stock, weil die Wege stark vereist waren.

An den wenigen, spärlich erhellten kleinen Läden blieb ich gerne stehen, studierte zum wievielten Male die Auslagen, die sich nie änderten, überschlug in Gedanken, wem und was ich zu Weihnachten kaufen könne aus dieser bescheidenen Auswahl an Gegenständen. August liebte es nicht, mitzugehen und beim Einkaufen warten zu müssen, und so zog ich meist alleine los, und da ich fast jedesmal auf den glatten Wegen ausrutschte und mich von irgendeinem dunklen Winkel vom Boden mühsam erhob, begleitete Helmuth mich als ritterlicher Kavalier, indem er mich vorsichtig am Arm führte und im stillen über seinen rücksichtslosen Vetter empört war. Gott sei Dank habe ich aber nie Schaden genommen, selbst nicht, als ich einmal auf dem Rücken fast die ganze Treppe herunterrutschte; es ging mir überhaupt gesundheitlich ausgezeichnet, und ich war frischer und leistungsfähiger denn je.

Nach dem schneereichen, grauen, stürmischen November kam ein klarer, von Frost klirrender Dezember. Die Kälte wurde nur unterbrochen durch plötzlich einsetzenden Föhn, der am Weihnachtstag sogar ein Gewitter mit Donner und Blitz brachte. Und nicht nur das Gewitter, sondern auch ein Zorngewitter unseres Freundes Schmidtbonn brach am ersten Feiertag über uns herein, das unsere schöne Freundschaft empfindlich erschütterte. Mit Liebe und erwartungsvoll machten wir unsere kleinen Vorbereitungen zum Weihnachtsfest. Als Gast kam noch mein Bruder mit einem von Geschenken prallen Koffer, dessen Inhalt mir liebevoll auf den Tisch gebreitet wurde; unter anderem eine gestickte Kaffeedecke und ein Kaffeewärmer von der guten Großmutter, ein schönes blaues Winterkleid, das mir die vorsorgliche Mutter hatte machen lassen und das ich gleich am Heiligen Abend anzog. Viel Selbstgebackenes und Heimatliches. Am ersten Feiertag juchzte es vor dem Haus, und gerade als das Gewitter niederging, stand mein Vetter Bernhard vor der Türe. Wir waren eine frohe, ausgelassene Gesellschaft! Oben bei Schmidtbonns waren Onkel Heinrich Brüne aus München und der Maler Wunderwald als Festtagsbesucher eingetroffen. Um einen recht schönen Baum zu bekommen, hatten wir auf einem Waldspaziergang bei Holzfällern, die bei der Arbeit waren, einen bestellt. Es wurde uns dann eines Abends eine absolut windschiefe, dünnzweigige Tanne ins Haus gebracht, die ihren einzigen langen Arm weit ins Zimmer streckte, und wir mußten sie noch teuer bezahlen. Aber als sie geschmückt am Heiligen Abend dastand, freute sie uns doch. Unser erster Weihnachtsbaum! Wir hatten unseren Lieben nach Bonn, Siegburg und Kandern bescheidene Weihnachtspäckchen geschickt und Schmidtbonns auch am Abend eine kleine Freude bereitet. Er schenkte uns sein letztes Werk, »Der Zorn des Achilles«, mit folgender Widmung: »Möchten meine lieben August und Lisbeth Macke, wenn sie später einmal an die Tegernseer Tage zurückdenken, ohne Zorn an die kleinen Tegernseer Zorngewitter denken!« Wir feierten fröhlich mit Helmuth, Bernhard und Walter, und Schmidtbonns mit ihrem Besuch oben. Unsere Jungens, kann man nur sagen, wurden so ausgelassen, daß plötzlich der Aufbau des herrlichen Sofas herunterstürzte und unter sich einen mit vielen Knöpfen verzierten Serviertisch, auf dem in einer Glasschale eine herrliche Sahnenreisspeise stand, begrub. Wir bekamen einen furchtbaren Schreck wegen des Krachs, und Frau Brand kam herauf, um zu hören, was geschehen sei. Anderntags klang das Nageln durchs ganze Haus, als August und Helmuth das Sofa wieder zusammenzimmerten.

Der Louis Moilliet schrieb uns aus Tunis eine Karte, er ißt Datteln so groß wie Kürbisse und brät in der Sonne und »manchmal wird auch gemahlen«. Ob er nicht traurig ist, wenn er auf die Sandfläche sieht und nirgendwo das große »Toilettes« oder »WC« entdeckt, das ihn in Paris so erfreute. Da gab es prächtiges warmes Wasser, oh schö-ön, wobei das erste ö wie ein ä klang. Er bat einen noch schnell zu warten oder eben eine Tasse Kaffee im nächsten Café zu trinken und war verschwunden. Nach einer halben Stunde kam er frisch rasiert wieder hervor. Strahlend! Oh, es war schö-ön. Und wenn er mit Walter Austern aß, das Dutzend 80 Cts. Die schnalzten dann, daß einem der Saft fast ins Gesicht spritzte. O! schön! Diese Schlemmer und der Arthur dabei. Lachte sich kaputt. Aber die Beiden waren doch die abgefeimtesten Genießer. Wenn wir durch die Straßen schlenderten, war es einem immer, als hörte man neben sich die Beiden ein Gefäß ausschlürfen. Lange, lange Züge. Ah, das Leben. Es war zu Schöön! Jetzt sitzt er unter einer Palme, er braucht keine Angst zu haben vor seiner Europäerinbrunst. Ich glaube eher, er holt seine Geige und spielt den Wüstenmädchen, Dudu und Suleika, etwas vor, daß ihre Dattelherzen überfließen vor Süße. Seine Geige singt in der heißen glühenden Wüstenhitze und schließlich liegt er zuletzt zwischen ihnen, den Mädchen, und trinkt Küsse von ihren Lippen in langen Zügen und stöhnt nur noch: Schöön! schöön!

(Aus einem Bericht Augusts an die Schwiegermutter
Frau Sofie Gerhardt, Weihnachten 1909)

Am Nachmittag des ersten Feiertages trafen wir uns alle zusammen im Café am See. Es war eine lange Tafel, und es wurde dies und das geredet. Mein Bruder erzählte von Skitouren und Bergschuhen, worauf Willi Schmidtbonn gereizt erwiderte, die jungen Studenten wollten immer alles besser wissen, er lebe im Gebirge und wisse, was für Schuhzeug man gebrauche. Dann war plötzlich die Rede davon, daß Walter zu seinem Examen sich einen Smoking hatte bauen lassen, und August sagte: »Kerl, da möchte ich mal sehen, wie du aussiehst!« Darauf ein plötzlicher Ausbruch Schmidtbonns: »Ich brauche einen Smoking, die Kunst ist mir heilig. Mir und dem Wunderwald sitzt das Messer an der Kehle!« Allgemeiner schleuniger Aufbruch, Versuche von Heinrich, Schmidtbonn zu beruhigen, wir hinterdrein ganz fassungslos. Unterwegs drehte er sich plötzlich um und schrie zu August gewendet: »Sie Mensch mit Ihrer Roheit dringen hier in meine Einsamkeit!«, worauf ich auf ihn zuging und am liebsten mit dem Schirm auf ihn geschlagen hätte. Ich hatte schon den Arm erhoben, da sagte August ganz ruhig, indem er mich zurückhielt: »Laß doch!«, worauf Schmidtbonn rief: »Ja, laß doch, laß doch, Ihr Kinder, wenn Ihr wenigstens noch Kinder wärt!« Damit endete die schöne Freundschaft, der friedliche

Weihnachtstag. Wir waren einfach wie vor den Kopf gestoßen. Wie war das möglich? Wir konnten uns nur denken, daß es aus einer Überreizung seines empfindlichen Wesens entstanden war. Er fühlte sich irgendwie bedroht, nur durch unsere Jugend, durch Augusts starkes Künstlertum. Er war ein eifersüchtiger Mensch. Er sah, wie zielbewußt August arbeitete, wie unermüdlich fleißig er war. Ich wußte, daß Schmidtbonn in seinen jungen Jahren mit Heinrich Brüne zusammen in München etwas in »Bohème« gemacht hatte, wie es damals üblich war, sie liefen mit langen Haaren, langen Federn an den Hüten und auffallenden Kleidern herum und gebärdeten sich als Künstler. Es war ein wenig der Neid aus dem Gefühl verpaßter und schlecht ausgenützter Jugendjahre. Zudem war Schmidtbonn eifersüchtig, wenn jüngere Menschen mehr Glück bei den Frauen hatten. Er brüstete sich gern mit all seinen zarten Erlebnissen und Erfolgen. Das ging sogar so weit, daß er einmal August und noch einen jungen Menschen mitnahm in eine Art Bordell, um zu sehen, was das für einen Eindruck auf die viel jüngeren Männer machen würde, und wo er es nicht fassen konnte, daß August absolut gleichgültig und unberührt blieb. Jedenfalls entsprang dieser Ausbruch irgendeiner lange in ihm angesammelten Wut, es war eine Verkrampfung, die sich auf diese Weise löste. August hat ihn später nach einer Erstaufführung eines seiner Stücke aufgesucht und ihm die Hand gedrückt, was ihn sichtlich freute und erleichterte. Ich habe ihn Jahre nicht wiedergesehen. Er hat dann, als August gefallen war, an mich geschrieben und seinerzeit, als er Kriegsberichterstatter war, in einen Bericht eine Art Erzählung eingeflochten, wo er mich erwähnte. Es hieß darin, daß ich immer geglaubt habe, daß August wiederkommen würde (damals ging durch die Zeitungen die Nachricht, er lebe und sei in englischer Gefangenschaft) »und für diese Tapferkeit schlage ich diese junge Frau fürs Eiserne Kreuz vor«. Ich war damals darüber in meinem verwundeten Herzen zutiefst getroffen, vielleicht zu Unrecht. Ich hatte mich später an ihn gewandt wegen der Briefe von August, die er in seinem Besitz hatte. Wir waren vielleicht damals noch zu jung, um ihn zu verstehen und die vielen Schwierigkeiten, die sich ihm entgegenstellten, allein durch seine Natur, weil er so war, wie er war, und leicht Menschen vor den Kopf stieß. Unter der harten Schale barg sich eine zarte, ja überempfindliche Seele. Später wurde dann unser Verhältnis wieder ein ganz ungetrübtes, freundschaftliches, und er war tief gerührt und hocherfreut, als ich ihn in Godesberg nach langen Jahren wieder aufsuchte.

Wir trösteten uns und machten am zweiten Feiertag eine Schlittenfahrt nach Schliersee, Helmuth und ich im Schlitten in Decken eingemummelt, Walter und August auf Skiern uns folgend und sich streckenweise anhängend. Helmuth fror entsetzlich und jammerte wie ein altes Weib, es war köstlich.

Da nun unseres Bleibens in der gleichen Wohnung nicht länger war, sahen wir uns nach einer anderen um und fanden bald eine in der Bahnhofstraße beim Schreiner Staudacher. Es war ein hundertjähriges Bauernhaus, das etwas erhöht lag, umgeben von einem großen Obstbungert und zwei weiteren Häusern, in deren einem die Werkstatt war und oben eine kleine Wohnung – vermietet an Familie Oberdörffer mit Jungen und Hund –, in dem anderen wohnte ein Braubursche namens Meier von der Herzoglichen Brauerei mit seiner Familie. Wir hatten den Blick auf den Wallberg, gegenüber auf der anderen Seite der Straße lag das kleine Krankenhaus Tegernsee, ein gelbes, altmodisches Gebäude mit Obst- und Nutzgarten, in dem sich die alten Häusler, die dort ihren Lebensabend verbrachten, mittags in der Sonne wärmten. Unten an der Straße lag die Schmiede von Daucher, und wenn man den kleinen Pfad zum Haus hinaufstieg, kam man an den Schuppen vorbei, in denen die Holzvorräte lagerten. Vor dem Haus waren eine kleine, bewachsene Laube und ein mit Holz eingefaßtes Beet, in das Sommerblumen gesät wurden. Eine zweistöckige Scheune war hinten am Haus angebaut, sie hatte eine abgeschrägte Ausfahrt nach der Straße, und wenn August und Helmuth Ski laufen wollten, zogen sie die Bretter im Hause an und konnten gleich durch die Scheunentür ins Freie

Helmuth Macke, Tegernsee, 1910

gleiten. Das Haus war ein solides Bauernhaus, seit Generationen in der Familie mit Tradition und Kultur erhalten. Der derzeitige Besitzer hatte es vor wenigen Jahren von seinem älteren verstorbenen Bruder geerbt und war unbändig stolz auf den Besitz. Jeden Morgen stand er mit verschränkten Armen vor dem Haus, ging auf und ab und übersah sein »Aaanwäsen«. Unten rechter Hand war eine große Wohnstube mit mehreren Fenstern, einem ungescheuerten, schweren Tisch und Bänken, die an der Wand herumführten, einem Schreibtisch und einigen Stühlen, anschließend die Schlafstube der Eltern. Linker Hand ein kleines Stübchen, in dem die alte Großmutter hinter Blumen und Geranienstöcken mit alten Andenken und Heiligenbildchen hauste. In der Mitte lag die geräumige Küche mit einem großen Kamin und Windfang, einem Riesenofen in der Mitte. Alle Geräte hingen blankgescheuert an Decke und Wänden, und jeden Samstag wurden sie in der Laube vor dem Haus mit Zinnkraut gescheuert und der blanke Boden mit frischem Sand bestreut. Mitten durch die Küche war die Wasserleitung in einem ausgehöhlten Baumstamm geführt. Eine leicht geschwungene Treppe führte zum oberen Stock auf eine geräumige Diele, in der große, alte Schränke standen und die Ahnenbilder der Familie aufgehängt waren. Hier waren im ganzen sieben Räume, ein Wohnzimmer und alles andere Schlafräume, weil die Wohnung meist an Sommergäste abgegeben wurde. Wir bezogen das vordere Zimmer, das Wohnzimmer, dahinter das Schlafzimmer und richteten uns den kleinsten Raum gemütlich als Küche ein, wozu Staudachers uns bereitwilligst ein kleines Öfchen setzen ließen. Unser Umzug war gottvoll. Wir hatten einen kleinen Wagen gemietet, auf dem unser Hab und Gut in Kisten, Kasten und Koffern untergebracht war, zuoberst das Klavier mit schweren Stricken mühsam befestigt. August und ich gingen im hohen Schneematsch hinter diesem seltsamen Transport her. Aber wie befreit waren wir, als wir es uns bei Staudachers wohnlich machten, und wie wohl haben wir uns dort gefühlt. Es war eine ganz andere Luft, der freie, weite Blick in die Landschaft, die gemütlichen Zimmer mit alten, solide gemachten Möbeln, schöne Stücke in Kirschbaumholz aus der Biedermeierzeit, und vor allem die sympathischen Bewohner, mit denen uns bald ein herzliches Verhältnis verband.

Aus dieser Zeit stammt eine Menge Bilder von August, er konnte frei und ungehindert arbeiten, zumal Staudacher ihm eine alte, leere Werkstatt als Atelier zur Verfügung stellte, die er sich mit wenig Mitteln als Arbeitsraum herrichtete. Es gibt eine Anzahl Pastelle mit Durchblicken in die Zimmer, dann malte er eine Reihe Stilleben und das große Ölbild »Der Geist im Hausgestühl« mit der Katze, im Besitz meines Bruders in Bonn. Die Menschen der Umgebung nahm er sich als Modell, den kleinen Jungen von Oberdörffer, den Hund – kleinstes Ölbild –, Mizzi Daucher als Kind mit Puppe, die Meierschen Kinder auf den Bildern »Kinder am Brunnen«, – eines im eigenen Besitz, das andere Sammlung Koehler – und »Kinder mit Trommel und Puppe«. Ein junger Bauernbursche kam öfter als Modell, August malte nach ihm, und auch ein kleiner Bronzekopf stammt aus der Zeit, ebenso das Bild »Junge im Turban«. Ein Porträt der Großmutter Staudacher, eine Studie zu einem Bildnis des alten Staudacher und einige Bilder im Zimmer oder auf dem Balkon von mir, »Porträt mit Hut« (Siegburg), »Elisabeth auf dem Sofa« (Siegburg) entstanden damals. Die wenigen Winterlandschaften aus dieser Zeit: »Egern im Winter« (Sammlung Koehler), »Der Wallberg im Schnee« (Lübbecke, Frankfurt), und kleine Aquarelle mit dem Blick aus unserem Fenster. Am liebsten arbeitete er jedoch draußen auf dem Balkon, vor dem Haus, und der hübsch hergerichtete Arbeitsraum war ihm nie so ganz heimisch und immer irgendwie beengt, denn er hat ihn selten als solchen benutzt.

Das Jahr 1910 war für Augusts Arbeit sehr bedeutungsvoll und fruchtbar. August kam im Grunde zum ersten Mal zu der richtigen Ruhe und zur Entfaltung seiner eigenen Persönlichkeit. Es sind die verschiedenartigsten Bilder entstanden. Eine Zeitlang liebte er es, die Formen ganz einfach zu geben und durch starke Konturen zu begrenzen. Diese Bilder wirken zum Teil etwas dekorativ, während manche andere meisterlich sind im Malerischen. Die Art, wie die Farben gesehen sind und untereinander abgestimmt zur Wirkung kommen, ist schon ganz persönlich. Zum Beispiel die schöne Landschaft »Tegernsee«, ein Stilleben in fast altmeisterlicher Art, wie auch die kleine weiße Milchkanne mit Äpfeln. Es war ein reiches Leben, das wir miteinander führten. Helmuth war zu Geißreiter unten am See gezogen, er kam jedoch als unser täglicher Gast zu den Mahlzeiten. Er hat damals seine schönsten Bilder gemalt wie zum Beispiel das »Stilleben mit Broten«. Unser Klavier wurde eifrig und ungestört benutzt, und August sang mit seiner schönen Stimme manchen Abend Brahmslieder, die er besonders liebte. Es kostete nur immer eine ziemliche Mühe, sie ihm einzustudieren, da er wenig Noten kannte und alles nach Gehör lernte. Wir lasen viel, ich stickte, und es verging kein Tag, an dem wir nicht unsere Spaziergänge machten in den nahen Lärchenwald, zum Paraplui und zum Lieberhof, nach Gmund oder Rottach-Egern. Es ging mir recht gut, und ich konnte noch tüchtig laufen in der köstlichen Luft. August hielt es aber doch für besser, eine Hilfe für ganz zu nehmen, die ich mir in Ruhe anlernen konnte, damit ich nachher, wenn das Kindchen da war, wirklich eine Stütze hatte. So fragten wir in einem Papiergeschäft, in dem die Redaktion des »Seegeistes«, eines Lokalblättchens für Tegernsee und Umgebung, war, nach einem Mädchen und trafen dort ein halbwüchsiges Kind, das sich gerade für den Haushalt verdingen wollte. Auf die Frage der Ladeninhaberin, ob sie Hausarbeit könne, Kochen und Waschen, antwortete sie frech und dreist »Ja«. »Ja du kannst ja fein alles!« Ich war etwas skeptisch, August dagegen fand, daß man es ruhig mit der Resi versuchen solle und engagierte sie. Sie war wohl gerade zwölf Jahre alt, kam von der Sennhütte, das uneheliche Kind einer Sennerin, die froh war, sie untergebracht zu wissen. Bald stellte sich heraus, daß sie gar nichts konnte und nicht einmal die einfachste Sauberkeit an sich selbst gelernt hatte, so daß ich ihr die Benutzung von Kamm und

Bürste, Seife und Zahnbürste erst einmal beibringen mußte. Aber sie war helle und hatte ihre Augen überall, merkwürdigerweise auch Sinn für die Bilder, und als wir einmal von Campendonk Skizzen an die Wand hefteten mit der falschen Seite nach oben, um sie irrezuführen, merkte sie das gleich. Ein Porträt von ihr existiert noch in Siegburg. Sie hat es allerdings nicht lange bei uns ausgehalten. Als meine Mutter kam, kurz vor der Geburt des Kindes, war diese entsetzt, daß ich ein solch kleines, vorlautes Wesen nicht gleich herausgesetzt hatte. Es wurde auch immer schlimmer mit ihr, besonders, als sie anfing, zu naschen und halbe Zipfel Wurst in ihrer Tasche verschwanden und im Küchenschrank nichts mehr vor ihr sicher war.

Franz Marc

August und Helmuth fuhren im Laufe des Winters des öfteren nach München, um sich bei den Kunsthändlern Brakl und Thannhauser die neuesten Ausstellungen anzusehen. Bei der Gelegenheit sahen sie bei Brakl zum ersten Mal Lithographien eines Malers, die ihnen besonders auffielen und die sie sich aus den Mappen heraussuchten und beiseite legten, um sie immer wieder anzuschauen, weil diese Arbeiten sie interessierten. Es waren Pferde und Bären, zwanglos zusammenstehende Tiergruppen, mit großem Können dargestellt. Als sie nach dem Künstler fragten, der sie gemacht habe, erzählte ihnen Brakl, daß es ein junger Maler sei, dem es ziemlich schlecht gehe und der ihm ab und zu solche Blätter zum Verkauf bringe. Sie ließen sich Namen und Anschrift geben und beschlossen, diesen Maler aufzusuchen, um mehr von ihm zu sehen. Es war damals der junge Bernhard Koehler, mein Vetter aus Berlin, in München, und die drei fuhren hin zur Schellingstraße 23, wo der Maler Franz Marc sein Atelier hatte. Er lebte dort sehr zurückgezogen und eigentlich abseits vom Kunstbetrieb. Er war recht erstaunt und erfreut zugleich, daß ihn da plötzlich drei junge Leute besuchten, die sich für seine Sachen so weit interessierten, daß sie ihn sogar persönlich kennenlernen wollten. Sie fanden einen ihnen sehr sympathischen, liebenswürdigen Menschen, der ihnen das, was er gerade im Atelier hatte, gern zeigte. Soviel ich aus den Erzählungen weiß, waren es fast gar keine Bilder, außer einigen kleinen frühen, ein paar Zeichnungen und Lithographien und Tierplastiken in Wachs. Das Zusammensein endete mit einer Einladung und gemütlichen Stunden in einem Münchner Lokal. Bei seiner Heimkehr erzählte mir August von seiner neuen Bekanntschaft mit dem Maler Marc und stellte mir dessen Besuch in Tegernsee in Aussicht. Vermutlich am 6. Januar 1910 war diese erste Begegnung in München. Am 22. Januar fand der Besuch von Marc in Tegernsee statt, zu dem er sich angesagt hatte und darum bat, auch seine Kollegin Fräulein Franck mitbringen zu dürfen. Es war ein unbeschreiblich schöner Wintertag, nachdem es vorher ununterbrochen geschneit hatte, strahlendste Sonne, klirrender Frost, aber um Mittag die köstliche warme Luft der Berge. August und Helmuth gingen zur Bahn, um die Gäste abzuholen; ich hatte derweil alles hübsch hergerichtet, im kleinen, gemütlich warmen, sonnigen Wohnzimmer den Tisch festlich gedeckt und mich selbst so nett wie möglich gemacht, mein schönes blaues Weihnachtskleid von Mutter angetan und einen hübschen Shawl darüber. Ab und zu guckte ich am Fenster, ob ich noch niemanden sähe, als ich plötzlich Stimmen vor dem Haus hörte. Ich ging zur Begrüßung auf die Diele an die Wendeltreppe und sah mich einem schönen, eigenartig südlich anmutenden Mann gegenüber, breitschulterig, mit leichten, eleganten Bewegungen, eine Pelzmütze auf dem Kopf, dunklem Haar mit Koteletten am Ohr entlang, ausdrucksvollen starken Zügen, in der Hand einen Biedermeierstock mit silbernem Knauf, neben ihm wie ein junger Eisbär sein Hund, der treue weiße Russi. Wir beide standen uns einen Augenblick sprachlos gegenüber, ich reichte ihm die Hand hin, die er nur zögernd ergriff, ich sehe noch die Überraschung, die sich in seinen Mienen spiegelte, bis er Worte des Grußes fand. Er sah sich etwas hilfesuchend um nach rückwärts, da kam auch schon August breit lachend hinter ihm die Stufen herauf und half, indem er vorstellte: »Meine Frau, Herr Marc!« »Aber nein, dös hab i ja garnet g'wußt, daß Sie verheirat sein, i hab g'dacht, i komm da in so a Jungg'selln-Bohème-Wirtschaft und bin höchst erstaunt!« August freute sich königlich über die gelungene Überraschung und führte ihn ins Zimmer. Jetzt kam auch Helmuth mit der Kollegin Fräulein Frank herauf. Ich sehe sie noch vor mir: breit und üppig, warm eingehüllt, über die Ohren Shawl und Mütze gezogen, mit hohen braunen Schnürstiefeln. Sie war ganz blond, mit etwas slawisch breiten Gesichtszügen und hellen Augen. Als sie sich aus ihren warmen Umhüllungen herausschälte, sah man erst das wundervolle, dicke, goldblonde Haar, das sie in einem schweren Knoten aufgesteckt trug. Es wurde gegessen, Kaffee getrunken und dann, die Hauptsache, wurden Bilder hervorgeholt und gezeigt. Ich sehe noch den Franz im Ohrensessel sitzen, Maria auf der Lehne, er nur mühsam sein Erstaunen verbergend über die Arbeiten, die August ihm zeigte. Er war tief davon beeindruckt, wollte es aber den um sieben Jahre jüngeren Kollegen nicht merken lassen und ließ nur ab und zu kurze Bemerkungen fallen, wie sie die Maler bei ihren Gesprächen häufig machen. Die Kollegin sah ihn erwartungsvoll von der Seite an und stimmte ihm jedesmal bei. Eigentlich wollten sie ins Bahnhotel gehen zum Übernachten, da Fräulein Frank an Rheumatismus litt und ein geheiztes Zimmer haben sollte, aber wir hatten schon gut vorgesorgt, und bei den vielen Zimmern auf unserer Etage fanden sich schon zwei geeignete, sogar auch das gewünschte heizbare. Es lag über dem Zimmer der alten Großmutter, und im Fußboden war ein viereckiges Loch mit einem Deckel, den man bloß aufzuheben brauchte, damit die Wärme, zugleich aber auch der etwas muffige Geruch heraufstieg. Aber es ging mitsamt einer Wärmflasche alles zur Zufriedenheit. So waren wir damals gut anderthalb Tage zusammen, und besonders wir beiden Frauen hätten wohl nicht gedacht, daß das der Beginn einer dauernden engen Freundschaft war, die durch alle Zeiten und alles Erleben und trotz der sehr verschiedenen Wesensart und Charakterveranlagung immer gleich vertraut und herzlich blieb.

Auf diesen ersten Besuch hin begann ein reger Gedankenaustausch zwischen August und Marc in Form des noch ganz erhaltenen temperamentvollen Briefwechsels. Sie empfahlen sich Bücher und tauschten sie aus. Marc führte August zu dem russischen Ritter von Pohoretzki, einem früheren Baron, der unter dem braven Namen Heinrich Kratzer in der Türkenstraße 69 ein Zigarrengeschäft führte, wo er den Arbeitern billige Zigaretten verkaufte. Hinter dem Vorhang des Ladens ging es in ein kleines Nebengemach, in dem er auf Stellagen japanische Kleinkunst,

Broncen, Nezuke und Specksteinfiguren aufbewahrte, wertvolle Cloisonnéväschen und Schälchen, feinste Porzellane, daneben Kakemonos, Holzschnitte aller bekannten Japaner. Mit pfiffigem Lächeln führte er die auserwählten Besucher und Kenner in dieses kleine Reich, kredenzte mit Anmut und Gastlichkeit aus zarten Schalen den Sakhe (Reiswein), und holte zuletzt seine besonderen Kostbarkeiten, eigentlich nur für männliche Blicke bestimmt, hervor, die feinsten erotischen Blätter. Marc hat ihm manchen Kunden zugeführt und auf diese Weise immer ein wenig verdient. August war natürlich hell begeistert, kaufte gleich für uns eine sehr schöne Serie, schrieb an sämtliche wohlhabenden Bekannten in Bonn, ließ ihnen Ansichtssendungen der köstlichen Blätter zuschicken und setze ihnen sozusagen die Pistole auf die Brust, diese Dinge zu kaufen.

Der Maler, den wir in München entdeckten auf Grund der uns sehr ansprechenden Bilder, von dem dann der junge Bernhard Broncen und Lithographien kaufte, der Alte dann die beiden Bilder, die nach Berlin gingen und also wahrscheinlich nicht mehr nach Bonn kommen, hat in München bei Brakl eine Kollektivausstellung im Februar. Der Kunsthändler sieht das Veralten der »Scholle« ein, hat wiederholt mit ihm über die Gründung einer Vereinigung gesprochen, zu der er Geldleute garantiert, die Wahl der Leute ihm anvertraut. Der Herr Marc, der seit dreizehn Jahren in München lebt, dort unzählige Maler kennt, keinen davon in Vorschlag brachte und ein solches Unternehmen für aussichtslos hielt, schöpfte beim Anblick unserer Sachen neuen Mut, erzählte uns alles und fragte uns, ob wir bereit wären, mitzumachen und ob wir noch wen wüßten. Ich denke an Louis Moilliet und Cito vielleicht. Helmuth kennt einen, der Marc auch einen, vielleicht zwei. Wir wollen, im Falle es zustandekommt, geschlossen mit der fertigen Sache auftreten. Nur die Teilnehmer dürfen davon wissen. Für unsere Jugend ein großes Glück, wenn's nur kräftig angepackt wird. Und der Kunsthändler soll froh sein, daß er solche Leute kriegt. Einstweilen haben wir als Termin den 21. Dezember, zu dem jeder soviel Bilder wie möglich zusammenzumalen hat, die dann auf einmal dem Kunsthändler präsen-

tiert werden. Der sorgt dann für den Versand, Verkauf, Verlosung unter die außerordentlichen Mitglieder.

(Brief von August Macke an Sofie Gerhardt vom 27. Januar 1910)

Anfang Februar war August nach München gefahren, um eine Ausstellung von Matisse und die Bilder von Marc bei Brakl zu sehen. Er besuchte ihn auch in seinem Atelier, und gerade, als er bei ihm war, kam Onkel Bernhard. August schrieb im Brief an die Schwiegermutter: »Wir haben zwei Großstadtgemäldeautoimportencigarrencafévariétéamericainbaronkelbernhardtage verlebt« (2. 2. 1910). Bei diesem ersten Besuch in Marcs Atelier sah Koehler auf seinem Schreibtisch das kleine, auf ein Brettchen gemalte Bild »Der tote Spatz«, an dem der Künstler sehr hing. Soviel ich weiß, war es ein Vogel, der bei der Kälte ans Fenster gekommen war und den er gepflegt hatte, der aber dann doch gestorben war und den er als Erinnerung malte. Onkel Bernhard fragte, ob das Bildchen zu verkaufen sei, worauf Marc es verneinte. »Und wenn ich Ihnen 100 Mark dafür zahle, geben Sie es mir auch dann nicht?« Marc kämpfte einen schweren Kampf, endlich sagte er zu und hatte den Hundertmarkschein für den toten Spatz in der Hand. Als sie nachher miteinander zur Stadt fahren wollten, fragte er den erstaunten Schaffner der Straßenbahn, ob er ihm nicht hundert Mark wechseln könne, er hatte nicht mal mehr einen Groschen für die Bahn.

Sonst ging unser Leben friedlich und ruhig dahin. Augusts Briefe an die geliebte Schwiegermutter atmen wohl am meisten von dem erfüllten Glück, das er in seiner Arbeit und in seiner Ehe gefunden hatte. Er las viel Wilhelm Busch. Das war zwischendurch immer wieder seine Lieblingslektüre. Goethes Gedichte, Liebesgedichte, Liliencron. Er hatte der Mutter zum Geburtstag ein großes Stilleben gemalt, das erste und einzige Bild, das er in seinem »Atelier« machte. Töpfe, Früchte auf einem Tisch. Plötzlich fiel ihm ein, daß die Mutter ja im Grunde Stilleben gar nicht liebte, und da malte er schnell in den Vordergrund unsere braune Katze, die, sich den Rücken streichend,

unter dem Tischrand hervorkommt. Das Bild wurde abge-
schickt, fand aber keine Gnade vor den kritischen Augen der
Mutter, worauf dann August in einem Brief vom 27. Februar
1910 antwortete:

*Also aufhetzen wollt Ihr mich, ich sei nicht so tüchtig wie der selige
Michelangelo. Schwiegermutter – ich muß Dich zur Strafe so nennen –
was stellst Du an Deinen kleinen August für große Anforderungen.
Schuster bleib bei Deinen Leisten. Steige nicht zu hoch, so brichst Du
auch nicht den Hals. Im übrigen hast Du ja vollkommen Recht. Mir
war ja auch beim Einpacken erst Deine Antipathie gegen Stilleben ein-
gefallen und so malte ich schnell noch die Katze darauf. Tragt also das
Scheusal in die Wolfsschlucht, nur bitte den Rahmen nicht, den ich noch
verwerten kann.*

Mit Helmuth verband uns eine herzliche Freundschaft. Seine
stille Verehrung für mich zeigte er in allerlei ritterlichen Auf-
merksamkeiten. Marc hatte das gleich nach seinem ersten Besuch bei uns gemerkt. Manchmal versuchte Helmuth mir nahezubringen, daß er doch eigentlich der richtige Mann für mich
sei, und bedauerte mich, daß ich es mit August »so schwer
habe«! Inzwischen (19. Februar) war die Zeit gekommen, daß er
uns verlassen wollte, und zwar sollte er durch Augusts Vermittlung zuerst nach Berlin, und so reiste er eines Tages nach München, über Nürnberg nach der Hauptstadt. Dort wurde er von
Onkel Bernhard liebevoll aufgenommen und betreut.

*... In meiner nächsten Umgebung steht ein Tintenfaß, Fernglas, ein
getrockneter Krebs, den unser Wildhändler mir zum Malen schenkte,
der aber für mich zum grauenerregenden Symbol des Rückschritts
wurde. Unter mir das Gepöttels meiner Katze an den Fransen unseres
bereits mystischen Lehnstuhls. Im Nebenzimmer das zähneputzende
Geräusch meiner die Mittagsreinigung vornehmenden Lisbeth. Und
wenn ich die Augen schließe, fühle ich weiter die Treppe hinunter vor
das Haus, das hoch liegt, von abfallenden, baumbestandenen Wiesen
umgeben. Kinder juchzen, Hühner geben ihr eintöniges Geräusch von*

sich, weiterhin ein Hund, ein paar Dorfstraßen, ein prächtiger See, ringsum hochgezackte Berge, die wahrscheinlich verhindern sollen, daß das Wasser nach allen Seiten auseinanderläuft und den Wolken mal einen kleinen Sitzplatz bieten nach der langen frei im Himmelherumhängerei und -fahrerei.

Weiterhin melde ich Dir, daß das Lesen von Büchern hier ein zehnfacher Genuß ist im Vergleich zu der gleichen Beschäftigung in der Stadt. Don Quichote, Simplizissimus, Goethe, Grimms Märchen und vieles andere hat des öfteren mein höchstes Wohlbehagen hervorgerufen, vor allem Rabelais über die Arschabwascherei mit verschiedenen Materien, als deren beste schließlich ein junges flaumiges Gänslein befunden wurde.

Meine liebste Beschäftigung aber nach wie vor ist, das herrliche Licht mir in die Augen fließen zu lassen wie es hinfällt, auf den frischen Boden, ihn violett färbt, einem Grashalm über den schlanken grünen Rücken läuft. Die Bäume dort wo das Moos schmarotzt, grau und manchmal auch rot oder, was weiß ich mit welcher Farbe färbt, die Himmel enthalten alles und die Berge begießt es am liebsten mit Blau. Es macht die Bewegungen des Menschen sichtbar und wirft dramatische Lichter auf den erhobenen Arm, den Dolch und die zornigen Augen des Mörders, es fließt über die hingebende Rückenlinie eines äußerst galanten und brünstigen Liebhabers. Es läßt mich das schüchterne Zurückweichen der Braut erkennen. Doch eine Hand läßt sie ihm. Das sieht besser aus, nimmt ihm nicht allen Mut und ihr nicht die bereits gesicherte glücklichste Stunde ihres Lebens.

Wahrscheinlich fließt es auch zugleich über die großbehütete (oder solltest Du ein »Stiefchen« tragen) Gestalt, schreitend auf Dahlemer und Berliner Pflasterwegen. Es würde sich wahrscheinlich glücklich schätzen, da es die Veränderung am meisten liebt, Dich hier vor unserem Hause zu beleuchten, sitzend mit uns, rauchend und den Abendhimmel betrachtend und vielleicht auch das Ros, so aus uns entsprungen, mit einem Blick würdigend.

(Brief von August Macke an Lothar Erdmann
aus Tegernsee vom 21. März 1910)

Das russische Ballett, Ölbild, 1912

Garten am Thuner See, Ölbild, 1913

Sonniger Weg, Ölbild, 1913

Frau vor dem Hutladen, Ölbild, 1914

Zwei Mädchen im Walde, Ölbild, 1914

Tunis-Reise: Felsige Landschaft, Aquarell, 1914

Tunis-Reise: St. Germain bei Tunis, Aquarell, 1914

Tunis-Reise: Bazar, Aquarell, 1914

Das erste Kind

Wir hatten ein schönes, aber winterliches Frühjahr, der Schnee kam und kam nicht zum Schmelzen, und in den Straßen lagen noch immer schmutzige Klumpen bis in den April hinein. Dabei war die Sonne mittags so herrlich warm, daß man leichtgekleidet auf dem Balkon sitzen konnte. An den schneller rieselnden Bächen blühten die Sumpfdotterblumen, die kahlen Bäume hatten einen leicht grünen Schimmer, der Wald belebte sich mit ersten zagen Vogelstimmen, und im Lärchenwald begann der Specht zu hämmern. Immer näher rückte der Frühling, mein schönster Frühling, da ich unser erstes Kind erwartete, voller Freude. Meine Mutter kam am 2. April, kurz vorher hatte sich Marc noch einmal zu einem Besuch angesagt, aber da uns das etwas zuviel war, telegrafierte August ihm: »Zu unserem Bedauern geht es nicht, die Schwiegermutter ist in Sicht.« An einem Freitagmorgen fuhr August nach München, um die geliebte Mutter im Hotel Schottenhamel in Empfang zu nehmen und sie zu uns herauszubringen. Sie war beim Anblick des dick und behäbig gewordenen Schwiegersohnes etwas entsetzt und schob es gleich auf das gute Münchner Bier, dem wir allerdings damals allabendlich mit großem Appetit zusprachen. Die Mutter fühlte sich rasch wohl in unserem gemütlichen Nest, August fing an, mit ihr alle Zimmer umzuräumen und die Möbel auszuwechseln, und ich sehe sie noch behende wie ein junges Mädchen über Sofas und Sessel springen. Dann wurden die letzten Vorbereitungen zum Empfang des Kleinen getroffen, ein großer Waschkorb wurde gekauft und mit rotgeblümtem Bauernstoff ausgeschlagen. Ich faßte mir ein Herz und suchte den jungen österreichischen Arzt Dr. Weinzierl auf, der sich frisch in Tegernsee niedergelassen hatte und mit seinen Kenntnissen zu imponieren suchte. Er fand alles in bester Ordnung, und so beschlossen wir denn, daß ich nicht, wie wir anfangs einmal gedacht hatten, in eine Klinik nach München gehen, sondern in Tegernsee unter seiner Obhut bleiben sollte. Außerdem war eine ausgezeichnete Hebamme am Ort, Fräulein Tölzer, deren Großmutter schon dieses edle Handwerk ausgeübt hatte, und zwar im besonderen bei den vielen Kindern des Herzogs Carl Theodor, der dort im Schloß seine Augenklinik hatte. Sie erzählte uns, daß der junge Kaplan zu ihr gesagt habe, »Na, da gibts ja bald a Tauf'n«, woraus man sehen konnte, wie bekannt man in dem kleinen Nest schon war.

Wir hatten mit Anfang April gerechnet, und in der Nacht vom 10. auf den 11. April wurde ich wach mit dem Gefühl, daß nun meine Zeit gekommen sei. Es fing aber ganz gelinde an, anderntags pflanzte August Sommerblumen am Rand der Wiese, wo uns Staudachers einen Streifen Erde überlassen hatten. Ich sah ihm zu dabei, immer von leichten Schmerzen geplagt. So ging es hin bis zum 12. April abends, wo August dann Fräulein Tölzer holte. Sie hatten mir eines der schönen Kirschbaumbiedermeierbetten ins Wohnzimmer gestellt, und bald hörten die quälenden, vorbereitenden Wehen auf, und ich mußte mich hinlegen. August hatten wir überredet, sich im Nebenzimmer schlafen zu legen, wir würden ihn schon wecken, wenn es soweit sei. Ich habe die schönste Erinnerung an diese erste Geburt, ich habe das alles so jung und stark erlebt und fühlte mich selbst wie ein junger Baum, der vom Sturm geschüttelt wird, aber es war nie so, daß ich es nicht aushalten konnte, obgleich sich ja die ganze Sache ziemlich lang hinzog. Gegen einhalb sechs Uhr morgens am 13. April wurde dann unser Sohn geboren. Im letzten Augenblick hatten wir noch den Vater geweckt, der glückstrahlend seinen schreienden, strampelnden Jungen bewunderte, der siebeneinhalb Pfund wog und ganz rund und fertig dalag. Meine Mutter war etwas beleidigt, da er ihrem Urteil nach genauso aussah wie die Großmutter Macke. Wir nannten ihn nach meinem Bruder und den beiden Großvätern Walter, Carl, August. Ich fühlte mich blendend wohl und freute mich nach den Strapazen auf eine gute Tasse Kaffee und Brot mit gebackenem Ei, was mir wie ein Festessen schmeckte. Nun fing ein wahrhaft idyllisches Leben an um mein Bett. Der Kleine lag tagsüber neben mir in seinem Körbchen, und Mutter und August schoben sich abends einen kleinen Tisch an mein Bett, um mit mir zusammen die Mahlzeiten einzunehmen. Nachts nahm Mutter den kleinen Schreihals mit zu sich herüber, damit ich nicht gestört wurde, aber ich hörte ihn doch meist, da ich viel wach lag. Vom Bett aus konnte ich auf die mondbeschienenen Berge sehen. Wenn morgens die erste Dämmerung langsam heraufstieg und die Bergkuppen vom ersten Sonnenstrahl leuchteten, waren dies unvergeßliche Erlebnisse für mich, und mein ganzes Glück kam über mich, und tiefe Dankbarkeit und Freude erfüllten mein Herz. August war so stolz auf seinen Jungen. Gleich in der Frühe mußte er Staudachers die frohe Nachricht bringen, die es gar nicht glauben wollten, da sie nichts gehört hatten. Die alte Großmutter kam sogar zu uns herauf, stand wie eine weise Frau an seinem Bettchen und sagte ihm irgendeinen guten Spruch. Fräulein Tölzer machte mir große Komplimente, wie tapfer ich gewesen sei, und sie habe furchtbare Angst gehabt, zu mir zu gehen, weil sie gedacht habe, ich stelle mich dumm an, da ich noch so jung war. Nun war aber unser Kind doch eigentlich ganz unvorschriftsmäßig früh angekommen, und Mutter wollte haben, wir sollten es erst nach drei Monaten bekanntmachen. Aber da mußten wir wirklich lachen, und wir teilten uns in die Freude, persönlich allen Freunden und Bekannten die glückliche Ankunft des Jungen mitzuteilen. Unsere Briefe waren so abgefaßt, daß die Empfänger sie von vornherein gar nicht anders als nett verstehen konnten, die meisten taten es dann auch, und wir erhielten viele Gratulationen, die wirklich von Herzen kamen. Am schwierigsten war es, unserer geliebten Großmutter Koehler das Erscheinen ihres ersten Urenkels zu so unstatthafter Zeit plausibel zu machen. August schrieb gleich am 13. April einen langen Brief an sie, so selbstverständlich und liebevoll, aber trotzdem grollte sie noch eine Zeitlang, bestärkt durch einen

Brief ihres Sohnes Richard aus Berlin, und sagte, sie habe sich das Urgroßmutterwerden doch so ganz anders vorgestellt.

Mir ging es sehr bald wieder ganz gut. Ich hatte reichlich Nahrung für den Kleinen und blühte selbst auf. Er gedieh prächtig und machte uns viel Freude, besonders nach den ersten Wochen, als er anfing, uns zu kennen und zu lächeln. Mutter war noch einige Wochen bei uns und ruhte nicht eher, bis wir die Resi entlassen hatten, so waren wir eine Zeitlang ohne Mädchen und versorgten unseren kleinen Haushalt und das Kind allein. Sonntags aßen wir dann meist zu Mittag im Bahnhotel, wo die nette Kellnerin uns schon gut kannte. Ich empfahl dann den Jungen der Frau Staudacher, aber nur im Notfalle, er lag meist schlafend und ruhig in seinem Körbchen. Aber einmal, als wir nach Hause kamen, erzählte sie uns, er habe sich gerührt und sie sei hingegangen, um nach ihm zu sehen und habe ihn auch trockengelegt. Die Überraschung, als ich den Kleinen auswickelte, war groß, sein kleines Hinterteilchen war schwarz wie das eines Negerleins und glänzte wie mit Ofenlack gestrichen. Die gute Frau hatte, um die Windel anzuwärmen, den Wasserkessel daraufgestellt. Wir haben noch lange darüber lachen müssen. August ging manchen Nachmittag auf ein Stündchen ins Café am See, wo er die Zeitungen und Zeitschriften studierte und in Ruhe Kaffee trank, den schönen Blick auf den See genießend. Wir waren dort auch im Winter regelmäßige Gäste, und die reizende blonde Kellnerin, die uns bediente und immer so freundlich sagte »Tag die Herrschaften, Grüß Gott die Herrschaften!« gefiel uns so gut. Immer, wenn ich mal nicht mitkam, fragte sie nach mir und ließ mir Grüße bestellen, aber alle glaubten, wir seien nicht verheiratet, sondern ich sei Augusts »Gspusi«. August hatte nun nichts Eiligeres zu tun, als ihr zu sagen, »Heut können Sie mir gratulieren, wir haben einen Jungen«, was sie denn auch sehr herzlich tat, nebenbei aber war sie höchst erstaunt und behauptete, gar nichts gemerkt zu haben, das etwas unterwegs gewesen sei, obgleich ich mir selbst wie eine kleine Maschine vorkam; dabei trug ich bis zuletzt den alten Mantel, den ich noch als

Schulmädchen im letzten Jahr angehabt hatte. Als wir nun die Resi wieder heim auf die Alm geschickt hatten, fragte August die Anni eines Tages, ob sie niemand wisse, der zu uns als Mädchen in den Haushalt kommen wollte, worauf sie nach kurzem Überlegen erwiderte: »Ja, so nehmen's doch mich!«, was wiederum August in helles Erstaunen versetzte und was er mir, als er heimkam, ganz erfreut erzählte. Ich wollte es auch nicht glauben, aber sie blieb dabei, daß sie aus dem Café Strohmeyer fortwolle, sie sei von ihrem vierzehnten Jahre an bei Kindern gewesen und habe diese Stelle nur genommen, weil sich gerade nichts anderes gefunden hätte. Sie stammte aus Salzburg und war schon lange nicht mehr bei ihrer Mutter und den Schwestern gewesen. Wir ließen sie dann zu uns kommen, damit sie sich alles ansehe, und der Erfolg war, daß sie am 18. Mai zu uns zog, – zum Entsetzen der Kaffeehausbesitzer, die ihr goldene Berge versprachen. Sie wollten sie als Buffetdame ausbilden lassen und mit nach Wien nehmen usw., dabei stellte sich heraus, daß sie ihr noch einige Monate ihren Lohn schuldig geblieben waren, den wir mit Hilfe eines Rechtsbeistandes für sie eintreiben ließen. Anni gewöhnte sich schnell ein, war ein sehr intelligentes Mädchen, fleißig und gut in der Arbeit, konnte fabelhafte Wiener Spezialitäten kochen und backen und paßte sich blendend unserem Haushalt an. Sie hatte ein angeborenes Gefühl für Kunst und lebte bald ganz mit in der künstlerischen Atmosphäre unseres Hauses. Sie las viel, und wir brachten sie langsam auch zum Sticken, worin sie eine große Fertigkeit erlangte. Alle unsere Besucher und Freunde mochten sie gern leiden, sie gehörte mit dazu. Wenn wir jetzt einmal nach München reisten, so konnte ich ganz beruhigt fortgehen, weil ich wußte, daß der kleine Walter in ihrer Obhut gut aufgehoben war. Sie war acht Jahre in unserem Hause und hat Freud und Leid mit uns geteilt bis zu ihrer Verheiratung im Jahre 1918. Sie heiratete in Bonn einen Arbeiter der väterlichen Fabrik, mit dem sie noch jetzt in Kelheim an der Donau lebt. Wir schreiben uns auch heute noch regelmäßig.

August war fleißig bei der Arbeit und stand in enger Verbindung mit seinem neuen Malerfreund Franz Marc. Am 12. Juni fuhr er auf ein Telegramm von Marc, in dem dieser ihm mitteilte, daß der Verleger Piper zu ihm käme, nach Sindelsdorf. Es war das eine ziemlich umständliche Reise. Man mußte zuerst nach Tölz fahren, von dort nach Penzberg, der letzten Bahnstation, dann ging man noch fast dreiviertel bis eine Stunde zu Fuß nach Sindelsdorf. August erzählte mir bei seiner Rückkunft sehr begeistert von seinem Besuch und dem ganzen Milieu, in dem die beiden Maler Marc und dessen Freund Niestlé, der Schweizer, dort hausten, abseits von der Stadt, ganz mit der Natur und nur für ihre Arbeit. Zur gleichen Zeit war auch Onkel Bernhard in München und kam auf einen Tag heraus zu uns, stand überraschend in der Diele, als ich singend in der Küche hantierte, und freute sich an unserem gesunden Jungen. Er war recht besorgt um mich und hielt Anni an, mich gut zu pflegen, worauf ich dann jeden Morgen zwei geschlagene Eier zum Frühstück bekam. Ich hatte es überhaupt recht gut. Wenn wir morgens aufstanden, war der kleine Walter schon frisch gebadet in seinem Bettchen, und wir nahmen auf unserem Balkon in der Sonne voll Genuß das Frühstück ein. Der alte Staudacher spazierte dann meist im Garten hin und her, begrüßte uns freundlich und konnte sich über nichts mehr freuen, als wenn August sagte: »Sie haben aber wirklich ein schönes Anwesen!« »Ja, ja sehn's Herr Macke, des sag i alleweil, daß dees a scheens Aanwääsen is, des Aanwääsen des g'freut mi scho!« und jeder, der zu uns kam, wurde darauf dressiert, dem Staudacher sein Anwesen zu loben. So tat es Marc mit seinem schweren bayerischen Dialekt, so Louis Moilliet mit seinem leichten Schwyzer Dütsch, und jedesmal war der Alte höchst erstaunt, daß alle die verschiedenen Leute so einer Ansicht über seinen Besitz waren. In dieser Zeit hatte mein Bruder Walter sein Doktorexamen gemacht, und um sich nach der Arbeit etwas auszuruhen, kam er auf kurze Zeit zu uns nach Tegernsee. Es waren schöne Tage, harmonisch und freundschaftlich, und am Schluß brachte August ihn nach München, wo sie einen halben Tag mit Marc zusammen waren, um dann noch unseren Onkel Brüne, der in Weßling bei Oberpfaffenhofen wohnte, am 1. Juli gemeinsam zu besuchen. Aber die Reihe der Gäste brach noch nicht ab in diesem ersten Sommer unserer Ehe. Am 7. Juli kam Louis Moilliet aus Bern, und wir hatten fröhliche Tage miteinander, ausgefüllt mit Segeln bei Wind und Wetter, Faulenzen, Essen, Trinken, Erzählen, und er bedauerte nur, daß seine »Kleine«, wie er seine Braut Hélène Gobat nannte, nicht dabei sei. Er heiratete Hélène dann im Herbst des Jahres, und die beiden siedelten sich in Gunten am Thunersee für einige Jahre an. Wir waren recht ausgelassen, und wenn Louis in die Küche kam, gab es »alleweil a Gaudi«. Einmal ergriff er einen gerade zurechtgemachten Hackbraten und jonglierte ihn, mit allen zehn Fingern modellierend, in der Luft herum. Am selben Tag hatten wir einen Heidelbeerkuchen im Backofen. Wir mußten so lachen, daß, als ich ihn herauszog, um nachzusehen, ob er gar sei, alle Heidelbeeren auf den Boden kullerten. Wir legten sie aber getrost wieder auf, und Anni sagte: »Es hat's ja keiner gesehen.« Eines Morgens schickte Frau Daucher die blonde kleine Mizzi herauf, die unter dem Arm einen Deckelkorb trug, aus dem geheimnisvoll ein paar steife Beine herausragten. »D'Mutter moant, ob Se net den Hahn kaufen wollt'n, göstern ham'ern 'schlacht!« Den Deckel aufheben und den Hahn herausnehmen war bei Louis eins: »Sag deiner Mutter, Ihr sollt euren alten Gockel selbst fressen, der hat ja ganz verkalkte Beine!« Es war auch ein uralter Großvater, der jeden Morgen mit tiefer Stimme krähte. Ausgerechnet an dem Morgen hatte ich das bekannte Signal vermißt und war nicht ganz überrascht, als die Mizzi ihn brachte. »Ich liebe Ihren Kleinen sehr«, sagte Louis, »weil ich nichts von ihm höre und sehe, er ist sehr angenehm. In Tunis die Frau Dr. Jaegghi hat mir immer ihren schreienden Sprößling unter die Nase gehalten.« Im Juli wurde uns die Freude zuteil, daß Onkel Bernhard für 500 Mark Bilder kaufte, und zwar »Japanerin«, »Stilleben mit Milchkanne« und ein Blumenstück. Es war dies der erste große Verkauf, und wir waren mächtig stolz. Im Laufe des Monats Juli kamen noch Onkel Richard und Tante Anna und die Schwestern von Onkel Bernhard, Sofie und Clara Koehler, aus Berlin zu Besuch, und Anni mußte manches Mittagessen schnell und besuchsmäßig festlich bereiten, wozu vor allem ihre berühmten Wiener Schnitzel gehörten. Tante Clara wollte gern ein kleines Stilleben kaufen, um es ihrer Schwester zum Geburtstag zu schenken. Es sollte regulär 250 Mark kosten, aber August gab es ihr für 50 Mark, wiel sie es durchaus »kaufen« wollte. Noch ein Verkauf wurde getätigt, und zwar wählte Walter die schöne Winterlandschaft »Egern am Tegernsee« als Hochzeitsgeschenk aus für seinen Freund, den Chemiker Dr. Erich Reinau.

Im August besuchten uns Marc und Fräulein Franck zum zweiten Mal auf zwei Tage und zeigten viel Bewunderung für unseren kleinen Jungen, der schon recht lebhaft in die Welt guckte. August hatte damals in München zwei Porzellangruppen von Barlach gekauft, »Bettlerin«, die er an Mutter nach Bonn schickte, und die »Russischen Hirten« für uns. Wir hatten diese Gruppe zwischen den Fenstern auf ein Postament gestellt. Jeden Morgen, wenn ich mit dem Jungen auf dem Arm ins Wohnzimmer kam, reckte er so lange die Ärmchen, bis ich ihn zu der Gruppe trug, dann ließ er seine kleinen festen Händchen über die glatten Formen der Figuren gleiten, ja er tastete sie förmlich ab, dabei zappelte er vor Vergnügen, und sein kleines Herzchen klopfte vor Aufregung. Dasselbe geschah auch, wenn ein neues Bild an der Wand befestigt war. Er gab keine Ruhe, bis ich ihn hinbrachte, irgendwie mußten die Formen und Farben erregend auf ihn wirken.

Tagtäglich neues Glück

Langsam reifte in August der Entschluß, trotz des köstlich einsamen und fruchtbaren Landlebens für den Winter nach Bonn zurückzukehren, und zwar sehnte er sich nach einem geeigneten großen Raum, in dem er arbeiten konnte. Mutter hatte damals veranlaßt, daß die Schwester meines Vaters, unsere wenig beliebte Tante Cathrinchen, ausziehen sollte. Sie bewohnte das kleine Haus neben dem unseren, das zum Besitz meiner Eltern gehörte, und Mutter hatte bestimmt, daß August und ich in diesem Haus wohnen sollten. Sie hatte sich sogar bereit erklärt, das Dachgeschoß als Atelier ausbauen zu lassen, was sie noch nachträglich ihrem geliebten Schwiegersohn zum Geschenk machte. In einem Brief an Mutter schreibt August: »Aber die Atelierfrage, das ist das aller, allerwichtigste! Für die Anlage desselben muß ich die Verantwortung tragen. Denn offengestanden ist gerade das Atelier es, was mich nach Bonn zu ziehen bestimmt hat. Lieber lasse ich alles, Türen, Tapeten und Badezimmer... Wenn ich denke, daß ich noch nie in einem Atelier gearbeitet habe, jeder Drecksfotograf eins hat und daß das sowas schwieriges ist, dann fühle ich mich sehr eingeschüchtert. Also liebe Mutter, laßt alles wie es ist und denkt zunächst nur an das Atelier, das ist das wichtigste. Gerade wie eine Fabrik Maschinen, eine Pfeife Tabak, so brauche ich zunächst ein Atelier (in Bonn! hier hab ich es im Garten).« Trotz dieser Aufbruchgedanken genossen wir aber noch sehr den köstlichen, sonnenreichen Herbst, machten fast täglich unsere Wege in den Wald und auf die Höhen, spazierten am See entlang oder mieteten ein Boot zu längeren Ruder- und Segelfahrten. Segeln hatte mir August sogar so gut beigebracht, daß er sich manchmal auf dem Boden des Bootes lang ausstreckte und sich ganz dem seligen Faulenzen in Sonne und Luft hingab und mir unbekümmert die Lenkung und Steuerung des leichten Fahrzeuges anvertraute. Eines Sonntagmorgens gingen wir gerade zum Segeln an den See, als uns ein Paar entgegenkam, ohne Hüte, legère gekleidet. Der Herr kam mir so bekannt vor, ich drehte mich um, um mich zu vergewissern, wer er sei. Er drehte sich auch um, und wir stutzten einen Moment, dann gingen wir aufeinander zu. Es war Dr. Brassert, der Freund und Studiengefährte meines Bruders. Er hatte ein Spitzbärtchen und sah so ganz anders aus als in Bonn, wo er in schwarzen Anzügen feierliche, konventionelle Besuche gemacht hatte. Sehr erfreut begrüßten wir uns, und er winkte seine junge Begleiterin, die abseits stehen geblieben war, heran und stellte sie uns vor als »meine Gefährtin«, Fräulein Hedwig Stark aus Straßburg. Ein Brief von August an Mutter vom 2. Oktober 1910 schildert diese Begegnung:

Brassert nebst Begleiterin, die uns durch einen überaus stattlichen Wuchs entzückte, war hier. Wir trafen uns auf der Straße, kannten uns gar nicht, da er einen Knebelbart trug und aussah wie ein Zwischending zwischen Monumentalbildhauer und Polarreisendem. Wir wollten – er hatte gerade gesegelt –, und wir segelten dann zu viert auf dem herbstblauen See den ganzen frischen Vormittag hindurch lachend, scherzend und uns unserer Jugend freuend. Lisabeth entdeckte natürlich mit ihren indiskreten Eheweibsaugen zwei nach ihrer Ansicht nicht echte Trauringe an den rechten Händen.

Diese Segelfahrt zu vieren endete mit einem herzlichen Freundesgefühl für die beiden, und wir forderten sie auf, uns zu unserem Häuschen zu begleiten. Sie waren etwas scheu und zurückhaltend, aber als sie in unserem Heim waren, und nachdem wir ihnen unseren fröhlichen, prächtigen Jungen vorgeführt hatten, war auf einmal der Bann gebrochen, und sie tauten auf und fühlten sich wohl. Zuerst hatten sie erzählt, sie seien nur zum Sonntag aus München hergekommen, dann aber gestanden sie ein, daß sie für ein paar Tage in Egern Wohnung genommen hatten, und so verabredeten wir uns jeden Tag auf einige frohe Stunden.

In diesen Tagen waren auch Onkel Heinrich Brüne und Tante

Sofie aus Oberpfaffenhofen auf zwei Tage bei uns, und ich erinnere mich noch an die schöne lustige Tour auf den Wallberg, die
wir alle sechs unternahmen. Wir hatten überhaupt allerlei Touren in die nähere und weitere Umgebung gemacht, waren einmal von der anderen Seite des Sees auf den Hirschberg und beim
Bauer in der Au, in Egern, in Gmund und auch über die Berge
nach Schliersee gelaufen. August war ja im allgemeinen gar
nicht für allzu große Anstrengungen, und ich mußte ihm richtig
die Freude am Wandern mit dem Rucksack beibringen. Wir haben sogar im Laufe des Sommers einmal im See gebadet, der
entsetzlich kalt war und in den ich mich nicht hinauswagte, da
ich seit sieben Jahren nicht mehr geschwommen hatte. Unser
liebster Sport war Rudern und Segeln, besonders als wir eine
Zeitlang, während Louis da war, ein schönes Rennboot mieten
konnten.

Allmählich wurde für uns die Frage des Wohnungswechsels
immer dringlicher. Wir überlegten, wie wir das neue Häuschen
in Bonn einrichten wollten und was wir noch alles an Möbeln
und praktischen Dingen brauchten. Bei unseren Besuchen in
München sahen wir uns in den Werkstätten alles Mögliche an,
aber August gefiel meistens irgend etwas nicht an den Sachen,
die auch sehr teuer waren. So erinnere ich mich an einen Rundgang durch Möbelgeschäfte, der ohne Erfolg auf der Oktober-
wiese endete. Wir waren voller Erwartung dorthin gegangen,
waren aber furchtbar enttäuscht, nur eine Freß- und Saufangele-
genheit großen Stils vorzufinden (ausgenommen die köstlichen
Backhendeln), und erfreuten uns an einem dort gastierenden
Zoo und einer Samoanergruppe mit wunderschön aussehenden
Männern und Mädchen, die allerlei aus ihrem Leben vorführten.
Wir hatten uns nun allmählich entschlossen, unserem guten
Staudacher den Auftrag zu geben, einige Möbel für uns anzufer-
tigen, die August entwarf und zeichnete. Staudacher machte uns
unser Schlafzimmer, bestehend aus zwei großen Betten, zwei
Nachttischchen, einem zweiteiligen Kleiderschrank, Kommode
und Kinderschränkchen aus gutem Fichtenholz, Stücke, die wir

lang behielten, die aber leider bis auf wenige bei der Zerstörung unseres Hauses in Berlin-Tempelhof im Zweiten Weltkrieg verlorengingen. Wir ließen sie mit unserem Umzugsgut, wofür wir einen halben Waggon gemietet hatten, nach Bonn gehen und dort erst schön weiß lackieren und Matratzen für die Betten anfertigen. Im September besuchten wir auf einen Tag Onkel Heinrich und Tante Sofie in Oberpfaffenhofen. Sie hatten dort ein reizendes Häuschen mit großem angebauten Atelier und schönem Obst- und Blumengarten. Wir waren entzückt von der Gegend und konnten schöne Wanderungen durch die herrlichen Buchenwälder, Wiesen und Moore machen. Die Weite und Großzügigkeit der Landschaft taten uns wohl und begeisterten uns. In Tegernsee war es uns, besonders nach dem fremdenreichen Sommer, zu eng und bedrückt geworden, die Berge fielen auf uns. In einem Brief vom 23. September 1910 schreibt August:

Der Walter schreibt so ironisch, daß wir es nicht mehr aushielten. Der Grund liegt darin, daß die vielgepriesenen Berge einem auf die Dauer zu vier Wänden werden. Das erweckt ein ganz fieses Gefühl des Beengt- und Eingeschlossenseins. Also nix wie raus. Wir freuen uns sehr auf Bonn und auf die gemütlichen Abende.

August malte viel und nahm mich oft zum Modell. Es war nun die Ausstellung der »Neuen Künstlervereinigung« endlich zustande gekommen. In einem Brief an meine Mutter schrieb ich darüber: »Ganz München war in Aufruhr, in allen Zeitungen Kritiken von unglaublicher Gemeinheit und Verständnislosigkeit.« Wenn man die Ausdrücke bedenkt, mit denen die Kritiker damals über die armen Maler herfielen, so könnte man glauben, die ganze »Vereinigung« hätte sich aus entlaufenen Tollhäuslern zusammengesetzt. Jedenfalls war es für uns damals ein großes künstlerisches Erlebnis gegenüber den langweiligen Riesenausstellungen im Glaspalast und der »Scholle«. Es wehte ein ganz unkonventioneller frischer Wind, und das tat gerade dem etwas verschlafenen Münchener Kunstleben gut. August war damals

sehr begeistert von Matisse und hatte schwere Kämpfe auszufechten in seinem engeren Kreise, in dem dieser französische
Maler noch nicht genügend anerkannt wurde. Er schreibt einmal im Oktober darüber an meine Mutter:

*Mir ist Matisse rein nach meinem Instinkt der sympathischste der gan-
zen Bande. Ein überaus glühender, von heiligem Eifer beseelter Maler.
Daß er ein ganz einfacher Mensch sein soll, ist mir sehr einleuchtend.
Ich habe ihn mir nie anders gedacht. Übrigens kann ich Euch zur Beruhigung mitteilen, daß Matisse alles von der Staffelei weg verkauft und
keine Sachen zum Ausstellen hat.*

Es waren eine Menge Bilder in diesem Jahr in Tegernsee entstanden, August schätzte sie alles in allem mit einigen wenigen früheren auf zweihundert. Den Malerfreunden wie Louis Moilliet
und Franz Marc gefielen sie gut, und sie hatten großes Zutrauen
in seine Zukunft. August wußte stets genau, was er wollte und
wie weit es ihm schon gelungen war, das ihm Vorschwebende zu
verwirklichen, aber trotzdessen verließen ihn nie eine äußerst
sympathische Bescheidenheit und große Kameradschaft und
Neidlosigkeit gegenüber den Malerfreunden und Kollegen, deren Arbeiten er schätzte.

*Ich habe jetzt beim Arbeiten zwei Gefühle: Ich male mit einer kolossa-
len Anstrengung und strenge mich immer an dabei, daß ich sehr müde
bin nachher. Ich reiße mir die Bilder Strich für Strich aus dem Gehirn.
Wirklich. An sich bin ich nämlich sehr träge. Wenn ich mir aber die
Nerven ausgerissen habe, so sollen diese Leinwandlappen auch was
wert sein, wenigstens meine Energie ergießt sich darein. Sie mögen
gefallen, wem sie wollen. Ich male, male und freue mich von ganzem
Herzen, wenn mein Blick mit dem Licht hineintaucht in das Dunkel
des Waldes oder über Wiesen zittert und schließlich den Wolken nach-
träumt in der Ferne. Tagtäglich neues Glück erleben, neue Freuden.*

Auf mehrere dringende Einladungen von Marc machten wir es
endlich wahr, ihn einmal zusammen in Sindelsdorf zu besuchen.
Nach einem etwas schweren Abschied von unserem geliebten

Jungen, den wir bei Anni ja in guter Obhut wußten, fuhren wir in der frischen Morgenfrühe von Tegernsee nach Tölz mit dem großen Postauto. Unterwegs bekam ich Schmerzen im Arm, der merkwürdig rot und entzündet aussah und wie Feuer brannte. Wir hatten beide ein wenig Angst, und da wir fast anderthalb Stunden Zeit hatten bis zur Weiterreise, faßten wir den Entschluß, der Vorsicht halber zu einem Arzt zu gehen. Am Markt fanden wir dann auch ein verheißungsvolles Schild an einem Haus und stiegen etwas beklommen hinauf, schellten an einer Tür des ersten Stockwerkes. Ein junger Mann im weißen Kittel öffnete uns und sagte, der Arzt sei verreist und er sei der Vertreter, aber da er uns wenig Vertrauen einflößte und wir uns auch wegen der Kleinigkeit ein wenig schämten, zogen wir es vor, uns wieder zu verdrücken. In Sindelsdorf holten wir dann den Rat der Hebamme ein, da dort kein Arzt war, und machten Alkoholumschläge, was sehr gut half. In Penzberg war Marc an der Bahn, und wenn ich nicht irre, fuhren wir mit einem von ihm bestellten Bauernwägelchen die Chaussee entlang nach Sindelsdorf. Die Gegend dort ist sehr eigenartig, viel flaches Land mit Weide und ein weiter Himmel, in der Nähe seltsam einsame Gegenden, reich an Mooren, die fast etwas bedrohlich Unheimliches haben. Das Dorf selbst klein, auseinandergezogen, mit unwirtlichen Wegen, die bei Regen kaum passierbar waren. Als einziges größeres Haus der Gasthof zur Post, in dem man übernachten und wohnen konnte. Er war zugleich eine Fleischerei. Läden gab es dort kaum. Marc und Fräulein Franck bewohnten eine kleine Etage beim Schreinermeister Josef Niggl in einem modernen, geschmacklosen Bauernhaus, im schlechtesten Stadtstil gebaut, ziemlich am Ausgang des Dorfes. Unten wohnte die Familie Niggl mit vielen Sprößlingen. Ein etwas säuerlicher Kleinkindergeruch benahm einem den Atem, wenn man das Haus betrat. Um so gemütlicher waren die Zimmer, die sich das Freundespaar oben eingerichtet hatte mit schönen alten Möbeln und vielen künstlerischen Dingen, die dem Ganzen eine sehr persönliche Note gaben. Marc war ein Mensch, der einen

ausgesprochenen Sinn für den Wert von selbst den unbedeu-
tendsten Gebrauchsgegenständen hatte. Er umgab sich mit ge-
diegenen Dingen und kaufte lieber gar nichts als etwas Billiges
und im Material Schlechtes. So war jedes Ding, das man in die
Hand nahm, ein kleines Kunstwerk. Er hatte schöne, alte japanische und chinesische Sachen, liebte Steine über alles und hatte
kleine Schalen voll damit in seinem Bücherschrank stehen, holte
sie hervor, hielt sie vor das Licht und ließ sie durch die Finger
gleiten. Er hat seiner Freundin manch schönes Schmuckstück
entworfen und fassen lassen. Von Marcs Wohnung aus ging eine
Treppe zu einem weiträumigen Speicher hinauf, der an einer
Seite ein großes Fenster hatte und eine Tür, die auf einen hölzernen Balkon führte. Hier auf diesem Speicher arbeitete Marc.
Dort standen seine große Staffelei, seine vielen Leinwände mit
teils begonnenen, teils fertigen Bildern. Eine kleine Ecke war
wohnlich eingerichtet mit Diwan, kleinem Tisch und Teppich.
Wenn man auf den Balkon trat, sah man hinunter auf die Pferde-
koppeln und die Weiden. Es trappelte und wieherte, brüllte und
muhte den ganzen Tag ums Haus herum, er lebte mitten zwischen seinen Modellen, und am Morgen, als wir in unserem eis-
kalten kleinen Zimmerchen an ebener Erde wach wurden, weil
der helle Tag in die Fenster schien, weckten uns die Kühe durch
ihr Geläute und Gemuhe. Es waren schöne, harmonische Tage,
und unsere Freundschaft wurde besiegelt.

Wir lernten auch das zweite dort lebende Freundespaar kennen, den Schweizer Maler Jean Bloi Niestlé und seine Freundin
Marguérite Legros, eine schlanke, zierliche Nordfranzösin, die
in München kunstgewerbliche Studien betrieben hatte und fast
gar kein Deutsch konnte. Das wenige aber sprach sie mit einem
bezaubernden Charme. Niestlé stammte aus Neuchâtel, sein
Vater besaß die größte Buchhandlung in der Stadt. Niestlé war
ein großer, gutgewachsener Mensch mit schön geschnittenen
Zügen und wunderbaren Augen. Sein Humor war mitreißend,
besonders, wenn er mit seinem stark schweizerisch-franzö-
sischen Akzent aus »Tausendundeine Nacht« oder aus den

»Blühenden Gärten des Ostens« kleine pikante Geschichten vorlas und Marguérite bestimmte verfängliche Worte, deren Sinn sie gar nicht verstand, nachsprechen ließ. Sie war körperlich und seelisch zart und hatte damals eine etwas schwierige Zeit. Maria Marc half ihr getreulich und brachte ihr die Grundbegriffe von Kochen und Haushalt bei. Niestlés wohnten in einer Bäckerei, sie hatten dort im ersten Stock ein großes Wohnzimmer mit einer Kochecke, in dem Marguérite schlief, und gegenüber auf dem Flur besaß Niestlé eine kleine Kammer. In dem großen Wohnzimmer gab es allerlei Kuriositäten, die er von seinen Streifzügen in Feld und Wald mitbrachte. In einen großen Kübel war ein Baum gepflanzt, unten mit Moos bekleidet, in dem es von kleinem Getier kribbelte und krabbelte. Einige zahme Vögel flogen im Zimmer umher und belebten es mit ihrem Geschrei. Niestlé arbeitete auch in einem Speicher, er saß wahrhaft zwischen Riesenstrohballen, in deren Mitte ein kleiner Platz frei war für die Staffelei. Er malte hauptsächlich Vögel und kannte sie wie keiner. Er ging hinaus und suchte die ihm wohlbekannten Plätze auf, streute Futter und wartete, bis die Vögel kamen. Sie waren so zahm, flogen um ihn herum, setzten sich auf Schultern und Kopf, so daß er manchmal die Spuren noch auf Rock und Jacke trug. August war so begeistert von einem der Bilder, einem Vögelchen in einer blühenden Sommerwiese, daß er Niestlé aufforderte, es meiner Mutter nach Bonn zu schicken zur Ansicht. Es sollte, glaube ich, 600 Mark kosten. Er tat es, und das Bild gefiel allen so gut, daß sie es kaufte und den ausgemachten Preis von 500 Mark, auf den sie sich geeinigt hatten, per Postanweisung nach Sindelsdorf schickte. Das hatte eine ungeahnte Wirkung, denn von dem Tag an sahen die Leute im Dorf den armen Maler mit stillschweigender Ehrerbietung an.

Beglückt kehrten wir wieder in unser Staudacherhäuschen zurück, freudig begrüßt von dem kleinen Walter, dem es in der Obhut der treuen Anni recht gut ergangen war. Wir konnten nun schon bald die Wochen zählen, bis unsere Zeit in Tegernsee um war. Es war schon recht kalt, auf den Bergen lag Neuschnee, und wir heizten tüchtig unseren kleinen Ofen. Tagsüber, wenn die Sonne schien, konnte man noch auf dem Balkon oder bei offenen Fenstern sitzen und sich ihrer Wärme erfreuen. Unten im Haus war es auch still geworden, weil der Sepp auf Wanderschaft gezogen war. Vorher hatte Anni ihn und seinen Freund zu einem Abschiedskaffee eingeladen, zu dem August dann noch die Zigarren stiftete. Wir wiederum waren zur Kirchweih bei den Alten unten zum Kaffee, saßen überhaupt manchen Abend in der gemütlichen großen Stube beim Erzählen. Der alte Staudacher war ein recht lustiger Mensch, der sich gerne freute und sich in seiner Jugend wohl auch ganz wacker vergnügt hatte. Eines Abends, als wir bei ihnen saßen, hieß es auf einmal: »Wo ist der Sepp?« »Ja, der Sepp, der is net do, ja wo mog er denn allweil sein?« »Ja, der wird wohl fensterln sein, als i so a junger Bursch war, da hab i halt au g'fensterlt.« »Aber net bei mir«, war die böse Antwort der Frau.

An einem schönen Wintermorgen, als alles in dichtem Schnee lag, wollte der alte Staudacher einen Holzklotz den Berg hinunter transportieren. Er hatte einen kleinen Rodelschlitten und gab sich die größte Mühe, den schweren Klotz darauf zu laden, wobei ihm der Schlitten immer zwischen die Beine fuhr. Ich sah diesem Spiel vom Fenster aus zu, holte August und wir beide konnten uns schütteln vor Lachen, bis August das Fenster aufmachte und hinunterrief: »Herr Staudacher, gebn's ihm doch an Tritt.« »Ja, sehn's do hab'ns wieder recht, Herr Macke, ja Sie san a g'scheiter Moa!« Wir hatten die ganze Familie wirklich liebgewonnen, und es wurde uns fast schwer, unser kleines Reich, in dem wir soviel Glück erlebt hatten, zu verlassen.

Ehe es soweit war, bekamen wir noch allerhand Besuch. Zweimal stand der kleine Kantorowicz, ein Studiengenosse meines Bruders aus der Münchner Zeit (später Professor der Zahnheilkunde in Bonn), plötzlich vor der Türe, und zwar einmal mit einer als Wanderbursch verkleideten jungen Freundin, mit der er in der Welt herumwanderte und die wir nach Jahren als seine Frau Professor in Bonn wiedersahen. In den letzten Septembertagen kam das »Pensionat« aus Sindelsdorf zum Abschied angereist. Wir hatten große Vorbereitungen getroffen, Fräulein Franck und Legröslein schliefen in dem Zimmer neben dem unseren, wo die schönen echten Biedermeierbetten aus Kirschbaum mit Ebenholzverzierung standen, die beiden Männer Marc und Niestlé auf der anderen Seite der Diele. Draußen war es recht naßkalt und Schneewetter, nur an einem Nachmittag waren wir zum Kaffee über Rottach-Egern zur anderen Seite des Sees spaziert. Um so molliger und gemütlicher war es zu Haus im geheizten Stübchen bei Annis guter Verpflegung und einigen Flaschen Wein. Es wurde viel erzählt, viel geredet über Kunst, man sah sich Bilder an, Augusts letzte Arbeiten gefielen allen sehr gut.

Die Ernte Deines Sommers prangt an unseren Wänden. Ich habe manches davon furchtbar gern, die »Bestimmtheit«, in der das meiste gemacht ist, beschämt mich oft. Meine tausend Schritte, die ich zu jedem Bild brauche, sind doch kein Vorzug, wie ich mir früher zuweilen törichterweise einbildete. Es muß schon anders werden. Was würdest Du alles machen können, wenn Du meine Sindelsdorfer Ungestörtheit hättest. Hoffentlich erkämpfst Du sie Dir in Deinem Bonner Atelier. Kümmere Dich doch um nichts als dies, rücksichtslos! Ich träume jetzt schon davon, einmal in Deinem Bonner Atelier neben Dir ein paar Sachen zu malen, wieviel könnten wir beide voneinander gewinnen, ich meinerseits ganz gewiß.

(Aus einem Brief von Marc an Macke vom 7. November 1910)

August und Marc porträtierten sich gegenseitig um die Wette, eigentlich wollten sie sehen, wer es am schnellsten könnte, und so waren sie in zwanzig Minuten fertig, als es schon zu dämmern anfing. Das Porträt, das August von Franz machte, hing eine Zeitlang als meine Stiftung in der Berliner Nationalgalerie. Es wurde zuletzt sogar noch auf der Ausstellung »Die großen Deutschen« (während der Hitlerzeit) in der Nationalgalerie mit ausgestellt, um dann später, als es um diese Kunst schon brenzlig wurde, von Dr. Rave, der später das Museum leitete, persönlich in Sicherheit gebracht zu werden, wodurch es erhalten blieb (in Westberlin). Das Porträt, das Franz von August machte, ist so furchtbar, daß man es keinem zeigen kann, wir nannten es immer »Der Verbrecher«, und wenn man sich danach ein Bild von ihm machen wollte, so wäre es verheerend gewesen. Nebenbei ging es recht übermütig zu; die drei Männer tobten abends in ihrem Zimmer so, daß eine Lampetkanne das Opfer ihrer Kämpfe wurde, über deren Zerbrechen Frau Staudacher ein großes Lamento anstellte. Die letzten Wochen eilten nun schnell vorbei, wir kamen immer mehr in Aufbruchstimmung, August konnte auch nicht mehr mit der rechten Ruhe malen, es gab dauernd zu überlegen und zu bereden wegen der Packerei. Die Möbel waren nun fertig, wir waren oft in die Werkstatt zum Meister Staudacher gegangen und hatten die Arbeit verfolgt. Er machte uns auch einen Verschlag um unser Klavier. Der Einfachheit halber hatten wir uns einen halben Waggon gemietet, der unser Hab und Gut bequem faßte. Am 10. November fuhren wir noch einmal nach München zum Einkaufen von Glas, Geschirr und allerlei praktischen Sachen. Anschließend ging es noch auf einen Tag nach Sindelsdorf, um noch einmal von unseren Freunden Marc und Niestlé Abschied zu nehmen. Dann kam Helmuth nach München und acht Tage zu uns heraus und half August getreulich beim Einpacken. Wir Frauen hatten noch bis zuletzt im Haus zu tun mit Betten klopfen, Fenster putzen, Hausputz halten, Waschen und Bügeln. Ich mußte mich um unser Söhnchen kümmern, das nun schon sieben Monate alt war und auch seine Unterhaltung am Tage verlangte. Mutter und Großmutter hatten allerlei warme Dinge für die weite Reise geschickt, unter anderem ein weißes, molliges Mäntelchen und Mützchen.

An einem Novembermorgen reisten wir in der dunklen, kalten Frühe ab. In der Nacht hatte es ununterbrochen geschneit, Schnee über Schnee! Ein Mädchen aus der Nachbarschaft hatte aus Freundschaft zu Anni den Weg von unserem Haus bis zur Bahnhofstraße aufgeschaufelt, sonst wären wir bis an die Knie im Schnee versunken. Langsam genug kämpften wir uns jetzt noch hindurch. Anni trug auf dem Arm Walterchen, den wir dick in eine Decke eingeschlagen hatten, vor dem kleinen Gesichtchen ein Schleierchen. Staudachers waren alle auf, trotz der frühen Stunde – es war ein Viertel nach fünf –, und wir verließen nicht ganz leichten Herzens unser geliebtes heimatliches Nest, in dem wir so glücklich gewesen waren, August so schön und fruchtbar hatte arbeiten können und uns unser liebes erstes Kind geschenkt ward. Der kleine Bummelzug blieb unterwegs alle halben Stunden im Schnee stecken. Dann machten sich die Schneeschaufler, die mit großen Schippen im letzten Wagen mitfuhren, an die Arbeit, um die Schienen von den Schneemassen zu befreien. So ging es langsam mit vielen Unterbrechungen weiter, bis wir endlich reichlich verspätet in München ankamen. Dort hatten wir gerade so viel Zeit, um zu frühstücken und dem kleinen Mann ein warmes Fläschchen zu geben. Dann nahm uns der D-Zug auf, der uns schnell der Heimat zubrachte. In Hanau waren Fried und Emma Lübbecke an der Bahn. In den wenigen Minuten Aufenthalt hielten wir ihnen unseren Jungen ans Fenster, auf den sie sehr neugierig waren. Sie reichten uns einen köstlich ausgestatteten Freßkorb ins Coupé, und unter Rufen und Winken trennten wir uns wieder. In Bonn waren die gute Mutter und Walter an der Bahn, alle natürlich am meisten gespannt auf das neue Enkelchen und Neffchen. Es war ein überaus froher und herzlicher Empfang in der alten Heimat, der uns wieder in das elterliche Haus führte, in dem wir die ersten Monate noch wohnen mußten, bis unser eigenes Heim fertig war. Am glücklichsten war die geliebte Urgroßmutter, die zum ersten Male ihr erstes Urenkelchen in den Armen halten konnte.

Wieder in Bonn

Bonn – der laue, regnerische rheinische Winter, nebelige Tage, schwere Luft. Die kleine Stadt mit ihren Menschen, wo der eine sich um den anderen kümmert, wo man Rücksicht nehmen muß aus tausend Gründen. Welch ein Unterschied zu unserem freien unbekümmerten Leben in den Bergen, weitab von Trubel und Stadtgetriebe!

Wir wohnten die ersten Monate noch im väterlichen Haus bei Mutter, Großmutter und Bruder, in das durch unseren kleinen Walter wieder frohes Kinderleben einzog. Man mußte sich wieder aneinander gewöhnen. August mit seinem immer anregenden Geist steckte alle an. Er hatte vorerst noch keine rechte Ruhe, größere Arbeiten zu beginnen, da er keinen geeigneten Raum dazu hatte. Die Arbeiten am Ausbau des Ateliers in unserem zukünftigen kleinen Haus nebenan beschäftigten ihn sehr, und täglich war er drüben, um nach dem Rechten zu sehen und alles zu beaufsichtigen. Es sollte alles so bequem wie möglich werden, ohne daß es zuviel Unkosten und Umbauereien verursachte. Das Atelier war für ihn natürlich die Hauptsache, es hatte große Fenster nach drei Seiten und ein großes Oberlicht. Man konnte weit in die Gegend sehen, die Ringstraße hinauf fast bis zur Kölner Chaussee mit dem Turm der Irrenanstalt. Es war eine belebte Straße, die täglich anregende Bilder bot: Kinder, die in langen Reihen zur Schule zogen, Soldaten, die zur Kaserne marschierten, Husaren auf ihren Pferden, Reiter, viele Lastwagen, Marktwagen hochbeladen mit Körben. In der Nähe war das Industrieviertel, dessen pulsendes Leben August stets liebte. Die Bahn war nicht weit, die Rheinuferbahn nach Köln vor der Türe, die Viktoriabrücke, die über die Bahn führte, gleich vor dem Haus. Vom Atelierfenster aus der Blick auf die Marienkirche, die, von Vorstadthäusern umgeben, jeden Tag in anderer

Stimmung sich zeigte. Alles Motive, die in seinem Schaffen immer wieder vorkommen und die er oft und jedesmal anders geschildert hat. Gegenüber von uns lag der große Garten eines Gemüsebauern, dessen Familie wir schon seit Jahren kannten. Im Frühjahr war alles in ein Meer von Blüten getaucht. Hinter dem Haus unser großer Garten, Hof, Scheune und Gemüsegarten.

Wenn August sich genug mit dem Haus beschäftigt hatte, ging er viel in die Stadt, suchte alte Freunde auf und machte neue Bekanntschaften, ging in die Museen und Kirchen, an den Rhein oder auf den Kreuzberg. Er hatte auch keine Ruhe, bis er einen Hund kaufen konnte, der ihn auf seinen Wegen begleitete und den er abrichtete. Wir fanden einen herrlichen, rassereinen, mit Edelstammbaum ausgezeichneten Wolfshund, ein bildschönes Tier, das er aus einem Zwinger in Waldbröl für 100 Mark dressiert bekam und das noch jahrelang nach Augusts Tod unser treuer Beschützer war. Am Provinzialmuseum in Bonn, das außer den römischen Ausgrabungen und Altertümern noch die der Stadt Bonn für 99 Jahre überlassene und später von ihr angekaufte Sammlung Wesendonck enthielt, arbeitete damals als Assistent Dr. Walter Cohen, ein feinsinniger Kunsthistoriker, dessen Ressort dort die mittelalterliche Kunst war, der sich aber Zeit seines Lebens glühend für die moderne Kunst und die Künstler begeisterte und jederzeit mutig dafür einsetzte. Mit ihm befreundete sich August und war froh, in ihm stets einen eifrigen Förderer aller neuen Ideen und Probleme zu finden. Cohens beide Brüder leiteten in Bonn die größte Buchhandlung gegenüber der Universität »Am Hof«, Friedrich Cohen den Buchhandel, Heinrich Cohen den Kunsthandel. In der ersten Etage war ein schöner Raum, in dem wechselnde Ausstellungen gezeigt wurden. Hier wurde manches Neue, Umstrittene ausgestellt und dem spröden, für bildende Kunst schwer zugänglichen Bonner Publikum, das so ganz auf Musik und Literatur eingestellt war, nahegebracht. August war froh, in diesen drei Brüdern verständnisvolle Menschen von hoher Kultur zu finden, die jederzeit seine Interessen unterstützten und seine Anregungen gerne aufnahmen.

Unterdessen ging der Briefwechsel mit seinem Freunde Marc rege weiter; Marc war zur Zeit allein in Sindelsdorf mit Helmuth. Seine Frau, die Maria, war den Winter über zu ihren Eltern nach Berlin gereist. Die beiden Freunde führten ein idyllisches, trotz Franzens angeborener Ordnungsliebe etwas bohemienhaftes Leben, da die gestrenge Hausfrau fern war. Marc schrieb damals sehr froh, daß Helmuth Macke bei ihm war. Sie kochten und buken nach Helmuths bekanntem Rezept Reibekuchen auf dem im Zimmer befindlichen Ofen, hatten einen großen Schinken an einer langen Kette von der Decke herunterhängen, von dem sie nach Bedarf abschnitten, und fühlten sich äußerst wohl. Der Verkehr mit den Leuten der »Neuen Künstlervereinigung«, Erbslöh, Kandinsky, Jawlensky, Kanoldt war ziemlich lebhaft. Marc hatte einige Bilder von August in Sindelsdorf zurückbehalten, um sie ihnen zu zeigen, aber da er glaubte, August könne sie schlecht so lange entbehren, schickte er sie zurück, ehe sie sie gesehen hatten. Damals, als gerade unser Häuschen seiner Fertigstellung entgegenging, schrieb Marc an August: »Richte Dir doch ein paar Wände in Eurem Haus für Fresko. Dann malen wir zusammen eine Reiterschlacht oder den Durchgang durch's Rote Meer.« Beide Künstler beschäftigten sich damals sehr viel mit Farbtheorien. Jeder hatte seine eigenen Ideen darüber, wie folgt:

FARBE	August	Franz
blau	traurig	männliches Prinzip, herb, geistig.
gelb	heiter	weibliches Prinzip, sanft, heiter, sinnlich.
rot	brutal	die Materie, brutal und schwer, stets die Farbe, die von den anderen beiden bekämpft werden muß.

Sich näher darüber auszubreiten, führte zu weit, aus dem Briefwechsel geht das alles hervor. August hatte damals die Farbtheorien des französischen Malers Sérusier kennengelernt und sich danach einen Farbkreis aufgestellt, nach dem er einige Versuche malte wie zum Beispiel den »Frauenkopf in Orange und Gelb«. Als er endlich in seinem Atelier war, entstanden viele Bilder, zum Teil sehr bedeutende, für das Gesamtwerk entscheidende.

Das Weihnachtsfest und Ende des Jahres 1910 sollten wir noch im väterlichen Hause erleben. Es war ein schönes Christfest zusammen mit dem fröhlichen, lebendigen Jungen, der von den Großmüttern auf alle erdenkliche Weise verwöhnt wurde. Die guten Freunde bedachten ihn auch schon mit liebem Spielzeug und schickten uns zwei wunderschöne Bronzen als Türschlösser, die Marc hatte gießen lassen, und eine tiefe Kachel, die er angestrichen hatte und die als Blumenschale gedacht war. Wir hatten handgemalte alte holländische Kacheln ausgesucht, um Marcs zu erfreuen, und ernteten reichen Dank. Marc war über Weihnachten nach Berlin gereist, da Maria bei ihren Eltern an Blinddarmreizung erkrankt war und vorläufig nicht nach Sindelsdorf zurückkehren konnte. Bei der Gelegenheit besuchte er zum ersten Male die Sammlung Koehler und war oft mit diesem großzügigen Gastgeber zusammen. Auf Anraten von August suchte er den Maler Heinrich Nauen auf, der damals in Lichterfelde wohnte, Lehrer und Freund von Helmuth, seinerzeit viel angefeindet und in schwierigen äußeren Verhältnissen lebend. Vor Weihnachten fuhr August nach Hagen, um im Folkwang-Museum, das Ernst Osthaus großzügig angelegt hatte, die Ausstellung der »Neuen Künstlervereinigung« zu sehen, die Bilder waren ihm aber alle nicht einfach und selbstverständlich genug: »Sie wollen zuviel Großes«. Darüber schrieb er am zweiten Weihnachtsfeiertag 1911 an Marc in einem Brief:

Ich war in Hagen, sah zwei Matisse, die mich entzückten. Eine große Sammlung japanischer Masken, göttlich! Freie Vereinigung hing in schlechtem Licht. Kanoldt wirkte wieder als der selbstverständlichste. Überhaupt das Selbstverständliche, das durch sich Selbstverständliche. Ich sah auch hier bei Münter Sachen von Kandinsky und Münter. Ein kleines Bilderskizzenbuch von der ganzen Vereinigung. Ich habe den

*Eindruck: Die Sezessionen im Gesamtcharakter geben zuviel »gut«
gemaltes. In München malt man Münzer, Erler, Eichlersche Künste-
leien – von anderen nicht zu reden. Die Vereinigung ist sehr ernst und
mir als Kunst das liebste von all denen. Aber, es schüttelt mich nicht. Es
interessiert mich stark ...*

Die köstlichen Schätze, die das Museum sonst bot, haben ihm
einen ungleich größeren Eindruck hinterlassen, besonders auch
sein Besuch bei dem Maler Jan Thorn Prikker, dem ersten Lehrer von Helmuth Macke, der von Osthaus nach Hagen berufen
worden war und dort ein nach eigenem Entwurf gebautes, in
seinen Proportionen höchst seltsames Haus bewohnte. Thorn
Prikker, ein sehr reger, seltsamer Geist, war damals ganz im
Bann, ja besessen von einem Kompositionsschema, das er sich,
auf dem goldenen Schnitt der alten Meister fußend, aufgebaut
hatte. Er fand in August einen begeisterten Zuhörer und Inter-
essenten, und die beiden als Künstler wie als Menschen so gänz-
lich verschiedenen Naturen fanden viele Berührungspunkte
(»Kucke Symbolik«).

Bonn, was weiß ich?
[wahrscheinlich Frühjahr 1911]

*... In Deinem Briefe war für mich so viel Schönes. Ich weiß nicht, ob
ich Dir schon schrieb: »wenn man einen Gedanken ganz ausdenkt, muß
ein Vers herauskommen.« Dazu gehört viel Faulheit und ein ausgeruh-
ter Geist. Ausgeruht im Sinne meinetwegen Raffaels oder des Verfas-
sers von Tausend und Einer Nacht, Wilhelm Buschs oder Mozarts.
Denen kam der Vers, der Dichtergedanke aus der Brunnentiefe ihres
klaren Geistes.* (Brief von August Macke an Lothar Erdmann)

Das Jahr 1911, das jetzt anbrach, war ein unglaublich ereignisrei-
ches, von Leben verschiedenster Art ausgefüllt. Im Februar endlich konnten wir in unser Haus übersiedeln, und jetzt erst fühlte
August sich wohl in seinem schönen hellen und geräumigen
Atelier. Aber immer noch nicht kam er zum ruhigen Arbeiten in
dem Gedanken an eine sechs- bis achtwöchige militärische

Übung, die er im April machen mußte. Zu größeren Arbeiten fand er deshalb nicht die rechte Konzentration. Er nahm Fühlung mit Menschen, fuhr öfter nach Köln in diesen Wochen, besuchte die Museen und den Kunstverein, in dem damals ein seltenes Bild von Greco ausgestellt war, das alle Kunstfreunde und Kenner aufs höchste interessierte und in Erstaunen und Begeisterung versetzte. Dr. Wendland, ein früherer Kunsthistoriker, der aus pekuniären Gründen in den Kunsthandel gegangen war, hatte es von dem früheren Besitzer, der nicht genannt werden wollte, in Kommission genommen und, um es einem größeren Kreis von Sammlern zugänglich zu machen, im Kunstverein ausgestellt. Alle Autoritäten der Kunstwissenschaft hatten es begutachtet, manches Museum und viele Sammler liebäugelten mit dem Erwerb, scheuten aber, den Preis von 60000 Mark zu zahlen. Für August war das Bild sehen und sich mit Dr. Wendland in Verbindung setzen eins. Er dachte sofort an Onkel Bernhard und wie herrlich er seine Sammlung durch dieses kostbare, wertvolle Stück bereichern würde. Er schrieb ihm, telegrafierte voller Ungeduld. Nach längerem Hin und Her kam Onkel Bernhard, und das Bild ging in seinen Besitz über, es ist ein stehender Johannes der Täufer aus der besten Zeit des Greco, ein sehr seltenes Kunstwerk[14]. Als der Verkauf glücklich abgeschlossen war, hatte August die reine Freude, dieses äußerst wertvolle Werk der schönen, aufblühenden Sammlung Koehler vermittelt zu haben. Er dachte aber nicht im geringsten daran, sich Prozente von dem hohen Verkaufspreis zahlen zu lassen, wie es doch sonst anstandslos Sitte ist. Im Gegenteil, er hätte um keinen Preis eine Geldsumme für die Vermittlung angenommen. Dr. Wendland lud uns einen Abend in die Bodega in Bonn ein. Wir saßen lange zusammen, er erzählte interessant von seinen Reisen in Spanien und Persien, verstand es aber, einen eigenartigen Nimbus um seine Person zu verbreiten, manchmal war man sich nicht ganz klar, ob man alles glauben sollte oder ob man es mit einem etwas zweifelhaften Erzähler zu tun hatte. Auch äußerlich war er ein seltsamer Mensch, manchmal ein we-

nig unheimlich, und man hätte ihn sich gut in nicht ganz ein-
wandfreie Geschäfte verwickelt denken können. Später war
noch ein zweiter Greco in Köln im Handel, auch ein sehr schönes
Bild, allerdings aus einer früheren Schaffensperiode des Mei-
sters. Dieses Bild stellte einen Mann, eine Frau und einen Affen
dar, große Halbfiguren in seltsamem Dämmerlicht, vielen roten
und gelben Tönen und einem ganz im Dunkel verschwindenden
Braun. Die Frau hielt eine Kerze, einzige Lichtquelle in dem goldenen Dunkel des Bildes. Dies verlieh dem Bild einen seltsamen
Zauber. Auch für dieses Bild wußte August Onkel Bernhard zu
interessieren, er hatte es längere Zeit zur Ansicht da, konnte sich
aber nicht entschließen, es zu kaufen, und ließ es wieder nach
Köln zurückgehen.

Der Kreis der Bekannten in Bonn und Köln vergrößerte sich
mehr und mehr. Durch Dr. Walter Cohen lernte August E. A.
Greeven kennen und den jungen Alfred Soennecken. Greeven
war ein sehr merkwürdiger, amüsanter Typ, groß, mit gepfleg-
tem blondem Spitzbart, im besten Alter, mit langen feinen Händen, einem breiten niederrheinischen Dialekt – seine Familie
stammte aus Krefeld. Er selbst hatte einige Semester Kunstgeschichte und Literatur studiert, es aber zu keinem Abschluß gebracht, und sich zwischendurch kaufmännisch betätigt, alle
möglichen Dinge und Geschäfte angefangen, unter anderem mit
Essig und Öl gehandelt und so weiter. Er hatte eine ziemlich
vermögende Frau, eine Holländerin solidesten, altmodischsten
Schlages, geheiratet und bewohnte ein herrschaftliches Haus an
der Endenicher Allee, besaß eine sehr gute Bibliothek und viele
schöne, künstlerisch wertvolle Dinge. Der Haushalt machte
einen wohlhabenden Eindruck. Greeven widmete sich damals
seiner Lieblingsbeschäftigung, der Schriftstellerei; es gab aber
auch Tage, an denen er viel spazieren ging, sich hübsche junge
Mädchen ansah und ihnen folgte. Man sagte, er kenne in Bonn
jede Schürze. Ab und zu besuchte er uns, und wenn August
nicht da war, ging er aufs Atelier, legte sich dort auf den Diwan
und gab sich dem süßen Nichtstun hin. Wenn man ihn fragte,

was er mache, sagte er in seinem breiten Rheinisch: »Ich warte auf die Inspiration.« Er war mit dem »Doktor« gut befreundet, sie hatten zusammen einen wöchentlichen Stammtisch in der Weinstube Wittmann. Bei mehreren Flaschen guten Weines wurden dort die schwierigen Kunstdebatten ausgetragen. August beteiligte sich bald als jüngstes Mitglied, manchmal auch meinen Bruder und den jungen Alfred Soennecken mitnehmend, der sehr kunstinteressiert war. Ab und zu kam Walter Klug vom Kölner Kunstverein herüber und als Ehrengast Dr. Max Creutz vom Kölner Kunstgewerbemuseum, der allgemein geschätzte und beliebte »Ohm Creutz«, ein Rheinländer von ältestem Schrot und Korn, der ebenso wie Walter Cohen zeit seines Lebens einen mutigen Kampf um die neue Kunst kämpfte. Wenn er in etwas vorgeschrittener Stunde, vom lieblichen Wein angefeuert und erheitert, mit strahlenden Äuglein und glühenden Backen dasaß, dachte man an einen chinesischen Glücksgott oder an einen weinseligen Bacchus. Dann gab er seine Witze zum besten, und zwischendurch war der »Doktor«, der infolge seiner Schwerhörigkeit nur begrenzt an der Fröhlichkeit teilnehmen konnte, leise eingeduselt und hielt ein kleines Nickerchen. Durch Greeven und Klug lernten wir die Familie Worringer in Köln kennen. Frau Worringer, eine kleine, lebhafte, temperamentvolle und energische, für alles interessierte alte Dame, hatte damals noch die Oberleitung in der Bewirtschaftung des vornehmen Restaurants im Zoologischen Garten in Köln, unterstützt von zwei Söhnen. Mit dem jüngeren Sohn Adolf befreundeten wir uns. Die einzige Tochter Emmy Worringer war Malerin, hatte in München ihre Lehrjahre verbracht und nun in Köln im neuerbauten Gereonshaus gemeinsam mit der fremdartig schönen Olga Oppenheimer ein großes, geräumiges Atelier bezogen. Später wurde es bekannt dadurch, daß der Gereonsklub – eine Interessengemeinschaft junger schaffender Künstler, Museumsleute, Kunsthändler und -sammler – dort seine regelmäßigen Zusammenkünfte abhielt. Der ältere Bruder, der bekannte Kunsthistoriker Dr. Wilhelm Worringer, wurde an die Universität Bonn berufen, und wir hatten auch mit ihm engere Fühlung. Das Haus von Frau Worringer in Köln war wohl das gastfreundlichste, das man sich denken konnte, es war Treff- und Mittelpunkt für alles, was mit Kunst zu tun hatte im Rheinland, und die Gastfreundschaft wurde in einer wunderbar großzügigen, niemanden bedrückenden Weise ausgeübt und jedem Besucher zuteil, daß man sich dort gleich zu Hause fühlte. Es war hauptsächlich die Tochter Emmy, die alle bekannten und interessierten Menschen heranzog und den lebendigen Kreis gleichgesinnter Menschen immer mehr verdichtete und vergrößerte. August freundete sich sehr mit der Familie an und hat im Zoologischen Garten viel gezeichnet und gemalt und die Motive zu seinen schönsten Bildern gefunden. Er hatte seine Malsachen dort stets bereitstehen, um, wenn er Lust hatte, an Ort und Stelle zu arbeiten.

In diesem Zusammehang muß ich noch etwas über den Gereonsklub berichten: Diese Vereinigung, die in Köln auf Anregung von Fräulein Worringer und dem Maler Franz M. Jansen gegründet worden war und im »Gereonshaus« tagte, wurde für das Kunstschaffen im Rheinland von immer größerer Bedeutung. Es wurden dort alle Monate wechselnde Ausstellungen gemacht, vor allem auch von jüngeren, in der Öffentlichkeit noch wenig bekannten Künstlern. Man konnte Mitglied sein und einen bestimmten Jahresbeitrag zahlen oder Stifter, zu denen die bekannten Sammler, darunter auch mein Onkel Bernhard Koehler, gehörten, die im Jahr mindestens 100 Mark geben mußten. Davon wurden die Ausstellungen und sonstigen Veranstaltungen, wie Vortrags- und Leseabende, bestritten.

Als August durch Emmy Worringer in diesen Kreis gebracht wurde, fand er gleich ein schönes Feld der Betätigung, und durch seine Verbindung mit seinen Künstlerfreunden kam neues, befruchtendes Leben in die Veranstaltungen, bei denen es oft recht munter zuging. Er warb auch gleich eine Anzahl neuer Mitglieder; die Räume waren immer gefüllt mit interessierten und interessanten Menschen. Die Abende wurden durch Unterstützung der Familie Worringer, die für das äußerliche Wohlbehagen der Gäste sorgte, Getränke, Gebäck und Früchte stiftete, zu wirklich anregenden, geselligen Zusammenkünften. Wir freuten uns jedesmal, wenn wir wieder nach Köln fahren konnten, und meine Mutter und mein Bruder begleiteten uns des öfteren. Es gab immer Abwechslung in den Darbietungen: Einmal las der Dichter Theodor Däubler aus seinem »Nordlicht« vor, ein andermal spielte der Komponist Conrad Ramrath aus seinem neuesten Werk mit Erläuterungen. Hinterher schlossen sich Diskussionen an, an denen viele Besucher teilnahmen und die oft einen interessanten Meinungsaustausch zeitigten.

August selbst hat dort einmal gesprochen, und zwar über »Worte, Töne, Farben«; zu gleicher Zeit hingen Bilder der Vereinigung an den Wänden. Tagelang vorher hatte er sich mit diesem Vortrag beschäftigt, sich viele Notizen gemacht und ihn des öfteren probeweise gehalten, da er die Absicht hatte, frei zu sprechen. Meine Mutter mußte am meisten herhalten: Er verfolgte sie, wo sie ging und stand, durch das ganze Haus, ja, sogar bis in den Keller, wenn sie dort Obst sortierte. Es wurde uns nachgerade lästig, und wir mußten lachen, aber er nahm es sehr ernst mit seinem Referat. Wir konnten ihn uns allerdings gar nicht als offiziellen Redner vorstellen, da er eine so unmittelbar zwingende Art hatte, über künstlerische Dinge zu sprechen. Er ließ sich sogar einen funkelnagelneuen Gehrock machen, und ich habe ihn nie, selbst nicht an unserer Hochzeit, so feierlich gesehen, was eigentlich gar nicht zu ihm paßte. Ich bekam ein wunderschönes, von ihm sehr eigenartig entworfenes Kleid, wodurch die Sache einen beängstigend offiziellen Anstrich erhielt. Manche Bonner, die von der Veranstaltung gehört hatten, rissen sich darum, eingeladen zu werden, aber August machte es eine diebische Freude, eine Auswahl nach seinem Gutdünken zu treffen; so überging er absichtlich einige Professoren (Zitelmann, Ruhland), die im geistigen Leben von Bonn eine große Rolle spielten; von früh an hatte er einen Abscheu gegen den akademischen Hochmut dieser Kreise.

Es wurde einer der amüsantesten und lebhaftesten Abende im Gereonsklub. August las zuerst aus seinem Manuskript ab, was auf uns, die wir seine natürliche, ungekünstelte Art kannten, etwas steif und unlebendig wirkte. Er hatte mir auf das strikteste befohlen, mich möglichst unsichtbar zu machen, damit er, wenn er mich sähe, nicht etwa aus der Rolle fiele. So saß ich mit unserem Freund Arthur Samuel ziemlich im Hintergrund, aber der Anblick des feierlich gekleideten, sich beim Sprechen zum Ernst zwingenden August reizte unsere Lachlust ungeheuer, und wir konnten sie kaum unterdrücken. Zum Schluß fiel plötzlich alles Offizielle von ihm ab, und er fing an, japanisch zu sprechen, d. h. er ahmte die berühmte Schauspielerin Hanako nach, die damals mit ihrer Truppe aufsehenerregende Gastspiele in allen Ländern gab und besonders durch ihr täuschend dargestelltes »Harakiri« (Selbstmord) den größten Erfolg erzielte. Er hatte sie seinerzeit bei ihrem Auftreten in München gesehen (es existiert auch eine Zeichnung nach ihr), wo sie ihm einen unvergeßlichen Eindruck gemacht hatte. August imitierte nun die Szene, wo sie als Dienerin zwölf silberne Teller zählt und immer wieder zählt, weil einer fehlt. Ihre Stimme wird immer gehetzter, weinerlicher, bis sie schließlich fast ohnmächtig zusammenbricht. Er ahmte diese Szene so meisterhaft nach, daß alle in einen Sturm der Begeisterung gerieten und der Bann gebrochen war. Nach dem Vortrag war ein allgemeines Tohuwabohu. Alle bestürmten August mit Fragen, jeder wollte etwas von ihm wissen, der eine dieses, der andere jenes Bild erklärt haben. Zu mir kamen sie sogar auch. Schließlich standen die Anwesenden zum Teil auf Stühlen, alle schrien durcheinander, und vergebens wurde versucht, durch Schellen dem Lärm ein Ende zu machen. Ein Bild von Campendonk, eine Kabarettsängerin darstellend, hager und häßlich, im Stil von Toulouse-Lautrec gemalt, war es vor allem, das Empörung hervorrief, und Herr Herz, der selbst eifrig sammelte, rief plötzlich: »Warum wählen sich die Maler heute ihre Objekte am liebsten aus der Kloake?«, worauf Alfred Flechtheim ganz vorwurfsvoll erwiderte: »Sie Korsettfabrikant, Sie haben ja die meisten Kunden aus der Kloake« und Herz darauf zu Flechtheim ganz verächtlich: »Sie Getreidehändler.« August, ruhig lächelnd zwischen dem Tumult, klopfte Flechtheim freundschaftlich auf die Schulter und sagte, zu Herz gewandt: »Warum ist der Herr Flechtheim so häßlich, können Sie dann ebensogut fragen.« Es gab ein allgemeines Hin-und-Her-Rufen, und erst als die Damen mit Erfrischungen kamen, beruhigten sich allmählich die aufgeregten Gemüter.

In Bonn hatte August durch Vermittlung der Malerin Gabriele Münter, die Mitglied der Neuen Vereinigung war, deren Bruder kennengelernt. Seine Frau war Sängerin, er war ein kleiner, gedrungener, schwarzer, breitschultriger Mann mit Vollbart, von dem man eigentlich nie recht wußte, welchen Beruf er ausübte. Sie hatten ihre Wohnung vollhängen mit Bildern von der Münter, Kandinsky, Jawlensky, und man war im Grunde erstaunt, diese Menschen inmitten solcher Bilder zu sehen. August war natürlich begeistert, daß es in Bonn so etwas überhaupt gab, und schickte alle möglichen Leute hin, sich diese Erzeugnisse der neuesten Kunst anzuschauen, oft mit zweifelhaftem Erfolg. Trotz all dieser Anregungen brachte er es fertig, am 9. Februar 1911 an Marc folgendes zu schreiben:

Das Atelier tritt nächste Woche in Betrieb. Was macht Ihr? Ich platze vor Neugirde. Was macht Helmuth? Erkläre mir bitte den Gebrauch des Prismas mal genau. Kerls, Ihr habt so viel, laßt einen armen einsam Verkommenden einen Tropfen vom Stengel des Pokals schlürfen, an dem Ihr liegt und sauft Ihr, Ihr . . . Ihr Maler, Ihr ganz prismatischen.

August in den Kalkwänden.

Anfang April 1911 zog August zu einer sechswöchigen militärischen Übung nach Elsenborn, dem großen Lager in der Eifel. Dort war es um diese Jahreszeit nachts noch rauh und sehr kalt. Im Grunde liebte er ja diese einfache Lebensweise, diese mechanische Einteilung des Tages. Er verstand sich gut mit den Muskoten, sprach mit ihnen in ihrer Sprache und war durch seinen

Humor jeder Situation gewachsen. Trotz allem war er diesmal froh, als die Wochen herum waren, er steckte doch zu voll von Arbeitsplänen, und es gingen ihm zuviele Dinge durch den Kopf, zuviele Dinge lagen ihm sehr am Herzen. Als er Ende Mai zurückkam und den Soldatenrock wieder in den Schrank hängen konnte, war er sehr beglückt. Unterdessen hatte der Briefwechsel mit Marc nicht geruht. Seine Ausstellung in Barmen, die August ihm durch die Bekanntschaft mit dem dortigen Direktor der Ruhmeshalle, Dr. Richard Reiche, vermittelt hatte, war nun endgültig auf Anfang Juni festgesetzt.

Es hatte sich unterdessen allerlei ereignet in kunstpolitischer Beziehung. August hatte Fühlung mit allen führenden Leuten des Rheinlandes bekommen, mit Museumsdirektoren, Sammlern, Kunsthistorikern und den Künstlern selbst. Es war damals die große Sonderbundausstellung geplant, die in der Kunsthalle Düsseldorf die schönste Sammlung Nemes von Grecobildern zeigen sollte, außerdem Cézanne, van Gogh, Leibl, Schuch, Marées, Munch. Viele Museumsleute waren sehr begeistert von dieser Kunst, kauften Bilder an und hängten sie auf. Das beschwor den Protest von anderen herauf, die es als einen Fehler ansahen, daß so viel französische Kunst für teures Geld von den deutschen Museen gekauft wurde; der Kunstmaler Vinnen in Worpswede gab eine Schrift heraus gegen die Anhänger dieser Kunstrichtung, und er hatte dabei die Münchner Sezession, die Worpsweder Malergruppe, Artur Kampf, Trübner, Zwintscher, Greiner, Schultze-Naumburg, Dill usw. auf seiner Seite. Eine Entgegnung in Form einer Kampfschrift gegen Vinnen, zu der die namhaftesten Künstler und Museumsdirektoren Beiträge schrieben, war die Antwort. In dem engeren rheinischen Kunstkreis wurde sogar die Schaffung einer Kunstzeitschrift ganz großen Stiles geplant, zu deren Gründung die wohlhabenden Sammler erhebliche Summen stiften sollten. E. A. Greeven war als Herausgeber in Vorschlag gebracht. In einem Brief vom Juli 1911 an Bernhard Koehler schreibt August über diese Pläne:

Bei Piper kommt in kurzem eine Protestschrift gegen Vinnen heraus mit Beiträgen sämtlicher Museumsdirektoren und anderer, denen die Kunst am Herzen liegt. Ich habe darin auch meinem Herzen kräftig Luft gemacht. Wir haben momentan in Deutschland entschieden eine Bewegung unter Malern, Architekten und Sammlern sowie auch in der Literatur, die so viele Anhänger zählt, daß es Zeit ist, energisch und selbständig diese Bewegung durchzusetzen gegen alles Offizielle und kleinlich Schulmeisterliche. Sonderbund, Sammlung Koehler, Osthaus, Heymel, Neue Vereinigung, Dresdener Brücke, teilweise Neue Sezession, alle die Orienthändler und Altertumshändler mit ihren Kunden, die Freunde moderner Literatur- und Theaterkunst, die Architekten und Kunstgewerbler. Für alle die eine feine Zeitschrift, die aus aller Kunst das Beste gibt und die Wege in die Zukunft zeigt . . .

August forderte zugleich Koehler auf, sich finanziell an diesem geplanten Unternehmen zu beteiligen, aus dem leider nichts wurde, trotz allem Idealismus und aller Begeisterung der Beteiligten. Am 17. Juni fand in Düsseldorf im Park-Hotel ein ungezwungenes Soupieren der Sonderbundleute statt, an dem August teilnahm und bei welcher Gelegenheit sich alle Künstler und Kunstfreunde trafen, vor allem aber die Vorstandsmitglieder. August hatte mittlerweile sich eine solche Position geschaffen, daß er für die im nächsten Jahr geplante große Ausstellung in den Arbeitsausschuß gewählt wurde. Trotz seiner Jugend hatte er sich bei allen maßgebenden Persönlichkeiten großes Ansehen verschafft durch sein sicheres Auftreten, sein zielbewußtes Sich-Einsetzen für die umstrittenen neuen Werte in der Kunst. Durch sein offenes Wesen, seine menschliche Lauterkeit und seine leicht sich anpassende, liebenswürdige, witzige Art wirkte er selbst in kritischen Situationen vermittelnd.

Franz und Maria Marc kamen nach ihrem Aufenthalt in England am 22. Juni wieder zu uns nach Bonn. Sie erzählten, daß sie dort geheiratet hätten, aber viel später erfuhren wir, daß dies gar nicht möglich gewesen war, weil ihnen die dazu nötigen Papiere fehlten[15]. Bis zum 5. Juli waren die beiden unsere Gäste, und es gab natürlich gerade jetzt viel zu diskutieren und zu besprechen. Marc malte zwei Bilder in Bonn, die wir ihm später nach Sindelsdorf schickten. Sie besuchten auch gemeinsam Franz' Ausstellung, in der er zwei Bilder verkauft hatte, dann das Folkwang-Museum in Hagen und alle Kunstfreunde in Köln. Es wurde besonders viel über die Bilder von Kandinsky gesprochen, der damals im Mittelpunkt des Interesses stand und über den die Urteile sehr geteilt waren. Marcs fuhren per Schiff nach Mainz, von dort nach Frankfurt, besuchten Swarzenski im Städel und den Kunsthändler Schames, einen der feinsten und verständnisvollsten Vertreter seines Berufes, und kehrten sehr befriedigt wieder in ihr Sindelsdörfchen zurück.

August war manchmal von all der Kunstpolitik etwas müde und sehnte sich nach Ruhe; er hatte sogar mit Franz davon gesprochen, eventuell auf einige Zeit nach Sindelsdorf zu kommen, und die beiden hatten sich schon nach Wohnungsmöglichkeiten für uns umgesehen. Es war eine seltsame Unruhe in ihm; und doch ist wieder die Ernte dieses Jahres erstaunlich zahlreich an Bildern. Wenn man sie aus der Gesamtproduktion herausschält, so sind sie recht verschiedener Art, aber es überwiegen die Stilleben und Bilder mit starken Konturen und eigenartig scharfen Kontrasten.

Anfang August kam, mit viel Geschrei und Reklame durch ihren Bruder angekündigt, Fräulein Münter nach Bonn, eine kleine, schmächtige, äußerlich unscheinbare Person, die sehr temperamentvoll und begeistert von der Vereinigung, vor allem von Kandinsky erzählte und ihn August nahebrachte, ehe er ihn persönlich kennengelernt hatte. Sie war des öfteren bei uns, und August war sehr angetan, ja begeistert von ihr; sie nicht minder von ihm. Leider ging diese Freundschaft später durch kleinliche Mißverständnisse in die Brüche. In diese Zeit fällt auch die Bekanntschaft mit Paul Adolf Seehaus, der einige Radierungen bei Cohen ausgestellt hatte. August wurde darauf aufmerksam und suchte Gelegenheit, ihn kennenzulernen. Seehaus war der Sohn eines biederen Beamten in Bonn, der aus Ostpreußen stammte.

Von früher Jugend an durch einen Sturz verwachsen, hatte er in der Gestalt etwas seltsam Gnomenhaftes, dazu die harte, schnarrende Stimme, einen verhältnismäßig großen Kopf, in dem die ausdrucksvollen, lebendigen, ja oft feurig blitzenden Augen sofort auffielen. Damals besuchte er noch das Gymnasium und sollte auf Wunsch der Eltern, die nichts von seiner Liebe zur Malerei wissen wollten, das Abitur machen, um dann Zeichenlehrer zu werden. Er hatte viele Kämpfe deswegen zu bestehen und durfte sich nur heimlich mit der geliebten Malerei beschäftigen. Wie groß war seine Freude, als er von August sozusagen entdeckt und als sein Schüler – der erste und einzige übrigens – angenommen wurde. Nun kam er allwöchentlich einige Male nachmittags von der Schule aus zu uns, setzte sich zuerst in Gemütsruhe an den Kaffeetisch, und dann ging es hinauf ins Atelier, wo August ihm bereitwilligst Malmaterial, Pappen, Farben und Pinsel zurechtgestellt hatte, damit er nach Herzenslust arbeiten konnte. Es entstanden dort verschiedene seiner Bilder, unter anderem der Eisenbahnzug und einige größere Stilleben, die sie sich gemeinsam aufgebaut hatten, »Stilleben mit hölzernem Pferd« usw. Im August reiste der junge Adolf Seehaus nach Berlin, und August fragte bei Bernhard Koehler an, ob er sich die Sammlung ansehen dürfe: »Am Montag möchte ein junger Bonner sich gern bei Dir die Erlaubnis zur Besichtigung Deiner Sammlung holen. Er heißt Seehaus, ist durch frühe Krankheit zurückgeblieben auf der Schule, macht bald sein Abitur und will der Sicherheit halber Zeichenlehrer werden. Er hat viel Talent und ist sehr reich in seinem Denken. Ich machte ihn auf Deine Sammlung aufmerksam. Hoffentlich kommt er Dir nicht ungelegen, aber so ein inbrünstig in die Malerei verliebter Kerl ist der Mühe wert, dem bedeutet das kolossal viel.«

Der Plan, nach Sindelsdorf zu gehen, wurde ganz aufgegeben; stattdessen entschlossen wir uns, im September einen mehrwöchigen Aufenthalt bei Augusts ältester Schwester in Kandern im Schwarzwald zu nehmen. Wir waren geldlich etwas in Bedrängnis und hatten dort die Möglichkeit, umsonst zu leben. So machten wir unser gemütliches Haus zu, packten unsere Sachen und reisten mit Walterchen und Anni nach Süden. Es war das erste Mal, daß ich dorthin kam als junge Frau und Mutter, wobei die Großmutter Macke ihren ersten Enkelsohn kennenlernte. Der war nun schon anderthalb Jahre alt, ein kräftiger, lebendiger Junge voll Temperament, dem Vater sehr ähnlich in der Wesensart. Er konnte noch kaum sprechen, da verlangte er in seinem Kinderstühlchen sitzend nach »Pipier« (Papier) und »Bawawa« (Bleistift), und nie vergesse ich seine überraschte Freude, als er mit einem Buntstift herumhantierte und plötzlich hell aufjauchzte, als er mit seinen kleinen Händchen den ersten Kreis gezogen hatte. August kaufte ihm Buntstifte und Makulaturpapier, und es verging kein Tag, an dem er nicht malte.

Kandern war nun so recht etwas für den Jungen. Die Verwandten besaßen ja das größte Hotel am Ort, die »Krone«, dazu viel Feld, den halben Böscherzen – Berg bei Kandern – mit viel Wald, Weinberge in der näheren und weiteren Umgebung und eine Forellenfischerei in Pacht in der Kander. Neben dem Gasthausbetrieb war die Landwirtschaft die Hauptsache, es gab Kühe und Pferde, Schweine, Gänse und Hühner, alles Dinge, die ein Kinderherz begeisterten. Die Mutter Macke, die seit der Verheiratung ihrer jüngsten Tochter dort wohnte und sich durch tatkräftige Arbeit in den Betrieb eingeschaltet hatte, war in liebevoller Weise bedacht, es uns so gemütlich wie möglich zu machen, was in dem an sich unruhigen Betrieb eines solchen Landhotels nicht leicht war. Sie stellte uns das große Balkonzimmer zur Verfügung, das sie mit ihren schönen eigenen Mahagonimöbeln eingerichtet hatte. Anni schlief mit Walterchen in einem kleineren Raum. Als wir ankamen, war auch noch die jüngste Schwester Ottilie mit ihrem Mann und dem kleinen Töchterchen da, das einen Monat jünger als Walter war. Sie hatten ihre Ferien dort verlebt und reisten nach acht Tagen wieder heim nach Siegburg. Die alte Frau Giß, Augustes Schwiegermutter, die sich noch stark neben ihrem Sohn und der Schwiegertochter behauptete, trat uns mit großem Mißtrauen entgegen. Sie sah es

nicht gern, wenn andere als ihre eigenen Verwandten in die
»Krone« zu Besuch kamen, und hätte uns am liebsten nicht die
Butter auf dem Brot gegönnt. Besonders gegen mich als Tochter aus einem wohlhabenden Bürgerhaus war sie von vornherein
eingenommen, weil sie sich nicht vorstellen konnte, daß ich etwas vom Haushalten, Arbeiten und Kindererziehen verstünde.
Und zumal gegen unsere Anni war sie mißtrauisch, weil sie ein
feiner und so ganz anderer Typ war, als es die üblichen Mädchen
sind. Es gab wohl deshalb im stillen manche kleinen Reibereien,
von denen wir uns aber Gott sei Dank nicht beunruhigen ließen.
Es war ein schöner Spätherbst, und wir hatten zum ersten Male
Gelegenheit, eine Weinlese im Markgräflerland mitzuerleben.
Wir fuhren mittags hinaus in die Weinberge, wo schon seit dem
frühen Morgen die Knechte und Mägde beschäftigt waren. Ich
sehe unseren kleinen Sohn noch immer zwischen den Weinstök-
ken herumlaufen und Trauben essen, soviel er Lust hatte.
Der Herbst ist eine schöne Zeit dort unten im Schwarzwald,
es riecht überall nach Holz, nach jungem Most und frischen
Nüssen. Wir genossen alles sehr, auch die schönen Wege in den
Wald, kleine Fahrten mit der Kutsche, die August selbst lenkte.
Er ging zu den Bauerntöpfern in die Werkstätte, vor allem zum
Töpfer Fritz und machte seine ersten Versuche in Keramik.
Nun, wo wir der Schweiz so nahe waren, faßte August den Entschluß, eine kurze Fahrt an den Thunersee zu machen und dort
die Freunde Louis und Hélène Moilliet aufzusuchen. Da wir
Walter in der guten Obhut von Anni und unter der Oberaufsicht
der Großmutter wußten, traten wir sorglos die Reise an. Ich
hatte August so viel von der herrlichen Gegend vorgeschwärmt,
daß es wie eine Erfüllung unserer kühnsten Wünsche war, als
sich bei unserer Ankunft in Thun See und Berge im strahlend-
sten Glanz der Sonne und die Wälder in den leuchtendsten, glü-
hendsten Farben des Herbstes zeigten. Mit wieviel Freude sah
ich die altvertrauten Stätten wieder und war überglücklich, August alles zeigen zu können. Die Freunde begrüßten uns herzlich
und führten uns in ihr reizendes gemütliches Heim in Gunten.

Sie wohnten in einem Haus, das am Beginn der Guntenschlucht gelegen war und einer alten Schweizer Familie Tschann gehörte. Sie hatten dort im obersten Stock drei Zimmer und eine kleine Küche, und Louis hatte sich einen Raum als Atelier eingerichtet. Im Wohnzimmer, das mit alten Kirschbaumbiedermeiermöbeln, orientalischen Teppichen, Decken, Kissen und schönem, blankem Messinggerät ausgestattet war, alles Dinge, die Louis von seinen verschiedenen Tunisreisen mitgebracht hatte, stand in der Mitte Hélènes Flügel. In der einen Ecke war ein alter Kamin eingebaut mit einer richtigen steinernen Ofenbank, auf der es sich mit Decken und Kissen herrlich warm lag. Hélène verdiente damals den Unterhalt für die Familie durch ihre Musikstunden, die sie in Bern und Thun jede Woche regelmäßig gab und dadurch, daß sie ab und zu in Konzerten spielte. Sie war äußerlich eher ein französischer Typ, schlank, mittelgroß, gutgewachsen, mit einem schmalen Gesicht, langer, spitzer Nase. Ihre Augen hatten etwas ganz Besonderes im Ausdruck, lebhaft, liebevoll, für gewöhnlich ein wenig traurig im Blick, die Lider meist leicht gerötet, als ob sie geweint hätte. Ihre Stimme vergaß man nicht, noch weniger, wenn sie Deutsch sprach mit ihrem leicht französischen Akzent. Sie hatte wohl auch viel französische Elemente in sich. Ihr Vater war der damalige Bundesrat Gobat, ein prachtvoller, energischer, humorvoller Mann, eine der führenden Persönlichkeiten in der Schweiz. Ihre älteste Schwester Marguérite war unverheiratet und lebte in einem kleinen Gebirgsort, wo sie Kinder und Jugendliche erzog. Die jüngere Schwester war mit dem Arzt Dr. Vanod in Bern verheiratet.

Gleich in der ersten Nacht wurde ich plötzlich sehr krank. Es fing an mit furchtbarem Frieren, Leibschmerzen, Durchfall und Übelkeit, so daß ich die meiste Zeit außerhalb des Bettes zubrachte. Am andern Morgen, als die Freunde davon erfuhren, holte Hélène mich herauf, bettete mich in ihr Bett mit Wärmflasche und Wolljacken, kochte mir Quäkersuppe und pflegte mich liebevoll, besonders, da die beiden Männer nach Bern gefahren waren, um sich dort allerlei anzusehen. Leider wurde es mit mir aber nicht besser, auch als die beiden zurückgekehrt waren. Hélène wollte mich gar nicht reisen lassen, aber ich hatte keine rechte Ruhe trotz meines furchtbar geschwächten Zustands, und wir fuhren unter argem Ungemach nach Bern, wo mich meine gute, besorgte Frau Oberst, entsetzt über mein Befinden, gleich ins Bett steckte. Wir wußten nun, daß es eine Fehlgeburt gewesen war, trauten uns aber nicht, etwas zu sagen, auch nicht der Mutter, als wir wieder nach Kandern zurückkehrten und sie zutiefst erschrocken über mein schlechtes Aussehen – ich hatte zehn Pfund abgenommen – in Vorwürfe gegen August ausbrach, daß er so mit mir gereist sei. Es war auch ein bodenloser Leichtsinn, und statt mich nun dort pflegen zu lassen, machte ich noch stillschweigend eine Fahrt in einem rappeligen Autobus mit. Unserem Walter war unsere Abwesenheit gut bekommen, er war sehr zum Leidwesen von Anni recht verwöhnt worden, durfte tun, was er wollte, unter anderem drückten sie ihm ein Stück Kreide in die Hand, und er konnte sich stundenlang damit beschäftigen, auf dem Bauch über den schmutzigen Boden der Wirtsstube zu kriechen und alles vollzumalen, um es nachher mit einem Lappen wieder wegzuwischen und das Spiel von neuem zu beginnen. Dabei beschmutzte er seine hübschen, von der Urgroßmutter in Bonn gestickten Kittelchen so, daß sie kaum sauber zu bekommen waren. Als es mir besser ging, beschlossen wir abzureisen. August trennte sich in Stuttgart von uns und fuhr über München nach Sindelsdorf zu Marcs, ich mit Anni nach Bonn. Dort war mein erster Weg zum Arzt, der feststellte, daß Gott sei Dank alles in Ordnung war, mich aber nachträglich noch tüchtig ausschalt wegen unseres Leichtsinns.

Sindelsdorf und »Der blaue Reiter«

Noch keine vier Wochen war ich daheim, hatte mich gerade
wieder eingelebt, da schrieb Maria Marc mir am 11. Oktober
einen Brief und bat mich inständigst, doch auch nach Sindelsdorf
zu kommen, und zwar sollte ich von Bonn aus ihr Gast sein, ich
könne die Einladung skrupellos annehmen. Nach einigem Hin
und Her telegrafierte ich meine Ankunft in München und kam
nach der langen Reise eines Abends dort an, von August und
Franz freudig begrüßt, der mir zur Überraschung einen aus Kar-
neol geschnittenen japanischen Schleierschwanzfisch als Begrüßung in die Manteltasche steckte. Am anderen Vormittag ging
es hinaus nach Sindelsdörfchen, das schon tief in spätherbst-
licher Stimmung mit Nebeln von den nahen Mooren steckte
und uns mit Stürmen und früher Kälte empfing. Diesmal hatten
Niggls uns eines ihrer Zimmer mit riesenhohen, altmodischen
Betten zur Verfügung gestellt, wo wir recht gut untergebracht
waren. August hatte in den Wochen vorher die Mitglieder der
Neuen Künstlervereinigung kennengelernt und sich noch mehr
für die Ideen und Ziele dieser revolutionären Künstlergruppe
interessiert. Der Plan, eine Zeitschrift als Organ dieser Richtung
zu gründen, war immer näher gerückt, und es bedurfte nur der
Einladung von Kandinsky, der in Murnau in dem kleinen Landhaus von Gabriele Münter wohnte, um die Sache in Angriff zu
nehmen. Wir vier reisten also hin, wurden von Kandinsky in
einem großen Haus in der Nähe sehr gut einlogiert, und jetzt
wurde der »Blaue Reiter« in langen Sitzungen mit Kunstdebatten, Aufrufen, Vorschlägen für die Vorworte usw. geboren. Es
waren unvergeßliche Stunden, als jeder der Männer sein Manuskript ausarbeitete, feilte, änderte, wir Frauen es dann getreulich
abschrieben. Es kamen Beiträge an von den zur Mitarbeit auf-
geforderten Künstlern, Vorschläge zu Reproduktionen. Alles

Landschaft bei Sindelsdorf, 1911

wurde gesichtet, diskutiert, angenommen oder abgelehnt, nicht ohne kleine Streitigkeiten und Reibereien. So fanden wir es damals nicht sehr geschmackvoll, daß Marc und Kandinsky jeder mit seiner Amazone auf dem Plan erschien, während von August keine vollwertige Reproduktion eines Bildes gebracht werden sollte. Trotz allem waren diese Tage ungeheuer anregend, vor allem auch, weil August Kandinskys Schaffen zum ersten Male kennenlernte und sich ein eigenes Urteil darüber bilden konnte. Kandinsky selbst war ein merkwürdig fremder Typ, ungemein anregend für alle Künstler, die in seinen Bann gerieten, er hatte etwas Mystisches, Phantastisches an sich, gepaart mit seltsamem Pathos und einem Hang zu Dogmatik. Seine Kunst war eine Lehre, eine Weltanschauung. Seltsamerweise ist mir von den Gesprächen mit ihm nichts deutlich im Gedächtnis haften geblieben, es mag wohl auch deshalb sein, weil sie meistens auf Spaziergängen geführt wurden, bei denen die Männer miteinander vorangingen und wir Frauen folgten. Man schnappte dann zwischendurch wohl einzelne Worte auf, bekam aber keinen einheitlichen Begriff von den Unterhaltungen. Das kleine Haus der Münter war sehr gemütlich eingerichtet, Kandinsky hatte am Treppengeländer entlang einen bunten Fries farbiger Gestalten und Reiter gemalt. Unten war ein geräumiges Wohnzimmer, daneben ein kleiner Raum, in dem sein Harmonium stand. Es war eine Liebhaberei von ihm, darauf zu phantasieren. Ich erinnere mich noch eines Abends, als wir gemeinsam dort saßen. Wir waren in einer furchtbar ausgelassenen, übermütigen Stimmung, zumal da Helmuth Macke und Campendonk, die beiden in Sindelsdorf ansässigen Malersjünglinge, trotz unserer Warnungen, nicht zu kommen, sich auf den Weg über die Berge gemacht hatten und plötzlich vor unseren entsetzten Augen in dem Lokal auftauchten, in dem wir zu Mittag aßen. Es blieb dann Kandinsky nichts anderes übrig, als sie aufzufordern, mitzukommen. Er war ein äußerst gastlicher Mensch, der nach russischer Art sich eine Freude daraus machte, seinen Besuch selbst zu bedienen, während Ella gerne dabeisaß und alles geschehen ließ. An diesem Abend nun konnten wir uns kaum halten, um nicht vor Lachen zu bersten, während Kandinsky ganz ernsthaft am Harmonium saß und uns mit seinen Ergüssen beglücken wollte. Nachher erzählten unsere Männer krampfhaft Witze, damit wir durch ein befreiendes Lachen von unseren Qualen erlöst wurden. Ella hatte aber wohl etwas gemerkt und zog sich, sehr zum Leidwesen von Kandinsky, übelwollend in ihre Gemächer zurück, Migräne vorgebend. Der gute Geist des Hauses, der zugleich die köstlichen russischen Gerichte wie Piroggen usw. bereiten konnte, war Fanny, eine hübsche, frische Person, die nur selten in Erscheinung trat, aber uns allen sehr sympathisch war. Durch die seltsamen Überempfindlichkeiten der Münter wurde das Freundesverhältnis bald ernstlich getrübt und zuletzt ganz zerstört. Nach langen Jahren traf ich Gabriele Münter wieder, es war nach dem Zweiten Weltkrieg bei der feierlichen Eröffnung der großen Ausstellung »Der Blaue Reiter« im Haus der Kunst in München, wo zum ersten Male nach der Hitlerzeit die damals als »entartet« bezeichnete Kunst an einem Ehrenplatz gezeigt wurde. Wir trafen alte Bekannte, leider waren es viele Witwen der Maler, so Maria Marc, Margarete Macke, Helmuths Witwe, Marguérite Niestlé mit ihren Töchtern, und Nina Kandinsky, der die Begegnung mit Gabriele Münter etwas peinlich war. Sonja Delaunay war nicht gekommen, angeblich weil Frau Kandinsky da war und damals jede der beiden Frauen behauptete, ihr Mann habe zuerst abstrakt gemalt. Helene Jawlensky war nicht aus Wiesbaden gekommen, es hieß, sie habe es sich pekuniär nicht leisten können. (In dem Falle hätte sie von der Ausstellungsleitung eingeladen werden müssen!) Franz Marcs älterer Bruder Paul war aus Maising gekommen. So sahen wir diesen stillen, feinen, liebenswerten Menschen, mit dem wir in unserer Berliner Zeit des öfteren zusammengetroffen waren und dessen Frau Helene noch in ihrem Häuschen in Maising lebt, nach Jahren wieder. Leider sollte es das letzte Mal sein, denn kurze Zeit darauf starb er plötzlich. Meine treue Anni hatte ich

Maria Marc, 1910

eingeladen, zu kommen. Sie sank mir beim Wiedersehen tränenüberströmt in die Arme und nahm nach langem Zureden am Bankett im Saal des Torggelhauses teil und war dann überglücklich, daß sie alle die alten Bekannten wiedersehen konnte.

Nun zurück zu Kandinsky nach Murnau. Er führte uns in seinen kleinen Arbeitsraum, in dem damals gerade die »Gelbe Kuh« – ein Bild, wohl durch Marc angeregt – auf der Staffelei stand. Franz malte zugleich die springende gelbe Kuh und August auf Franz' Speicher den »Sturm«, dieses seltsame Bild, in dem sich in der eigenartigen Form links im Bilde der Rhythmus der gelben Kuh von Franz wiederholt. Diese drei Bilder stehen in engem Zusammenhang und zeugen von dem Einfluß der Künstler aufeinander. Franz bat auch August, ihm in ein Bild »Badende Frauen« hineinzumalen, weil er an einen toten Punkt bei der Arbeit gekommen war. August machte im Hintergrund einige kräftigere Flächen und Lichter in grün und rot, und Franz fand nun den Weg, wie er es weitermalen konnte. Die Tage in Murnau gingen hin mit viel Überlegungen und langen Gesprächen über die Gestaltung des »Blauen Reiters«. Jeder arbeitete an seinem Beitrag, August verfolgte mich mit dem Beginn seines Aufsatzes »Masken«: »ein sonniger Tag, ein trüber Tag, ein Perserspeer, ein Weihgefäß«, vertraute Worte, die mir lange nach unserer Rückkehr noch im Ohr klangen.

In München besuchten wir den Maler Alexej von Jawlensky. Er gehörte neben Bechtejeff, Erbslöh und Kanoldt auch zur Neuen Vereinigung zusammen mit der ihm befreundeten Kollegin Marianne von Werefkin. Sie hatten zwei Atelierwohnungen auf dem gleichen Stock inne. Es war ein seltsames Milieu, ein Durcheinander von altmodischen Möbeln, künstlerischen Dingen, orientalischen Teppichen, Stickereien und Fotografien von Ahnen. Beide stammten aus altem Adel, der Bruder der Werefkin war vor dem Kriege Gouverneur von Wilna. Sie war eine ungemein temperamentvolle, starke Persönlichkeit, voll revolu-

Franz Marc lesend, 1912

tionären Geistes gegen alles Laue und Ängstliche. Wir sahen sie zuerst, als wir in Jawlenskys Atelier eintraten, sie kehrte uns den Rücken zu, eine schmale, hochgewachsene Gestalt mit knallroter Bluse, einem dunklen Rock und schwarzem Lackgürtel, im Haar eine breite Taftschleife. Man glaubte, ein junges Mädchen stünde da. Als sie sich umdrehte, sah man das vom Leben geprägte, ausdrucksvolle Gesicht einer alternden Frau, die, wenn sie in Begeisterung geriet, mit ihrer rechten Hand, an der der Mittelfinger fehlte –, drohend in der Luft herum gestikulierte. Sie lebten damals in großer Freundschaft miteinander, sie hatte wohl auch die Geldmittel, die zu dem unbekümmerten Künstlerleben nötig waren, aber sie hatte auch die Herrschaft im Hause, sie bestimmte, und nach ihrem Willen mußte alles gehen. Die Werefkin hat später jahrelang in Ascona im Tessin gelebt und viel mit Maria Marc verkehrt. Sie war sehr beliebt und bekannt im ganzen Ort, und als sie schwer leidend war in ihren letzten Lebensjahren, trugen Freunde sie oft im Sessel auf die Piazza, damit sie noch am Leben um sie herum teilnehmen konnte. In einem kleinen Nebenzimmer lebte Hélène, eine junge, hübsche Person, die still und unbemerkt den Haushalt versorgte und alle täglichen Arbeiten verrichtete, aber nie mit am Tisch saß, wenn Gäste anwesend waren. In dem kleinen Zimmer standen ein Feldbett, eine Nähmaschine, ein Kinderpult, und es waren viele bunte Kinderzeichnungen mit Reißnägeln an der Wand befestigt. Der kleine André, damals sechs Jahre alt, der »Neffe« von Jawlensky, in Wahrheit sein und Hélènes Sohn, hatte sie gemalt, Jawlensky zeigte sie uns in Abwesenheit des Jungen mit großem Stolz, aber ein wenig lag immer ein Geheimnis über diesen drei Menschen und ihrer Zugehörigkeit zueinander. Jawlensky selbst war ein ungemein sympathischer Mensch voll Güte und Zartheit, ein vollendeter Kavalier, früherer Offizier mit viel alter Tradition. Ich sehe ihn heute noch den Tee eingießen und seine Gäste betreuen und uns seine große Sammlung von alten Glasbildern, die eine ganze Wand seines Ateliers bedeckten, zeigen. Er malte damals großformatige, starkfarbige Bilder, als Modell saß ihm oft der Tänzer Sacharoff, den er zu diesem Zweck als Frau und Spanierin mit Fächer und Mantilla verkleidete. Wir lernten ihn einmal dort kennen, aber der Eindruck war nicht sehr angenehm. Jawlensky sah ich achtzehn Jahre später wieder, als er aus Anlaß einer Ausstellung – »Die blauen Vier« bei Möller – nach Berlin gekommen war. Inzwischen war er ein schwerkranker Mann geworden. Als ich zu ihm ging, strahlten seine Augen, das Herz ging ihm auf in Erinnerung an vergangene glückliche Zeiten. Er hatte noch seinen alten Charme und seine zarte Ritterlichkeit und den gütigen Humor wie vor Jahren und drückte mir beide Hände. Auf Drängen von André, den ich auch als erwachsenen Mann gelegentlich einer Ausstellung in Düsseldorf wiedersah, hatte er Hélène geheiratet und war mit ihr nach Wiesbaden gezogen, wo sie es sehr schwer hatten, sich durchzubringen. Hélène hatte einen Modesalon angefangen. Andrés junge Frau war gestorben, und der alte Jawlensky lebte, körperlich fast immer schwer leidend, meist liegend ein schmerzvolles Dasein bis zu seinem Tode.

Noch ein wichtiges Ereignis des Frühjahrs 1911 muß ich erwähnen. Seit wir wieder in Bonn wohnten, hatte August die Beziehungen zu seinem alten Freund Hans Thuar in Köln wieder aufgenommen und fuhr des öfteren zu ihm herüber, um ihn auf dem laufenden zu halten in allen künstlerischen Dingen, die ihn interessierten. Die Eltern wohnten noch in der großen, üppig ausgestatteten Wohnung am Königsplatz. Der Vater, der sich vom Lehrling zum Subdirektor der großen Versicherungsgesellschaft Viktoria heraufgearbeitet hatte, war ein energischer, von zähem Fleiß und Ehrgeiz getriebener, für seine Familie aber auch oft tyrannischer und egoistischer Mann. Er hatte endlich die Erlaubnis gegeben, daß Hans Maler werden durfte. Als mit dem Jungen das Unglück geschah, hatte er die Pferdebahngesellschaft verklagt und den Prozeß gewonnen, und zwar so günstig, daß Hans dadurch eine ansehnliche Unfallrente gezahlt wurde, von der er gut leben konnte. Hans besuchte eine Zeitlang die Akademie in Düsseldorf, bezog dort eine Wohnung und führte einen regelrechten Haushalt, von einem Diener betreut, der kochte, putzte und ihn in seinem Wagen ausfuhr. Das waren wohl schöne, sorglose Zeiten für Hans, denn er war auf die Dauer nicht gern lange hintereinander zu Hause. Es gab leicht Konflikte mit dem Vater, die beiden Naturen prallten aufeinander, und keiner wollte nachgeben. Das Milieu war im Grunde zu wohlhabend bürgerlich, als daß es einem temperamentvollen, leidenschaftlichen Menschen wie Hans, der einen starken Wissens- und Bildungsdrang hatte, auf die Dauer befriedigen konnte. Auch der Verkehr der Eltern und Geschwister paßte ihm nicht. Es waren kritische Jahre für den oft von schweren Depressionen und Verzweiflung über sein Mißgeschick heimgesuchten jungen Mann. Da war die Mutter die gütige, immer gleichbleibende Vermittlerin. Sie hing an ihrem Ältesten mit unveränderlicher Treue, obgleich sie manchmal schwer litt, sobald sie bemerkte, daß er sich quälte und nicht mit seinem Schicksal fertig wurde. In ihr spiegelte sich jede Stimmung und Laune des Sohnes, aber sie trug das alles mit rührender Geduld wie auch die manchmal ungerechten Härten des Mannes. Da sie in sehr guten Verhältnissen lebten, konnte Hans sich manche Freude gönnen, und jeder erdenkliche Wunsch wurde ihm erfüllt. Damals kamen die Pianolas auf, Apparate, die man an jeden Flügel stellen konnte. Auch Ungeübte hatten so Gelegenheit, Klavier zu spielen. Alle Arten von Aquarien mit den seltensten Fischen wurden angeschafft, und Hans beobachtete das interessante Leben dieser stummen Wesen bis ins kleinste. Was ihn interessierte, damit beschäftigte er sich ganz gründlich. Er hatte sich auf diese Weise nach und nach ein großes Wissen auf allen erdenklichen Gebieten angeeignet. In technischen Dingen, Maschinenkonstruktionen war er mindestens so beschlagen wie in handwerklichen. Seine Hände waren unglaublich geschickt, er konnte schreinern wie ein gelernter Meister, nahm nur das beste Material und leistete nur beste Arbeit. Das Malen betrieb er auch ein wenig von dieser Seite her. Der Akademiebetrieb gefiel ihm absolut nicht und hatte nur dazu gedient, ihm die Möglichkeit zu bieten, das Technische kennenzulernen. Er hatte einen älteren Lehrer, der, als er wieder in Köln wohnte, viel zu ihnen kam; Wegelin hieß er und hatte nach und nach die ganze Familie porträtiert, manche Landschaft von ihm schmückte die Wohnung.

Als ich Hans zum ersten Mal sah, hatte er einen Schifferbart mit ausgespartem Kinn. Er war erst zwanzig Jahre alt, wirkte aber durch seine breitschultrige Figur und das ausdrucksvolle Gesicht viel älter. Im Jahr 1911 waren die beiden Freunde übereingekommen, daß es schön und ersprießlich sei, einmal eine Zeitlang nahe beieinander zu wohnen und gemeinsam zu arbeiten. Hans war allerdings damals in einem Zwiespalt. Er hatte in Düsseldorf seine Freundin Else kennengelernt, ein goldblondes, schlankes Mädchen von eigenartigem Typ, von dem er sich nicht gerne trennen wollte. Manchmal war er so verzweifelt, daß er vorhatte, mit ihr in die Schweiz zu fahren und sich dort mit ihr gemeinsam das Leben zu nehmen. Ich erinnere mich noch, daß wir bei uns einmal die halbe Nacht mit ihm im Atelier saßen und ihn von seinen Entschlüssen abbringen konnten. Seine Mutter hatte großes Vertrauen zu August und auch zu mir und kam eines Tages in ihrer Bedrängnis zu uns, um Rat zu fragen. Hans hatte gedroht, wenn er nicht mit Else zusammen leben könne, würden sie diesen Plan wahr machen. Die Mutter konnte sich eine Verwirklichung seines Wunsches nicht vorstellen. Die bürgerliche Konvention war doch zu stark gegen solche ungeordneten Verhältnisse eingenommen. Die Eltern konnten sich nicht entschließen, ihrem Sohn diese Freiheit zu gestatten. August war gerade bei seiner Militärübung, und ich konnte nichts anderes tun, als ihnen zu raten, sie sollten ihm ruhig seinen Willen lassen. Wie sich dann diese Freundschaft gestalten würde, das müßte man der Zukunft überlassen. Schweren Herzens willigten die Eltern ein, und im Mai 1911 zog Hans mit Else in eine hübsche kleine Wohnung in Endenich bei Bonn. Die Mutter hatte alte, entbehrliche Möbel zur Verfügung gestellt, und als der Möbelwagen kam, ging ich hin, um beim Einrichten zu helfen. Es war nicht leicht, als unverheiratetes Paar in einem rheinischen katholischen Dorf zu leben, in dem die Bauern von einer gehässigsturen Kleinlichkeit waren, besonders, da es sich um einen Künstler handelte. So mußten sie manches Gerede mit einstecken. Die erste Zeit war der Diener noch mit dabei, um die grobe Arbeit zu verrichten, was für Else schwer wurde, da sie ein Kindchen erwartete. Später zogen die Großmutter und die Tante Martha nach Endenich und führten den Haushalt für kurze Zeit. Die beiden Freunde sahen sich oft, und es fing ein fruchtbares Arbeiten an. Hans hatte in dieser Zeit viele schöne Bilder gemalt, nahm an den Ausstellungen im Rheinland teil und erntete gute Kritiken. Die Landschaft um Endenich und die weiteren Vororte von Bonn sagten ihm sehr zu. Er war schnell draußen im Gebiet von Kreuzberg und Venusberg, liebte die Natur, den weiten Himmel und den Blick über endlose Felder. Durch seine Gebundenheit und Schwerbeweglichkeit war seine Phantasie um so leichtfüßiger und leichtbeflügelter. Er sehnte sich oft in seine märkische Stammheimat zurück, an die weiten Seen und Kiefernwälder um Lychen, wo er als Knabe seine Ferien bei Verwandten erlebt hatte, den ganzen Tag im Wald liegend und auf dem Wasser, vom Boot aus angelnd. Er sehnte sich nach dem heimlichen Idyll des Spreewaldes, woher er stammte. Er war in Lübben geboren und dort in der alten Paul-Gerhardt-Kirche getauft worden. Er behauptete, sein Familienname Thuar leite sich direkt von dem alten Namen des Gottes Thor ab. Man hätte ihn sich selbst als Wendenhäuptling vorstellen können, im Zelt sitzend, gewaltige Humpen leerend, nachdem er von einem Jagd- und Beutezug heimgekehrt war. Er sehnte sich nach den endlosen Einsamkeiten der Pußta oder der unendlichen Weite der Prärien, um vom Pferde aus Lasso zu werfen. Alles mußte bei ihm ins Große, Außergewöhnliche gehen. Später war sein Traum, viele Teiche zu besitzen und darin Karpfen allerbester Sorte zu züchten, und er war fast beleidigt, als er meine Mutter einmal im Ernst fragte, ob sie ihm dafür eine nicht geringe Summe leihen könnte und sie es abschlug. Wenn er manchmal saß und vor sich hinbrütete, hatte er etwas Wildes im Ausdruck, und doch war sein Herz weich, und er konnte keinem Tier etwas zuleide tun. Ja, vielleicht war er allzuleicht verwundbar und deshalb gezwungen, durch äußere Härte sich mit einem Schutzwall zu umgeben [16].

Erweiterung

Im Jahr 1911 machte August die Bekanntschaft des in Bonn lebenden Gelehrten Dr. Ludwig Coellen. Er war früher Lehrer gewesen, hatte sich aber pensionieren lassen und war, nachdem er seinen Doktor gemacht hatte, Privatdozent geworden an der Bonner Universität. Er hatte Philosophie und Kunstgeschichte als Fach, war gebürtiger Kölner mit breitem, rheinischem Dialekt, ein feinsinniger, kluger Mann, der sehr zurückgezogen lebte mit seiner zarten, herzkranken Frau und auch selbst leidend war. Bei welcher Gelegenheit oder durch wen August ihn kennenlernte, ist mir nicht im Gedächtnis geblieben. Jeden Mittwochnachmittag hatte er einen sogenannten »jour fixe«, an dem die jungen Leute, die er kannte, Studenten und Künstler, von vier Uhr an unaufgefordert zu ihm kommen konnten. Es gab dann den berühmten schwarzen Kaffee, der stundenlang nicht ausging, ebensowenig wie die Gespräche über alle möglichen Probleme, die mit viel Temperament diskutiert wurden. In seiner klugen, vornehmen und oft mit leisem Humor gewürzten Art hatte er großen Einfluß auf die jungen Menschen und wirkte immer anregend. Die Pfeifen, darunter die langen holländischen Tonmutzen, gingen bei diesen Sitzungen, die sich meist bis zum Abend ausdehnten, nicht aus. August lernte in diesem Kreis den jungen Philosophen Hans Carsten kennen, mit dem er sich später sehr anfreundete, außerdem Hamacher und Oelmann, damals Dozenten in Köln. Carsten wohnte am Rhein bei einem Malermeister und litt damals schon an schwerem Asthma, so daß er sich an manchen Tagen einen Wagen nehmen mußte, um zur Universität zu fahren. Er war ein großer, schlanker Mensch, mit wunderschönen, leuchtenden Augen und einer äußerst gewinnenden Art im Umgang mit Menschen. Er hatte die Militärlaufbahn einschlagen sollen und war auf Wunsch seiner adligen

Mutter früh in ein Kadettenkorps eingetreten, konnte aber wegen seines Leidens diese Karriere nicht beendigen; so begann er sein Studium mit großem Fleiß, war Schüler des Bonner Philosophen Professor Külpe und hatte schon eine Anzahl Schriften verfaßt. Als der Krieg ausbrach, traf er August in den ersten Augusttagen des Jahres 1914 auf der Straße schon in Uniform, und als er ihn sah, sagte er: »Ja, Wenn *Sie* schon dabei sind, dann muß ich mich ja sofort melden«, was er auch tat, obgleich er durch seinen Zustand eigentlich vom Dienst hätte befreit werden können. Aber er drängte darauf, daß man ihn nahm. Er ist am selben Tage wie August im Feld gefallen. Auch Lothar Erdmann, der ebenfalls am Rheinufer, in einem Haus direkt an der Brücke, wohnte und viel bei uns aus und ein ging, befreundete sich mit ihm, und wenn sie beide bei uns waren, gab es immer interessante Gespräche, die manchmal bis spät in die Nacht dauerten und wo sie dann alle zuletzt mit Kissen unter den Köpfen lang ausgestreckt auf dem Teppich am Boden lagen. Ich konnte mich dann nur schwer trennen, weil ich nichts versäumen wollte; zwischendurch ging ich hinauf, um unserem zweiten Sohn Wolfgang die späte Abendmahlzeit zu geben, nach der ich dann meist wieder herunterkam.

Einmal hat uns Dr. Coellen mit seiner Frau in der Bornheimer Straße besucht, für die aber dieser kurze Weg schon eine Anstrengung bedeutete. Später sind sie weggezogen, wohnten kurz in Speyer und dann in Eberstadt bei Darmstadt längere Jahre, wo seine Frau nach langem Leiden starb. Ich hielt die Verbindung mit diesen wertvollen Menschen auch nach dem Ersten Weltkrieg noch aufrecht und sah ihn nach vielen Jahren, als ich mit Lothar Erdmann nach Berlin gezogen war, wieder, wo er mit seiner zweiten Frau, einer originellen Schriftstellerin, in Wilmersdorf am Barneyweg eine reizende Wohnung im vierten Stock hatte. Dort begegnete ich auch wieder den in seinem Besitz befindlichen wunderschönen Bildern und Aquarellen, die August ihm seinerzeit geschenkt hatte und die leider im Zweiten Weltkrieg verschollen sind. Er war sehr gealtert und schwer asthmaleidend, arbeitete an einem riesigen Manuskript über naturphilosophische Themen (»Gesetze bei Pflanzenformen im Vergleich mit Kunstformen der verschiedenen Jahrhunderte«). Man konnte sich so gut mit ihm menschlich verstehen, aber sobald er anfing, seine Theorien zu entwickeln, konnte man nicht mehr folgen. Auch seine kunstphilosophischen Schriften aus den früheren Jahren sind uns immer fremd und unverständlich geblieben. Er liebte nach wie vor den starken Kaffee, den er jeden Nachmittag zur gewohnten Zeit sich von seiner Frau Grete brauen ließ und mit Genuß in ihrer Gesellschaft zu sich nahm, obwohl er ihm vom Arzt streng verboten war.

Im Herbst 1911 erkrankte Tschudi, den die Mitglieder der Neuen Künstlervereinigung damals gerade in ihre weiteren Pläne einweihen und ihn um seine Fürsprache und Protektion bitten wollten. Zudem war gerade die Probenummer des »Blauen Reiters« erschienen mit Beiträgen von Marc, Kandinsky, Schönberg, August (»Masken«) und anderen, die die Mitglieder Tschudi gerne gezeigt hätten.

Im Winter malte August große Plakate für das in den Räumen des Kölner Zoos stattfindende Kolonialfest; sie schmückten dort bei dem Festball die Wände. Es sind sehr humoristische, dekorative, auf weißes, starkes Pergamentpapier gemalte Motive, die er mit rotem Kalikorand einfassen ließ: Löwe, Elefant, Pfeffervogel, Bauchtänzerin, Negersänger usw., sehr wirkungsvoll, die allgemeine Bewunderung erregten. Nach Jahren holten wir sie noch einmal hervor, um sie auf einem Atelierball bei unserer Freundin Kaete Augenstein als Wandschmuck zu benutzen. Leider sind sie im Zweiten Weltkrieg verlorengegangen.

Seit Augusts Besuch bei Marc in Sindelsdorf hatten die beiden Freunde beschlossen, untereinander Bilder auszutauschen. Wir bekamen die »Liegenden Frauen« und »Rehe« von Marc, außerdem hatten wir einen frühen Kandinsky lange Zeit im Wohnzimmer hängen. Was dagegen August an Marc geschickt hat, ist mir nicht mehr im Gedächtnis.

Durch Kandinskys Vermittlung wurde eine Reihe von Bil-

dern (fünf Stück: »Indianer« 1911, »Segel am Morgen«, »Stilleben mit Palme«, »Drei Akte auf blauem Grund« und »Nacktes
Mädchen mit Kopftuch«) auf eine Ausstellung der Künstlervereinigung »Bubnowy Valet« (Caro Bube) nach Moskau
geschickt (Februar 1912), wozu die russischen Maler Chariton-
jewsky, Kantschalowsky und Maschkow gehörten.

Aus dieser Zeit noch einige Briefe von August, die charakteristisch sind für das Jahr 1911:

*[...]nun noch etwas, der gute Onkel Bernhard schreibt mir über meine
Bilder »Japanerin, Geranien und Milchkanne mit Äpfeln«, daß sie ihn
nicht befriedigen.*

*Ich würde seine Offenheit würdigen, weil er von mir nur etwas Gutes
haben möchte, und dies Gute an einen würdigen Platz hängen, an dem
er dann mit Stolz den Namen seines Neffen August Macke nennen
kann. Die Japanerin und die Blumentöpfe ließen sich absolut nicht ein-
reihen, sie wirkten kalt und luftleer. Er bittet mich, sie zurückzuneh-
men, und ihm gelegentlich eine Arbeit zu schicken, die mir nicht zu
schade für ihn ist; denn bei der Auswahl »hätte mich der Egoismus
geleitet, die besseren Bilder bei mir zu behalten,« Schrumm!*

(Brief von Macke an Marc vom 11. August 1911)

*Ich bin in sehr guter Stimmung. Es wurmt schon einen Monat in mir.
Obs was Gutes oder Schlechtes ist, weiß ich nicht. Ich bin mir darüber
klar, daß man Gefühle nicht zwingen kann und deshalb lasse ich es mich
immer überfallen, täglich, stündlich, ja meinetwegen mache ich mal die
Augen zu vor Wohlbehagen oder Glück.*

*Die Münter hat mir sehr gut getan. Ich denke mir ja Kandinsky so
sehr als den Anreger auch ihrer Malerei, daß ich mit ihrer Ansicht, daß
sie ganz persönlich arbeitet, genauso wenig ganz übereinstimme, als ich
mich ohne stark französischen Einfluß denken kann. Im übrigen verstanden wir uns gut. Ich habe das Gefühl, daß sie stark zum Geheimnisvollen (siehe Stilleben, Heilige, Lilien in Gartenecke, Scharf
beleuchtete Gewitterwolke, Lampen und Altväterstühle) neigt. Es ist
etwas Deutsches darin, etwas Altar- und Familienromantik. Ich habe
sie sehr, sehr gern. Aber lieber habe ich Kandinsky doch.*

Von seinem Bilde bei uns geht auf die Dauer eine Strömung aus, die wunderbar ist. Er ist auch Romantiker, Träumer, Phantast und Märchenerzähler. Aber, was er dazu ist, ist die Hauptsache. Er ist voll unbegrenzten Lebens. Die Flächen, über die man hinüberträumt, sprühen und schlafen nie. Seine stürmenden Reiter sind das Wappen, das vor seinem Hause hängt, aber es stürmt nicht nur in Felsblöcken, Burgen und Meeren, auch das unendlich Zarte, Pastorale stürmt in allen Teilen, in Gelb und Blau und Rosa, im leisen andeutenden Schreiten der Rokokodamen. Es ist wie das Summen von Millionen von Bienen oder das Schwirren von Geigen mit einem unendlich sanften, lammartigen Paukenschlag. – Was ich in all dem fühle, ist Leben, das Leben Kandinskys, das er mir zuruft mit (na, es klingt dumm) mit Bildern. Das Mysteriöse bei ihm ist unendliches Leben, es ist viel Fröhlichkeit in ihm und viel Ernst. Ich wünsche jetzt oft, ich hätte ein schönes Bild aus der Jetztzeit hier. Ich genieße so viel an dem einen.

(Brief von Macke an Marc vom 1. September 1911)

Ich habe furchtbar viel gearbeitet. Ich glaube, drei verschiedene Stadien durchgemacht zu haben. Alle diese Bilder habe ich mit meinem ganzen Empfinden gemalt, das ich in der betreffenden Zeit hatte. Ich bin unfähig, auch nur eins zu wiederholen, weil das Empfinden sich verändert. Deshalb wird es mir schwer, mich davon zu trennen. Jedes ist mir ein Stück Leben. Manche gebe ich überhaupt nicht her. Einstweilen habe ich auch keine Nase dazu, an der großen Reklameglocke zu hängen, obgleich man mich hier in Bonn mit großer Aufmerksamkeit empfangen hat. Auch bin ich aufgefordert worden auf Umwegen, dem Museum ein Bild zu stiften, aber dies ist vollkommen gleichgültig für das innere Dasein eines Malers. Ich habe alles, was ich brauche und bin vollkommen glücklich, wenn ich malen kann, was ich fühle.

Deine Zeitungsnotiz über van Gogh ist bezeichnend für das Kunstleben. Ob gegen ihn oder für ihn Reklame gemacht wird, ist gleichgültig. Die ich als stark und groß erkenne, die liebe ich von ganzem Herzen. Das genügt mir. Was andere dazu sagen, ist mir gleichgültig.

Der Haß eines Zeitungsproleten ist nicht gleichwertig mit der Liebe eines lebenden Menschen. Über meine, Marcs und Helmuths neue

Freunde, die in der Neuen Vereinigung sind, wird soviel geschimpft und doch weiß ich bestimmt (durch eigenes Erleben), daß sie von hohen Zielen beseelt sind und mit allen Nerven arbeiten. Das genügt. Ob die Zeitungen sie für verrückt erklären! Sogar den biederen Thoma hat man für verrückt erklärt!

(Brief von August an Bernhard Koehler, Dezember 1911)

Zwei Badende, 1912

Das Jahr 1912

Das Jahr 1912 war wiederum sehr lebhaft. Es gab viele Besuche, so im Januar Helmuth Macke, im März Campendonk, und im April besuchte uns der Bruder meiner Mutter mit seiner Familie, aus Amerika. Er kam, wie schon erzählt, alle fünf Jahre und blieb dann einige Monate in Deutschland, um alle Verwandten wiederzusehen, hauptsächlich aber seine Mutter, unsere allgeliebte Großmutter Koehler. In der Zeit war das erregendste Ereignis der Flug des Luftschiffes vom Grafen Zeppelin, und ich erinnere mich, daß wir alle, Familie und Arbeiter aus der Fabrik, stundenlang auf unserem Speicher und einem flachen Dach zubrachten, um die Ankunft abzuwarten und nicht zu verpassen. Auch meine junge Cousine, Hildegard Koehler aus Berlin, war für zwei Monate bei uns und lebte sich mit sehr viel Anpassung in unsere Welt ein, und ihre Begeisterung für Kunst hat sie später dadurch bewahrheitet, daß sie eine ansehnliche kleine Anzahl von Bildern, darunter von August und Helmuth, besaß. Leider sind auch diese Sachen im Zweiten Weltkrieg verlorengegangen.

Es fanden im Jahr 1912 allein zwölf Ausstellungen statt, an denen August beteiligt war, vor allem die Ausstellung des »Blauen Reiters«, die in München in der Galerie Thannhauser Mitte Dezember 1911 ihren Start genommen hatte und anschließend über Köln (Gereonsklub), Berlin (Sturm), Hagen (Folkwang-Museum) in Frankfurt bei Goldschmidt endete. August war mit vier Bildern vertreten. In Köln war im Januar eine Ausstellung der »Kölner Sezession«, dann die Ausstellung in Moskau im Februar (fünf Bilder), im März Berlin »Neue Sezession« (sechs Bilder). Im März/April folgte in München bei Goltz die erste Graphik-Ausstellung des »Blauen Reiters«, im April die große Kollektivschau (zweiunddreißig Bilder, von denen Onkel

Bernhard sieben erwarb). Im Mai folgte in Bonn bei Friedrich Cohen eine Ausstellung, zugleich eine in Berlin im »Sturm«, im Juni in Jena eine Ausstellung, bei der viele Bilder verkauft wurden. Bei der großen Sonderbund-Ausstellung in Köln von Mai bis September 1912 war August mit fünf Bildern vertreten. Er fuhr in dieser Zeit oft hinüber und traf viele Künstler (u. a. auch Munch) und interessante Persönlichkeiten, darunter den mit Munch befreundeten Kollmann, einen sehr eigenartigen Menschen, aus dem man nie ganz klug wurde, ein zierliches Männchen mit Spitzbart und Brille, der uns öfter in Bonn besuchte und später auch Onkel Bernhard kennenlernte, dem er sehr auf die Nerven ging. In Berliner Kunstkreisen wurde er die Blindschleiche genannt. Kollmann war bekannt mit dem jungen Sammler Kluxen, der damals ein Bild von August erwarb. Der Salon Feldmann am Ring in Köln zeigte im Juli 1912 acht Bilder und acht Aquarelle von August. Es ist fast unvorstellbar, daß August im Jahr 1911 zweiundsechzig Bilder (Studien inbegriffen) malte und im Jahr 1912 siebzig. 1913 waren es sogar (mit Studien) achtundachtzig und 1914 fünfundfünfzig (ohne die Aquarelle und die unzähligen Zeichnungen). Darunter sind viele Werke, die jetzt in Museen und bekannten Sammlungen einen Platz gefunden haben.

Im Frühjahr 1912 war ich ziemlich von Rheumatismus befallen, und August machte den Vorschlag, wir sollten für einige Tage nach Holland fahren. Wir waren in Amsterdam, Leiden, Haarlem, Den Haag, Katwyk und Noordwyk, wo wir bei einer netten Familie, die direkt am Strand wohnte, uns einquartierten. Das Schlafzimmer war winzig klein und eiskalt, die Betten waren schmal wie Eierkisten und so ausgeleiert, daß man knapp über dem Fußboden schwebte. Aber die gute Frau deckte uns in ihrem Staatszimmer, in dem der Kamin angeheizt wurde, säuberlich den Tisch und trug uns ein fabelhaftes Essen auf. Es war für die Jahreszeit noch empfindlich kalt und für meinen Zustand natürlich alles andere als günstig, aber ich wollte August die Freude nicht verderben und ließ mir nicht anmerken, daß ich eigentlich litt. Wir sahen viel Schönes, waren im Reichsmuseum, im Judenviertel von Amsterdam und im Rembrandthaus. Wir hatten ein ganz einfaches Quartier gefunden, weil alles ja nicht zuviel kosten durfte, aber, da ich damals noch kein holländisches Frühstück kannte, war ich erstaunt über die Fülle von Dingen, die auf dem Tisch standen. Brot, Butter, Käse, Aufschnitt, Fischkonserven, Marmelade, Honig, Cakes, und alles im Preis für das Frühstück inbegriffen.

Etwas ganz Neues begeisterte August in diesem Jahr. Er fing an, Entwürfe für Teller, Vasen und Krüge zu machen (wodurch angeregt, erinnere ich mich leider nicht mehr). Die Motive waren vielfach wieder Rokokoszenen, wovon es eine Reihe bezaubernder Entwürfe in Aquarell gibt, außerdem streng ornamentale Zeichungen mit Mustern und Vögeln; eine von ihnen führte er auf einer der ungebrannten Vasen aus, in denen bei uns zu Hause immer die holländischen Tonpfeifen standen, frei zur Benutzung für unsere Besucher. August hatte Beziehungen zu der großen Steingutfabrik in der Koblenzer Straße in Bonn (wenn ich nicht irre, war es die Firma Franz Anton Mehlem) aufgenommen und ging fast sechs Wochen lang allmorgendlich dorthin, gab den Arbeitern an, wie er die Formen der Vasen haben wollte, und bemalte sie dann, ehe sie gebrannt wurden. Er bemalte auch einfache Milchkannen und kleine Krüge, die damals mit den anderen Erzeugnissen dieser Fabrik meist ins Ausland, vor allem nach Amerika exportiert wurden. Das Hauptstück war eine Friedrich-der-Große-Vase und stellte den König zu Pferd, umrahmt von einer Art Vignette im Rokokostil, dar. Es wurden zwei Exemplare derselben angefertigt. Leider ließ er sich nie etwas von diesen Produkten geben, und als ich nach seinem Tode mich mit der Firma in Verbindung setzte und anfragte, ob eventuell die Möglichkeit bestünde, noch etwas von ihm Entworfenes zu bekommen (gegen Bezahlung!), erhielt ich nicht einmal eine Antwort. Wo mögen wohl alle diese Sachen hingekommen sein, und ob überhaupt noch welche davon existieren? Er kam jedesmal erfreut wieder aus der Fabrik und erzählte, wie begeistert die Arbeiter seien, daß einmal etwas Neues gebracht würde an Stelle des seit Jahren Gewohnten. Das Jahr vorher hatte er schon einmal ganz bescheiden sich mit Ähnlichem befaßt. Er kaufte fertige, ihm zusagende Porzellantellerchen und Schüsseln, bemalte sie und hatte irgendeinen Mann in der Altstadt ausfindig gemacht, der einen kleinen Brennofen hatte und ihm die Sachen brannte. Leider waren es aber Farben, die keinen hohen Hitzegrad vertrugen, und so litten sie etwas und wurden unklar. Ich erinnere mich aber an einige wenige, sehr schön bemalte Teller, besonders einen mit leuchtend blauem Grund mit antiken Gestalten in Schwarzweiß. Eine kleine Schale aus der Zeit, die er Marcs schenkte und die ich nach Marias Tod zurückbekam, ist noch erhalten, ich schenkte sie meinem Sohn. Immer wieder hat die Töpferei August gereizt, so auch im Sommer 1913, wo er in Kandern im Schwarzwald bei den Bauerntöpfern viele schöne Dinge machte.

Außer wenigen Tagen, die er in Berlin war, hielt er sich noch in Frankfurt und im Herbst acht Tage mit Marcs in Paris auf, wo sie gemeinsam Delaunay und Le Fauconnier trafen und die Kunsthändler Druet, Bernheim, Fénéon und Vollard aufsuchten.

Wir Frauen, d. h. meine Großmutter, Mutter und ich, waren damals viel mit Sticken beschäftigt, nach Augusts Entwürfen, die er uns direkt auf den Stoff aufzeichnete, so daß es von manchen gar keine Skizzen gibt. So hatte ich im Sommer einen großen Wandbehang in Arbeit mit den beiden badenden Mädchen und den orientalischen Jünglingen (jetzt im Besitz meines Sohnes Wolfgang). Wir waren alle begeistert an der Arbeit, vor allem meine Großmutter saß Abend für Abend bis spät beim Sticken und wunderte sich dann am anderen Morgen, wenn sie Rückenschmerzen hatte, sie war ja schon fast 80 Jahre alt! Sie stickte so akkurat und fein, ebenso wie meine Mutter, die noch Jahre später sich immer wieder Sachen auf Stoff übertrug; so entstanden im Zweiten Weltkrieg unter den erschwerendsten Umständen dank ihren geschickten Händen und ihrem künstlerischen Farbensinn die schönsten Sachen. Auch unser mit siebzehn Jahren verstorbener hochbegabter Sohn Walter hatte viele Entwürfe zu Stickereien gemacht, und es gibt mehrere Decken, die Mutter mit seinen Motiven bestickte, eine ganz große, in denen abwechselnd Zeichnungen von August und Walter verarbeitet sind.

Am 21. Januar 1913 hatten wir Besuch von Apollinaire und Delaunay. Sie waren in Köln gewesen, soviel ich weiß, von Berlin aus, wo sie die Ausstellung im »Sturm« besucht hatten und Walden ihnen ein großes Paket mit Nummern der Zeitschrift gleichen Namens mitgab. Sie kamen am Nachmittag und wollten eigentlich mit dem Nachtzug von Köln aus nach Paris zurückfahren. Aber, wie das so geht, wenn begeisterte, verwandte Seelen sich finden, dann gibt es nicht so leicht ein Ende. Sie blieben über Nacht.

Apollinaire war lebhaft, temperamentvoll, sprach gut deutsch und kannte seltsamerweise jeden kleinsten Ort (wie z. B. Heisterbacherrott im Siebengebirge) in unserer nächsten Umgebung, so daß ich im stillen dachte, er wird doch nicht nebenbei auch noch Spion sein. Damals wußte ich noch nicht, daß er einmal eine Zeitlang Hauslehrer in Honnef gewesen war und es Gedichte von ihm gibt, die den Rhein preisen. Delaunay dagegen war sehr still, nachdenklich und fast etwas scheu, vielleicht nur deshalb, weil er kein Wort Deutsch verstand. Wir mußten deswegen mit ihm französisch sprechen, und da August sich meistens mit ihm unterhielt, kann ich mich an den Inhalt der Gespräche nicht mehr erinnern. Unser Freund Arthur Samuel war an diesem Abend mit dabei, und ich weiß nur, daß wir sehr viel gelacht haben und so ausgelassen waren, wie es eigentlich nur ganz junge Menschen sein können. Ich schiebe die drei Wochen zu früh erfolgte Ankunft unseres zweiten Sohnes Wolfgang auf diesen fröhlichen Abend. Delaunay sagte alle paar Minuten leise vor sich hin »Ah, ma pauvre femme« in Gedanken an seine Frau, die ihn nun am Morgen umsonst in Paris erwartete. Es war ziemlich spät, als wir uns trennten und die beiden Freunde sich mit einem Kuß auf beide Wangen gute Nacht wünschten; der eine schlief im Gastzimmer, der andere im Atelier, wohin August ihn mit einer Kerze begleitete. Am frühen Morgen schon mußten sie unser Haus verlassen, da sie mit der Rheinuferbahn, die damals noch an der Viktoriabrücke nahe bei uns hielt, nach Köln fuhren, um dort den D-Zug nach Paris zu nehmen. Ich hatte abends alles zurechtgestellt, und August stand früh auf, um ihnen noch einen kleinen Imbiß zu machen. Sie konnten sich schwer trennen, Apollinaire, der etwas hinkte, drängte zum Gehen: »Il est temps, il nous faut aller«; ich sah oben hinter der Gardine, wie er durch die Dämmerung die schmale Straße entlang ging, in der einen Hand das dicke Bündel »Sturm« schwenkend, das er an einer langen Kordel trug, während August noch mit Delaunay am Gittertörchen unseres Vorgärtchens stand und die beiden, die wirkliche Freunde geworden waren, sich immer wieder die Hände schüttelten. Später entwickelte sich ein reger Briefwechsel über alle möglichen Probleme der Malerei; manchmal schrieb Frau Sonja in Deutsch, da sie diese Sprache gut beherrschte. Es war mir eine große Freude, diese begabte, geistreiche und charmante Frau am 7. Juni 1956 kennenzulernen, als im Schloß Morsbroich die Ausstellung von Delaunay eröffnet wurde, bei der sie selbst nach der offiziellen Rede eine kleine, sehr kluge Ansprache in dem zauberhaften Rokokosaal hielt. Es waren auch einige große Bilder von ihrer Hand ausgestellt, die uns sehr beeindruckten.

Der zweite Sohn

Am 8. Februar 1913 wurde unser Sohn Wolfgang geboren. August, voller Freude über sein Vaterglück, begab sich in beflügeltem Tatendrang sofort daran, einen großen Holzblock, den er sich einige Zeit vorher beschafft hatte, zu bearbeiten. Unser Schlafzimmer lag genau unter dem Atelier, und ich hörte das unermüdliche Klopfen. Ab und zu kam August herunter und fragte mich, ob es mich störe, aber ich sagte natürlich »nein«, obgleich mir der Kopf im Bett leise wackelte. Ich freute mich ja im stillen zu sehr mit ihm und seiner jungenhaften Unbeschwertheit. Als es ihm nicht schnell genug ging, holte mein Bruder ihm aus der Fabrik einen elektrischen Bohrer, und nun machten sich beide voller Begeisterung an die Arbeit. Aus diesem Holzklotz entstand dann die schöne, leider unvollendet gebliebene Gruppe »Pierrot und Tänzerin«, die er auch zart antönte. Leider ist diese Plastik im letzten Krieg verlorengegangen.

Außer diesem großen Stück schuf August noch einige kleinere Holzschnitzereien, so einen Pierrot und eine kleine weibliche Gestalt mit einem Hirsch, wenig plastisch herausgearbeitet, zwei kniende Figuren, die eine Holzschale tragen, auch leicht angetönt (er hatte diese Schale damals gekauft, solche wie diese wurden im Rheinland zur Aufbewahrung von Schmierseife benutzt!). Diese drei Stücke sind erhalten geblieben und im Besitz meines Sohnes. Außerdem schenkte August eine nackte weibliche Figur Bernhard Koehler, sie ist verlorengegangen.

Um sich die beiden neugeborenen Neffen (in Siegburg war am 4. Februar auch ein Söhnchen bei Augusts jüngster Schwester angekommen) anzusehen, kam die Schwester Auguste aus Kandern zu uns zu Besuch. Bei dieser Gelegenheit überredete sie den Bruder, sie auf einer Verwandtenreise zu begleiten, und so fuhren sie zusammen nach Westfalen, wo August das erste und einzige Mal seine Geburtsstadt Meschede besuchte. (Ich selbst fuhr Jahre später mit meinem Sohn, meiner Schwiegertochter und den beiden ältesten Macke-Enkeln anläßlich einer Macke-Ausstellung durch die Stadt, die ihren mittlerweile berühmt gewordenen Sohn ehrte, hin. Wir wurden als Gäste der Stadt sehr herzlich aufgenommen und gingen auch zu dem Geburtshaus. Nach den Beschreibungen meiner Schwiegermutter hatte ich mir immer eine Art Bauernhaus vorgestellt. Wie verwundert war ich, als wir vor einem großen, geschmackvollen, im Landhausstil erbauten Haus standen, das in einem parkähnlichen Garten mit schönen alten Bäumen und einem anmutigen steinernen Tempelchen lag. Außerdem waren wir noch in benachbarten Ortschaften, so in dem Geburtsort der Mutter Macke, wo es viele wohlhabende Höfe gab, mit schönen Holzschnitzereien geziert.)

Von Meschede aus besuchten die Geschwister noch die anderen Verwandten der Mutter Macke in Fürstenberg. Dort lebte noch eine ihrer Schwestern, die zusammen mit ihren Kindern einen großen Hof bewirtschaftete. Als sie hinkamen, lag die junge Tochter im Bett und klagte über Leibschmerzen. Als Auguste eine Zeitlang bei ihr gesessen hatte, kam ihr die Sache doch etwas sonderbar vor, und sie äußerte vorsichtig ihre Meinung, daß es wohl angebracht sei, die Hebamme zu rufen. Darauf brach die Tochter in Tränen aus und gestand schließlich, daß sie ein Kindchen erwarte, und zwar von dem Nachbarssohn. Sie hatte es bis zuletzt verbergen können und war täglich ihrer Arbeit nachgegangen, so daß selbst ihre Mutter nichts gemerkt hatte; als diese es hörte, konnte sie sich kaum fassen, und als die Hebamme dann kam, mußte die sich erst setzen, so aus allen Wolken war sie gefallen, daß diesem frommen und unbescholtenen Mädchen so etwas hatte passieren können. August wurde beauftragt, den Bruder vom Feld zu holen und ihm vorsichtig mitzuteilen, was geschehen war. Der Bruder war zutiefst getroffen und redete in fast biblischer Sprache von der Schmach, die nun

Arthur, 1908

über ihre Familie hereingebrochen sei und daß er sich nicht mehr in anständiger Gesellschaft oder auf dem Tanzboden sehen lassen könne, ohne daß man mit Fingern auf ihn zeige. August wußte ihn einigermaßen zu beruhigen, auch die fassungslose Mutter, die aus Verzweiflung zu allem bereit gewesen war, um dieses Geschehnis aus der Welt zu schaffen. Ein Segen, daß die vernünftigen Verwandten gerade zur rechten Zeit gekommen waren. Auguste, tatkräftig wie immer, holte gegen den Willen der jungen Mutter den Nachbarssohn heran, damit er sich sein neugeborenes Kind ansehen und auch die Verantwortung dafür, soweit das möglich war, übernehmen sollte. Vom Heiraten wollte die junge Mutter nichts wissen, weil sie behauptete, den Mann nicht zu lieben. Nach einigen Jahren aber wurde die Hochzeit gefeiert, und sie sind eine glückliche und zufriedene Familie geworden. In derselben Nacht, als das Kind ankam, wurde ein Kalb auf dem Hof erwartet, und alles blieb auf, um zu helfen. Auch August mußte zuletzt dabei sein, er mit seiner sensiblen Natur konnte es aber nicht mit ansehen und wurde fast ohnmächtig, so daß sie ihn mit einem starken westfälischen Schnaps wieder zu sich brachten.

Auf einer kurzen Fahrt nach Duisburg besuchte August unseren Freund Dr. Samuel, der sich als junger Arzt dort niedergelassen hatte. Er setzte sich in das Wartezimmer, in dem kein Patient mehr war, und nach kurzer Zeit öffnete sich die Tür und mit einem »Bittöö...« öffnete Arthur seine Sprechzimmertür und trat im weißen Kittel heraus. Das Gelächter über die gelungene Überraschung war groß und die Freude ebenso (es existiert von dieser Szene eine kleine Zeichnung). Das Ölbild »Duisburger Hafen« ist auf diesen Besuch zurückzuführen.

Eine schöne Freundschaft bahnte sich damals an mit Walter Eucken, dem Sohn des Jenaer Philosophie-Professors; er studierte in Bonn und hatte sehr viel Interesse für Kunst. Ich weiß noch, wie er als neugebackener Dr. phil. bei uns seinen Besuch per Wagen machte und seine Visitenkarte abgab (eine Sitte unter den Studenten der damaligen Zeit). Wir behielten ihn aber gleich zum Mittagessen da, und im Nu war alles Konventionelle abgestreift: Er erwarb sich damals schon ein Bild, »Blühender Garten in der Vorstadt«, das ich später in seinem Heim in Freiburg i. Br., wo er als Professor für Nationalökonomie wirkte, wiedersah. Noch während des Ersten Weltkrieges hielten wir die Verbindung zu der Familie Eucken aufrecht, und meine Mutter und ich besuchten sie im Jahre 1916 auf einer Reise durch Thüringen in Jena. Frau Irene Eucken, eine sehr interessierte und begabte Frau, beschäftigte damals eine Stickerin, die von ihr gekaufte Stoffe mit farbigen Seiden- oder Goldfäden durchziehen mußte, woraus dann Gewänder gearbeitet wurden, mit denen die große, schlanke Frau auf ihrer Reise nach Amerika, wohin ihr Mann als Austauschprofessor eingeladen war, großes Aufsehen erregte. Sie war von Augusts Stickereientwürfen sehr begeistert, und wir ließen ihr einige Zeichnungen da, die sie dann auf Stoff (allerdings mit Maschine) sticken ließ. Es war der paukenschlagende Mohr zu Pferde als größeres Stück, aber meine Mutter und ich konnten keinen rechten Gefallen daran finden, weil es etwas kalt und unpersönlich wirkte gegen unsere mit viel Liebe und Hingabe mit der Hand gestickten Sachen. Frau Eucken hatte wegen der Ausführung der Porzellanvasenentwürfe von August Macke mit einem Herrn von Seydlitz gesprochen, sie glaubte aber, in Dresden sei nichts zu machen. Sie wollte sich an eine Porzellanfabrik in der Nähe von Schwarzburg wenden. Der Bildhauer Engelmann würde gerne die Proben versuchen. Sie meinte, das könne dann im Atelier von van de Velde in Weimar gemacht werden.

AUSSTELLUNG

RHEINISCHER
EXPRESSIONISTEN
IN BONN AMHOF 30 1·STOCK
10 JULI – 10 AUGUST 1913
GEÖFFNET 10-1, 3-5

Ausstellungen

Der Sommer 1913 war reich an Unruhe und Erleben aller Art, und August sehnte sich von der intensiven Arbeit im Mittelpunkt des Kunstbetriebes einmal wieder nach Ruhe und ländlicher Stille.

Meine Mutter hatte im Sommer 1913 ihre Freundin, unsere allgeliebte Mama Moilliet, in Bern besucht und einige Wochen mit ihr am Thunersee in der Nähe von Louis und Hélène Moilliet in Gunten im Hotel Hirschen verbracht. Ursprünglich war uns der Gedanke, in die Schweiz zu gehen, dadurch gekommen, daß Dr. Wilhelm Worringer, der damals an der Universität in Bern als Kunsthistoriker lehrte, seine Berner Wohnung möbliert für sechs bis acht Monate vermieten wollte, da er in Berlin arbeiten mußte. Emmy Worringer, die bei ihm zu Besuch war, schrieb uns davon und meinte, das sei wohl etwas für uns Passendes. Das war Anfang Juli 1913. Ich bat meine Mutter im Brief, sich doch die Wohnung einmal anzusehen, obgleich wir ja lieber irgendwo aufs Land ziehen wollten. Zudem wäre sie, da es ein ganzes Haus war, zu teuer für uns geworden, und zuviel Arbeit, was ich gerade vermeiden wollte. Inzwischen hatten wir schon an das Hotel Bellevue au Lac in Hilterfingen und an die Pension Hünibach bei Thun geschrieben und um den Pensionspreis für uns alle für Oktober (mit den zwei Buben und Anni) gebeten. Da erhielten wir Nachricht von meiner Mutter, daß sie endlich etwas Passendes für uns gefunden habe, ein wahres Idyll, eine Wohnung in einem reizenden Schweizer Haus mit großem Garten direkt am See, bestehend aus vier Zimmern, großer Laube, Küche und Bad, Gartenbenutzung und so weiter. Das Häuschen gehörte der Familie Büchler aus Basel, die nur im Sommer und mit den Kindern in die Ferien kam, aber die obere Etage meist an Fremde vermietete. Im Augenblick wohnten Bekannte von Louis dort, ein Maler mit seiner Frau und noch ein junges Paar. Wir vertrauten nun ganz auf den Geschmack von Mutter und baten sie, dort für uns von September an zu mieten.

Ehe wir allerdings in dieses ruhige Idyll übersiedelten, spielte sich noch manches ab. August steckte noch mitten drin in den Vorbereitungen für die verschiedenen Ausstellungen, den »Herbstsalon« in Berlin, weswegen er in dauernder Korrespondenz mit Onkel Bernhard stand, und die »Rheinische Expressionisten-Ausstellung«, die in Bonn am 10. Juli im Kunstsalon Cohen, Am Hof, eröffnet wurde. Es waren ungefähr 14 Künstler, die sich zu dieser Ausstellung als Gruppe zusammentaten, darunter Heinrich Nauen, Carlo Mense, Straube, Henseler, Seehaus (unter dem Namen Barnett), Feldmann, Koelschbach, Max Ernst, Hans Thuar, Engert, August und Helmuth Macke. Die Ausstellung war durch die beiden Brüder Heinrich und Friedrich Cohen mit der Assistenz von August liebevoll vorbereitet und geschmackvoll gehängt worden. Alles war in großer Erwartung, es sollte ein Ereignis für Bonn werden, diese Stadt, die von den Künsten nur für Musik ein Organ hatte und in der diese Kunst aus Tradition seit Jahren gepflegt und bevorzugt wurde. Für Bildende Kunst, besonders »moderne«, war der Boden noch nicht bereitet, und so war diese Ausstellung junger, ganz moderner Künstler in gewissem Sinne ein Experiment. Es wurden Einladungskarten, zu denen August einen Holzschnitt gemacht hatte, verschickt, Plakate gedruckt, Fahnen, die den Eingang zierten (Frau Cohen hatte dazu eines ihrer guten Leintücher, das entsprechend bemalt wurde, hergegeben), aufgehängt und ein Fräulein für die Kasse engagiert. Alle diese Unkosten mußten wir vorläufig aus unserer eigenen Tasche bestreiten, weil Cohen schon seine Räume frei hergab.

Onkel Bernhard war damals zur Kur in Wiesbaden, er hatte an Rheumatismus zu leiden, und es ging ihm nur langsam besser, aber am 2. August kam er doch nach Bonn. Es gab überhaupt allerlei Besuche aus Anlaß der Ausstellung, so daß wir viel Unruhe im Haus hatten, zwischendurch schon die Reisevorbereitungen für die ganze Familie. Die Eröffnung feierten wir abends in gemütlichem Kreise im Weinhaus Wittmann in der Hundsgasse. Außer den Veranstaltern und den Künstlern nahmen daran teil Dr. Walter Cohen (damals am Provinzialmuseum in Bonn), Dr. Creutz vom Museum in Köln (Ohm Creutz), Dr. Worringer, Dr. Soennecken, Erich Greeven und mein Bruder Walter. Es war ein sehr fröhliches, ausgelassenes Zusammensein.

Der Erfolg war überraschend. In den ersten zehn Tagen wurden sogar schon Sachen verkauft, meist von jüngeren Leuten erworben.

Die Studenten benahmen sich sehr anständig teilweise. Am Abend vor der Eröffnung war ein Vortrag in der freien Studentenschaft, am anderen Tag waren schon alle, die ihn gehört hatten, in der Ausstellung. Ich werde demnächst eine Führung veranstalten, bin schon gespannt, wie das gehen wird.

So schrieb August an Onkel Bernhard. Ihm war sehr viel daran gelegen, daß gerade unter den jungen Leuten und im besonderen unter den Studenten der Sinn und das Interesse für die Ziele dieser jungen Künstler geweckt und gefördert wurden. Er versprach sich viel davon, und ich muß sagen, wir waren recht erfreut, wie viele Besucher hinkamen und wie verhältnismäßig gut die Kritiken waren. Ich nahm (zwar ohne Augusts Erlaubnis) an einer seiner Führungen teil und hatte meine Freude daran, wie lebendig und unmittelbar er den Zuhörern alles das, was ihm am Herzen lag und ihm wesentlich und wichtig schien, in dieser Kunst erklären und nahebringen konnte. Man hatte oft mehr von diesen lebendigen Diskussionen und Gesprächen, wo ein Wort das andere gab, als von manchen Kunstbüchern, die sich oft in sehr komplizierten Gedankengängen und schwierigen Begriffen ergingen. Ich muß allerdings einfügen, daß die damals erschienenen Bücher von Wilhelm Worringer »Formprobleme der Gotik« und »Abstraktion und Einführung« einen begeister ten Kreis von verständnisvollen Anhängern unter den jungen Künstlern hatten; die meisten von ihnen schafften sie sich an oder liehen sie sich untereinander aus. Endlich einmal ein Akademiker, der diesen neuen Ideen aufgeschlossen und verständnisvoll gegenüberstand, der vielleicht für sie eintreten und sie verteidigen würde gegen so viele konservativ eingestellte Kunsthistoriker, die von vornherein alles Neue, Ungewohnte ablehnten und sich gar nicht erst damit beschäftigten. Unter den Museumsleuten war das anders. Da gab es schon eine ganze Anzahl Persönlichkeiten, die mit der Jugend gingen, ihre Ateliers aufsuchten, sie durch Interesse und Zuspruch, ja sogar durch Ankauf einzelner, ihnen gereift oder charakteristisch erscheinender Werke ermutigten. Einer der unbeirrbarsten Kämpfer in Wort und Schrift war der treue Freund vieler Künstler dieses Kreises, Dr. Walter Cohen, der Jahre später ein unsagbar tragisches Ende im KZ Dachau fand, daneben Direktor Hagelstange vom Wallraf-Richartz-Museum in Köln, der jahrelang einen aufreibenden Kampf gegen die dem Zentrum angehörige Verwaltung der Stadt Köln führte (was nicht wenig zu seiner Krankheit und seinem frühen Tod beigetragen hat), Dr. Gosebruch in Essen am damaligen Folkwang-Museum, Dr. Reiche in Barmen, Swarzenski in Frankfurt, Dr. Fischer, Dr. Kaesbach in Erfurt, Dr. Schardt und Dr. Behne, beide nacheinander am Kronprinzenpalais, wo Geheimrat Justi Direktor war. Sie alle haben wohl nicht geahnt, daß ihre Lebensarbeit und ihre mutige Förderung der Jungen Kunst ihnen nach Jahren (1937) zum Verhängnis werden würde.

Damals, zu Beginn dieser Entwicklung, hatten alle Beteiligten das Gefühl, in einer revolutionären Bewegung zu stehen und einen zu den kühnsten Hoffnungen berechtigenden Aufstieg in der Kunst mitzuerleben. Es war eine Anzahl wirklich großer Begabungen da, darunter starke Persönlichkeiten, die sich untereinander beeinflußten und anregten, deren jede aber sich doch in ihrer ganz speziellen Art auswirkte und betätigte.

Nun wieder zurück nach Bonn! – Ich schrieb damals an meine Mutter, die noch in der Schweiz war, folgendes:

Diese Leute benehmen sich durchweg sehr anständig und das Interesse ist für Bonner Verhältnisse erstaunlich groß. Es sind sogar schon ein paar Sachen verkauft. Nauen hat zwei große Bilder da, ein Porträt von Helmuth und zwei Kinder mit Boot; er wirkt unter den Anderen etwas altmodisch, man hat ihn schnell ausgesehen, etwas nüchtern. Das Problematische liegt uns vielleicht heute näher und gibt uns mehr. Der kleine Seehaus hat famose Sachen, ebenso Helmuth und dann Henseler, der sehr gut wirkt. Gestern hat er sein letztes Bild, eine große Madonna, aufgehängt. Hans Thuar wirkt so gesund und frisch. Wie schade, daß es den meisten dieser jungen Leute so schlecht geht.

Am 30. Juni schrieb August an Onkel Bernhard:

Entschuldige, daß ich Dir noch nicht schrieb. Ich bin durch die Ausstellung Rheinischer Expressionisten sehr in Anspruch genommen. Die Presse hat schon ganz gut funktioniert. Heute stand es sogar in den Münchener »Neuesten Nachrichten«. (Das nächste bezieht sich auf den Herbstsalon.) *Läßt Walden die Bäder und Schweizer Felswände bald mal bekleben? Meiner Ansicht nach müßte er in den Städten einen Satz Plakate auf einmal kleben lassen, und wenn es für drei Tage wäre. Er soll sich das mal berechnen lassen. Vor allen Dingen auf allen Bahnhöfen. Und dann würde ich vorschlagen, sämtlichen reichen Berlinern eine fabelhaft noble Karte, womöglich mit Goldschnitt zu schicken, in der sie aufmerksam gemacht werden, ohne den Schein eines Angriffs. Auch die Presse muß fein behandelt werden.*

Aus all dem sieht man, wie wenig August selbst vor den äußeren Mitteln der Reklame zurückschreckte, um einen vollen, durchschlagenden Erfolg der Ausstellung zu erzielen.

Indessen vergingen die Wochen schnell. Wir Frauen, Anni und ich, waren sehr beschäftigt, mußten wir doch schon allmählich alles Nötige überlegen und vorbereiten für die Übersiedlung und die vorübergehende Schließung des Hauses. Trotzdem vernachlässigte ich nicht meine geliebte Musik. Meine gute

Freundin Emma Lübbecke kam jede Woche zweimal von Frankfurt, um ihre Stunden zu geben! Ich spielte damals außer dem Italienischen Konzert von Bach und einer Sarabande von Rameau noch viele andere Stücke, auch öfter vierhändig mit ihr; es war ein wunderschönes Arbeiten mit ihr, dazu kam noch das Sticken und vor allem die Beschäftigung mit den beiden lebhaften Buben. Walter war ein sehr temperamentvolles, eigenwilliges Kind, das sich schon durchzusetzen versuchte gegenüber der elterlichen Autorität, dabei aber doch wieder klug und einsichtig. Wolfgang war ein allerliebster Knabe, der mit seinen ausdrucksvollen Augen hell in die Welt sah. Leider litt der arme Kleine damals an Milchschorf und hatte einen sehr starken Ausschlag, vor allem im Gesicht, so daß ich ihm auf Anraten des Arztes nachts die Ärmchen fest an den Körper wickeln mußte, was mir sehr grausam vorkam.

Ein paarmal in der Woche ritt August zusammen mit meinem Bruder morgens aus nach dem nahen Tannenbusch, dem damaligen Exerzierplatz der Husaren. Walterchen paßte immer auf, wenn die beiden zurückkamen, und lief schnell ans Fenster, um ihnen zuzuwinken; da erinnerte ich mich, daß einmal der Gaul, den mein Bruder ritt, stürzte und wie ein Hund auf den Rücken zu liegen kam, die Beine nach oben, Gott sei Dank, ohne sich und den Reiter zu verletzen.

Nun stand die Eröffnung des »Ersten Deutschen Herbstsalons« in Berlin bevor, der durch die Beteiligung vieler bekannter ausländischer Künstler sehr interessant und reichhaltig zu werden versprach. Herwarth Walden hatte alles mobil gemacht, was nur einen Namen hatte, und Onkel Bernhard hatte mit seiner bekannten Impulsivität und Begeisterung in Kunstdingen seine finanzielle Hilfe zur Verfügung gestellt. August hatte, soweit es möglich war, viele Bekannte persönlich eingeladen und war ein glänzender Anwalt für diese Veranstaltung. »Ich habe seit ein paar Tagen das sogenannte ›Arme Dier‹, es ist diesmal ein besserer Ichtiosaurier. Ich freue mich, daß ich mich in Berlin in den Bilderbetrieb stürzen kann. « (Brief vom 23. August 1913 an Koehler). Meine Mutter und mein Bruder hatten sich entschlossen, auch zur Eröffnung nach Berlin zu fahren, ebenso hatte August unseren Freund Louis Moilliet dazu überredet, hinzukommen. August wollte absolut, daß ich auch mitfahre; da ich den kleinen Wolfgang noch nährte, mußte ich unseren Kinderarzt fragen, ob dies möglich sei. Auf seinen Rat hin verzichtete ich auf die Reise; offengestanden fiel mir dies doch ein ganz klein wenig schwer. Ich hätte gern die Ausstellung gesehen und außerdem die anwesenden Künstler kennengelernt. Aber die beiden Bübchen trösteten mich bald, und vor lauter Arbeit kam ich nicht zum Nachtrauern. Ich ließ mir dann später erzählen, besonders von dem festlichen Eröffnungsbankett, an dem die Künstler aus allen beteiligten Ländern teilnahmen und es sehr lustig und kameradschaftlich zuging. Seltsam abgesondert muß Delaunay gewirkt haben. Er hatte einen großen Raum für seine Bilder, in dem er sich meistens aufhielt in Begleitung seiner Frau, einer interessanten, begabten Russin, Sonja Terk, seiner Schwiegermutter und seines kleinen Söhnchens, das unbeschwert ein Holzpferdchen nach sich zog. Delaunay war ein typischer, sehr zurückhaltender Franzose, der zu den übrigen Künstlern wenig Kontakt gewann, sie aber auch kaum ästimierte. August war wohl der einzige unter den Deutschen, mit dem er Fühlung bekam, während er mit Marc gar nichts anzufangen wußte und die beiden sich fast feindlich gegenüberstanden, wenn man das von Marcs verträglicher Natur überhaupt sagen kann.

Louis Moilliet mußte natürlich wieder seine Späße machen und nannte bei der offiziellen Vorstellung abwechselnd die Namen: Müller, Mayer, Moilliet; außerdem stutzte er heimlich ein auf einem dadaistischen Bild aufgeklebtes Schnurrbärtchen mit einer kleinen Schere, die er bei sich trug.

Der »Herbstsalon« hatte sehr viel Staub aufgewirbelt, viel ist darüber geschrieben und gestritten worden, jedenfalls war er ein künstlerisches Ereignis nicht nur für Berlin. August genoß beglückt die Verwirklichung seiner Idee: das Zusammentreffen der verschiedensten Künstler aus den verschiedensten Nationen, eine wirkliche Verbrüderung im Geist, fern von allem politischen Tagesstreit. Und wirklich! Alle Beteiligten glaubten an die Möglichkeit einer derartigen Verständigung über die Grenzen hinweg. Es war etwas Beglückendes in diesem Gedanken. Wie bald sollte sich dies als eine Illusion erweisen.

Wenn ich nicht irre, trat damals Lyonel Feininger zum ersten Male mit mehreren Werken vor die breitere Öffentlichkeit, obwohl er schon ein Vierziger war. August war von seinen Bildern so angetan, daß er Onkel Bernhard und meine Mutter dazu veranlaßte, ihm Bilder abzukaufen. Später hat Feininger mir erzählt, daß meine Mutter der erste Mensch gewesen sei, der ihm ein Bild abgekauft habe, und wie groß seine Freude darüber war, besonders, weil er nicht geglaubt habe, Erfolg zu haben. Jahre später hatte ich die große Freude, für einige Tage mit Maria Marc in Dessau zu verleben. Ich schlief damals bei Feiningers in einem Raum, in dem er vor einem großen Spiegel seine hölzernen, zart angetönten Segelboote aufgestellt hatte, nach denen er seine Bilder malte, für die er bei mehrmaligen Aufenthalten an der Ostsee Skizzen machte. Feininger war ein vornehmer Mensch, groß und schlank, mit edlen Zügen. 1937 verließ auch er Deutschland und ging mit seiner Frau nach Amerika, wo er an einer Kunstschule in der Nähe von New York bis zu seinem Tode lehrte. Außer Feininger besuchten Maria und ich auch Klees. Ich erinnere mich, daß Paul Klee bei dieser Begegnung einen sehr stillen, mit sich beschäftigten Eindruck auf mich machte, besonders sind mir aber seine Augen gegenwärtig, die wie abwesend in eine andere, nur ihm vertraute Welt zu blicken schienen. Seine Frau Lily war wie immer herzlich und aufgeschlossen, und man hatte sofort Kontakt mit ihr.

Als August von Berlin zurückkehrte, fand er schon das ganze Haus im Aufbruch. Es gab viel Packerei, und August wollte sich nicht von unserem schönen Schäferhund Wolf trennen. Aber da hatten wir viele Scherereien, weil er als Kriegshund galt und seine Einfuhr in die Schweiz von der Erlaubnis des schweizerischen Generalkommandos abhing. Als diese endlich eingetroffen war, waren wir schon abgereist, und der Hund wurde vorsorglich in einen Holzverschlag in einem Güterwagen verfrachtet. Draußen war ein Zettel angebracht: »Bitte Wasser geben«, und auf seinem Halsband stand die genaue Adresse von uns in Bonn. Aber leider gelangte er nur bis Koblenz! Er hatte die Holzlatten durchgebissen und sich in Koblenz unbemerkt aus dem Waggon entfernt, irrte in der fremden Stadt umher, bis er zu netten Leuten kam, die ihn aufnahmen und versorgten. Sie schrieben nach Bonn, und ein junger Arbeiter aus der Fabrik holte ihn dort ab und brachte ihn zu unserem Freund Hans Thuar, der ihn nun für die Zeit unserer Abwesenheit bei sich aufnahm.

Am letzten September ging die Reise los mit Anni und den Kindern. Lothar Erdmann begleitete uns zur Bahn, außerdem natürlich meine Mutter und mein Bruder.

In Basel stiegen wir alten Angedenkens an frühere Reisen im Hotel Schweizerhof ab, wo Anni die beiden Buben, die von der langen Fahrt redlich müde waren, gleich ins Bett brachte. Mutter Macke, Schwester Auguste und Schwager Karl Giß waren aus Kandern herübergekommen am Spätnachmittag und verlebten mit uns den Abend gemütlich bei einem guten Essen und einem Glas Wein. Andernmorgens ging die Reise weiter über Bern, wo die gute Mama Moilliet an der Bahn war, nach Thun. Von dort brachte uns das Schiff nach Oberhofen, wo wir gegen fünf Uhr ankamen, von Louis und Hélène an der Lände begrüßt, die uns gleich in unser Heim, das »Haus Rosengarten«, in Hilterfingen brachten. Es war ein klarer, schöner Herbstabend, noch hell. Draußen im Garten standen die Kinderbettstellen, die Frau Moilliet uns für die Zeit unseres Aufenthaltes leihen wollte. Wir waren alle ein wenig müde von der Reise. Frau Büchler begrüßte uns, zeigte uns die Wohnung, und dann ging's ans Auspacken. August und Louis schlugen gleich die Kinderbettchen auf, da die beiden Kleinen ja zuerst versorgt werden mußten. Anni ging schnell noch das Nötigste einkaufen, und wir hielten das erste, improvisierte Abendessen in der neuen Behausung.

Hélène hatte uns zum Empfang einen wunderschönen Strauß ins Zimmer gestellt, den August gleich am anderen Tag mit farbigen Stiften malte. Meine gute Mutter hatte zu unserer großen Überraschung durch Mama Moilliet in einem Spezereigeschäft alles, was zum Vorrat in eine Küche gehört, bestellen lassen. Wir mußten allerdings erst sämtliche Schränke und Schubladen von den Spuren der in der Küche fröhlich hausenden Mäuse reinigen, ehe wir einräumen konnten, und eine Jagd auf diese holden, außerordentlich zahlreichen Tiere veranstalten. Unsere Vorgänger, zwei Künstlerpaare, hatten eine ziemliche Bohèmewirtschaft getrieben und waren nicht allzu sauber gewesen, so daß die Mäuse sich ungestört bei ihnen einnisten konnten.

Hilterfingen

Hilterfingen – wie viele glückliche Erinnerungen verbanden sich für mich damals schon mit diesem Namen! Glückliche, sorglose Ferienwochen, die wir mit den Eltern im benachbarten Oberhofen verlebt hatten, herrliche Ausflüge und weite Fahrten zu Schiff und zu Boot auf dem See. Dann wieder Touren an den See, zur Zeit, als ich bei der gestrengen Mama Moilliet in Pension war, und die letzte Erinnerung, als ich mit August von Kandern herübergekommen war zu Louis und Hélène und dann so krank wurde.

Hilterfingen – welch sorglose, glückliche, erfüllte Zeit sollte uns beiden mit den lieben Kindern dort beschert werden, paradiesisch schön, fast unwirklich – ehe die furchtbare Weltkatastrophe über Europa hereinbrach!

Nun saßen wir in diesem Idyll, umgeben von der herrlichen Natur, die Berge und den See vor uns bei jedem Blick aus dem Fenster, die köstliche Luft und die Sonne, die Himmel, Berge und Wasser täglich in neuen Farbenspielen vor uns erstehen ließ. Es war eine neue Welt, in der wir uns täglich unsagbar wohl und geborgen fühlten. Jeden Tag waren wir aufs Neue dankbar, daß wir hier leben durften, jeden Tag genossen wir die Wunder um uns mit dankbarem Herzen. Es war wohl die harmonischste, glücklichste Zeit, die wir miteinander verlebten und die uns so innig nahebrachte, daß wir es oft nicht fassen konnten, wie unaussprechlich reich wir waren; dazu die lieben Kinder, und nicht weit die guten Freunde, die wir fast täglich sahen.

Bald waren wir auch ganz heimisch in der reizenden Wohnung. Am meisten hausten wir in der gedeckten Veranda, der großen Laube, in der wir die Mahlzeiten einnahmen und die uns zugleich als Wohn- und Arbeitsraum diente. Die Küche war ein schmaler, langer Gang, in dem den ganzen Tag Licht brennen

Helmuth Macke, August Macke malend, 1910

mußte, und wenn ich am Herd stand und Anni am Spülstein gegenüber, konnten wir gerade noch aneinander vorbei. Unser Schlafzimmer war groß und hell und führte auf den Garten und See mit Blick auf Niesen und Stockhorn. Daneben war ein kleines Zimmer, in dem die beiden Bübchen schliefen. Nach der Straße zu gab es noch einen »Salon«, der uns etwas zu offiziell mit roten Polstermöbeln eingerichtet war und den wir nur selten an Feiertagen oder Festen benutzten, und Annis Zimmer. Diese beiden Räume hatten die Fenster so tief am Boden, daß man mit einem Satz auf die Straße springen konnte, was Louis und August des öfteren taten, wenn sie die Elektrische an der nahen Haltestelle noch erreichen wollten. Später nahm August noch ein im oberen Stock gelegenes Zimmer dazu, das er ganz ausräumte und als Arbeitsraum benutzte. Man hatte dort oben vom kleinen Balkon aus einen prachtvollen Blick über See und Gebirge. Im Erdgeschoß hatten Büchlers ihre Zimmer, und neben dem Keller war ein Badezimmer, das wir benutzen durften; allerdings mußte man nach dem Baden die Treppe zu unserer Wohnung, die außen am Haus hinaufführte, benutzen, was im Winter recht kalt war, so daß wir es vorzogen, uns in der Kinderbadewanne in der warmen Küche zu waschen. Wir merkten allerdings zu spät, daß wir die Fenster nicht gut versorgt hatten und uns zwei alte Nachbarinnen friedlich zugesehen hatten. Damals schrieb ich in einem Brief an Maria Marc:

. . . Wir haben uns so gut eingelebt und fühlen uns sehr wohl und glücklich hier. Den ganzen Oktober waren lauter Sonnentage (nur ein Tag Regen) und zwar mittags so heiß, daß wir im Garten in der Sonne brieten. Jeden Sonntag sind wir mit Louis und Hélène im Boot herausgefahren, schon morgens bei herrlich klarstem Wetter, und wenn ein Wind kam, wurde schnell das Segel gesetzt und beschleunigte unsere Fahrt. Wir fahren dann weit bis an irgend eine felsige geschützte Bucht; da wird gelandet, das Boot befestigt, Kissen und Mäntel ausgebreitet und das Mittagsmahl ausgepackt. Danach kocht Hélène einen feinen tunesischen Kaffee in den echten langstieligen Kupferkännchen über

Elisabeth, um 1907

einem Feuerchen und wir faulenzen dazu in der Sonne wie mitten im Sommer. Unsere letzte Fahrt machten wir am 2. November und vorgestern haben wir noch im Garten Café getrunken ... Der Garten ist reizend mit einem großen Gartenhaus und Bänken rings ums Haus. Jetzt blühen noch immer Rosen, Primeln und Herbstblumen. Wir haben auch ein eigenes Bootshaus und eine Lände, und Louis fährt gleich vors Haus, wenn er kommt. Der alte Fischer bringt uns die frischgefangenen Fische, deren es sehr schöne hier gibt, wie Hechte, Forellen usw. gleich ins Haus ...

Zusatz von August:

Wie es mir geht, könnt Ihr ja oben lesen. Mein malerischer Zustand ist der, daß Kandinsky für mich sanft entschlafen ist, indem die Bude von Delaunay daneben aufgeschlagen war und indem man darin so recht sehen konnte, was lebendige Farbe ist im Gegensatz zu einer unglaublich komplizierten, aber absolut seichten Farbfleckenkombination. Man möchte darüber weinen, daß einem Hoffnungen enttäuscht wurden. Aber Delaunay hat eben mit dem räumlichen Eiffelturm angefangen und Kandinsky mit Lebkuchen. Eine Tischplatte ist mystischer wie alle seine Bilder. Sie klingen gar nicht mehr für mich.

Brief von August Macke an Bernhard Koehler vom 16. Oktober 1913:

... Aus Deinem Brief klingt eine leise Verbitterung gegen die üble Welt, die ich durchaus verstehe. Es ist einfach unverständlich, wie sich eine Stadt wie Berlin gegen eine solche Sache verhält. Mir scheint die Sache jetzt so: Walden ist ein ganz naiver Mensch einerseits, der fortwährend für das Recht eintreten will und auch eintritt. Aber die anderen sind von solchen Beweggründen getrieben in ihren Handlungen, daß sie über dieses Gebaren lachen, sich darüber ärgern und sich in ihrer nichts weniger als begeisterten Arbeitsweise gestört sehen. Er hat die Masse der Kunstleute stets gegen sich, weil sie ihm nie gönnen, Recht zu haben. Das ist alles eine äußerliche Sache, aber für solche Ausstellungen muß man es eigentlich vorher noch mehr in Erwägung ziehen, als wir es getan haben. Und doch muß ich sagen, die Ausstellung muß auch für

Dich als Sammler kolossal viel wert sein, trotz dieser Enttäuschungen. Ich habe einen moralischen Katzenjammer, weil ich Dir zu einer Sache geraten habe, die Dich finanziell doch mehr belastete, wie ich, oder irgend jemand ahnen konnte. Und doch, laß die Ausstellung einmal vorbei sein, so wird man unbedingt mit Freuden an die ganze Sache denken, und man wird nicht mehr sinnen, wer von Berlinern alles nicht drin war. Man wird vielmehr daran denken, daß die Sache einem selbst etwas war in dem kurzen Leben. Das Gemeine, was mich am meisten ärgert, ist, daß man soviel Optimismus verlieren kann, der so schön und so berechtigt ist, und der von diesen Schweinehunden einem angespuckt wird, von diesen Sauzeitungsbengeln. Die Kunst und den Optimismus, der mit der reinen Kunst notwendig verbunden ist, soll man sich unter keinen Umständen von den Geldsachen bestimmen lassen. Kunst ist das Leben und Leben soll und kann man eigentlich garnicht kaufen und verkaufen. Wenn jemand ein Bild kauft und sich nicht damit beschäftigt, so hätte er so gut für das Geld ein Stück Holz kaufen können. Die Liebe, das Leben, das durch diese Sachen ausgelöst wird, bedeutet alles. Und ich glaube für einen selber immer am meisten. Man verpudelt manchmal zuviel Zeit an seinen Nächsten, diesen lieben, faulen Biestern, die so oft unangenehm stinken. (August hatte gehört, daß Walden bei einer ähnlichen Sache Defizit angegeben und tatsächlich Plus gemacht habe.)

Es ist hier allerdings so herrlich, daß ich einstweilen noch ziemlich unter dieser Herrlichkeit zu leiden habe. Es ist fast zu schön hier im Garten am See in der Sonne zu sitzen. Sie brennt einem aber das Unerquickliche ziemlich aus dem Gehirn heraus, alles Unangenehme, Allzumenschliche.

Zusatz zu diesem Brief:

»Kunst und Künstler« hat mich eingeladen, einen Artikel über die neue Kunst zu schreiben mit ein paar Abbildungen meiner Sachen. Bitte antworte mir über Deine Meinung umgehend. Hast Du etwas dagegen, daß ich das tue, weißt Du oder kannst Du erfahren, ob Marc, Kandinsky oder sonst wer aufgefordert ist? Ich hätte gern eine Aufnahme der »Indianer« und Deiner »Spaziergänger« dazu, es müßte aber bald

sein. Kannst Du das machen lassen in der Ausstellung? Ev. kann ich
den Leuten schreiben, dann fotografieren sie auf eigene Kosten. Ich
finde, ich habe keine Lust jetzt zu schreiben, aber andererseits muß man
es dem Publikum gegenüber, das »Kunst und Künstler« liest. Und das
ist sehr groß. – Meine Ansichten über Kunst sind verschieden von Kan-
dinsky und Marc. Ich fühle mich jetzt für mich allein verantwortlich.

Der Spätherbst des Jahres 1913 war noch voll Sonne und
Wärme, und wir konnten viel im Garten sein und schöne Wege
und Fahrten mit unsern Freunden Louis und Hélène machen.
Unsere Freude wurde leider durch eine ernste Sorge um unseren
jüngsten Sohn Wolfgang getrübt. Der kleine Kerl hatte sich auf
der Reise, wohl durch Zug im Coupé, eine schwere Mittelohr-
entzündung geholt, die fast sechs Wochen dauerte. Dabei hatte
er noch immer seinen argen Milchschorf, der sich auf dem Körper immer weiter ausbreitete, so daß er an manchen Stellen tiefe
blutige Blasen hatte und sehr sorgsam gepflegt werden mußte.
Der alte Arzt aus Oberhofen kam zweimal in der Woche, und ich
mußte Wölfchen die Ohren mit Wasserstoffsuperoxyd ausspü-
len, es kam immer wieder Eiter heraus, und er hatte stets Fieber,
war aber im ganzen sehr geduldig. Eines Tages aber stieg das
Fieber so hoch, daß wir sehr ängstlich wurden und den Chir-
urgen, Dr. Lüthy aus Thun, zuzogen. Er sah die Sache als sehr
ernst an und sagte, wenn der Eiter nicht abfließen könne, wäre es
leicht möglich, daß er bei einem so kleinen Kind ins Gehirn eindringen könnte, und dann gäbe es keine Rettung mehr. Er wolle
noch einen Tag zusehen und dann eventuell das Trommelfell
durchstechen. Diese Nachricht bestürzte uns sehr. Der folgende
Tag war ein Sonntag, und da Anni Ausgang hatte, waren wir
mit den Kindern allein. Am Spätnachmittag faßten wir den Entschluß, eine Gewaltkur auf eigene Verantwortung zu wagen.
Wir richteten ein warmes Bad, legten den Jungen hinein und
gossen langsam heißes Wasser zu, bis er anfing zu schreien.
Dann schlugen wir ihn in ein heißes, nasses Badetuch, legten ihn
mit Wolldecken und Wärmflasche eine Stunde lang zum Schwit-

zen ins Bett. Als wir ihn auswickelten, war er krebsrot und dampfte. Alles mußte sehr schnell gehen, damit er keinen Zug bekam. Nach dieser Prozedur schlief er gut, und am andern Morgen war der Eiter aus beiden Ohren gelaufen, und das Fieber war heruntergegangen. Als der Arzt kam, war er sehr erstaunt, daß Fieber und Krise vorüber waren. Nun ging es von Tag zu Tag besser, und bald waren wir unsere Sorge um den Kleinen los.

Unser Walter konnte noch viel draußen spielen, besonders wenn Büchlers Zwillingssöhne Hans und Ernst mit Tante Rosa in den Ferien aus Basel kamen. Dann wurden ihre alten Spielsachen herausgeholt, Baukästen, Pferdestall, Schweizerhäuser, mit dicken Kühen, und alles wurde aufgebaut, auch ein Mecanokasten mit Motor war dabei, und das begeisterte Walter natürlich sehr. Manchmal spielte er auch mit dem Nachbarsohn Päuli Hirschi, wenn der zu den Ferien herauskam. Die beiden Büchlersöhne waren trotz der äußeren Ähnlichkeit sehr verschieden. Hans hatte etwas Sanftes, Gemütvolles (sie sagten immer, er müsse Pfarrer werden), er beschäftigte sich gern mit Wölfchen und ließ ihn im Garten laufen und trug ihn umher. Ernst war wilder und kühner und zu Streichen aufgelegt. Die Schwester Louisabeth, zwei Jahre älter als die Brüder, war ein hübsches, schlankes Mädchen von fünfzehn Jahren, die von Anfang an großes Interesse zeigte, wenn August im Garten malte. Sie hatte Zeichentalent, und August spornte sie an, selbst kleine Bilder, wie Blumen und Stilleben, zu malen, was sie mit Begeisterung tat. Diese ersten Anregungen waren der Grund, daß sie später, als sie schon als Schauspielerin ausgebildet war, noch nebenbei Zeichen- und Malstudien trieb und dabei ihre kunstgewerbliche Begabung entdeckte, durch die sie ihren endgültigen Beruf fand. Alle drei waren sehr hübsche, aufgeschlossene Kinder, ein wenig streng erzogen von der religiösen Mutter und von Tante Rosa treu umsorgt. Unsere Anni hatte bald heraus, daß die Louise bei ihrer körperlichen Größe von dem etwas spartanischen Abendessen nicht satt wurde, und sie stellte ihr immer einen wohlgefüllten Teller oben in unsere Kammer, wo sie diese verbotene Speise heimlich mit großem Appetit verzehrte. (Ich bin mit der Familie immer in Verbindung geblieben bis zum heutigen Tag.)

Es war ein freies, sorgenloses Leben im Häuschen am See. Schon wenn wir morgens aufwachten und den ersten Blick auf See und Berge taten, war es uns wohl ums Herz. Man ging froh und unbekümmert an die Arbeit, nahm die täglichen kleinen Pflichten und das ganze Leben freudig und dankbar hin. August fing sehr bald an, fleißig zu malen. Er besorgte sich Malmaterial; und ein Bild nach dem anderen entstand in diesen sommerlich warmen, strahlenden Herbstwochen. Da er nur wenige Sachen von früher mitgenommen hatte, fing er sozusagen neu an und brachte mittags die Bilder in den Garten, der in leuchtenden Herbstfarben von Sonne durchflutet war, und stellte sie mitten hinein in dieses Glühen: Sie verblaßten keineswegs, sie hatten ihr eigenes Leuchten. Dann fragte er mich: »Was meinst du, ist das nun was, oder ist es Kitsch? Ich kann es wirklich nicht sagen.« Er mußte erst wieder einen größeren Abstand zu seinen Sachen bekommen, um sie beurteilen zu können.

Mit Gunten ging ein reger Verkehr hin und her. Louis kam oft schon des Morgens mit dem Rad und hupte schon von weitem. Die beiden Freunde verstanden sich ausgezeichnet, nicht nur in künstlerischen Dingen. Da waren zwei Menschen zusammen mit einer ähnlichen Intensität an Lebendigkeit, mit einem verwandten Sinn für Humor und die köstlichen Augenblicke im Leben. Sie haben sich manchen Tag vorgeschwärmt, wie schön das Leben sei, die Liebe, und waren glücklich wie die Kinder. Louis erhielt durch Augusts intensives Arbeiten viel Anregung. Er sagte später oft, August habe ihn erst das Sehen gelehrt und ihm die Augen geöffnet für Farbe und Licht. Die Folge davon war, daß er fleißig zum Arbeiten kam, zur großen Freude von Hélène, die nie glücklicher war, als wenn er etwas Gutes fertiggebracht hatte. August fuhr oft zu ihnen nach Gunten und arbeitete mit Louis, d. h. er sagte und zeigte ihm vieles, während er malte. Was August damals am meisten beschäftigte, war das

Hélène Moilliet-Gobat, Hilterfingen, 1914

Dynamische in einem Bild, nicht nur durch die formale Eintei-lung des Raumes ausgedrückt, sondern vor allem durch das Spiel der Farbtöne gegeneinander, untereinander: Selbst in einer gleichmäßigen, sagen wir grünen Fläche, darf keine tote Stelle sein, die Farbe muß arbeiten, vibrieren – leben. Augusts ganzes Streben ging darauf hinaus, die reinen Farbtöne auf einem Bild so zu nuancieren und in Einklang zu bringen, daß trotz der not-wendigen Kontraste eben doch eine große Harmonie und Bild-einheit zustande kam. Die Bilder, die in den Schweizer Monaten entstanden und später anschließend in der letzten fieberhaften Arbeitsperiode im Bonner Atelier, geben Zeugnis davon, wie weit er dieses ihm vorschwebende Ziel in seinen eigenen Werken verwirklichen konnte.

Damals begann Louis sein großes Bild »Im Varieté« zu malen. Im November wurde es fertig, und er brachte es nach Bern zur Ausstellung. Da es aber dank seiner zu starken Farbigkeit neben den meisten der anderen Bilder schwer unterzubringen war, wurde es vorerst von der Jury abgelehnt. Später wurde dieses Bild vom Staat für tausend Franken angekauft und im Museum von Bern aufgehängt. Unsere gegenseitige Freundschaft war so schön und ungetrübt, so voll lebendiger Spannung, daß wir alle davon bereichert wurden. Hélène war ein außergewöhnlicher Mensch, und wir waren immer dankbar, ihr begegnet zu sein. Sie lebte ganz für Louis, stellte sich immer zurück, pflegte ihn, der damals etwas zart von Gesundheit war, rührend, und hatte doch wahrlich kein leichtes äußeres Leben. Jede Woche fuhr sie für drei Tage nach Bern, um dort ihre Klavierstunden zu geben und den Unterhalt für ihr beider Leben zu verdienen. August und ich standen dann morgens im Nachthemd am Fenster und winkten ihr zu, wenn das Schiff von der Lände her ganz nahe an unserem Garten vorüberfuhr. Hélène war eine ausgezeichnete Pianistin und in musikalischen Kreisen sehr geschätzt, dabei von einer unglaublichen Bescheidenheit. Louis spielte sehr gut Geige und hatte im Orchester einen Platz unter den ersten Geigen. So hörten wir beide einmal in einem Konzert in Thun im »Freienhof«, wo Hélène als Solistin ein Klavierkonzert spielte. An manchen Abenden, wenn wir bei den Freunden in Gunten waren, hatten wir den Genuß eines Konzerts. Wir saßen dann im schönen Biedermeierzimmer, ich lag meist auf der gemauerten Kaminbank, und alles war mäuschenstill. Das Zimmer war ganz mit Holz getäfelt und gab eine wunderbare Resonanz ab. Besonders erinnere ich mich an die Bach-Solo-Sonate für Geige, die Louis spielte, und an die Mozart- und Brahms-Sonaten für Geige und Klavier. Spät, um Mitternacht, gingen wir am See entlang heim, noch ganz gefangen von der Musik, manchmal durch dichten Nebel, der über dem See braute, daß man die Hand nicht vor Augen sah, und nur vereinzelte Lichtkegel wie Scheinwerfer aus abgelegenen kleinen Häusern drangen in die Dunkelheit, dann wieder waren die Nächte taghell durch den Mond, so daß man fast die Schrunden der Gletscher an den Schneebergen und jeden Fels sah; der See lag schlafend und ruhig wie ein dunkler Spiegel, über den sich der sternübersäte weite Himmel feierlich breitete. Diese stillen Wege waren unvergeßliche Eindrücke geheimsten Naturerlebens, manchmal war es uns, als wandelten wir durch eine traumhafte Landschaft wie Kinder im Märchen und gingen schweigend durch diese nächtliche Pracht, Hand in Hand, wie verzaubert.

Dann kam der Alltag wieder mit seinen Pflichten und seiner regen Geschäftigkeit. Wir hatten uns sehr bald auch wirtschaftlich gut eingelebt, und dank der treuen Hilfe von Anni, die den Kindern eine zuverlässige Betreuerin war, hatte ich immer noch Zeit für andere Dinge. Jede Woche landete der alte Fischer an unserer Bootsstelle im Garten und brachte uns frisch gefangene Fische, ein fliegender Händler kam ab und zu mit Geflügel, und Gemüse und Obst holte ich hier und da beim Schloßgärtner in Oberhofen, wohin Walter mich gern begleitete, ja, sogar manchmal auch August, der dort im Park seine Studien machte. Am schönsten war es allerdings, wenn Anni und ich in Begleitung von Walter zweimal die Woche am See entlang zu Fuß nach Thun zum Markt gingen. Straßenweise hatten die Händler ihre

Stände aufgebaut, und es herrschte reges Leben und Treiben. Das Städtchen Thun ist ja unglaublich malerisch, die schönen alten Gassen und Gäßchen mit Laubengängen, der weite Marktplatz, gekrönt von Burg und Kirche, die Promenade an See und Aare entlang zum kleinen Hafen hin, wo früher noch das alte Häuschen, in dem der Dichter Kleist einmal gewohnt hatte, direkt ins Wasser hineingebaut war. Und wenn man die alten überdeckten Treppengänge hinaufstieg zur Burg, zum alten Friedhof mit vielen zerfallenen Gräbern, hatte man einen weiten Blick über Fluß, See und Berge. Bei jedem Gang gab es neue Entdeckungen. Die Hauptfreude von Walter waren die im Freien unter den Lauben ausgestellten Waren der Geschäfte, und so konnte er nur mit Mühe an einem großen Schuhgeschäft vorbeigehen, wo alle Sorten von Schuhen aufgebaut waren, ohne den Wunsch zu äußern, sie sortieren zu dürfen. Einmal, als August uns zum Markt begleitet hatte, kamen wir zufällig auf den Schweinemarkt. Dort wurden die kleinen, rosigen Ferkelchen in Netzen in die Wagen der Käufer gehoben und schrien dabei so entsetzlich, als ob sie am Spieß steckten. Als Walter das hörte und sah, fing er gottsjämmerlich an zu schreien, und die dicken Tränen liefen ihm über die Backen. »Was tut man ihnen? Machen die Leute sie tot?« rief er, und wir konnten nicht schnell genug mit ihm fortgehen, um ihn zu beschwichtigen. Am Lauitor entdeckten wir ein kleines altmodisches Geschäft der Geschwister Andres-Bähler, die unter anderem die ganz feine Mooswolle, die sich gut zum Stricken eignete, verkauften. August ging hin und bestellte dort nach einer Farbtafel ungefähr hundert verschiedene Farbtöne, die extra in der Fabrik eingefärbt werden mußten. Diese feine Wolle war ein wirklich wertvoller Besitz (ich habe heute noch davon) und wurde an alle stickenden Frauen unseres Freundeskreises verteilt, vor allem aber an meine Mutter und Frau Moilliet, die damit viele schöne Dinge zauberten.

Ich stickte damals zum ersten Male einige Bilder nach Aquarellen von August, u. a. die »Kinder mit Fischglocke«. Frau Moilliet begann unter Augusts Anleitung ihre ersten Stickereien, ein Leinenkissen mit dem heiligen Georg und ein anderes, zwei-farbig-seidenes mit kleinen, badenden Mädchen. Sie hatte ein so ungewöhnlich feines Farbengefühl, daß sie später noch bis ins hohe Alter nach Louis' wunderbar zarten Spanienaquarellen schöne Bilder hervorzauberte.

An Samstagen und Sonntagen waren wir immer mit den Freunden zusammen, machten schöne Spaziergänge oder waren mit dem Boot unterwegs. Besonders aufregend und spannend waren diese Fahrten, wenn Louis den Löffel auswarf zum Fisch-fang. Er hatte sich eine besondere Vorrichtung gemacht, so daß, wenn ein Fisch nach dem Löffel schnappte, oben an der Seil-winde ein kleines Glöckchen erklang. Wenn das einmal geschah, waren wir alle in großer Aufregung und die Männer eifrig be-müht, den vermeintlichen Fisch an Land zu ziehen, aber es waren leider nur Wasserpflanzen, in denen sich der Löffel ver-wickelt hatte. Auf solchen Fahrten erlebten wir wunderbare Be-leuchtung und Stimmungen, und bei der Heimkehr in der abendlichen Dämmerung waren Himmel und See oft in phanta-stische Farbskalen getaucht. Noch Ende Oktober in diesem mil-den Spätherbst konnten wir einen ganzen Tag unterwegs sein. Hélène hatte wie immer ein wunderbares Picknick am Tag vor-her zubereitet, sogar ein Poulet gebraten. Mit diesem Poulet hatte es eine besondere Bewandtnis: Am Abend vorher, als wir die Freunde nach einem schönen Konzert verlassen und sie sich gerade zum Schlafen gelegt hatten, fiel Hélène das noch nicht zurechtgemachte Poulet ein. Schleunigst stand sie auf, zog sich notdürftig an und eilte in die Küche. Aber o weh! Das Huhn war noch nicht ausgenommen, und da sie das noch nie gemacht hatte, holte sie in ihrer Ratlosigkeit den Louis aus dem Bett, der sich etwas schimpfend an die Operation begab, von der er nach-her behauptete: »Der tote Hahn hat noch gekackt.«

An einer felsigen Bucht bei Beatenberg machten wir halt, be-festigten das Boot, suchten uns einen passenden Lagerplatz und nahmen das Picknick ein, wobei uns das Poulet ausgezeichnet mundete. Dann wurde an einer geschützten Stelle ein kleines

Rast nach dem Segeln, 1914

Feuerchen gemacht, und darauf kochte Hélène einen feinen arabischen Kaffee in den echten tunesischen Kupferkännchen. Es war an diesem Tage noch so heiß, daß wir buchstäblich in der Sonne brieten.

Ende Oktober erlebten wir die freudige Überraschung, daß uns Mutter Macke und Auguste aus Kandern besuchten; als ich aus dem Fenster guckte, sah ich sie im Garten spazieren gehen. Es war ein wunderschöner Tag; am Nachmittag wurde gleich eine Dampferfahrt nach Interlaken unternommen, von wo die beiden über den Brienzer – See – Meiingen – Brünig – Luzern wieder heimkehrten. Auch die gute Mama Moilliet besuchte uns des öfteren im Rosengarten, wenn sie bei Louis und Hélène in Gunten war. Das Haus, in dem sie die erste Etage bewohnten, gehörte einem früheren Lehrer namens Tschan. Mit dessen Sohn war Louis von Jugend auf befreundet. Er war ein ganz besonderer Kerl, voll Temperament und Natürlichkeit, mit etwas derbem Humor und viel Sinn für Frauen und die Freuden des Lebens. Er war jahrelang in Rußland gewesen als Kaufmann. Wenn die drei Männer zusammen waren, gab es immer Witze zu erzählen, und es ging lustig zu. Tschan hatte ein natürliches Maltalent und viel Interesse für diese Kunst, so daß er sich in seiner Freizeit gern damit beschäftigte und auch ganz starke, originelle Sachen fertig brachte. Er hat mir später gesagt, daß er August immer sehr verehrt habe. Gelegentlich der Gedächtnisausstellung in Basel im Jahr 1936 sah ich ihn nach langen Jahren wieder, als er mich mit Louis zusammen in Kandern im Auto abholte. Ich kam gerade mit meinem Schwager Gustav Hagin von einem winterlichen Spaziergang heim, als ein Auto langsam am Weg anfuhr. Ein Herr stieg aus, ging auf Gustav zu und fragte: »Können Sie mir sagen, wo hier eine Frau Macke wohnt?« Ich wußte nicht, was ich sagen sollte! Erst als der Louis aus dem Auto stieg und lachend auf mich zukam, dämmerte es mir plötzlich: Es war der Tschan! Große Freude des Wiedersehens nach so langen Jahren! Diese fröhliche Fahrt mit den Freunden durch das schöne Markgräfler Land mit den zwischendurch eingelegten Weinpausen in den alten Gasthäusern ist mir unvergeßlich geblieben.

Zwischen Oberhofen und Merligen liegt am See ein altes Bauernhaus mit schönem, hohem Dach, das sogenannte »Heidenhaus«. Dort war im ersten Stock ein großer, saalartiger Raum, den damals Louis' Freund, der Musikdirektor Fritz Brun aus Bern, gemietet hatte. Er hatte sich einen Flügel dorthin schaffen lassen und hielt sich öfter zum ungestörten Arbeiten dort auf. Auch der Schweizer Schriftsteller Hans Moser hat manchmal da gewohnt; eine Zeitlang hat Louis den Raum als Atelier benutzt, u. a. hat er dort ein Porträt der schönen Frau von Wyss gemalt. Sie hatte als blutjunge Frau ihren Mann in den Bergen verloren und lebte mit ihrem kleinen Töchterchen bei der Großmutter, die einen traumhaft schönen herrschaftlichen Besitz in Oberhofen hatte, dessen Park voll von fremdartigen Bäumen und Pflanzen mit verschwiegenen Lauben und Pavillons und üppiger südlicher Vegetation war und unmittelbar an den See grenzte.

August arbeitete schon in diesem Herbst für zwei kommende Ausstellungen, eine sollte im Januar 1914 im »Sturm« in Berlin und eine in Dresden stattfinden. August löste sich immer mehr von dem Kreis des »Blauen Reiters« und wurde infolgedessen auch freier und persönlicher in seinen Bildern. Eine Gelockertheit in den Farben, ein wunderbares Leuchten, besonders in den grünen Tönen der Bäume, dem durchscheinenden Blau des Himmels, den Sonnenflecken am Boden, die vom hellsten Gelb sich zum tiefsten Rotbraun verdunkelten, sind charakteristisch für seine letzten Bilder. Die Figuren stehen in dieser Atmosphäre weich und doch nicht ohne Kontrast, es gibt keine starken Konturen mehr, alles fließt, die Farbe ist entmaterialisiert, sie ist wie Emailleschmelz. Eine ungeheure Konzentration steckt in den damals zuerst entstandenen, meist ganz kleinen Bildern, die wie Juwele leuchten. Das ist keine Leinwand, keine Farbe mehr, man denkt weder an Technik noch an irgendwelche Problematik, es sind wahre Dichtungen, Visionen des täglichen zufälligen Lebens, gestaltet mit ungebrochener Freude und einer tiefen Inbrunst der Hingegebenheit an das Werk, wie nur ein wahrer Künstler sie erleben und gestalten kann.

Fast jede Woche einmal fuhren wir zum Abendessen mit dem Schiff nach Thun zusammen mit Louis und Hélène. Entweder kehrten wir in der Brahmskneipe (leider steht das alte Haus nicht mehr), einer kleinen Kutscherkneipe nahe dem Lauitor ein, wo es herrlichen Rotwein gab und als Spezialität Eisbein mit Sauerkraut, oder wir gingen zum Markt in die »Post« zum Fröschibei-Essen, was ein ganz besonderes Fest war. Hélène bestellte dann vorher bei der Wirtin telefonisch so und soviele Dutzend dieser winzigen, zarten Schenkelchen, und es gab ein Wettessen zwischen uns. Es gehörte eine große Zungenfertigkeit dazu, sie möglichst schnell zu essen und die Knöchelchen fein säuberlich auf die Teller zu spucken. An der Größe des »Kalvarienbergs« sah man dann, wer am meisten von diesen Leckerbissen vertilgt hatte.

In der »Post« fanden diverse Tanzkränzchen der wohlsituierten Bürgertöchter und -söhne des Städtchens statt unter der Leitung einer etwas ältlichen Tanzlehrerin. Louis machte sich ab und zu den Spaß, dort oben im Sälchen zu erscheinen und die Gesellschaft anzuöden, die ihn aber für einen charmanten Kavalier hielt. So tanzte er eines Abends zwischen den schüchternen Paaren herum und sang dazu den damals beliebten Schlager: »Puppchen, du bist mein Augenstern, Puppchen, ich hab dich gar so gern, Puppchen, mein süßes Puppchen, du ganz allein, du sollst es sein!« und wandte sich dabei lächelnd von einer zur anderen der verlegen errötenden Jungfräulein zum leisen Entsetzen der züchtigen Tanzlehrerin.

Wenn wir heimgingen, fröhlich und übermütig, lag das Städtchen meist schon im Schlaf. August und Hélène waren die Ausgelassensten. Sie liefen Arm in Arm durch die Gassen, schellten an jeder dritten Haustür, klopften auf die Läden, daß Hunde anschlugen und mancher biedere Bürger aus dem ersten Schlaf aufgeschreckt, empört und wütend das Fenster öffnete, um nach den späten Ruhestörern zu sehen. Die hatten sich aber längst

Porträtzeichnung Anni, Hilterfingen, 1913

hinter den Bogengängen der Kolonnaden versteckt, um kurz darauf ihr Spiel weiter zu treiben. Besonders lustig war es eines Abends an der Endhaltestelle der Elektrischen, wo ein großes Zigarrengeschäft lag, in dem Louis und August gute Kunden waren. Es war Samstagabend, und der Laden war spät aufgeräumt und geputzt worden. Der Besitzer wollte gerade den schweren Rolladen herunterlassen und drehte krampfhaft – es ging und ging nicht weiter! August und Hélène hatten sich von unten mit aller Gewalt dagegengestemmt. Wenn der Mann herauskam und nachsehen wollte, was denn eigentlich los sei, ließen sie locker – sobald er wieder anfing zu drehen, stemmten sie aufs Neue, bis er schließlich fluchend und schimpfend herausstürzte. Aber als er die guten Kunden zu so später Stunde seine Auslagen bewundern sah, glätteten sich seine Mienen, und er fing ein sehr verbindliches Gespräch an.

Solange es noch milde Abende gab, fanden ab und zu auf dem Marktplatz in Thun Vorstellungen statt, und zwar von der berühmten Schweizer Artistenfamilie Knie, vor allem Seiltänzer traten auf. Quer über den dunklen Platz war das Seil gespannt, das in der Höhe zu beiden Seiten von einer Reihe bunter Lämpchen flankiert war. Häuser und Straßen lagen im Dunkel, darüber der nächtliche Himmel mit seinen Sternen. Nur Burg und Kirche auf dem Berg strahlten hell angeleuchtet in mystischem Licht. Und auf dem Seil balancierten in schwindelnder Höhe die mit Flitter und bunter Seide bekleideten Artisten und zeigten ihre halsbrecherischen Kunststücke. Es war ein Bild von seltener Farbigkeit und einem Kontrastreichtum, wie man ihn nicht oft sieht. Für August waren das ganz tiefe künstlerische Erlebnisse und Eindrücke, die er in vielen Zeichnungen und Bildern verarbeitet und meisterhaft wiedergegeben hat.

Noch eine andere Begebenheit muß ich erwähnen, die zu einer dauernden Erinnerung für uns wurde. Eines Morgens, als Anni im Garten am See die Teppiche klopfte, kam sie plötzlich atemlos zu uns ins Schlafzimmer gelaufen: »Herr Macke, Herr Macke, kommen's schnell, da schwimmt ein Riesentier heraußen!« August aus dem Bett, sich notdürftig anziehen und in den Garten laufen, war eins! Da schwamm dicht an unserem Garten ein Riesenfisch, ein Hecht, der sich nur noch schwach bewegte und von den Wellen immer wieder ein Stück abgetrieben wurde. Zuerst glaubten wir, er sei verletzt, aber dann erinnerten wir uns, daß uns einmal jemand gesagt hatte, daß die Tiere, wenn sie gelaicht hätten, oft vollständig erschöpft seien. Und so wird es wohl mit unserem Sechzehnpfünder auch gewesen sein. August holte schnell eine Riesenmistgabel aus dem Keller, mußte noch zu Hirschis über den Zaun klettern, weil der Fisch mittlerweile abgetrieben worden war, und versuchte krampfhaft, das schwere, ermattete Tier auf die Mistgabel zu bringen, um es an der Mauer entlang hochheben zu können. Nach längeren Versuchen glückte es endlich, wir legten diese Beute mitten auf den Rasen und standen staunend und zugleich ratlos darum herum. Was sollten wir mit dem Riesentier anfangen? Da fiel uns zuerst ein, wir könnten es dem Hotel »Moy«, in dem die vielen Engländer wohnten, anbieten. August ging auch hin, telefonierte zugleich nach Gunten an Louis, der es dem Wirt vom »Hirschen« sagen sollte. Der kam auch mit dem nächsten Schiff angefahren, um sich das seltene Exemplar anzusehen. Aber der Wirt vom »Moy« erwarb den Hecht und zahlte vierzehn Franken, die wir redlich teilten, d. h. Anni bekam die Hälfte, weil sie das Ungeheuer zuerst gesichtet hatte. Am Abend, als wir noch einen kleinen Spaziergang machten, soupierten die Gäste des »Moy« bei dezenter Tafelmusik auf der Terrasse, und wir dachten im stillen: Ob ihnen wohl der alte Großvater bekommt und schmeckt?

Allmählich kam der November heran, es wurde langsam kühler und herbstlich, so daß wir nicht mehr soviel draußen sein konnten. Jetzt kamen die Möwen zu Scharen an den See. August machte sich die größte Freude daraus, sie zu locken, indem er leise pfiff; dann kamen erst einige, dann immer mehr von weit her mit ihren spitzen Schreien. Er warf ihnen Brotbröckchen zu, die sie im Fluge spielend auffingen. Manchmal waren es an die siebzig Vögel, und es war ein wunderschöner Anblick, diese flinken, gewandten Segler in solchen Schwärmen zusammen zu sehen.

Unsere Gedanken gingen oft zu unseren Freunden in der Ferne, und wir nahmen, wie immer, regen Anteil an ihrem Ergehen. Am 30. Oktober fand in Köln die Hochzeit unseres Freundes Hans Thuar mit seiner Hamburger Freundin Henny Rasch statt. Seine Eltern hatten die Hochzeit in ihrer schönen Wohnung am Königsplatz gerichtet. Das junge Paar bezog ein reizendes Häuschen in dem Dorf Weiden bei Köln in einer weiten Landschaft, die für Hans sehr anregend zum Malen war. Als wir sie im Juli 1914 besuchten und bei ihnen das erste Kindchen unterwegs war, das Töchterchen Gisela, die später meine Schwiegertochter werden sollte, trennten uns leider nur wenige Wochen von der Katastrophe des Ersten Weltkrieges. Franz und Maria Marc waren im November nach Berlin gefahren, da Marias Vater sehr krank war und kurz darauf starb. Sie blieben noch einige Wochen dort und nahmen dann ihre Mutter für einige Zeit mit nach Sindelsdorf.

Kurz vor Weihnachten, am 21. Dezember 1913, waren wir in Bern und mittags zusammen mit Frau Moilliet bei Hélènes Vater, Herrn Gobat, eingeladen. Die Chrusi hatte sich in so reizender Weise geschmückt für diesen Besuch und brachte dem alten Herrn zwei schöne rote Rosen aus ihrem Garten mit, worauf er ihr mit Grazie ein Kompliment machte und ihr sagte, sie sei des Sommers letzte Rose. Es waren gemütliche Stunden dort; der Tag wurde beschlossen mit dem Besuch von Mozarts »Requiem«. Es packte uns alle unbeschreiblich, und es war fast unheimlich, wie ich die ungeheure Tragik dieses seines letzten Werkes mitempfand und mir die Vergänglichkeit so tief zum Bewußtsein kam, fast wie die Vorahnung von etwas unabweisbar Schwerem.

Allmählich rüsteten wir zum Weihnachtsfest mit all seinen lieben, heimlichen Vorbereitungen für die Kinder und für jeden der Familie. Mein Bruder Walter verlobte sich mit der jüngeren Schwester meiner Freundin Emma, Margrete Job. Wir freuten uns sehr darüber, und da man ja nicht viel über die Grenze schikken konnte, packten wir einige wundervolle schwere Teerosen, die noch am Hause blühten, vorsorglich in Watte und schickten sie als Brautgruß nach Bonn.

Zum Nikolaus gab es für die Kinder einen bunten Strumpf ans Bett mit Süßigkeiten, und es machte mir viel Freude, die kleinen Einkäufe zu Weihnachten in Thun zu machen. Die festlich geschmückten Schaufenster der altmodischen, aber sehr guten Geschäfte zu bewundern und an Winternachmittagen durch die winkligen Gassen und Gäßchen zu gehen, das hatte seinen besonderen Reiz. Vor allem aber liebte ich den Blick von der Aarebrücke, wo der reißende Fluß aus dem See tritt.

Wir feierten sehr schöne Weihnachten in diesem Jahr, froh und glücklich einer im andern mit den beiden lieben Jungen. Wer hätte geahnt, daß es das letzte gemeinsame Weihnachten sein würde! Unsere Freunde Louis und Hélène kamen zur Bescherung am Heiligen Abend von Gunten herüber. Wir hatten einen kleinen Baum in der Laube geschmückt, unter den Zweigen standen die primitiv geschnitzten Holztierchen, die wir vom Weihnachtsmarkt mitgebracht hatten und die Walterchen besonders liebte. Alles war festlich, ein sorgsam bereitetes Abendessen mit schönem Vully-Wein mundete köstlich. Von allen Seiten waren wir liebevoll und reich beschenkt worden, und die Kinder waren glücklich mit ihren Spielsachen.

Louis brachte ein Flohspiel mit, das wir Erwachsenen mit Begeisterung spielten, wobei wir im »Salon« um den runden Tisch tobten. In der Nacht begann es zu schneien, aber die folgenden Tage war wieder herrliches, klares Wetter. Wir fuhren mit dem Boot, in das wir die Rodelschlitten verstauten, hinüber nach Spiez, von da ging's mit der Bahn nach Reichenbach, von dort steil hinauf nach Faltschen, von wo wir hinunterrodelten nach Aeschi. Louis hatte einen prachtvollen Davoser Rennschlitten, der schon mehrere Preise gewonnen hatte. Mit dem jagten wir in wenigen Minuten eine endlose Strecke hinunter über steinige, enge Wege. Louis steuerte und bremste mit zwei Stemmeisen

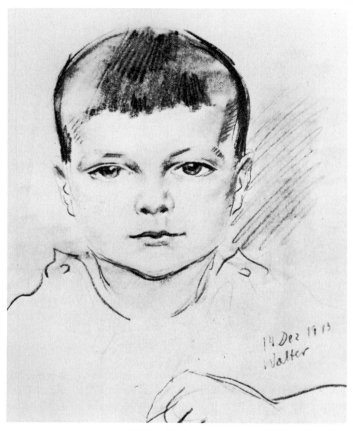

Walter Macke, 1913

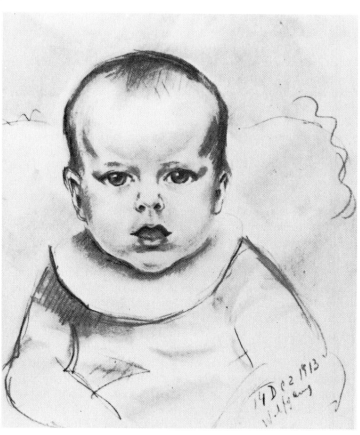

Wolfgang Macke, 1913

um die gefährlichsten Ecken und Kanten, daß die Funken stoben und mir Hören und Sehen verging. Niemals hätte ich geglaubt, ein wie köstliches Vergnügen das Rodeln ist, und die wenigen Male, die wir größere Fahrten miteinander machten, sind mir unvergeßlich. Einmal hatten wir den Walter mit, der vorne auf meinem Schoße saß; die Freude des Jungen über die sausende Fahrt talabwärts, die ihn vor Wonne aufjauchzen ließ, strahlte ihm aus den vor Kälte tränenden Augen. August und Hélène kamen mit unserem kleinen Schlitten viel langsamer nach, und es dämmerte schon, als wir in Spiez wieder das Boot bestiegen und über den dunklen See heimruderten nach Gunten. Dort warteten ein leckeres Abendessen auf uns, eine warme Stube, weiche Hausschuhe und als Abschluß ein wunderbarer Mozart, den die Freunde uns im gemeinsamen Spiel bescherten.

Am Neujahrstag machten wir wieder eine schöne Rodelpartie, stiegen eineinhalb Stunden steil hinauf nach dem Dorf Aeschlen in der herrlichen, klaren Winterluft, um dieselbe Strecke hinunterzurasen in wenigen Minuten bis zum Heidenhaus. Der Abend wurde wieder in Gunten beschlossen, wie immer mit einem festlichen Mahl, wie nur Hélène es in wenigen Minuten hervorzaubern konnte. Wir waren sehr vergnügt und ausgelassen, und Louis rodelte in Holzschuhen und einer schwarzseidenen Ballonmütze mit uns an die Lände zur Elektrischen. Da wir noch etwas Zeit bis zur Abfahrt hatten, lud die Wirtin vom »Hirschen« uns zu einem Bier ein, das unsere Stimmung erhöhte; wir hatten die größte Sorge, daß Louis mit seinem Schlitten nicht direkt in den See raste.

Am 8. Januar hatten wir den Besuch von Paul Klee und seiner Frau, die mit Moilliet sehr befreundet waren und den alten Vater Klee in Bern besucht hatten. Klee, damals noch mit Spitzbart und mit einer großen Pelzmütze auf dem Kopf, sah eigenartig fremdländisch aus, ein fast maurischer Typ. Lily, eine echte, lebhafte Münchnerin, bildete einen Gegensatz zu seiner oft sehr verschlossenen, zurückhaltenden Art. Damals ging er mit dem Gedanken um, im kommenden Frühling eine Reise nach Tunis zu machen und wollte gerne Louis und August für diesen Plan gewinnen.

So kam zum ersten Male die Möglichkeit dieser Reise zur Sprache, die für alle drei Künstler so entscheidend sein sollte. Die beiden waren natürlich sofort Feuer und Flamme, besonders Louis, der schon in Tunis gewesen war und einen guten Freund, den Arzt Dr. Jägghi, dort wohnen hatte, der ihn gastfreundlich aufnehmen würde. Es handelte sich jetzt nur darum, das nötige Reisegeld zusammenzubekommen, denn jeder mußte doch einige hundert Mark für die gemeinsamen Kosten beisteuern. Jeder überlegte nun, wie er diese Summe auftreiben könnte, und da lag es nahe, daß August an unseren Freund und Gönner Onkel Bernhard dachte. Gerade war von ihm ein Brief gekommen, in dem er schrieb, daß er das »Porträt mit Äpfeln« für seine Sammlung ausgesucht habe, worüber wir beide, wie schon erzählt, eigentlich recht betrübt waren. Dieses Bild hatte August in Tegernsee gemalt, als unser Walter unterwegs war; es knüpften sich liebe, glückliche Erinnerungen daran, und August hatte gesagt, er wolle es nie verkaufen. Nach beendetem »Herbstsalon« hatte er Onkel Bernhard versprochen, er könne sich ein Bild von ihm aussuchen, da er so viele Opfer für dieses Unternehmen gebracht habe. Dem guten Onkel Bernhard aber lag stets besonders viel daran, solche Werke zu besitzen, von denen er wußte, daß sie dem Künstler wertvoll waren (z. B. der »Tote Spatz« von Marc!). So schrieb August mit sehr gemischten Gefühlen seine Einwilligung und erwähnte zugleich die Möglichkeit einer Reise nach Tunis mit den Freunden.

Am 3. Januar 1914 feierte August seinen 27. Geburtstag. Er fuhr an diesem Tag allein zu einer kleinen Skitour nach Spiez hinüber; er hatte es schon zu einer ziemlichen Fertigkeit in diesem schönen Sport gebracht, trotz seiner Körperausmaße. Er fiel fast nie hin und war glücklich, seine in Tegernsee erworbenen Kenntnisse wieder auffrischen zu können. Ich rodelte fast täglich mit Walter im Dorf, und wir hatten große Freude daran, besonders er war doppelt stolz in seiner molligen Sweatergarni-

Bernhard Koehler sen., Hilterfingen, Februar 1914

tur, die meine Mutter ihm zu Weihnachten geschenkt hatte. Einmal waren wir drei mit der Drahtseilbahn hinauf nach Beatenberg gefahren. Da es unten am See wundervoll klar und sonnig war, erwarteten wir dort oben einen herrlichen Ausblick auf die Berge, aber, je höher wir kamen, desto nebliger und trüber wurde es, und da es zugleich durchdringend kalt war, landeten wir zur Freude des Jungen bei Kaffee und Schokolade in einer Konditorei.

Louis, der zum Skifahren für einige Tage in Zweisimmen war, dabei aber so unglücklich fiel, schrieb einen etwas wehleidigen, ungeduldigen Brief, daß er sich allmählich so bunt färbe wie ein expressionistisches Bild und daß »Arnika-Umschläge auf den lieben Ludwig gelegt« würden!

Etwas später war er dann noch einmal mit August zusammen in Zweisimmen, und Hélène und ich holten die beiden in Gstaad ab. Es war eine herrliche Fahrt durch das Simmental in der wunderbaren Winterpracht; ich sah und erlebte zum ersten Male den Betrieb eines modernen, mondänen Wintersportplatzes. Am Bahnhof standen viele Pferdeschlitten, in die elegante Damen ohne Hut in schweren Pelzmänteln, darunter leichten Kleidern, aus- und einstiegen, weil die Sonne da oben in der Höhe um Mittag so heiß war, daß man in leichten Blusen gehen konnte. Dann kamen wieder Sportler in voller, zünftiger Ausrüstung, in bunte, lebhafte Farben gekleidet, die sich von dem blendenden Weiß des Schnees leuchtend abhoben. Wir gingen eine ziemlich weite Strecke hinauf, um von einer Sprungschanze aus die Skiläufer springen zu sehen. Das alles war neu und interessant für uns, dazu das mondäne Leben und Treiben in dem damals noch kleinen Gebirgsdorf, das sich allmählich zu einer modernen Hotelstadt entwickelt hat. Bei einbrechender Dunkelheit war in den Cafés und Teestuben alles besetzt; in den großen Hotels verwandelten sich die Skiläuferinnen in elegante Damen, die am Abend in ausgeschnittenen Gesellschaftstoiletten ihre Schönheit zur Schau trugen. Damals war ja der Wintersport noch nicht entfernt in so weite Kreise gedrungen wie heute, sondern eher die

Angelegenheit einer wohlhabenden Schicht aus allen Ländern. Es war vielmehr ein Luxus als ein Mittel zur Erholung und Gesundung. Wie reizend war es, im Gegensatz dazu, als wir in verschiedenen Dörfern die ganze Schuljugend, von den Kleinen an auf den Skiern in der Pause herumlaufen sahen, und als es schellte, beeilte sich der eine mehr als der andere, die Bretter von den Füßen zu bekommen, um sie längs der Schulhauswand nebeneinander aufzustellen. Hier war es kein Luxus, sondern ein notwendiges Verkehrsmittel, um die oft auf weit verstreuten Höfen und Hütten wohnenden Kinder auf dem schnellsten Weg zur Schule zu bringen.

Anfang Februar war es mittags schon so heiß in der Sonne, daß ich an manchen Tagen eineinhalb Stunden lesend im Garten saß, während Wolfgang im Wagen seine Flasche trank. Wir hatten Onkel Bernhard dringend eingeladen, uns zu besuchen, da er noch nie im Berner Oberland gewesen war, aber er hatte sich noch nicht entschließen können zu der Reise. Er fragte nur im letzten Brief an, ob er fünfhundert Mark zur Tunisreise beisteuern dürfe, worauf August an meine Mutter schrieb: »Natürlich darf er! Für mich ist dadurch dieses Projekt bedenklich nähergerückt. Schwarz bin ich schon, Geld hab ich, nur Dich, liebe Mutter, brauche ich noch.« Er wollte nämlich nicht, daß ich die Zeit seiner Abwesenheit mit Anni und den Kindern allein war, und darum bat er die Mutter, eventuell sogar mit der Großmutter zu kommen und uns Gesellschaft zu leisten.

Ende Februar kam Onkel Bernhard dann doch. Wir holten ihn in Bern bei herrlichstem Wetter ab. Er war begeistert von der schönen alten Stadt und mußte gleich seiner Gewohnheit gemäß bei Althändlern herumstöbern, um neue Schätze zu suchen und zu finden. Zum Nachmittagstee hatte uns die Mama Moilliet eingeladen, und wir verlebten wie immer bei ihr ein paar anregende, lebendige Stunden, zusammen mit ihrem Pflegesohn Hans Moser. Onkel Bernhard wohnte bei uns oben im kleinen Dachzimmerchen und genoß glücklich die Zeit in unserer frohen und oft übermütigen Gesellschaft mit Louis und Hélène. Er

Hauseingang in Thun, 1914

hatte in Bern für die Jungen zwei wunderschöne Stoffäffchen gekauft, die damals als Spielzeug in Mode kamen, und gab damit bei einem Abendessen im Hotel Wildbolz eine Vorstellung zur Belustigung aller Gäste. Wir machten auch mit ihm zusammen unsere gewohnte Fahrt nach Thun, wo er voller Begeisterung am Fröschibei-Essen in der »Post« teilnahm. August machte mit ihm eine Tour von Spiez aus durch das Simmental nach Montreux, Lausanne und Genf und eine Fahrt mit dem Motorboot über den Thunersee nach Sundlauenen. Am schönsten aber war unsere gemeinsame Fahrt über Bern nach Fribourg, dieser interessanten alten Stadt, von der August einen so entscheidenden Eindruck bekam, daß er das Bild »Kathedrale in Freiburg in der Schweiz« malte. Louis wollte es mir später gerne abkaufen, und jedesmal, wenn ich ihn in der Schweiz besuchte, fuhr er mich über die Brücke, von wo aus man den Blick auf die Kirche hat. Wir besuchten danach einen Althändler. Ich erinnere mich an das seltsame Gebäude, vor allem an einen mit Glas gedeckten Innenhof, in dem viele Regale waren, auf denen alte Plastiken, Figuren und sonstige Gegenstände standen. August entdeckte ganz oben, fast unter dem Dach, eine hölzerne Heiligenfigur, die ihn interessierte. Er bat den Antiquitätenhändler, ihm die Figur zur näheren Besichtigung doch einmal herunterzuholen. Der wollte nicht recht darauf eingehen, murmelte etwas von großer Mühe usw., bequemte sich aber dann doch dazu, auf eine Leiter zu steigen und sie uns hinzustellen.

Es war eine holzgeschnitzte Madonna, farbig übermalt, rotes Gewand, blauer Mantel, mit zum Gebet erhobenen Händen, die teils zerstört waren, und einem sehr fein und ausdrucksvoll gestalteten Gesicht (man hätte denken können, sie sei einmal Bilderstürmern zum Opfer gefallen, die seinerzeit in den kalvinistisch beeinflußten Teilen der Schweiz viele wertvolle Kunstwerke vernichteten oder beschädigten). August ließ sich nicht anmerken, daß sie ihm gefiel, im Gegenteil, er betonte noch besonders, daß sie ja ziemlich lädiert sei, und erreichte dadurch, daß der Mann sie ihm schließlich für fünfzig Franken überließ.

Onkel Bernhard schien etwas neidisch auf diesen günstigen Kauf zu sein, aber wir hatten viel Freude an dieser Mutter Gottes, die August viele Tage mit Petroleum behandelte, da er befürchtete, sie sei vom Holzwurm befallen, was sich auf lange Sicht auch als richtig herausstellte. Sie stellte unserer Meinung nach eine Mater dolorosa unter dem Kreuz dar, andrerseits, da sie kniend dargestellt war, hätte sie auch eine anbetende Mutter bei der Krippe sein können. Sie stand und steht noch hoch in Ehren, alljährlich war ihr Platz unter dem Christbaum, aber da sie immer so allein dastand, schenkte ich ihr ein kleines wächsernes Jesukindlein in einem Krippchen, woran vor allem die Kinder große Freude hatten.

An meine Mutter schrieb ich am 14. März 1914 nach diesem Besuch in Fribourg u. a.:

Ich habe selten eine so schön gelegene, grotesk aufgebaute Stadt gesehen. Die Aare schlängelt sich zwischen steilen Felsen hindurch und teils auf diesen, teils auf tieferliegendem, angeschwemmtem Land ist die Stadt gebaut, mit einer herrlichen gotischen Kathedrale und vielen interessanten, alten Häusern und einem großen Kloster, dem Grundstock der ganzen Ansiedlung. Es wimmelte da von Pfäffchen, und man könnte meinen, mitten in Spanien zu sein. Die Landschaft ist großzügig und ernst und erinnert an das Bild, das Greco von Toledo gemalt hat.

Von Fribourg besuchten wir noch Murten am Murtensee, eine Gegend, die der rheinischen Landschaft sehr ähnelt, Hügel mit Weinbergen, die duftige, zartfarbige Atmosphäre mit den vielen silbrig grauen Tönen, die sehr im Gegensatz stehen zu der oft etwas krassen Farbigkeit der Thunersee-Landschaft. August sprach das sehr an, und es entstanden dort kurz vor unserer Heimreise die wenigen, schönen Aquarelle »Weinberge am Murtensee« und »Garten am Murtensee«, wohl außer einigen aus Kandern die letzten überhaupt.

Dann ging es nach Neuchâtel, dieser schönen Stadt am weiten See, die ich ja schon von einer Wanderung mit der Mama Moilliet von meiner Pensionszeit her kannte. Wir kamen wieder an der Buchhandlung Niestlé vorbei, die sich in einem alten Empirehaus befindet, sahen in einem Delikatessengeschäft einen Hecht von zweiundzwanzig Pfund ausgestellt und mußten an unseren aus dem Thunersee denken, außerdem war als besondere Delikatesse ein Wasserhuhn angepriesen, von denen es auf dem Thunersee wimmelte und die kein Mensch jagte, weil es allgemein hieß, sie seien zäh und schmeckten tranig, aber die Geschmäcker sind ja Gott sei Dank verschieden.

Onkel Bernhard reiste nun bald ab, und zwar über Colmar, wo er den Grünewald ansehen wollte, weiter nach Köln. Dort erwarb er mehrere Sachen aus dem Nachlaß des kurz zuvor gestorbenen Vaters Thuar, der eine große Sammlung japanischer Kunstwerke besaß. Wir hatten noch oft Besuch in dieser Zeit, so die liebe Chrusi, Tante Rosa mit Louise Büchler und die junge Frau Brassert, die wir von ihrem Besuch bei uns am Tegernsee her kannten. Sie kam aus Lugano, wo sie sich von ihrem Mann, der sich nach Amerika einschiffen wollte, verabschiedet hatte. Sie sollte, sobald er festen Fuß gefaßt hatte, nachreisen. Da kam der Krieg dazwischen. Jahrelang blieben sie getrennt, und den ersten Sohn, der ihr als kleines Kind wieder genommen wurde, hat der Vater nie gesehen. Meine Mutter kam, wie August es gewünscht hatte, Ende März und bald darauf auch ihre Freundin aus Berlin, die »Tante Franziska«, die meinen Bruder und mich schon als kleine Kinder in Bonn betreut hatte, wenn die Eltern verreist waren. Es wurde nun wirklich Frühling, und wir konnten manche schöne Fahrt mit unserem Besuch machen, so auch eine unvergeßliche zum Blauseeli, dem zauberhaften, funkelnden Juwel im Berner Oberland.

Die Vorbereitungen zur Tunis-Reise waren beendet. Louis raste auf dem Motorrad seines Bruders Alex von einem Bekannten zum anderen, um das nötige Reisegeld zusammenzubekommen, und hatte auch Erfolg. Onkel Bernhards Spende war eingetroffen, und nun konnte es losgehen. Vorher hatte Louis sein großes Bild »Zirkus« beendet. August war oft bei Louis, wenn er an dem Bild arbeitete, und ich weiß, daß beide einmal lange da

Frau des Künstlers lesend, Kandern, 1914

vorstanden und Louis zu ihm sagte: »Ich weiß nicht, da hinten ist eine leere Stelle, irgend etwas fehlt da«, und er bat August, ihm etwas hineinzumalen. So entstanden die winzig kleinen Clowns. Dieses Bild konnte noch zur Frühjahrsausstellung nach Bern gehen. Es hatte dort großen Erfolg und war sehr gut gehängt. Es waren viele technische Dinge auf der Ausstellung, Maschinen und Apparate aller Art. Wir besuchten diese Schau zusammen mit unserem Walter. Als wir ihn fragten, was ihm am besten gefallen habe, sagte er: »Onkel Louis' Bild«, er hatte nämlich lange ganz versunken davorgestanden.

Tunis-Reise

In den ersten Apriltagen reiste August über Thun, Bern nach
Marseille durch die Provence. Dort finden Louis und Klee ihn
am Sonntag, dem 5. April vor einem kleinen Restaurant beim
Essen sitzen, und der Spaß ist groß. Am folgenden Tag fahren
sie mit der »Carthage« über nach Tunis, wo sie am 7. April lan-
den, von Dr. Jägghi mit Frau und Tochter am Hafen erwartet. In
Hilterfingen zeigte uns ein Telegramm »bien arrivé, August«
ihre gute Ankunft an. August wohnte im Hotel »De France«,
wo ich vor zehn Jahren auf unserer Tunisfahrt mit meiner Mutter, meinem Bruder und dem Maleronkel Heinrich Brüne gewohnt hatte. Klee und Louis wurden von Dr. Jägghi aufgenommen. Nur einen Brief bekam ich vom 10. April aus St. Germain
bei Tunis, dem Landhaus von Jägghis, wo die Freunde zu dritt
einige Tage lebten und der Diener Achmed und sein Vater sie
betreuten. Achmed versuchte sich auch im Malen und hatte August einige Proben seiner Kunst verehrt, darunter sogar ein Ölbild mit französischen Soldaten, worunter die Widmung stand
»A monsieur Macké, Achmed«.

Liebe Lisbeth!

*Wir sitzen hier mitten in der afrikanischen Landschaft, zeichnen,
schreiben, Klee aquarelliert (Skizze dazu). Heute morgen bin ich in der
Stadt herumgelaufen und habe gearbeitet. Dann, per Auto, Hühnerra-
gout in der Kochkiste, Sardinenbüchsen, Betten etc. Der arabische Diener Achmed als Rennfahrer hinterher. Zwei Kinder, das Landhaus von
Dr. Jägghi (Skizze dazu) ist prachtvoll am Meer gelegen. Wir liegen in
der Sonne, essen Spargel etc. Dabei kann man sich herumdrehen und
hat Tausende von Motiven, ich habe heute schon sicher 50 Skizzen
gemacht. Gestern 25. Es geht wie der Teufel und ich bin in einer Ar-
beitsfreude wie ich sie nie gekannt habe. Die afrikanische Landschaft ist*

Der Niesen, 1914

noch viel schöner wie die Provence. Ich hätte mir das nie vorgestellt. 200
Schritte von uns ist ein Beduinenlager mit schwarzen Zelten, Eselher-
den, Kamele etc. laufen um uns herum. Wir bleiben zur Nacht hier. In
Tunis wohne ich im »Grand Hotel de France«. Louis und Klee bei
Jägghis, abends esse ich meist bei Jägghis, die sehr nett sind. Gestern
waren wir in den verschiedenen arabischen Liebesvierteln. In der Sonne
saßen oder standen die Weiber an der Tür. Es war ein herrlicher An-
blick. So bunt und dabei so klar wie Kirchenfenster. Aber in gesundheit-
licher Beziehung habe ich einen schrecklichen Horror vor dem ganzen
Volk hier. Bazillen sind sicher genug da. Man darf nur nicht darüber
nachdenken. Ich glaube, ich bringe kolossal viel Material heim, was ich
dann in Bonn erst verarbeiten kann. Was machen die Dötze und wie
geht es der Mutter. Soll ich was für Euch kaufen? Ich sehe hier oft
prachtvolle Sachen, ich will aber das Geld lieber nicht an alten Kram
hängen . . .«   (Brief aus St. Germain bei Tunis, 10. April 1914)

Alles, was die Freunde so intensiv in den kurzen Tagen erlebten,
erfährt man am besten aus Klees Tagebuch-Aufzeichnungen, die
in dem Band »Die Tunis-Reise« mit Aquarellen von August abgedruckt sind. Klee kehrte wenige Tage eher zurück, während
Louis und August über Palermo, Rom ohne Aufenthalt gegen
Ende April glücklich wieder bei uns ankamen. Beim Wiedersehen durfte ich August nicht umarmen. »Faßt mich nicht an, erst
muß ich mich waschen«, so groß war seine Bazillenfurcht. Er
packte die wenigen Schätze, die er mitgebracht hatte, aus: für
sich selbst ein Paar derbe, handgenähte gelbe Lederpantoffeln,
einige Lederkissen mit arabischen Mustern, für mich eine Bern-
steinkette, an der in der Mitte ein Achatstein mit eigenartig ein-
geritzten Linien hing (man sagte, es sei ein koptisches Siegel),
und einen mohammedanischen Rosenkranz aus kleinen Mond-
achaten. Meine Mutter bekam einen kleinen goldenen Ring,
worauf in arabischen Lettern »Tunis« graviert war. Ich trage ihn
immer noch. Es gab allerlei zu erzählen, aber da ich ja zehn Jahre
früher auch dort gewesen war, meinte August, ich kenne ja alles.
Er versicherte mir aber, es sei das letzte Mal gewesen, daß er

ohne mich eine solche Reise gemacht habe; denn es sei doch viel schöner, alles miteinander zu erleben und sich darüber aussprechen zu können.

Was ihn sehr beschäftigte und ihn immer wieder ernst stimmte, war die Begegnung mit französischen Offizieren in Tunis (Klee berichtet darüber), die in ihren Gesprächen einen baldigen Krieg mit Deutschland für möglich hielten. Ich mußte daran denken, als wir miteinander in Kandern waren, wo ihn der Krieg im Balkan so erregte, daß seine Schwester ihn beruhigte und sagte, was ihn denn der Krieg in einem so fernen Land beunruhigte. Ich habe das nie vergessen, es war, als habe er eine unerklärliche Vorahnung von etwas ihn persönlich betreffenden Endgültigem.

August Macke in Tunis, 1914. Im Hintergrund Paul Klee
(Vermutlich fotografiert von Louis Moilliet)

Paar an der Viktoriabrücke, 1914

Abschied

Im Mai kam unser Bonner Freund, Dr. Mathias Rech, von einer Kur aus Leysin für kurze Tage zu uns an den See. Es war wieder kalt geworden, und man konnte nicht viel unternehmen. Da sagte er eines Tages: »Wie wäre es, wenn wir die Kinder taufen ließen?« Es wurde nicht lange gefackelt, und August machte sich auf den Weg zu Herrn Pfarrer Rohr in Hilterfingen und verabredete mit ihm, daß die Taufe am Sonntag, den 10. Mai, stattfinden solle. Der gute Pfarrer hätte es gerne gesehen, wenn wir vorher den Gottesdienst besucht hätten, aber mit den Kindern, vor allem dem noch so kleinen Wolfgang, war uns das zu gewagt. So gingen wir festlich angetan, August voran, der Wölfchen auf dem Arm trug und sorgsam einen Schirm über ihn hielt, da es dicht schneite, Mutter und ich mit Walter durch das Gartentörchen auf die Straße. Aber, o weh! Im selben Augenblick lag Walter mit seinem neuen blauen Anzug, den er zum Geburtstag bekommen hatte, im Dreck, und August rief uns wütend zu: »Paßt doch auf den Jungen auf.« (Er behauptete später, wir hätten uns Handschuhe angezogen, statt das Kind an die Hand zu nehmen.) Wie aus der Pistole geschossen, stürzte Frau Büchler mit einer Schüssel voll warmen Wassers aus dem Haus, als hätte sie dieses Malheur geahnt und säuberte den Jungen so gut es ging, so daß wir mit etwas Verspätung oben im kleinen Dorfkirchlein anlangten. Da stand schon unser Freund Mathias zusammen mit dem Pfarrer und erwartete uns. Soweit ich mich erinnerte, machte es der Pfarrer sehr nett und unpathetisch. Ich hielt den schweren Wolfgang auf dem Arm, den die leise schwebenden, alten Fahnen an der Decke der Kirche verständlicherweise mehr interessierten als die heilige Handlung. Er zeigte mit seinen Patschhändchen darauf, als ob er sie zählen wollte, und sagte vernehmlich dazu: »da, da, da«. Nach der

feierlichen Taufe gingen wir heim durch den nassen Schnee, wo
uns im warmen gemütlichen Häuschen ein von Anni köstlich
bereitetes Mahl erwartete, an dem auch Louis (als Pate von
Wolfgang) und Hélène teilnahmen. August hat von diesem
Kirchgang eine köstliche Karikatur in unser Gästebuch gezeichnet und Mathias ein humorvolles Gedicht dazu geschrieben.

Meine Mutter reiste am 15. Mai, nachdem sie fünf Wochen bei
uns verlebt hatte, wieder nach Bonn zurück. Nun verging die
letzte Zeit am See schnell. Anfang Juni besuchten wir Louis und
Hélène zum Abschied noch am Murtensee, wo sie sich in Praz,
im Café »Bel Air«, eingemietet hatten für vier Franken pro Tag
und Person, mit vier Gängen fabelhafter Verpflegung. Hélène
wollte sich sogar ihren Flügel dorthin schaffen lassen, um einmal
eine Zeit in Ruhe arbeiten zu können.

Wir machten schöne Wege miteinander, hoch hinauf durch die
Weinberge und dann durch die blühenden Wiesen, wo ich dank
dem heftigen Wind argen Heuschnupfen bekam. August liebte
diese Landschaft sehr, erinnerte sie ihn doch an die Heimat, zu
der es ihn wieder gewaltig hinzog. Er hatte so viele Eindrücke in
sich aufgespeichert, daß er sich darauf freute, sie in seinem Atelier verarbeiten zu können. Wir machten noch kurz in Kandern
halt, und kaum waren wir in Bonn angelangt und fingen gerade
an, uns wieder einzuleben, da wurde die Welt durch den Mord
von Serajevo in Alarm versetzt. August war zutiefst erschüttert
und beunruhigt. Er hatte sich nach der Rückkehr mit Feuereifer
in seine Arbeit gestürzt. Im Atelier standen gleichzeitig einige
der wichtigsten Bilder seines Werks. In Hilterfingen waren siebzehn Ölbilder entstanden (außer Aquarellen und Zeichnungen).
Zwei davon hat er noch in Bonn fertig gemacht. Und dann entstanden in den kurzen Wochen sechsunddreißig Bilder, viele
darunter ganz verschieden voneinander; es ist fast unvorstellbar,
wie eine so große Zahl bester Bilder entstehen konnte. Es war,
als arbeite er in einem Rausch, einem Fieber, um noch möglichst
viel von dem zu gestalten, was er sich als Ziel gesetzt hatte. Um
nur einige zu nennen: Da waren die beiden Stilleben mit dem

Gladiolenstrauß, »Begonien mit Apfel und Birne«, zwei Fassungen der »Kinder am Hafen«, der »Duisburger Hafen«, das große rote »Haus im Park«, »Spaziergang zu Dreien«, »Frauen im Zoologischen«, »Landschaft mit Kühen und Kamel«, »Kind mit blauen Vögeln«, »Lesender Mann im Park« und die großen »Mädchen unter Bäumen«, was zuletzt auf der Staffelei stand. Und dann das letzte Bild »Abschied«, (auch »Mobilmachung« genannt). Plötzlich ist alles düster, das Leuchten erloschen, wenige, stumpfe Farbtöne, die Menschen stehen gedrückt beieinander, still, als sei etwas unabwendbar Furchtbares über sie gekommen und bedrohe sie. In ihm selbst war etwas zerbrochen. Mit dem Tag des Kriegsausbruches wußte er um sein Schicksal und daß sein Weg ins Dunkel führte. – Hatten wir, Anni und ich, als wir mit dem Schiff von unserem geliebten Hilterfingen fortfuhren, ähnliche Ahnungen? Wir weinten damals untröstlich, und August schämte sich über uns und schalt uns aus, aber wir konnten uns nicht fassen. – Es war ein Abschied von unsagbar glücklichen Monaten, die nie mehr wiederkehren würden. ...

Und so wurde er grausam aus seinem reichen Schaffen herausgerissen, in der Kraft seiner Jugend, von uns, die er liebte. Schon am 1. August 1914 wurde er eingezogen als Unteroffizier, und wenige Tage später rückte er mit dem Regiment ins Feld.

Ich weiß noch, wie am Mobilmachungstag alle Glocken läuteten und wir in die Stadt gingen. Mein Bruder Walter und seine Braut Margrete Job waren das erste Paar, das sich kriegstrauen ließ. Der Vater Job und August waren Trauzeugen. Der alte Ney nahm als Standesbeamter die Trauung vor. Eine etwas karikaturhafte Zeichnung dieser Szene ist in unserem Gästebuch mit den Unterschriften des Brautpaares, unserer Großmutter, der Mutter, unseres Freundes Lothar Erdmann und von August und mir. Auf der folgenden Seite des Buches ist eine flüchtige Skizze, wie ein Polizist den Aufruf des Kaisers zur Mobilmachung anheftet und die Menschen zusammenlaufen.

In der Nacht vom 1. zum 2. August rückten die Bonner Königshusaren mit »Muß i denn, muß i denn zum Städtle hinaus«, brennende Fackeln in den Händen, auf ihren Pferden aus. Der lange Zug kam an unserem Haus vorbei. Wir standen im dunklen Fenster, und die nächtliche Straße säumten stumm winkend die Menschen. Wir beide wußten, daß das Ende unseres gemeinsamen Lebens gekommen war. Ich konnte und konnte keine Hoffnung aufbringen, daß August wiederkommen würde, die Hoffnung, die ich für jeden beliebigen anderen hatte. Wenn ich ihn abends liegen sah, dachte ich, wohin wird er getroffen werden! Es war ein furchtbarer Zustand mit dieser Gewißheit – als ob ein Todesurteil ausgesprochen ist und man nur wartet, bis es vollstreckt wird. Als August, schon in Uniform, unseren Freund Hans Carsten traf – ich habe es schon erzählt, sagte der zu ihm: »Ja, wenn Sie schon dabei sind, muß ich mich ja sofort melden«; er tat es, wurde trotz seines schweren Asthmaleidens genommen und fiel am selben Tage wie August. Auch Lothar Erdmann meldete sich sofort freiwillig, da er aber wegen Überfüllung von Freiwilligen mehrere Male abgewiesen wurde, bat er August, ihn zu den Behörden zu begleiten, bis er endlich angenommen wurde. Täglich waren wir mit Lothar zusammen, und jeden Abend gingen wir noch ein Stündchen zu meiner Mutter hinüber. An dem letzten Abend, als wir von ihr zurückkamen und August die Haustür aufschloß, sagte er zu Lothar: »Also, ich vermache dir die Lisbeth, die Kinder und alles.« Ich, darüber entsetzt, erwiderte, um diesem Ausspruch den Ernst zu nehmen: »Aber du weißt ja gar nicht, ob ihm das recht ist, und ob es überhaupt schön für ihn ist.« Wir tranken zum Abschied noch einen Schluck Wein, und als ich die Gläser holte, fiel mir eines hin und zerbrach, und der alte Spruch kam mir in den Sinn: »Glück und Glas, wie leicht bricht das!«

Am 8. August war es dann soweit. Das Infanterieregiment 160 rückte aus. Da niemand mitgehen durfte zum Güterbahnhof, wo die Truppe verladen wurde, hatten wir uns verabredet, wir würden uns in der Weststraße an der Friedhofsanlage aufstellen. Da standen wir denn auch, Mutter und ich und der kleine Walter, der einen kleinen Säbel umgeschnallt und einen Helm aufgesetzt hatte. Der mit Grün geschmückte und mit vielen Aufschriften bemalte Zug rollte langsam heran. Die Soldaten sangen und riefen den Menschen zu. August schaute weit vorgebeugt aus dem Fenster und winkte uns so lange zu, bis der Zug nicht mehr zu sehen war.

Dann kam die erste Feldpost, noch aus der Etappe; es klang fast etwas Heiteres heraus, obgleich August und alle die jungen Leute aus unserem Freundeskreis weit vom Hurra-Patriotismus entfernt waren. Sie taten ganz schlicht und selbstverständlich ihre Pflicht, Sentimentalität war nicht am Platze.

Dann kam der erste Brief, als sie die luxemburgische Grenze überschritten hatten und am Schloß vorbeizogen, in dem die junge Großherzogin mit ihren Schwestern vor dem Tor stand und winkte. Die ersten Nachrichten klangen eigentlich immer zuversichtlich; das an sich gesunde Leben, mit fast täglichem Baden in einem frischen Bach, ließ fast etwas wie Manöverstimmung aufkommen, und er schrieb: »Es gefällt mir sogar sehr gut. «

Dann kam wieder die Sehnsucht nach Hause durch, und am 17. August heißt es:

Ich habe in den letzten Tagen viel an Dich, liebes Kind, gedacht, an die beiden, kleinen Kerle. Ich sehe immer das liebe, blonde Köpfchen vom Wölfchen und die großen träumenden Augen von Walter vor mir. Könnte ich die beiden sehen! Ich betrachte das jetzt immer als ein Wunder, daß das meine Jungen sind. ... Ich wäre glücklich, wenn ich heimkommen könnte, in Eure Arme, wenn ich wieder malen könnte (das ist mir wie ein Traum jetzt). Aber wenn ich an die Kinder denke, dann packt mich immer eine wilde Verzweiflung, daß ich die nicht wiedersehen sollte. Es ist ja nur Egoismus, wenn ich einen Schmerz empfinde darüber, daß mir der Anblick der Kinder entrissen werden könnte. Kind, was werden wir aber glücklich sein, wenn dieser Krieg vorüber ist und wir sind wieder zusammen ...

Da er inzwischen Verpflegungsoffizier geworden war, tat er mit Hilfe seiner Kameraden, Leutnant Baumann und Feldwebel

Schröder, alles nur Mögliche, um seine Leute gut zu versorgen. Das Vieh wurde von den Feldern zusammengetrieben, und ganze Spezereiläden wurden ausgekauft; »dafür gehen sie aber auch für mich durchs Feuer«.

Am 23. August kamen sie dann zum ersten Male mit dem Feind in Berührung. Es war ein Nachtgefecht, »schauerlich«. Am 24. August traf er in einem Gefecht unerwartet meinen Bruder, der plötzlich neben ihm lag, und beide freuten sich sehr. Da der Vormarsch schnell vonstatten ging und sie an der Front nur von Siegen hörten, schrieb er einmal: »Ich glaube, Lothar hat nicht mehr viel zu tun!«

Am 1. September war das Regiment in einer schweren Schlacht: »Wir haben in der Nacht gebetet.« Am 4. September traf er meinen Bruder zum letztenmal und gab ihm Briefe mit. Von dieser Begegnung schreibt mein Bruder:

Bei einem kurzen Halt ohne Schatten überholten uns die 160er. Ich ging ein Stück mit August. Er war schwarz von Staub im Gesicht und war zum ersten Male traurig, nicht lachend, wie sonst immer. Er sah mich immerfort durchdringend an, dann gab er mir die Hand und ließ sie gar nicht mehr los. Ich sagte »Was ist Dir heute? Du bist so anders.« Er griff in die Tasche und wollte mir einen Pack Briefe aufdrängen. »Was soll das? Es sind doch Briefe an Dich?« »Ich brauche sie doch nicht mehr.« Dann ließ er mich aus, und drehte sich noch einmal um und winkte, ohne noch ein Wort zu sagen.

Sie kamen dann in die Gegend von Luxémont; am 9. September schreibt August:

Es ist alles so grauenvoll, daß ich Dir nichts darüber schreiben mag. Unser aller Gedanke ist Friede. Unser Gespräch heißt: »Wat hätt dä für ene Schoß, dä ärme Kähl.« Der Krieg ist von einer namenlosen Traurigkeit. Man ist weg, eh mans merkt. ... Über all dem Kanonen-donner schwebt eine sonnige Wolke, die Liebe zu Euch Allen, Ihr Guten! ... (August führte jetzt die 5. Kompanie, da sie so große Verluste gehabt hatten). Ich denke viel an Dich und an die Kleinen.

Die Leute, die in Deutschland im Siegestaumel leben, ahnen nicht das Schreckliche des Krieges. Aber ich bin guten Mutes und gesund und ich weiß, wofür ich gestorben bin, wenn wir den Sieg behalten und unsere Gaue von diesen Verheerungen verschont bleiben, denen Frankreich anheimfällt.

Inzwischen war mein Bruder verwundet worden, und August bemühte sich, Näheres zu erfahren und gab uns dann gleich die beruhigende Nachricht, daß es ein Fleischschuß durch die Schulter sei. »Ich freue mich für Euch Alle. Es ist ziemlich sicher, daß wenigstens Walter Euch erhalten bleibt.«... Am 20. September bekam August das Eiserne Kreuz II. Klasse. An einem der nächsten Tage, gegen Abend, kam ein Soldat zu uns, der mich sprechen wollte. Ich ahnte nichts Gutes, als er mir einen Brief übergab. Ich öffnete ihn, und das Eiserne Kreuz fiel mir in die Hand. Er schrieb:

Ich schicke es Dir in diesem Briefe. Tu es in Deinen Schmuckkasten und verwahre es. Es ist viel damit verbunden. Und wenn ich das später noch einmal sehen sollte, so wird es mir eine Erinnerung sein an das Grausigste, was ein Mensch erleben kann ... Unsere Kompanie besteht noch aus 59 Mann, mir und einem Feldwebel, keine Unteroffiziere. Gestern erhielten wir Ersatz aus Bonn und jetzt haben wir wieder 150.

Die letzte Feldpostkarte war vom 24. September. Dann kamen Gerüchte auf. So wurde meine Mutter von einer ihr unbekannten Frau in eine Gastwirtschaft bestellt, wo sie Näheres erfahren könne. Sie ging hin, sagte mir aber nichts, aber ihrem Schweigen entnahm ich, daß etwas geschehen war. Es kamen Briefe von uns zurück mit der Aufschrift: »Verwundet, Lazarett unbekannt« oder »Vermißt«. Darauf ging ich alle paar Tage zu der Vermißtenzentrale, um mich zu erkundigen und vielleicht Näheres zu erfahren. Dort traf ich regelmäßig eine junge Frau, und wir kamen ins Gespräch. Es stellte sich heraus, daß es die Frau unseres Freundes Carsten war. Ich blieb mit ihr befreundet bis zu ihrem Tode. Ich besuchte in den Bonner Lazaretten

Verwundete, darunter auch Augusts Kompaniefeldwebel Schröder, der sein bester Kamerad war. Aber als er von der Front fortkam, war August noch gesund. Andere, die vielleicht etwas wußten, sagten nichts, sobald sie merkten, daß ich seine Frau war.

Dann kam eines Tages eine Notiz in verschiedenen Zeitungen, daß der junge Maler August Macke lebe und in englischer Kriegsgefangenschaft sei. Eine Anzahl Briefe von Freunden erreichten mich; sie waren außer sich vor Freude über diese Nachricht. Hélène Moilliet schrieb: »August konnte ja nicht sterben, er war das Leben selbst. « Ein Freund schrieb mir damals auf die Nachricht, daß August in England in Gefangenschaft sei: »Noch nie im Leben ist mir eine größere Freude zuteil geworden, August lebt! – Ich weiß es nicht bestimmt, aber ich glaube es fest. Es muß so sein, ich könnte es mir nie anders denken! Ach, wie danke ich dem Leben, den Göttern, daß ich diesen lieben Menschen wiedersehen soll. Ich kann das Glück fast nicht ertragen und weine ...« Und der Dichter Schmidtbonn, der als Kriegsberichter tätig war, erwähnte es in seinem Bericht und schrieb: »Seine junge tapfere Frau hat immer daran geglaubt, daß er bewahrt würde, ich schlage sie zum Eisernen Kreuz vor!« (Jahrelang hatten wir uns nicht gesehen, es ist mir immer unverständlich geblieben, wie er so etwas schreiben konnte, wo ich doch ohne Hoffnung auf ein Wiedersehen war.) Es fand sich auch ein beflissener Schreiber, der kurze Zeit darauf in unserer Zeitung eine Novelle mit diesem Thema brachte. Alle Ungewißheit flammte nun wieder auf, und ich dachte selbst manchmal, er lebe noch, und sei nur so schwer verwundet, daß er keine Nachricht geben könne. Ich malte mir die schrecklichsten Dinge aus: vielleicht hat er seinen Verstand verloren, oder war lange bewußtlos und wußte seinen Namen nicht mehr! Es war ein qualvoller Zustand! Ich schrieb an das Regiment und bat um Auskunft. Da kam eines Tages ein Telegramm vom 16. Oktober 1914 aus Somme-Py: »Feldwebel-Leutnant Macke 5/160 am 26. September im Gefecht südlich bei Perthes les Hurlus gefallen« und kurz darauf vom 12. Oktober ein Brief von Hauptmann Anz, in dem er u. a. schrieb:

Ihr Mann erhielt am 20. September für sein tapferes Verhalten das Eiserne Kreuz, er war kurz vorher Kompanieführer geworden. Am 26. September erhielt das Bataillon früh um 5 Uhr den Befehl, im Rahmen der Division anzugreifen. In vorderer Linie gingen die 5., 7. und 8. Kompanie vor. Die ersten französischen Stellungen wurden mit Hurra im Sturm überrannt, im weiteren Vorgehen machte Ihr Mann mit seiner Kompanie eine größere Zahl Gefangene und hatte zwei Maschinengewehre genommen. Da bekamen wir plötzlich aus einer seitlich, ganz verdeckten Stellung sehr heftiges Feuer. Ihr Mann bekam einen Beinschuß und noch während zwei seiner Leute sich um ihn kümmerten, einen zweiten Schuß, wahrscheinlich in den Kopf. Das Gefecht ging weiter seinen Gang und am Abend wurde mir gemeldet, Ihr Mann sei gefallen. Der eine der beiden, die ihm helfen wollten, fiel mit ihm, den anderen ausfindig zu machen, ist mir nicht gelungen, da die Verwundeten in ganz verschiedenen Lazaretten sind. ...

Erst am 20. Februar 1915 erhielt ich von der Zentralstelle für Auskunfterteilung in Bonn eine offizielle Mitteilung vom Kriegsministerium, daß August gefallen sei. Es kamen auch einmal zwei Soldaten mit einer Skizze, auf der sein Grab eingezeichnet war. Ich glaube, man tat das, um die Angehörigen zu beruhigen; denn der Adjudant des Regimentes hatte mir geschrieben, daß August »tot in die Hände der Franzosen gefallen sei«, und in dieser Gegend sind die deutschen Truppen nie mehr vorgegangen. Lange Zeit später, als Helmuth Macke in die Champagne kam und dort durch das Scherenfernrohr sehen konnte, schrieb er mir, man sähe nur Berge von Leichen aufeinandergetürmt liegen, die mit Kalk überstreut seien.

Zu diesem Weihnachten 1914 kamen Mutter Macke und Schwester Auguste aus Kandern zu uns. Mein Bruder Walter war mit einem Lungenstreifschuß in einem Heimatlazarett. Ich hatte immer den Gedanken gehabt: wenn der eine zurückkommt, wird der andere bleiben. Und nun war es wirklich Gewißheit geworden, und unser beider Ahnung hatte sich bewahrheitet. Unser Sohn Walter, der ein aufgeweckter Junge war und schon über vieles nachdachte, fragte mich eines Tages, wie es wohl auf dem Schlachtfeld aussähe, wo alle die Toten und die toten Pferde lägen. Und er meinte dann, so, als ob er mich trösten wolle: »Wenn ich einmal dahinkäme, ich würde den Pappa sicher finden.«... Wieviel Freude hatte August an seinen beiden Söhnchen, und wie stolz war er auf sie! Walter durfte manchmal zu ihm aufs Atelier kommen, wenn er arbeitete. Dann stellte er ihm eine große Pappe hin, dazu ein Glas mit Wasser, gab ihm einen Pinsel, und der Junge malte darauf allerlei Linien und Formen, die gleich wieder eintrockneten. Lange währte der Friede aber nicht, dann rief August herunter: »Laßt mich nicht solange mit dem Jungen allein«, und der zog dann traurig wieder ab. Wölfchen war damals noch sehr klein, als August ins Feld ging, anderthalb Jahre alt, aber der Vater hat ihm noch das Laufen beigebracht, indem er sich mit ausgestreckten Armen hinkniete und den Kleinen auf sich zukommen ließ.

Wie sehr er die Kinder liebte, zeigt folgende Begebenheit aus dem Felde: »Als plötzlich ein kleiner Junge in die Kampflinie lief, rief August seinem Kameraden zu. Der brachte ihm das Kind. Er nahm den Jungen auf seinen Schoß, streichelte ihn, drückte ihn an sich und sprach in seiner Muttersprache begütigend auf ihn ein, und suchte zu erforschen, wo er herkäme. Der Junge wand sich zunächst hin und her vor lauter Angst, griff dann in seine Tasche, um Macke ein Goldstück zu überreichen. Dieser gab ihm Schokolade. Der Junge faßte Vertrauen zu ihm und erzählte, daß er mit seinen Eltern geflüchtet sei, die ihm das Goldstück gegeben hätten, falls sie sich verlieren sollten. Auf Mackes Anordnung wurde das Kind ins nächste Dorf gebracht. Dann brach er in Tränen aus, er weinte sehr. Ich wollte ihn trösten und frug nach der Ursache. Er entgegnete: ›Ich denke an meine Kinder, daß es denen ähnlich ergehen kann, wenn der Feind in Deutschland einrücken sollte‹.« (Bericht eines Kameraden).

Lothar Erdmann

Im Oktober 1914 erhielt ich ein Telegramm von Lothar Erdmann, daß er auf der Fahrt an die Front durch Köln käme, und er
bat mich, hinzukommen. Mit einer Freundin zusammen fuhr
ich hin, brachte es aber nicht übers Herz, ihm von Augusts
Schicksal zu erzählen, damit er nicht mit dieser traurigen Gewißheit ins Feld ziehen mußte.

Wir schrieben uns wenig und sahen uns am 15. Dezember 1915
wieder, als Lothar in Leverkusen einen Gaskursus mitmachen
mußte. Zum ersten Male konnten wir uns über alles, was inzwischen geschehen war, aussprechen, berührten aber mit keinem
Wort das letzte Gespräch vor dem Abschied mit August. Im
Herbst 1916 kam Lothar kurz zu mir nach Bonn, und am 9. September 1916 ließen wir uns kriegstrauen. Es war sein letzter Ur-
laubstag, und am Abend begleiteten meine Mutter und ich ihn
nach Köln, wo der Zug, der ihn an die Front nach Flandern
brachte, in der Nacht abging. Als er am Fenster stand und wir uns
verabschiedeten, sagte er: »Mir ist es so, als ob ich in ein paar
Wochen wiederkäme.« Er geriet dann in die schweren Kämpfe an
der Somme und erlitt einen so schweren Nervenzusammen-
bruch, daß er in die Heimat kam. Nach seiner Genesung war er
gerade wieder angefordert zum Frontdienst, als er für einen wichtigen Posten in Holland reklamiert wurde. Dadurch waren wir
fünf Jahre getrennt, aber er blieb weiter vom Krieg verschont.

Schon im Jahre 1915 hatte ich angefangen, ein Verzeichnis von
allen Bildern und Aquarellen von August zu machen, mit Titeln
und Jahreszahl, und alle geschäftlichen Angelegenheiten hatte
ich, so gut ich es konnte, geführt. Flechtheim war einer der ersten, der mir den ganzen Nachlaß für einen Apfel und ein Stück
Brot abkaufen wollte, was ich natürlich dankend ablehnte. Es
kamen auch ab und zu wieder Anfragen nach Ausstellungen.

Mein Bilderverzeichnis war der wichtigste Grundstock zu dem ausführlichen Katalog, den später Lothar Erdmann mit genauen Angaben der Bildgröße, Beschreibungen der Motive, Ausstellungen, Verkäufe usw. angelegt hat.

Unser gemeinsames Leben war ein überaus reiches und glückliches, wenn uns auch Schweres nicht erspart blieb. So verloren wir den Sohn Walter am 10. März 1927, kurz vor seinem siebzehnten Geburtstag, während einer Scharlachepidemie in Berlin. Er war seinem Vater sehr ähnlich und hat schon als kleines Kind immer gezeichnet und gemalt und eine große Anzahl Skizzenbücher hinterlassen. In seinem Tagebuch stehen folgende Worte:

Ich las einmal an einem der letzten Abende die Feldpostbriefe von Papa, auch Briefe von Mama ins Feld. Es hat mir sehr zugesetzt, ich war sehr, sehr traurig über all das Geschehene, das nicht mehr wiederkommen kann. Papa schrieb freudig, voller Leben, wie er immer war, trotz der sicheren Ahnung des nahen Todes. Man kann dieses grausige Wort kaum neben den Namen eines so unbegrenzt lebensfreudigen Menschen setzen wie er es war. Und doch mußte er fort vom Schauplatz des ihm über alles lieben Lebens, mit seinen für ihn unzähligen künstlerischen Anregungen. Ich kann es nicht fassen. Ich habe geweint, ich habe gestöhnt vor innerem Schmerz, bis ich mich schließlich faßte.

Und dann am 24. Februar, vierzehn Tage vor seinem Tod, schrieb Walter:

Heute habe ich mir lange den »Seiltänzer« angesehen. Er ist bestimmt eins von den besten Bildern, die Papa gemalt hat. Mir selbst ist es jetzt fast am liebsten. Alles ist in ihm vereinigt: Klarheit, Kraft, Harmonie der Formen, Farbigkeit, Leben. Papa war einer der ganz Glücklichen, ein Kind der Sonne! Was könnte ich noch alles von ihm lernen. Ich bin so froh, daß ich jeden Tag in seinen Bildern auch seinen Geist, seine Lebensfreude um mich spüre. Wie wäre es, wenn alles das nicht da wäre?

Lothar Erdmann war der selbstloseste, treueste Freund, den Kindern der beste, gütigste Vater. Er hat viel Kraft und Zeit hingegeben für das Werk des Freundes, hat Ausstellungen zusammengestellt, Aufsätze geschrieben, so vor allem den schönen in dem von Ernst Jünger veröffentlichten Band »Die Unvergessenen«; er ist weiter unten abgedruckt. Lothar hatte die große, seltene Gabe, sich in andere Menschen hineinzuversetzen und sie verstehen zu können, ohne Eitelkeit der eigenen Person, mit vollkommener Hingabe. Er konnte sie zu sich selbst führen, das Positive und die Begabungen in ihnen wecken. In seinem Tagebuch schreibt er einmal: »Ich bin ein Menschenkünstler.«

Seit dem Beginn der Hitlerzeit hatten wir es sehr schwer. Dank seiner aufrechten Gesinnung und seiner Unbestechlichkeit war Lothar nicht erwünscht und verlor seine Stellung und sein Einkommen. Am 1. September 1939, dem Tag des Kriegsausbruchs, wurde er aus dem Hause geholt und in das Konzentrationslager Sachsenhausen gebracht, wo er am 18. September, fünfzig Jahre alt, nach qualvollen Folterungen und Mißhandlungen durch die SS starb.

Mein zweiter Sohn Wolfgang verwaltet seit Jahren mit großer Gewissenhaftigkeit und Treue den Nachlaß seines Vaters. Er ist wohl der beste Kenner der Persönlichkeit und des Werks von ihm, obwohl er ihn doch nicht gekannt hat. Mit seltenem Einfühlungsvermögen und einer geradezu genialen Vorstellungskraft hat er den Menschen und Künstler August Macke in sich aufgenommen, so daß er befähigt ist, ihn anderen lebendig nahezubringen. Ich bin ihm zu großem Dank verpflichtet.

Mit den alten Freunden blieb ich stets in Verbindung, vor allem mit Franz und Maria Marc. Aus den Feldbriefen von Marc an mich erkennt man seine Treue. Er veranlaßte damals, Anfang 1916, daß Maria mich besuchte, da sie in Ried immer so allein war. Sie kam auch, und wir hatten eine gute Zeit miteinander, vor allem, da wir von Franz sehr beruhigende Nachrichten bekamen, daß es ihm gut gehe und er hinter der Front sei. Wie ein Blitz aus heiterem Himmel traf uns dann die Nachricht, daß er gefallen sei. Als wir an einem Sonntag von einer gemütlichen Stunde bei meiner Mutter in unser Haus zurückkamen, sah ich unter der Haustüre etwas Weißes liegen. Es war die Benachrichtigung, daß ein Telegramm für Frau Maria Marc angekommen sei, mit der Bitte, es an der Post abzuholen. Der Beamte am Schalter war ungewöhnlich grob, ehe er es aushändigte und Maria sich ausweisen konnte. Nun hielt sie nichts mehr länger bei uns. Wir wollten sie nicht allein nach München fahren lassen und waren froh, daß sich unser Freund Reinau erbot, sie bis nach Karlsruhe zu begleiten. An Klee hatten wir ein Telegramm geschickt, er möchte Maria dort abholen, und er fuhr dann mit ihr nach München, wo sie noch einige Wochen bei Klees blieb, bis sie in ihr einsames Ried zurückkehrte. Franz war dort nur einmal während eines kurzen Aufenthaltes gewesen und fühlte sich eigentlich noch nicht ganz heimisch. Sein getreuer Hund Russi und seine Rehlein, die er so sehr liebte, starben kurz nach ihm. Wie oft waren meine Kinder und ich in dem von uns allen so geliebten Ried! Seit Marias Tod ist es in fremde Hände übergegangen und für uns Freunde verloren. Das Grab, in dem beide ruhen im kleinen Dorffriedhof von Kochel, liegt einsam und verlassen.[17]

August Macke

Von Lothar Erdmann

Elisabeth und Lothar Erdmann in August Mackes Atelier, 1919,
fotografiert von Walter Gerhardt

Fast zehn Jahre, bevor August Macke bei Perthes in der Champagne fiel, im Mai 1905, erzählte er in einem Brief an seine Freundin, die Gefährtin seines Lebens, er habe geträumt, sie sei gestorben. »Da bin ich nach Rußland gefahren, nach Warschau, und dort, in aller Verzweiflung, habe ich die blutige Fahne der Empörung ergriffen und hoch auf der Barrikade, allen voran bin ich von einer Kugel durchbohrt gefallen. Der schönste Tod für die Freiheit eines Volkes.« Und er fügt die sonderbaren, wie eine Vorahnung anmutenden Worte hinzu: »Nein, noch nicht. Noch bin ich für dich allein da.« – In den späteren Jahren, als auf dem Balkan die erbitterten Kämpfe begannen, dachte er oft an den Krieg. Diese Kämpfe erschienen ihm als unheimliche Vorboten eines größeren Schicksals. Manchmal, wenn der Zufall das Gespräch auf diese Ereignisse lenkte, überraschte seine Angehörigen der tiefe, leidenschaftliche Ernst, der ihn überkam, wenn er über die möglichen Wirkungen dieser blutigen Kriege sprach, die auf scheinbar so entlegenen Schauplätzen sich abspielten. Als gingen sie ihn unmittelbar an, so schien es den anderen, und sie lächelten über diese unverhältnismäßige Teilnahme. Aber er fühlte den Rhythmus der Zeit und ließ sich nicht beirren.

Im Frühjahr 1914 war er mit seinen Freunden, den Malern Paul Klee und Louis Moilliet, in Tunis. In der schweizerischen Familie, die ihn aufnahm, lernte er französische Offiziere kennen, die von dem Revanchekrieg gegen Deutschland wie von etwas Selbstverständlichem, nahe Bevorstehendem sprachen. Mit diesem Eindruck kehrte er zu seiner Familie zurück nach Hilterfingen am Thunersee, wo er seit Herbst 1913 lebte. Eine rätselhafte Unruhe ließ ihn nicht los und trieb ihn, obwohl er bis zum Herbst bleiben wollte, Mitte Juni zurück in seine Heimatstadt, nach Bonn, in sein Atelier. Die Nachricht von der Ermordung des Erzherzogs Franz Ferdinand verstand er sofort in ihrer ganzen Tragweite. In den folgenden Wochen bis zu dem Ultimatum, bis zu der Kriegserklärung Österreichs an Serbien gelang es ihm noch, aus der Überfülle der Bildträume, mit denen das vergangene Jahr, die Monate am Thunersee wie die Wochen unter dem nordafrikanischen Himmel seine Augen beschenkt hatten, einige zu gestalten. Bilder, die zu seinen reifsten Werken gehören. Aber von dem Tage an, da Österreich den Krieg gegen Serbien begann, war seine unermüdliche Hand wie gelähmt. Er fühlte das Unvermeidliche, fühlte es nicht nur wie ein allgemeines Verhängnis, sondern wie das Ende seines Weges, wie den Abbruch seines Schaffens, wie den Anfang des sicheren Endes.

Nichts erschien seinen Freunden rätselhafter als dieses Vorgefühl. Denn wenn sie an eines Menschen Rückkehr glaubten, so an die seine. Seiner Lebenskraft schienen keine inneren Grenzen gesetzt. Das Leben selbst, das schöne Dasein, das er um seiner ewigen Rätsel willen liebte und zu dem er schon als Jüngling im geheimen betete als zu seinem Gotte, erschloß ihm von Erfahrung zu Erfahrung reichlicher fließende Quellen. Denn was war für ihn Kunst anderes als gesteigertes Leben, die gleiche rhythmische Kraft, die Einheit, in der alle Spannungen, Hemmungen, Gegensätze des Lebens in Formen gebändigt und erlöst, zu sich selbst befreit wurden: »die höchste Liebe, die Liebe zum Schöpfen«. Aus dem Staunen vor der Natur, aus der Empfindung des Geheimnisvollen in allen ihren Schöpfungen, aus dem Fühlen des Herzens mit magischer Gewalt hervortreibend, erschien ihm die Kunst als »die Krone des Lebens«, als seine äußerste Verwirklichung, Leben, Liebe und Kunst verschmolzen zu einem von der gleichen Kraft vorwärtsgedrängten Strom ewig treibenden Gefühls. Ungesucht gestalteten sich seine Skizzen und Bilder zu Gleichnissen dieser ungehemmten Hingabe an die eigene Natur wie an die überirdische, traumhafte Schönheit der Welt, die in den sprießenden Grashalmen, den blühenden Blumen und »im kleinsten Veilchen klingt«. »Malen kann nur einer, der imstande ist, irgendeine Sache einheitlich, klangvoll, in ihrem ganzen Zauber zu sehen, sei es eine Blume, sei es Menschenhaar«, so schrieb er in einem bedeutungsvollen Augenblick. »Alle so entstehenden Bilder sind der Spiegel einer harmonischen Seele.«

Harmonie der Seele als angeborene Kraft, das »heilige Rätsel« des Lebens in Formen zu bannen und Menschen zu zeigen, die geheimnisvolle Fähigkeit, die Sphärenmusik, deren sein Herz voll war, überfließen zu lassen in blühende Gebilde aus leuchtenden Farbklängen – diese seltene Gabe hohen Glückes war ihm verliehen. Seine Bilder, insbesondere die der letzten Zeit, die von innerem Glanz beseelt sind, wie ihn Opale ausstrahlen, zeugen von diesem reifen Maßgefühl.

Aber es äußerte sich nicht nur in dem, was seine Augen ihm offenbarten und seine Hände schufen. Wenn er erzählte, in seinen Briefen, im Gespräch, war es die gleiche unmittelbare Formkraft, die seine Art sich mitzuteilen mit einem hinreißenden Schwung erfüllte. So empfanden ihn die Menschen, die mit ihm umgingen, nicht nur seine Freunde, sondern auch andere, die ihn nur aus flüchtigen Begegnungen kannten, als ein Sinnbild des Lebens, als einen Menschen, dessen freier und befreiender Geist in allen, in den widersprechendsten Erscheinungen des natürlichen und menschlichen Daseins den eingeborenen Sinn empfand. Die Frage nach dem Sinn des Lebens, die Frage nach einer Formel für die unendliche Lebensfülle der inneren und äußeren Welt, diese uralte Frage problematischer Naturen war ihm fremd. Und er duldete nichts Fremdes in seinem Blut. Aus den unbewußten Tiefen seiner Natur strömte ein unversiegliches Vertrauen in die innere Wahrheit dessen, was seine Sinne ihm erschlossen, was sein Geist ihm darbot. In allen Sphären seines Wesens waltete diese angeborene, glückhafte Übereinstimmung von Geist und Sinnlichkeit, dieser urkräftige, enthusiastische Rhythmus einer Natur, deren Glaube an das Leben dem Wellenschlag des eigenen Herzens entsprach.

Um so seltsamer ist es, daß er selbst von dem Augenblick an, wo das allgemeine Verhängnis zur Gewißheit wurde, im tiefsten

Grunde seines Herzens keinen Zweifel hegte, daß er Abschied nehmen müsse von seiner Kunst, seiner Frau und seinen Kindern – nur zu deuten, weil er sich im Banne eines Schicksals fühlte und wußte, daß das »noch nicht« seines Jugendtraumes nicht mehr gelte, daß seine Zeit erfüllt sei, obwohl gerade damals seinem Schaffensdrang unendliche Bereiche sich zu eröffnen schienen. Aber seine Liebe zum Leben war zu umfassend, als daß sie im Augenblick persönlicher Not hätte versagen können; sie überwand auch den Widersinn des eigenen Schicksals in dem Bewußtsein, daß Land und Volk auch auf das letzte Opfer ein Recht haben. Er ordnete sich ein in das elementare Geschehen; er fügte sich schweren Herzens, aber mit der Entschlossenheit und dem tiefen Verantwortungsgefühl einer zur Führung berufenen Persönlichkeit. Er war von keinem politischen Haß verblendet, auch nicht in den Anfangstagen der hereinbrechenden Katastrophe. Wie sein Freund Franz Marc erlebte er den Krieg in seiner allgemeinen, in seiner menschlichen Bedeutung. Seine Briefe aus dem Felde, wenige an Zahl, und in der Eile des Vormarsches, in den wenigen Augenblicken der Ruhe zwischen schweren Kämpfen geschrieben, sind verhaltener als alle seine Briefe aus der früheren Zeit, ein Zeichen, wie schwer es ihn ankam, über das, was er erlebte, zu sprechen. »Der Krieg«, so schrieb er wenige Wochen vor seinem Tode, »ist von einer namenlosen Traurigkeit. Die Leute, die in Deutschland im Siegestaumel leben, ahnen nicht das Schreckliche des Krieges. Aber ich bin guten Mutes und gesund und ich weiß, wofür ich gestorben bin, wenn wir den Sieg behalten und unsere Gaue von diesen Verheerungen verschont bleiben, denen Frankreich anheimfällt.« Am 20. September erhielt er das Eiserne Kreuz. »Es ist viel damit verbunden. Und wenn ich es später noch einmal sehen sollte, so wird es mir eine Erinnerung sein an das Grausigste, was ein Mensch erleben kann.« Wenige Tage später, am 26. September, ist er als Führer einer Kompanie des Bonner Infanterieregiments gefallen.

Lange Monate bestand die schwache Hoffnung, er sei schwer

verwundet in französische Gefangenschaft geraten. Seine Freunde glaubten an seinen Stern, an das Glück, das ihn nie verlassen hatte. Ihn nicht mehr am Leben zu wissen, schien allen, die ihn kannten, »ein unmöglicher Gedanke«, unmöglich »wie zu denken, daß die Sonne nicht mehr scheint«. So kam es, daß, als eine Zeitung in den ersten Monaten des Jahres 1915 die Meldung brachte, er sei in einem Gefangenenlager in England, die Hoffnung sich zu neuem Fluge aufschwang. »Noch nie im Leben«, so schrieb einer seiner nächsten Freunde, »ist mir eine größere Freude zuteil geworden. – August lebt! – Ich weiß es nicht bestimmt, aber ich glaube es fest. Es muß so sein, ich konnte es mir nie anders denken. Ach – wie danke ich dem Leben, den Göttern, daß ich diesen lieben Menschen wiedersehen soll. Ich kann das Glück fast nicht ertragen und weine . . . .« Wie lebendig war dieser Mensch, daß in dem Flugsand eines unbestimmten Gerüchtes der Glaube an seine Heimkehr so tiefe Wurzeln schlagen konnte. Die Hoffnung trog. Die Schlachtfelder Frankreichs gaben ihn nicht zurück. Sein Werk blieb »abgebrochen, trostlos, ohne Wiederkehr«. Was alle fühlten, die ihn liebten, hat Franz Marc im Oktober 1914 ausgesprochen: »August Macke, der ›junge Macke‹, ist tot . . . Der gierige Krieg ist um einen Heldentod reicher, aber die deutsche Kunst um einen Helden ärmer geworden.«

August Macke ist siebenundzwanzig Jahre alt geworden. Er wurde geboren am 3. Januar 1887 in Meschede an der Ruhr. Sein Vater, Tiefbauingenieur und Baumeister von Beruf, war Niedersachse. Seine Heimat war das kleine Pfarrdorf Ellierode, unweit von Göttingen. Seine Mutter stammte aus Westfalen. August Macke war also kein Rheinländer von Geblüt. Aber er ist von Kind auf am Rhein aufgewachsen, in der ersten Hälfte seines Lebens in Köln, wohin den Vater schon im Herbst 1887 sein Beruf führte. Seit Ende 1900 in Bonn. Außer in den ersten vier Jahren seines Lebens hat August Macke seinen Vater nur selten gesehen.

In seiner Natur vereinigten sich in harmonischer Mischung die Tatkraft, die geistige Beweglichkeit und das künstlerische Temperament des Vaters, der selbst auf seinen Reisen viel zeichnete und ein leidenschaftlicher Sammler von schönen und altertümlichen Dingen war, mit der bodenständigen, klaren und gelassenen Wesensart seiner Mutter, die ihrem Mann in allen Wechselfällen seines bewegten, von Fehlschlägen und Enttäuschungen nicht verschonten Lebens eine tapfere Gefährtin war. Seine Kindheit wie seine Jugend waren ungetrübt, obwohl die Mutter oft mit äußeren Sorgen zu kämpfen hatte. Aber sie verstand die schwere Kunst, diese Schwierigkeiten zu meistern, ohne daß der Knabe dessen inne wurde. Seine ersten Kameraden waren die wilden Kölner Jungens, mit denen er in die Volksschule ging. Er blieb ihnen treu, auch als er das Gymnasium besuchte und dort einen Freund fand, mit dem er zeitlebens verbunden blieb, Hans Thuar. Die beiden waren unzertrennliche Gefährten; sie waren die Anführer in nicht immer ungefährlichen Indianerkämpfen, die auf den Bauplätzen der Vorstadt ausgefochten wurden – Jugendeindrücke, die vielleicht der unbewußte Erlebnisuntergrund von Bildern waren, auf denen er später Szenen aus dem Leben der Indianer gestaltete. Die Freundschaft mit Hans Thuar, der ebenfalls Maler wurde, hat in dem Leben August Mackes eine tiefe menschliche Bedeutung. Dem Freunde war durch einen Unglücksfall ein schweres Schicksal beschieden. In der schweren Zeit, in der er den Spielgefährten täglich im Krankenhaus besuchte, mag sich jenes zarte und tiefe Mitgefühl für leidende, in ihrem Lebensdrang gewaltsam behinderte Menschen entwickelt haben, das sich so selten bei kraftvollen, gesunden, den Nachtseiten des Lebens so enthobenen Naturen findet. Seine Teilnahme war alles andere als unfruchtbares Mitleid. Es war seine eigene, tiefe Liebe zum Leben, die sich dem Freunde mitteilte und ihm den Mut stärkte, dem Schicksal zu trotzen.

Macke besuchte das Realgymnasium in Köln und Bonn. Er war nie ein besonders guter Schüler. Die Schule war ihm gleichgültig. Er war sehr stolz, wie er bei einer anderen Gelegenheit einmal schrieb, »gegen die belanglosesten Dinge, die so das praktische Leben mit sich bringt, mit einem sehr gut ausgebildeten Phlegma ausgerüstet zu sein«. Zu ihnen gehörte die Schule. Er hat sich bis zur Unterprima schlecht und recht durchgeschlagen. Dann hatte er genug davon. Gegen den Willen des Vaters, der wollte, daß er das Abitur machen und Ingenieur werden sollte, setzte er durch, daß er das leidige Joch abschütteln konnte.

Er war siebzehn Jahre alt, als er die Schule verließ. Zweifel über den Weg, den er gehen wollte, waren ihm fremd. Allen äußeren Bedenken zum Trotz war er entschlossen, Maler zu werden. Im Oktober 1904 trat er in die Düsseldorfer Akademie ein.

Er kam auf die Akademie nicht als Anfänger in seiner Kunst. Von Kind auf hatte er viel und mit wachsender Leidenschaft gezeichnet. Es gibt Zeichnungen des Vierzehnjährigen, deren Beherrschung des Technischen auf eine inständige Übung, auf eine ungemeine Schärfe des Beobachtens schließen läßt. Landschaften, Akte, Bildnisse aus den letzten Schuljahren zeigen deutlich, mit welch einer angeborenen Sicherheit seine Gestaltungskraft sich entwickelte. Ein kleines Ölbild aus dem Sommer 1904 – entstanden zwischen seinem Abgang von der Schule und seinem Eintritt in die Akademie – verrät den starken Einfluß Böcklins. Böcklin blieb neben Thoma und Hodler auch in dem ersten Akademiejahr der Meister, den er besonders verehrte. Er dachte an ein Bild, in dem er »die Sehnsucht nach dem verlorenen Paradies« gestalten wollte – und er plante »eine Brücke des Lebens«. Aber tatsächlich malte er an einem Bildnis seiner Freundin in einer ihm von gemeinsamen Spaziergängen vertrauten Landschaft. Die anderen Entwürfe erschienen ihm bald zu beladen mit dichterischen Elementen, vielleicht auch mit einem Pathos, das ihm von Natur fremd war.

Von starken Wirkungen, die von dem lebensfremden und pedantischen Betrieb dieser Schule der Kunst auf ihn ausgegangen wären, ist nicht zu berichten. Seine großen Lehrmeister waren während seiner Kindheit und Jugend die farbenreiche Atmosphäre der rheinischen Landschaft und das Leben der Menschen. Sie blieben es auch in den Düsseldorfer Jahren.

Er lernte in viel geringerem Maße durch Vermittlung als durch unmittelbare Beobachtung der Dinge selbst, die zu ihm in ihrer eigenen Sprache redeten. Wie unerschöpflich reich war diese Landschaft, die er fast täglich allein oder mit seinen Freunden durchstreifte, wie bewegt in der Weite der Linienführung, wie mannigfaltig im Wechsel der Bilder, die sich ungesucht darboten. An jedem Tage war sie eine andere durch die überraschenden Übergänge von zartesten Schattierungen zu intensiver, leuchtkräftiger Farbigkeit. Diese Natur, bei der vor Jahrhunderten die Meister der Kölner Schule in die Lehre gingen, als sie ihre Legendenbilder schufen, deren Szenerie, deren reine Farbtöne unverkennbar ihre Züge tragen, diese große Natur hat seine Augen gebildet. Schon die Zeichnungen und Aquarelle des Knaben zeugen von dieser tiefen Beziehung zu dieser Landschaft. Sie war in einem tieferen Sinne seine Heimat, als dem zufälligen, daß sie der äußere Schauplatz seines Lebens war. Zwischen seinen Augen und den Geheimnissen ihrer Atmosphäre bestand eine eigentümliche Kongenialität, eine seelische Übereinstimmung, ein Einssein mit ihr, das, eben weil er ihre Sprache nicht nur vernahm, sondern wie seine Muttersprache zu reden vermochte, inniger war als bei unzähligen anderen, die ihre Schönheit empfinden.

So ist er nicht zu Unrecht als rheinischer Künstler empfunden worden. Er war es nicht nur in dieser Bedeutung.

Sein heiteres, unfeierliches Temperament war dem Geist des rheinischen Volkslebens verwandt. Sein Humor, sein ausgesprochener Sinn für die Komik von Situationen, der in vielen seiner Zeichnungen, aber vor allem in der mimisch belebten Anschaulichkeit zum Ausdruck kam, mit der er von eigenen und fremden Erlebnissen berichtete, diese ursprüngliche, herzhafte Kraft, die Erdenschwere bei sich und anderen spielend zu überwinden, konnte in keiner Umwelt sich so wesensecht entfalten wie unter den Menschen, mit denen er von Kind auf umging. Denn welcher deutsche Menschenschlag besitzt eine solche Tradition ungebundenen Lebensdranges wie der rheinische?

Die rheinische Landschaft und die Menschen in den Vorstädten, in den Dörfern der Ebene und an den Ufern des Flusses waren die Welt seiner Jugend. Aber sie waren ihm schon damals nur ein Gleichnis der unendlichen Welt und des Menschlichen in der überschwingenden Kraft ihres Daseins. Die vegetative Fülle des Lebens bedrängte sein Empfinden. In allen seinen Erscheinungen, im Anschauen der Sterne, im Geflüster der Bäume, in dem glühenden Rot der Rosen, im Glanz der Schneeberge, in dem unergründlichen Licht der Sonne, in der heftigen Zärtlichkeit der Mütter zu ihren Kindern, in seinem eigenen leidenschaftlichen Verlangen nach Leben und immer inbrünstiger, wacher empfundenem Leben fühlte er die Urkraft eines großen Naturtriebes, einer allbewegenden Sinnlichkeit, »die wie ein gewaltiger Engel seine Schwingen über die Erde hält«. – »Laß uns niederfallen und beten«, so kam es ihm aus dem innersten Herzen. »Hier ist die Gottheit. Hier ist das heilige Rätsel. Und ein Mittel, sie den Menschen zu zeigen, ist die Kunst.« Die Natur war nicht etwas außer ihm, seine eigene Brust war der Schauplatz ihrer elementaren Gewalten, und, erschüttert von ihrem Sturm und ihrer Stille, glaubte er in manchen Augenblicken, ihre ungeheure Gegenwart nicht ertragen zu können, zu vergehen in dem Übermaß der Freude und des Leidens. Der Sinn und Widersinn des Lebendigen, die Unendlichkeit der Welt und die atomhafte Bedeutung des einzelnen Menschen, die Unvergänglichkeit der Kraft und der ewige Wandel der Formen – für ihn waren es keine Begriffe, die sich gemächlich denken lassen, sondern von überall herandringende, anschauliche, im Denken unfaßbare Wirklichkeit, die seinen Glauben, seine Gestaltungskraft aufrief zu einem äußersten Bemühen, nicht überwältigt zu werden von der Übermacht der Dinge, ihr Geheimnis zu beschwören in Formen, die »starke Äußerungen starken Lebens« waren.

Wie mußte auf ihn, den Jungen, den Beginnenden, dessen

Schwingungsweite vom jubelnden Einklang mit dem All bis zur schwermütigsten Vereinsamung reichte, wie mußte auf ihn der italienische Himmel, die Landschaft, das ungezwungene Leben auf den Straßen wirken. Der Frühling 1905 führte ihn zum ersten Male mit einem Freunde (Walter Gerhardt) zusammen nach Padua, Venedig und Florenz. Mit keinem Worte erwähnte er in seinen Briefen seine Eindrücke aus den Museen. Sie verschwinden, sie sind nichts im Vergleich zu der »wehmütigen, sehnsüchtigen Melancholie des Südens«, die ihn ergriff, als er von den Anhöhen Fiesoles hinabsah auf das im Abend versinkende Tal von Florenz, nichts gegen das selige, freie Gefühl, das er auf den Bergen von Padua empfand, oder wenn er am Lido im weißen Sand lag und hinausschaute auf das Meer. Die Skizzen, die aus jenen Wochen erhalten sind, sind erfüllt von dem Zauber des Augenblicks, der ihm in der Kunst wie im Leben das Höchste galt. Die Erinnerung an eine Serenata auf dem Canale Grande in Venedig hat er in einem Bild, das kurz danach entstand, festgehalten.

Kein Wunder, daß ihm, der das Leben suchte, das ewige Zeichnen nach Gipsmodellen, der langwierige Weg der Schule für die Mittelmäßigen, nicht genügte. Seit Herbst 1905 nahm er an dem Abendunterricht der Kunstgewerbeschule teil. Er versprach sich mehr Anregung von ihr. Ohne Zweifel hat der Unterricht an dieser Schule, an der ein so feinsinniger Künstler wie F. H. Ehmcke wirkte, einen wesentlichen Einfluß auf ihn ausgeübt, der erst später in seinen eigenen kunsthandwerklichen Entwürfen zur Geltung kam.

Aber bedeutsamer als die Akademie und die Kunstgewerbeschule wurden für ihn seine Beziehungen zu dem Kreise des von Louise Dumont und Gustav Lindemann geleiteten Düsseldorfer Schauspielhauses, an dem damals Wilhelm Schmidtbonn und Herbert Eulenberg als Dramaturgen tätig waren. Macke hatte Schmidtbonn schon im Sommer 1905 aufgesucht; er kam zu ihm ohne eine andere Empfehlung, als daß er den Dichter der »Uferleute« kennenlernen wollte, den Dichter der Landschaft und der Menschen, die ihm von Kind an vertraut waren. Schmidtbonn war über ein Jahrzehnt älter als Macke, aber der Unterschied der Jahre hinderte nicht, daß sie sich menschlich und künstlerisch nahetraten und Freunde wurden. Für den jungen Maler war es eine tiefe Erfahrung, Anteil zu nehmen an dem Schaffen des Dichters, der damals an seinem Roman »Der Heilsbringer« arbeitete. Er lernte seine eigene Kunst tiefer verstehen durch den Vergleich mit den Künsten der Zeit, wie ihn denn überhaupt das Nachdenken über die Unterschiede der Sprache von Musik und Dichtung, von Bildhauerei und Malerei lebhaft beschäftigte. In den Gesprächen, die er mit Schmidtbonn und später auch mit Eulenberg führte, ergab es sich von selbst, daß die dramatische Kunst, die Eigenwelt des Theaters sich ihm eröffnete. Er lernte Louise Dumont kennen, deren gastliches Haus damals im Rheinland der geistige Mittelpunkt für alle Dichter und Künstler war, die an der Erneuerung des Theaters tätigen Anteil nahmen. Die bedeutende Frau erkannte rasch die ungewöhnliche Begabung des jungen Künstlers. Sie stellte ihn vor Aufgaben, die ihm neue Bereiche der Kunst erschlossen. In ihrem Auftrage entwarf er zusammen mit seinem Freunde, dem aus Luxemburg stammenden Bildhauer Claus Cito, Dekorationen und Kostüme für ein altes Krippenspiel, für das Märchenspiel Rotkäppchen, für Macbeth und Leonce und Lena. Die neue Welt, die sich vor ihm auftat, war ihm so wichtig, daß er im November 1906 seinem »lieben Direktor Pieter Janssen« kurzerhand einen Abschiedsbrief schrieb, »Heil und Sieg, ich bin jetzt frei«. Die Akademie, »die hohen verstaubten Atelierfenster«, die langweiligen Gesichter seiner Mitschüler lagen hinter ihm. Zum zweiten Male durchbrach er eigenwillig die konventionelle Bahn, um sich ganz den Arbeiten hingeben zu können, die im Augenblick sein Herz erfüllten. Das ganze Theater seiner Zeit erschien ihm stillos, »Die Pappdeckeldekorationen und die gemalten Kulissen, alles, alles müßte verschwinden.« Er wollte, angeregt durch den englischen Maler Gordon Craig, allein durch Vorhänge und Farben wirken, »ohne Nachahmung der

Natur«. »Kunst ist nicht Natur, Stil ist Notwendigkeit.« Die Orestie, für deren geplante, aber nicht zustande gekommene Aufführung er eine Reihe von Entwürfen vorgelegt hatte, wollte er »im Stil einer antiken Vase« behandeln.

Er hatte großen Erfolg mit seinen Inszenierungen. Und es war nicht nur ein Augenblickserfolg. Die Erwartungen, die seine Leistungen weckten, hatten zur Folge, daß er, obwohl er damals erst neunzehn Jahre alt war, ein glänzendes Angebot als künstlerischer Leiter einer Gesellschaft erhielt, die für die größeren Bühnen des Rheinlandes und Westfalens Dekorationen und Kostüme liefern sollte. Es war für ihn keine leichte Entscheidung.

Er wollte sich durch keine berufliche Bindung abdrängen lassen von seiner Kunst. Er wollte frei sein und malen. Und wie immer, wenn er seinem Instinkt folgte, fand er, was er suchte. Anfang April 1907 reiste er auf einige Monate nach Kandern, in den südlichen Schwarzwald, wo seine älteste Schwester verheiratet war. Gerade damals begann eine, für seine künftige Entwicklung entscheidende Periode, wichtiger als alle späteren Auseinandersetzungen mit anderen Künstlern. In den Bonner Jahren vor der Akademiezeit hatte er noch wenig Gelegenheit, seinen Blick an den Schöpfungen großer Kunst zu schulen. Aber seit der Düsseldorfer Zeit hatte sich mit wachsender Intensität ein für ihn überaus bezeichnender Zug ausgeprägt: der leidenschaftliche Drang, sich so tief in den Stil, in den Geist anderer Künstler einzuleben, bis er vermochte, mit ihren Augen zu sehen, in ihrer Sprache zu sprechen. Der Kampf um seine eigene künstlerische Form wurde immer mehr zu einer bewegten Diskussion mit den Künstlern und der Kunst früherer Jahrhunderte wie der eigenen Zeit, zu einer stürmischen Debatte, in der die Gegenspieler wechselten. »Ich muß furchtbar stark werden und den Kopf in allem obenhalten«, schreibt er ein halbes Jahr später seiner Freundin, die in all den Jahren seines freien Schaffens »der Spiegel« war, in dem er sich am liebsten sah, die einzige unter seinen vertrauten Menschen, von der er sagte, daß sie sei, was er nicht wisse. »Ich kenne nur noch ein Ziel: ich muß durch. Durch alles, was die göttliche Kunst geschaffen hat. Alle die edlen Gefühle ahnen, die die Künstler geleitet haben solche Formen zu schaffen aus Stein, Gold, auf Tafeln, Teppichen, in den Büchern der Heiligen und in den Zoten Beardsleys, in den nackten Leibern der Hellenengötter und den Landschaften Manets, in Velasquez, Vermeer, Frans Hals, in Daumier und Leibl.« Gegen diesen inneren Zwang, sich wesenhaft zu durchdringen mit der Kraft der großen Gestalter, die eigene Form des künstlerischen Schaffens zu erproben an einer umfassenden Anschauung der Kunst, gegen dieses Gebot seiner Natur, sich den Wirkungen fremder Kunstwelten willig preiszugeben, um die eigene wie eine Insel aus dieser Flut aufsteigen zu lassen, gab es keinen Widerstand.

Böcklin, dessen Bilder er jetzt in Basel wiedersah, bedeutete ihm nichts mehr. »Die Bilder kommen mir alle so pathetisch, so gesucht und bunt vor, ich kann sie nicht mehr sehen. Mir ist einer von meinen japanischen Holzschnitten lieber wie die ganzen Basler Böcklins.« Er begriff nicht mehr, daß er so lange an Böcklin-Thomascher »Gefühlsmalerei« hängen konnte. »Aber langsam und sicher gehen die besten Wege. Ich bin sie für immer los.« Seine Augen hatten sich verändert. Eine andere Art, die Welt zu sehen, war über ihn gekommen. Andere Meister, Whistler, Leibl, auch Liebermann, vor allem aber die großen japanischen Künstler wirkten auf ihn ein.

Einige seiner Bilder und Studien aus dem Jahre 1906 zeigen schon, daß er sich unbewußt längst aus dem Bannkreis Böcklins und Thomas entfernt hatte. »Ich stecke kolossal im Arbeiten drin. Ich male manchmal am Tag fünf bis sechs Studien herunter. Alles, was kommt. Heute habe ich sogar ein Bund Spargel gemalt. Kompositionen male ich einstweilen überhaupt nicht, weil ich mich vor mir selbst geniere. Wenn ich zehn Madonnen machte: eine Gänseblume nach der Natur gerät mit besser und sagt mir mehr. Um eine Madonna zu malen wie ein Japaner eine Blume malt, muß man ein großes selbstverständliches Können haben. Ich stelle so große Ansprüche an mich, daß mir, Gott sei Dank, mein eigenes Ich das Können dazu abspricht.«

Er dachte mit Grausen zurück an die Düsseldorfer Akademie, denn er hatte eine andere Welt für sich entdeckt: die großen französischen Meister. Noch kannte er sie nur aus Fotografien, aber die genügten zunächst, ihn in den unvollkommenen Abbildern die Schönheit der Originale ahnen zu lassen. »Manet«, schrieb er, »hat so viel Poesie, daß er es nicht nötig hat, Najaden aus den Frauen zu machen, seine schlichte und einfache Seele bedarf keiner Symbole, um das Meer zu malen.« Nur eine Sehnsucht war es, die ihn jetzt beherrschte: von Angesicht zu Angesicht zu sehen, was ihn so tief erregte und beglückte. Seine Ungeduld wartete nur auf einen Anlaß. Und er fand sich, er mußte sich finden.

Anfang Juni fuhr er »ganz frech nach Paris«. Für acht Tage. »Es braucht aber niemand zu wissen, sonst heißt es immer, er reist mehr als er arbeitet. In Wirklichkeit wiegt so eine Reise zwei Monate Arbeit auf.« Er wollte sich eine Carrière-Ausstellung ansehen. Aber als er in Paris war, »dieser schönen, einschmeichelndsten Stadt der Welt«, da waren es ganz andere Dinge als die Bilder gerade dieses Malers, die ihn aufjubeln ließen vor Glück. »Ich bin wie neugeboren, trotzdem ich die Beine kaum noch spüre. Ich bin sofort durch ganz Paris kreuz und quer durchgelaufen, gefahren und geschwommen. Ich war schon im Louvre … einen Manet habe ich gesehen zwischen all den Tizians, Rubens' und van Dycks, oh, der war himmlisch. Die Kunst soll die Krone des Lebens sein. In den toten Werken alter Zeiten finde ich nicht mehr das Leben, unser Leben. Dieses Farbenglühen unserer Zimmer, Häuser und Boulevards.« Die »Olympia« von Manet war ihm zunächst von allen Bildern das liebste. »Sie ist nicht braun wie die Italiener, sondern weiß, schimmernd wie das Leben.«

Aber als er länger blieb – aus den acht Tagen wurden drei Wochen –, tauchten neben Manet, zu dem er am liebsten in die Lehre gegangen wäre, wenn er noch gelebt hätte, viele andere auf, die ihm »ganz neu« erschienen: Watteau, Lancret, Fragonard, Frans Hals, Velasquez, Veronese; ein moderner Spanier. Wenige Tage später ist es Degas, der ihn unwiderstehlich anzieht. Seine Pastelle »sind in jedem Strich so ursprünglich, wie ich nie etwas gesehen habe. Seit ich hier bin, wirkt er ununterbrochen auf mich.« Wenn er aus dem Louvre kam, von »Rembrandt in seiner düsteren Größe« und ins Luxembourg ging zu Manet, Degas, Pissaro, hatte er das Gefühl, er käme »aus einem Krater an das Sonnenlicht«. Er war überzeugt, nun Landschaften malen zu können wie das Ufer auf der anderen Seite des Rheins, den Blick von dem Leinpfad im Norden der Stadt auf die Siegniederung und die leichte Anhöhe mit der Kirche von Schwarzrheindorf, die über die schlanken Pappeln am Fluß hinausgehoben war in den abendlichen Himmel. Oder die Häuser der Vorstadt, die Sonne, wenn sie hinter den Gleisen versinke. »Das ist alles für mich jetzt etwas Ersehntes, Neues. Ich werde es alles so wunderbar sehen können.« – »Reicher um drei Jahre« kehrte er nach Kandern zurück.

Aber so überwältigend diese Eindrücke waren, sie haben ihn nicht sich selbst entfremdet. Sie waren ihm ein Weg zu seiner eigenen Form. Er empfand sie nicht als »fremden Zufluß«, sondern als ein Eindringen in die Geheimnisse einer »Großen Tradition«. Es war nicht nur französische Tradition, sondern ein aller großen Kunst Gemeinsames, dessen er mächtig werden mußte, um vor sich zu bestehen. Er arbeitete nun mit gesteigerter Kraft: »Meine ganze Seligkeit suche ich jetzt fast nur in reinen Farben. Vorige Woche habe ich versucht, auf einem Brett Farben zusammenzusetzen, ohne an irgend welche Gegenstände, wie Menschen oder Bäume zu denken, ähnlich wie bei der Stickerei. Was die Musik so rätselhaft schön macht, wirkt auch in der Malerei bezaubernd. Nur gehört eine unmenschliche Kraft dazu, die Farben in ein System zu bringen wie die Noten. In den Farben gibt es geradeso Kontrapunkte, Violin-, Baßschlüssel, Moll, Dur, wie in der Musik. Ein unendlich feines Gefühl kann sie ordnen, ohne all dies zu kennen. Ich habe das versucht, natürlich mit zweifelhaftem Erfolg, aber mir ist dabei der ganze Impressionismur klar geworden.«

Dieser Versuch erscheint wie ein Vorspiel zu seinen späteren

Bildern, diese Gedanken wie das erste leise Anklingen der Melodien, die in den Tunesischen Aquarellen und den Bildern der letzten Jahre in so reichen Variationen durchgeführt wurden.

Macke hatte in Paris geschwankt, ob er zu Lucien Simon gehen sollte oder zu einem der deutschen Sezessionisten, Slevogt oder Liebermann. Aber als er im Oktober 1907 nach Berlin ging, entschloß er sich für Corinth. Er trat ein in das Studienatelier für Malerei und Plastik, in das Corinth ein paarmal in der Woche zur Korrektur kam. Dieser große deutsche Maler hat auf die Entwicklung Mackes keinen nennenswerten oder doch keinen bestimmbaren Einfluß ausgeübt. Aber Macke hat viel von ihm gelernt. »Er ist trotz seiner Ruppigkeit ein Kerl, der einem, wenn man selbst mit will, viel, viel beibringen kann. Er merkt es allem an, ob man frisch ist oder nicht: Wenn Sie schlapp werden, so fangen Sie etwas anderes an. Nur frisch bleiben. Das sagte in der Akademie niemand. Er ist sehr ehrlich und sachlich und ich fühle mich immer erfrischt nach der Korrektur. «

Von den Künstlern der neueren Zeit waren es vor allem Maillol, van Gogh, Gauguin und besonders Daumier, die er bewundern und verstehen lernte. Er selbst dachte damals nicht daran, große Bilder zu malen. Was er in Bonn gemalt hatte, lag »schon wieder auf einer anderen Seite der Brücke«. Ihm war es zunächst genug, seine Hand im Zeichnen zu üben. « »Ich bin so bescheiden geworden; im Atelier arbeite ich so harmlos, glanzlos und unauffällig wie möglich. Aber ich studiere genau. Um weit werfen zu können, muß man weit ausholen. Um wirklich zu schaffen, muß man sich in sich selbst vertiefen können. « Sein Skizzenbuch war sein unzertrennlicher Begleiter. »Ich sitze viel in Cafés«, schrieb er, »und besehe mir stundenlang Menschen. Flottes Zeichnenkönnen habe ich so satt wie möglich. Vielmehr geht mein ganzes Streben darauf, mit wenigen Strichen möglichst das auszudrücken, was ich fühle von einem Menschen. « In den Varietés erfuhr er »hundertmal mehr über Menschen und ihre Leidenschaften«, über die grotesken Elemente in alltäglichen Situationen als im Atelierzeichnen nach

Modellen. Das unmittelbare Leben war und blieb sein großer Lehrmeister.

Während dieses Winters war er viel zusammen mit einem Onkel seiner Freundin, dem Industriellen Bernhard Koehler. Er war ihm kein Fremder mehr, wenn er ihn auch noch nicht persönlich kannte. Ihm hatte er es zu danken, daß er so lange in Paris hatte bleiben können. Koehler besaß damals schon eine kleine Sammlung von Bildern, vorwiegend von Münchener Künstlern, von der »Scholle«. Als er Macke kennenlernte, wandte sich sein Interesse stärker den französischen Meistern zu, von denen ihm sein junger Freund erzählte. Ein neuer Abschnitt seiner Sammlertätigkeit begann. Macke wurde sein Berater.

Wenn die Sammlung Bernhard Koehler im Laufe der nächsten Jahre wie kaum eine andere repräsentativ wurde für die neue Kunst, von den Impressionisten bis zu Kandinsky, Marc, Niestlé, Feininger, Klee, Delaunay und den eigenen Bildern Mackes, so ist es ein gemeinsames Verdienst dieser beiden Menschen. Die Sammlung ist das Denkmal ihrer im Zeichen der Kunst geschlossenen Freundschaft, deren Erinnerung Koehler, der den soviel jüngeren fast um ein halbes Menschenalter überlebte, wie ein heiliges Vermächtnis pflegte.

Eine Reise, die Macke im Sommer 1908 gemeinsam mit seiner Freundin und Koehler unternahm, führte ihn zum zweiten Male nach Paris. Der große, beherrschende Eindruck dieser Wochen war Cézanne, dessen Bilder Macke bei Vollard kennenlernte. Renoir, den er in seinen letzten Jahren wie keinen anderen liebte, trat hinter dem südfranzösischen Meister und hinter Gauguin noch zurück. Aber ein anderer großer Künstler ist zu nennen, den er, wie es scheint, bisher nur aus Abbildungen kannte: Greco.

In dem gleichen Jahre, in dem er Paris wiedersah, fuhr er auch zum zweiten Male nach Italien. Er wußte nicht, »wo man die Worte all herholen sollte«, um die Eindrücke dieser Reise zu beschreiben. Was hatte er alles in sich aufgenommen in den bewegten Jahren zwischen seiner ersten und zweiten Fahrt nach Italien.

Er fühlte sich nach »langem Umherirren auf dem richtigen Weg«, auf dem er »allerdings schon seit Jahresfrist herumtapste«. Die herbe Landschaft Ravennas betrachtete er nun mit Augen, die an der strengen Kunst van Goghs geschult waren. Die Mosaiken in den uralten Kirchen dieser vom Meere verlassenen Stadt, Schöpfungen einer Kunst, deren große Namen die Geschichte verschweigt, wirkten auf ihn mit der ganzen Kraft ihrer magischen, ehrfurchtgebietenden Größe. Die Kunst der Renaissance und der frühen italienischen Meister trat gleichbedeutend neben die Landschaft. Er war jetzt in ganz anderem Maße auf sie vorbereitet als vor drei Jahren. Er vermochte seine Erfahrungen zu vergleichen, zu ordnen; der Umkreis künstlerischen Schaffens, der seinen Augen gegenwärtig war, erweiterte sich allmählich zu einem Weltbild der Kunst, das in seiner künftigen Entwicklung in sich geschlossen blieb, aber es nahm nie den starren Charakter eines Systems, einer Theorie an. Es wandelte sich, wie er sich veränderte.

Die Bilder, die Macke in den Sommermonaten 1908 malte, zeigen deutlich den Einfluß der großen Impressionisten, aber es war schon seine eigene Form, in der die westliche Tradition sich äußerte. Er modellierte, malte »ab und zu« einen Rheinschürgen, Angler am Ufer, den Rhein bei Hersel und Porträtstudien von Freunden, die fast alle im Freien entstanden, in dem von ihm so geliebten Garten des Elternhauses seiner Freundin, wo er seit Jahren ein und aus ging.

Vom Herbst 1908 bis zum Oktober 1909 diente Macke bei den 160ern in Bonn. Er war gern Soldat. Und er verstand es, sich das Dienstjahr so angenehm wie möglich zu machen. Bei den Feldwebeln und Unteroffizieren hatte er einen Stein im Brett, denn er zeichnete sie. Er machte auch Karikaturen von ihnen, die er ihnen freilich nicht zeigte. Er fühlte sich wohl beim Militär, wie er sich auch später, in der Zeit, als der »Blaue Reiter« im Sattel saß und kunstpolitische Attacken ritt, »klotzig auf den Kommißgeruch freute«, froh, aller Kunstpolitik auf einige Wochen entronnen zu sein. Das erste Manöver, das sein Dienstjahr abschloß, war ihm ein tiefes Erlebnis. Er konnte »die Augen immer spazieren gehen lassen«, und sein Humor verließ ihn nicht, wenn er mit seinen Kameraden stundenlang bei strömendem Regen im Sumpf liegen mußte. Er vermochte gleichzeitig in beiden Welten zu leben, ohne daß eine zu kurz kam: »Gestern habe ich immer an Cézanne gedacht. Die Fahrt führte uns durch eine Gegend, die ganz ähnlich ist, wie die von ihm gemalte. Ich habe nie einen überwältigenderen Eindruck von einer Landschaft gehabt wie gestern vor Mayen– Monreal. Wunderbare Berge, genau wie der St. Victoire. Ich meine die Berge steckten in meiner Brust und wollten mich zersprengen. Solch eine Lust und Freude habe ich in mir. Es ist ein prachtvoller Tag heute. Sonntag in einem kleinen Dorf. Die Sonne scheint und der Wind jagt mir zum Vergnügen Wolken davor her, wie um uns Menschen zu foppen. Ach, es tut mir zu wohl dieses Wetter. Dies klare, starke Bäumerauschen und Wolkenziehen. Ich fühle mich so eins mit diesem Wetter.« Die ganzen Briefe aus jenen Wochen sind erfüllt von einer brausenden Lebendigkeit, einem stürmischen, trotzigen Selbstgefühl, einer tiefen Freude an dem schönen Dasein.

Er war noch nicht dreiundzwanzig Jahre alt, als er heiratete. Im Herbst 1909. Die Fahrt ins Blaue, die über Colmar ging, wo er endlich das Altarbild von Grünewald sah, der ihm von den alten deutschen Meistern der liebste war, führte zunächst nach Bern. Von da reisten sie zusammen mit dem Schweizer Maler Louis Moilliet kurz entschlossen nach Paris, um noch einmal, bevor er sich seiner eigenen Arbeit in ungehemmter Freiheit überließ, den Zauber dieser Stadt und der französischen Kunst auf sich wirken zu lassen. Und auch diesmal lernte er neue Meister kennen. Constantin Guys, dessen Zeichnungen seinem eigenen Temperament verwandt waren. Und etwas aus einer ganz anderen Welt: die wunderbaren Gobelins im Cluny-Museum, die über die Jahrhunderte hinweg das Phantom der Zeit auflösen in der Fülle ihrer eindringlichen Gegenwart.

Eigentlich wollte er in Paris bleiben. Aber auf die Bitten seines

Freundes Schmidtbonn entschied er sich für Tegernsee. Jetzt, in seiner eigenen Häuslichkeit, nur auf sich gestellt, konnte er seine ganze Kraft auf sein Schaffen konzentrieren. Die zahllosen Bilder, Studien und Skizzen, die in diesem Jahr entstanden, zeugen davon, daß er, um in seinen eigenen Worten zu reden, weit genug ausgeholt hatte, um weit werfen zu können. Eine Fülle reifer Erfahrung stand ihm zu Gebot. Eine gelassene Sicherheit des Könnens, eine überraschende Ausgeprägtheit des eigenen Stils. Je reicher ein Künstler ist, um so stärker werden die verschiedensten Perioden seines Schaffens als selbständige, in sich geschlossene Einheiten sich voneinander abheben, so daß, wer die Wandlungen miterlebt, zunächst das bei aller Gegensätzlichkeit Gemeinsame nicht verspürt. Aber mit der Zeit tritt das entscheidend Persönliche, das in der einen wie in der anderen Periode stark und überzeugend waltet, bedeutend hervor. Die Tegernseer Bilder sind nicht in geringerem Grade echte, wesenhafte Schöpfungen Mackes als die späteren, die zu Unrecht von manchen oberflächlichen Betrachtern als das allein Charakteristische seiner Kunst empfunden werden. Schon in dieser ersten Phase seines freien Schaffens war er ganz er selbst, nicht erst ein Beginnender.

Macke fuhr oft allein oder zusammen mit seinem Vetter, dem Maler Helmuth Macke, den er sich nach Tegernsee geholt hatte, nach München. Bei dem Kunsthändler Brakl sah er Lithographien von Marc, die ihn so begeisterten, daß er ihn aufsuchte. Im Februar kam Marc zum ersten Male hinaus in die Wintereinsamkeit zu seinem neuen Freunde. Seitdem haben sie sich oft gesehen in München, in Sindelsdorf, wohin Marc im Sommer zog, oder in Tegernsee. Marc lebte damals sehr zurückgezogen, ohne tiefere Beziehung zu jüngeren Künstlern. Auch er war in Paris gewesen, aber die Reise hatte nicht so unmittelbar befreiend auf ihn gewirkt. Seine Entwicklung war weniger impulsiv als die seines jüngeren Freundes. Er kam langsamer, zögernder zu sich selbst, zu seiner malerischen Form, obwohl er schon damals zeichnerisch die Formenwelt beherrschte, die später in seinen

Tierlegenden einen so klassischen Ausdruck finden sollte. So waren die Bilder, die Macke damals malte, für ihn gleichsam der Durchbruchspunkt zu neuen Wegen.

Als Macke im November 1910 nach Bonn zurückging, in sein Atelier, das freilich erst im Frühjahr fertig wurde, blieben die beiden Freunde in enger Fühlung. Ihr Briefwechsel ist von großer Bedeutung für das Verständnis ihrer künstlerischen Entwicklung. Macke hatte schon in München Kandinsky, Jawlensky und die anderen Künstler, die zu der »Freien Vereinigung« gehörten, kennengelernt. Jetzt sah er Ende des Jahres eine Ausstellung von ihnen in Hagen: »Kandinsky, Jawlensky, Bechtejeff und Erbslöh haben riesiges künstlerisches Empfinden. Aber die Ausdrucksmittel sind zu groß für das, was sie sagen wollen. Der Klang ihrer Stimme ist so gut, daß das Gesagte versteckt bleibt. Dadurch bleibt etwas Menschliches aus. Sie ringen, glaube ich, zu sehr nach Formen. Es fehlt mir zur Größe das Selbstverständliche. Buschs, Daumiers und manchmal auch Matisses oder auch japanischer Erotika.«

Seine stärksten künstlerischen Eindrücke in diesen Bonner Jahren waren die Futuristen, die er auf einer kleinen Ausstellung in Köln kennenlernte, und so verschiedenartige Persönlichkeiten wie Picasso, Matisse und Munch, die auf der Sonderbundausstellung vertreten waren. Aber während diese Künstler ihn nur vorübergehend anregten, bedeutete neben Renoir ein jüngerer französischer Maler, Robert Delaunay, den er auf seiner vierten Pariser Reise im Herbst 1912 zuerst kennenlernte, ein starkes Erlebnis. Als er im Frühjahr 1913 eine Ausstellung von Bildern Delaunays in Köln sah, war er »ganz begeistert«. »Wenn ich durch diese sonnendurchleuchteten Fensterscheiben die Häuser und den Eiffelturm sehe (die letzten Bilder sind das), so geht mir das Herz auf.« Diese Bilder sind »vor allen anderen imstande, einen mit einer himmlischen Freude an der Sonne und am Leben zu überschütten«. Bei einem Besuch Delaunays in Bonn traten die beiden Künstler, die in ihrem Empfinden für die »lebendige Farbe« tiefere Beziehungen hatten, als Macke etwa zu Kandinsky haben konnte, einander auch menschlich näher.

In den drei Jahren, die Macke in Bonn zubrachte, war sein Heim in der Bornheimer Straße der Treffpunkt aller »unzünftigen Kunstfreunde« geworden. Indessen, so mannigfaltig und anregend sich das Leben in seiner Heimat für ihn gestaltete, er war nicht seßhaft genug, um sich schon so früh an die Scholle zu binden. Im Herbst 1913 hielt es ihn nicht länger. Mit seiner Frau und seinen beiden Söhnen fuhr er Ende September nach Hilterfingen am Thunersee. Die acht Monate, die er mit den Seinen im Haus »Rosengarten« wohnte, unmittelbar am Ufer des Sees, gegenüber dem mächtigen, steil aufsteigenden Massiv des Stockhorns, waren die schönsten seines an glücklichen Stunden so überreichen Lebens. Es waren Monate, in denen die zählbare Zeit ihre Bedeutung verliert, als müsse sie anhalten, um dem Leben Raum zu lassen zu seiner vollen Entfaltung.

Wie liebte er dieses naturnahe Dasein, in dem er sich unbekümmert treiben lassen konnte, wie der Augenblick es eingab. Wie freute er sich an den Kindern, von denen der älteste Junge schon so früh mit dreieinhalb Jahren seine kleinen Hände im Zeichnen und Malen übte. Mit welcher Lust tummelte er sich an hellen Wintertagen auf seinen Skiern in den Bergen, zusammen mit seinem Freunde Moilliet, der in dem benachbarten Gunten taleinwärts wohnte. Oder sie fuhren hinaus auf den See bis zu einer Bucht in den Felsen, um in der strahlenden Herbstsonne den ganzen Tag im Freien zu sein, bis die Dämmerung hereinbrach. Und wie unvergeßlich waren die Abende, in denen Moilliet und seine Frau ihren Freunden Beethoven und Mozart vorspielten, bis sie spät in der Nacht am Ufer des Sees den dunklen Heimweg antraten in ihr geliebtes Häuschen.

Macke hatte entgegen seiner sonstigen Gewohnheit keine Bilder von sich nach Hilterfingen mitgenommen. Er wollte einmal, frei von seiner Vergangenheit, ganz neu beginnen, er wollte ohne Vergleich nur auf sein Gefühl verwiesen sein, auf die reine Anschauung der Natur. Alles Problematische, alle »Ismen«, mit denen er sich in den letzten Jahren suchend und prüfend auseinandergesetzt hatte (ohne ihnen je dienstbar zu werden), ließ er hinter sich. Ihm kam es nur auf eines an, auf die »lebendige Farbe«, die in dem ausgewogenen Bildganzen eine Tiefe und Leuchtkraft gewinnen sollte, »daß die ganze herrliche, sonnige Natur sich darin spiegeln« konnte. In rascher Folge entstand jene Reihe von Bildern, von dem »Hutladen unter den Kolonnaden« in Thun, der »Dame in der grünen Jacke« bis hin zu den kleinen, wie von innerem Lichte glühenden Seelandschaften, in denen der Traum seiner Jugend sich zu erfüllen schien, das Geheimnis der Natur, wie sie ihm erschien und in ihm wirkte, aussprechen zu können in farbigen Harmonien, Naturanschauung und Lebensgefühl zu verschmelzen in Gebilden, deren innere Spannung im Ganzen wie in allen Teilen von dem gleichen einheitlichen Rhythmus belebt war. Die Zeichnungen aus dieser Zeit zeigen in einer anderen Sprache das gleiche Bemühen, den Raum in seiner Tiefe aufzuschließen, in den Schatten wie den Helligkeiten die Farbe wie eine verborgene Kraft ahnen zu lassen.

Und nun kam die letzte Höhe in diesem ansteigenden Leben, von der aus sich ihm der Blick in das Land der Verheißung unbegrenzt öffnete.

Ende März fuhr er durch das Rhônetal nach Marseille. In der alten französischen Handelsstadt wartete er auf seine Freunde Moilliet und Paul Klee, um mit ihnen über das Meer zu fahren nach Tunis. Vier Wochen blieben die Freunde unter diesem lichtdurchfluteten Himmel, in dieser fremden, phantastischen Welt, in der einsamen Landschaft, die so jenseits unserer gewohnten Gegenwart und Vergangenheit zu liegen scheint, als sei sie von Ewigkeit her unverändert, ohne Alter und ohne Geschichte. Macke hat kaum geschrieben von dieser Reise. Seine Augen hatten keine Zeit. Seine Aquarelle und Zeichnungen sind das Stundenbuch dieser Wochen, in dem er die unendlichen Eindrücke festhielt, von denen er nicht wußte, wie er ihre Fülle meistern sollte.

Als er Ende April heimkam über Italien, ohne selbst in Rom sich aufzuhalten, fühlte er sich geblendet »wie ein Stier, der aus dem dunklen Stall in die aufgeputzte Arena springt«. Einen Monat blieb er noch in dem Häuschen am See, unablässig beschäftigt. Dann brach er auf, um mit den Seinen über Kandern heimzukehren. Noch hatte er die Hoffnung, daß der Herbst »eine reiche Arbeitszeit« für ihn werden sollte. Seine Ölfarben hatte er vorausgeschickt. Sie waren, wie er aus Kandern an Koehler schrieb, »schon längst daheim und warteten auf ihn«.

Eine kurze Zeit überreicher Ernte war ihm noch vergönnt. Wenige, unruhige Wochen, in denen Bilder entstanden wie die »Mädchen unter Bäumen«, das »Kind mit blauen Vögeln«, Bilder, die nichts von der drohenden Zeit ahnen lassen bis auf eines, das Fragment blieb und in seiner befremdenden, düsteren Stimmung wie der Aufbruch zu einem ungewissen Schicksal wirkte. Es hatte keinen Namen. Aber er drängte sich auf, wie die Ereignisse selbst, deren Gewalt von Tag zu Tag, von Stunde zu Stunde unerbittlich anwuchs, bis sie alles in ihre wirbelnden Kreise zog: Mobilmachung, Abschied.

Anmerkungen

1 Vincenz Hundhausen, damals Gerichtsreferendar in Bonn; Schön-
geist und Mentor, der junge Menschen um sich sammelte, um mit
ihnen über Kunst, Philosophie und Religion zu diskutieren; er
wurde später Professor an der Universität in Peking, lebte dort jahrelang auf einer Insel, die ihm gehörte. Er übersetzte und bearbeitete
viele altchinesische Dramen, besaß eine eigene Druckerei und Buch-
binderei und stand einer Schauspieltruppe nahe, die diese Stücke auf
Reisen im Ausland mit viel Erfolg aufführte.

2 Sauren wurde später Architekt und lebte lange im Rheinland. Es
existiert ein frühes Porträt (1902) von ihm (Vriesen Katalog Nr. 1).

3 Jetzt eine moderne Vorstadt von Bonn.

4 Zehn Jahre später sollte August selbst dieses Land seiner Träume
kennenlernen, als er mit den Freunden Paul Klee und Louis Moilliet
dorthin reiste.

5 »Kornfelder hinter dem Zaun«, Ölbild, früher im Besitz von Dr.
Erich Reinau, Verbleib unbekannt.

6 »Angler am Rhein«, 1907, Besitzer Bernhard Koehler, Berlin (Vriesen Katalog Nr. 31). Ein anderes kleines Bild aus dieser Zeit stellt
einen sogenannten Rheinschürgen dar und ist im Besitz meines Bruders.

7 Lübbecke-Job, Emma, (Schulfreundin von Elisabeth Gerhardt),
Pianistin in Frankfurt am Main, erste Interpretin der Werke von Paul
Hindemith, für den sie sich in den schwersten Zeiten unter der Nazi-
regierung einsetzte.

8 Schmidtbonn, Wilhelm (1876–1952) zusammen mit Herbert Eulenberg Dramaturg am Düsseldorfer Schauspielhaus bei Louise Dumont; Verfasser vieler Dramen (u. a. »Mutter Landstraße« 1901,
»Der Graf von Gleichen« 1908, »Die Fahrt nach Orplid« 1922), die
seinerzeit erfolgreich vom Ensemble der Reinhardt-Bühnen in Berlin mit Paul Wegener, Tilla Durieux u. a. aufgeführt wurden. Ro-
mane: u. a. »Der Verzauberte« 1923, »Anna Brandt« 1939. Erzählungen: u. a. »Uferleute« 1903, »Der Heilsbringer« 1906, »An einem
Strom geboren« 1935.

9 Erst viel später hörte ich, daß ihre Hauswirtin allerlei geliehen hatte, Kleinmöbel und Teppiche, um das Atelier so festlich auszustaffieren.

10 Später erst lernte ich Liese Schmidtbonn näher kennen, und unsere Freundschaft blieb uns auch bis ins Alter ein Gewinn, als sie ihren Gefährten schon lange verloren hatte. Sie konnte sehr lebendig von ihrem reichen gemeinsamen Leben, das sie in verschiedene Länder führte, erzählen (allein über 24mal sind sie zum Teil mit Möbeln umgezogen!) und von den vielen interessanten Menschen, denen sie begegnet sind.

11 Jahre später sah ich sie mit Dr. Valentin und mit meinem zweiten Mann, Lothar Erdmann, in Berlin wieder. Es begann schon die Zeit der Judenhetze, und sie hatten ihren einzigen Sohn Stefan bereits aus Deutschland weggeschickt. Beide sind dann unter den Opfern des Hitlerregimes gewesen.

12 Jahre später besuchte ich auf einer Autofahrt mit meinem Bruder und seiner Frau den alten Freund in seinem Häuschen in Bacharage. Es war dasselbe Haus von damals; er ging mit mir in das Gärtchen, zeigte mir einen neuen Atelieranbau und führte mich in das blitzsaubere Wohnzimmer, wo wir bei einem Glas Wein alte Erinnerungen auffrischten. Gar zu gern hätte ich den Porträtkopf von August gehabt und ihm etwas dafür von August gegeben. Leider wurde nichts daraus, weil er ihn anscheinend vor Jahren verschenkt hatte. So bekam ich nur eine winzige Fotografie, die ich dann vergrößern ließ.

13 Der erste Wandbehang »Zwei Mädchen unter Bäumen« war etwas im Stil von Ludwig von Hofmann (Weimarer Jugendstil). Dann kam einer mit einem orientalischen Paar mit Papagei und Hund auf zum Teil von August eingefärbtem Leinen (von Großmutter gestickt). Später stickte ich einen Wandbehang mit zwei badenden Mädchen und zwei orientalischen Jünglingen, dann einen mit drei Rokokofiguren und den letzten, den Maria Marc mir nach dem Bild »Orientalische Frauen« auf Stoff übertrug.

14 Im Zweiten Weltkrieg ließ es mein Vetter Bernhard Koehler in den Bunker im Tiergarten bringen in dem Glauben, daß es dort sicher sei. Leider wurde dieser Bunker, in dem viel wertvolles Kunstgut untergebracht war, soviel ich weiß, von den Russen geleert, und lange wußte man nicht, wo die Bilder geblieben waren. Ein Teil der Schätze ist allerdings wieder zurückgegeben worden an die Staat-

lichen Museen (Nationalgalerie) im Ostsektor von Berlin, aber von diesem Bild hat man bis jetzt nichts erfahren können.

15 Franz hatte schon einige Jahre vorher mit der Malerin Marie Schnür die Ehe geschlossen. Sie nahm damals an seinen Kursen für Anatomie teil und lernte dort auch Maria Frank kennen. Sie hatte eine Freundschaft mit dem bekannten Münchner Maler Angelo Jank. Eines Tages klagte sie Marc ihr Leid, sie habe ein Kind von Jank (der sie nicht heiraten wollte) und sie wollte ihm gerne einen Vater geben, und legte dem guten Franz nahe, ob er ihr nicht helfen wollte. In seiner Gutmütigkeit sagte er: »Ja dees kön ma schon machen!«, und sie ließen sich trauen. Für die treue Freundin Maria war dieser Tag ein tieftrauriger. Sie malte unter Tränen in ihrem Atelier ein Stilleben mit Krügen und Früchten und einem Bauernteller, auf dessen Rand der schöne Spruch stand »I bleib Dir...«, und in der Mitte des Tellers war eine große 3 gemalt. Nach der Trauung brachte Franz seine junge Frau zu Freund Niestlé nach Starnberg, er selbst fuhr mit dem Nachtzug nach Paris. Nach seiner Rückkehr von dieser einsamen Hochzeitsreise machte er ohne seine Frau Besuche bei seinen Freunden und sagte dabei: »Meine Frau Gemahlin läßt sich entschuldigen.« Diese Geschichte hat Franz uns auf einem Spaziergang in Sindelsdorf erzählt. Von einer guten Freundin von Marie Schnür habe ich nur sehr Sympathisches und menschlich Schönes über sie gehört, und wenn man die Briefe liest, die Franz an sie geschrieben hat, so kann man sich nicht vorstellen, daß ihr Verhältnis nur eine Scheinehe gewesen sein soll.

16 In seiner Ehe mit der Hamburgerin Henriette Rasch hatte er drei Töchter, außer einem kurz nach der Geburt gestorbenen Söhnchen. Die älteste Tochter Gisela wurde im August 1914 geboren, im ersten Kriegsmonat. Damals wohnte das junge Ehepaar in Weiden bei Köln, und ich fuhr für einige Zeit hin, um im Haushalt zu helfen und die junge Mutter zu versorgen, das Neugeborene zu betreuen. Im folgenden Jahr, als ein Schwesterchen ankam, war ich wieder dort und badete und versorgte die nun einjährige Gisela, die später meine Schwiegertochter und die Mutter meiner vier Macke-Enkel werden sollte. Hans Thuar ließ sich im Zweiten Weltkrieg, als die Familie in Ramersdorf bei Bonn wohnte, schweren Herzens evakuieren. Er brachte die meiste Zeit im Luftschutzkeller zu wegen der dauernden schweren Angriffe und fürchtete, den Frauen wegen seiner Schwer-

beweglichkeit zur Last zu fallen. Er kam mit einem Transport nach Langensalza in Thüringen in ein Altersheim, wo der vitale, geistig hochstehende Mann schwer an Heimweh litt und wo er wenige Tage, nachdem ein Neffe von ihm gekommen war, um ihn in die Heimat zurückzubringen, starb, die Vorfreude auf ein Wiedersehen mit den Seinen im Herzen.

17 In Kochel am See wurde 1985 die »Franz Marc Stiftung« gegründet, 1986 das von ihr eingerichtete »Franz Marc Museum« eröffnet. Das Grab im kleinen Dorffriedhof findet der Besucher wohlerhalten und gepflegt. (*Anmerkung des Lektorats*)

Bildverzeichnis

★ Münster = Landesmuseum für Kunst und Kulturgeschichte, Münster (Westfalen).

FARBTAFELN

Personenregister

Die *kursiv* gesetzten Ziffern verweisen auf die Anmerkungen